# 文化创意产业
## 行与知

刘生全 编著

Practice and
Perception of
the Cultural and
Creative Industries

外语教学与研究出版社
FOREIGN LANGUAGE TEACHING AND RESEARCH PRESS
北京 BEIJING

图书在版编目（CIP）数据

文化创意产业行与知 = Practice and Perception of the Cultural and Creative Industries / 刘生全编著. -- 北京：外语教学与研究出版社，2021.9
ISBN 978-7-5213-3026-7

Ⅰ. ①文… Ⅱ. ①刘… Ⅲ. ①文化产业–产业发展–研究 Ⅳ. ①G114

中国版本图书馆 CIP 数据核字 (2021) 第 190034 号

出 版 人　徐建忠
责任编辑　沈中锋
责任校对　王　菲
助理编辑　孙　嘉
封面设计　迟红蕾
版式设计　刘　爽
出版发行　外语教学与研究出版社
社　　址　北京市西三环北路 19 号（100089）
网　　址　http://www.fltrp.com
印　　刷　北京盛通印刷股份有限公司
开　　本　710×1000　1/16
印　　张　38
版　　次　2021 年 9 月第 1 版　2021 年 9 月第 1 次印刷
书　　号　ISBN 978-7-5213-3026-7
定　　价　198.00 元

购书咨询：(010) 88819926　电子邮箱：club@fltrp.com
外研书店：https://waiyants.tmall.com
凡印刷、装订质量问题，请联系我社印制部
联系电话：(010) 61207896　电子邮箱：zhijian@fltrp.com
凡侵权、盗版书籍线索，请联系我社法律事务部
举报电话：(010) 88817519　电子邮箱：banquan@fltrp.com

文化創意產業
行 與 知　　孫曉雲 題

# 作者简介

刘生全，中共党员，博士，研究员；北京外国语大学党校副校长，北外国际教育学院研究生导师。先后在教育部高校学生司、北京师范大学、北京市文化创意产业促进中心、中共北京市委宣传部、北京城市副中心工程建设办公室等单位工作。奉行实践出真知，致力于学以致用，坚持实践探索和理论研究并重。主要研究领域为教育基本理论、教育社会学、文化创意产业规划与研究、出版产业研究、工程建设管理、宣传思想文化工作等。已出版学术专著《论教育批评》（2006年）、《教育成层研究》（2011年）、《教育—出版片论》（2020年）、《文化创意产业行与知》（2021年）共四部。先后在《教育研究》《北京师范大学学报（社科版）》《北京大学教育评论》《华东师范大学学报（教科版）》《高等师范教育研究》《教育学报》等教育类刊物，《出版发行研究》《大学出版》《出版参考》等出版类刊物，《光明日报》《中国教育报》《中国图书商报》等报纸，以及中共北京市委机关刊物《前线》等上发表论文近百篇，其中若干篇被《新华文摘》和人大复印资料转载。参与《中国教育大系》（顾明远主编），《考试社会学》（程凯、王卫东主编），《走向明天的基础教育》（谢维和、裴娣娜主编）等多部工具书和专著的撰写、修订工作。主持完成《中小学生课外读物的现状及影响研究》《影视剧投融资机制研究》《北京艺术品交易所筹建研究》《北京市文化创意产业发展体制机制创新研究》《北京市文化创意产业发展专项资金绩效评估体系研究》等多项课题；参与完成《加大扶持内容产业促进政策研究》《关于北京市文化创意产业发展专项资金使用和管理机制的研究》等研究课题。参与制订《中共北京市委关于发挥文化中心作用加快建设中国特色社会主义先进文化之都的意见》《北京外国语大学"十四五"发展规划》等多项政策和规划。

一件事情,只要你重视了,认真了,坚持了,往往就能做好。

——刘生全

# 目　录

代　序　如何文化强国（魏鹏举）　　1

绪　言　　5

**卷 一　理论思考篇**
两种不同语境中的文化概念及其阐释方式　　22
"五位一体"总体布局中的文化建设　　29
无限风光在"创意"：全球视野中的概念和发展　　33
文化创意产业概念的两种解析方式　　56
文化创意产业的属性与特征分析　　61

**卷 二　实践探索篇**
文化创意产业：北京市的理性选择　　88
北京市文化创意产业的行业构成　　91
快速发展中的北京市文化创意产业　　98
北京市发展文化创意产业的实践和思考　　102
基于文化创意产业融资难现状的投融资制度构想　　116
北京市文化创意产业与资本对接的系统设计　　124

| | |
|---|---|
| 乘势而行，做大做强民族文化产业 | 195 |
| 2008中国（昆明）民族文化产业发展宣言 | 216 |
| 关于创建北京艺术品交易所的论证报告 | 219 |
| 向台湾同胞介绍快速发展中的北京文化创意产业 | 227 |
| 宝岛台湾文化创意产业的发展经验 | 232 |
| 中国文化产业新年论坛给予我们的启示 | 243 |
| 找准问题，对症下药，推动我国动漫游戏产业科学发展 | 249 |
| 抓住新机遇，采取新举措，实现新跨越 | 257 |
| 北京的全国文化中心地位之生成和明确过程 | 276 |
| 北京市文化创意产业促进中心的职能定位 | 297 |
| 北京市国有文化资产监督管理办公室正式成立 | 299 |

## 卷三 效果审视篇

| | |
|---|---|
| 北京市文化创意产业十年探索取得的成效 | 304 |
| 基于多维横向比较的北京市文创产业发展评析 | 349 |
| 北京市文创产业促进体系建设及其评析 | 379 |
| 北京市文化创意产业政策体系效果评析 | 399 |
| 国内外五个对标城市文创产业发展及对北京的启示 | 471 |

| | |
|---|---|
| 2006—2015年北京市文化创意产业发展概况 | 493 |
| 兄弟城市发展文化创意产业的经验 | 510 |
| 北京市文化创意产业发展最新概况 | 522 |
| 2017年北京市各区文化创意产业发展状况调研 | 538 |
| 2019年北京文化产业发展总体情况 | 552 |

## 卷四 历程回顾篇

| | |
|---|---|
| 纪念北京市文化创意产业促进中心首任主任杨淦先生 | 560 |
| 中华文化复兴的理性思考 | 563 |
| 深化文化体制改革，加快文化创意产业发展 | 578 |
| 外研社文创事业多元探索之路 | 586 |

**后 记** 597

# 代 序　如何文化强国

魏鹏举

最近受邀给最新一期《中国国情国力》杂志写卷首语，有感于刚刚闭幕的党的十九届五中全会确定了二〇三五年实现"文化强国"的国家战略目标，谈谈作为学者对于这个重大国家建设目标的认识。把这篇小文作为刘生全教授大作的一个代序言，一方面借此希望表达我对于北京作为全国文化中心的战略使命的期待，同时也借此传递我对于刘生全教授作为中国文化产业的最早一批践行者和探索者的敬意。我始终认为，建设具有文化魅力和活力的强大中国，要有首善之区的标杆，更要有生生不息的人文精神与文人知行。

2020 年 11 月 3 日发布的《中共中央关于制定国民经济和社会发展第十四个五年规划和二〇三五年远景目标的建议》提出，到二〇三五年基本实现社会主义现代化远景目标，其中的重要任务是要"建成文化强国、教育强国、人才强国、体育强国、健康中国，国民素质和社会文明程度达到新高度，国家文化软实力显著增强"。文化强国是诸多"强国任务"的首要，是国民素质、文明程度、软实力等现代化目标实现的关键保障。文化强国其实就是回归到中华文明的文化初心，即"观乎人文化成天下"。

如何认识和理解文化强国，这不仅关乎对于文化强国内涵的合理界定，也直接关系到文化强国任务的路线图和行动方略。文化强国在中国的重要官方文件中第一次明确表述是在2011年10月党的十七届六中全会通过的决议，文件并未明确界定什么是文化强国，一般约定俗成的认识是文化大发展大繁荣，即文化强盛之中国。很有启发意义的是，在2020年9月22日，习近平总书记在教育文化等领域专家座谈会上，对于文化在全面建设社会主义现代化国家中的地位和作用以"四个重要"来概括：统筹推进"五位一体"总体布局、协调推进"四个全面"战略布局，文化是重要内容；推动高质量发展，文化是重要支点；满足人民日益增长的美好生活需要，文化是重要因素；战胜前进道路上各种风险挑战，文化是重要力量源泉。他强调"没有社会主义文化繁荣发展，就没有社会主义现代化"。可以看出，我国对于文化强国战略的认识，已经有了一个重大的视野扩展，即从文化强大的国家到文化赋能的强大国家，我确实更认同后一种意义的文化强国观。

强国是一个功能性的追求，文化是人文价值的表现，文化强国就是要实现人文价值与功能价值的融合统一。强国的指标很多是可以量化的，如经济总量、科技水平、军事实力等，但如果这些功能性的强大没有人文内涵的支撑，就可能会成为人类的威胁，这样的强大也很难被认可，也难以实现和平发展。文化的魅力和活力不仅是强大国家的内涵品质，也是强国和平发展的健康保障。

中国的文化强国建设，我以为至少需要认真做好以下四个方面的工作。

其一，要做好固本培元的文化传承与创新，将社会核心价值落实在中华历史文化的深厚沃土之中。文化意义上强大的国家，首先表现在国民精神上，即全体国民对于国家价值的高度认同并由此形成强大的文化凝聚力和向心力。当代的社会价值从来都不是凭空产生的，或可以通过移植引进就可以深入人心的。中国当代的社会核心价值体系要产生强大的文化认同与凝聚作用，必须从文化自觉与文化自信做起，这是固本培元之道。我们必须继续做好中华优秀传统文化的传承保护工作，必须持续推进传统文化的创造性转化与创新性发展，这是当代中国建设文化强国的固本之理，也是中华民族伟大复兴的培元之要。

其二，要做好经济发展的人文价值支撑系统，中国特色的现代市场经济需要从中国文化体系中汲取有益的思想资源。作为财富创造体系的经济领域本身并不具备人文意义上的合理性以及伦理意义上的合目的性，而经济的增长一定会触及合理性或合目的性等人文伦理的问题。西方现代市场经济的发展，其价值基础及其伦理约束被认为是来自基督宗教价值体系；那么，中国的现代经济发展的价值基础及其合理性，该如何建构呢？当前中央提出的"满足人民日益增长的美好生活需要"为中国经济发展的合理性与目的性定了基调，但这样的宗旨性表述还需要更细致和系统的文化价值阐发，需要有来自中国传统文化根脉以及当代中国文化生态的思想资源的充实和丰富。中国的人文价值系统与经济价值系统的内生契合关系的建构，是中国经济走上高质量内生增长"大循环"的自强不息之源。

其三，要做好公共文化服务体系的高水平建设，充分保障人民实现美好生活的基本文化权益。中国的公共文化服务体系建设，随着中国整体国力的提升，在很短的时间里取得了举世少有的伟大成就，中国的公共文化服务网络及其设施系统的完备性、覆盖率等指标已然超过世界上绝大多数发达的资本主义国家，主要的不足和有待进一步完善的地方是持续的高水平高效率运营维护。在建设文化强国的进程中，公共文化服务的完善，不仅需要公共财政的基本保障，更需要进一步调动和发挥社会力量的积极性与参与性，公共文化服务的强大，关键在于共享、共建、共生。

其四，要做好现代文化产业体系和文化市场体系的建设，发展文化市场配置资源的有效性，赋值赋能国民经济的高质量转型升级和高水平开放发展。文化产业是现代市场经济条件下文化发展创新的基本途径之一，文化市场是满足人民日益增长的个性化、差异化、多样化文化需要的有效供给机制。在世界百年未有之大变局中，经济全球化和文化全球化都是不可阻挡的大势潮流，顺之者昌逆之者亡，中国的兴盛必然与世界的兴盛息息相关。发展高质量的文化产业，繁荣高水平的文化市场，这既是繁荣文化经济并赋能相关产业转型升级的必然要求，也是中国适应并应对经济与文化全球化浪潮的有效机制，强大的对外文化贸易实力，是我们讲好并传播好具有中国文化魅力与活力的强国复兴故事的有效保障。

辛丑年春夏之交<br>于中央财经大学

（魏鹏举先生系中央财经大学文化经济研究院院长、教授、博士生导师，国家文化和旅游部"十四五"规划专家委员会委员。）

# 绪　言

北京这座城市，有着三千多年建城史和近八百七十年的建都史，是享誉世界的历史文化名城，不仅文源深、文脉广、文气足、文运盛，而且也是全国的教育中心和科技创新中心，这些因素成为北京发展文化创意产业的资源禀赋优势。

2000年10月11日，党的十五届五中全会通过《中共中央关于制定国民经济和社会发展第十个五年计划的建议》，首次以"中央建议"形式明确提出"文化产业"这一概念。2003年，中央成立文化体制改革领导小组，中央政治局常委会议讨论通过《文化体制改革试点工作方案》，拉开了文化体制改革试点工作的序幕，北京市被列为全国九个综合性试点地区之一。经过两年多的探索实践，全国的试点工作取得明显成效，为改革的全面推开提供了示范、积累了经验，在此基础上，2005年国家出台了《中共中央国务院关于深化文化体制改革的若干意见》。北京市积极响应中央号召，在总结自身改革试点经验和进行全面深入调研的基础上，2005年年底，中共北京市委九届十一次全会作出了大力发展文化创意产业的战略部署。从此，北京文化创意产业步入了发展的快车道。

2006年以来，历时十几载，北京文化创意产业经过了"十一五"时期的探索成长（统筹培育阶段）、"十二五"时期的快速发展（战略推动阶段），步入了"十三五"时期的创新发展阶段。十几年间，伴随产业成长和发展的是产业促进体系从无到有、从小到大的逐步建构和不断完善。设立"北京市文化创意产业促进中心"（以下简称"市文促中心"）这一机构，便是其中的重要举措之一。2006年11月，市委、市政府批准设立市文促中心，编制20人，当年即向社会公开"招兵买马"，广纳贤才。作为中共北京市委宣传部下属的正处级规范管理事业单位，市文促中心的身份定位是隶属于非常设机构北京市文化创意产业领导小组及其办公室的专门从事推动全市文化创意产业发展的常设机构，主要承担以下职能：负责提供决策咨询，开展政策调研；负责文创项目管理，文创集聚区规划管理，文创企业管理与服务；负责建设和运营全市文创综合信息平台、文创资源服务平台，提供信息服务；负责推进市场体系建设、国际交流与合作等。

本人因视"文化创意产业"为"朝阳产业"，视"市文促中心"为一个锻炼、展示个人能力的广阔舞台，便放弃某"985"高校某部门中层管理岗位和不菲的年薪，毅然报考了市文促中心副主任职位。顺利通过笔试、面试之后，应负责"组阁"的杨淦先生之邀，我于2007年年初到市委宣传部机关协助他筹建市文促中心，办公地点在位于台基厂大街的市委老办公大楼570室。这个房间长期作为周转办公场所，门朝西对着走廊，窗户朝东开，地板破烂不堪，踏上去吱吱作响，房间角落里堆满废弃的各种纸质材料，我和杨淦先生在此办公三个多月。随着部分招考人员逐渐确定，办公设备陆续采购到位，到2007年4月份，市文促中心便开始在位于朝阳门内大街55号的新闻出版大楼第10层和11层正式办公。

2005年，作出战略部署；2006年，成立机构、出台政策、建立推进机制、设立专项资金、举办系列活动、认定第一批集聚区、支持若干重点项目；2007年，出台五年规划、支持一批项目、认定第二批集聚区、举办第二届"文博会"、出台集聚区专项资金使用办法、构建投融资服务体系……经过短短两三年的大干快上、攻坚克难，促进文化创意产业发展的五个体系即领导体系、政策体系、规划体系、资金体系、活动体系很快形成雏形，推动文化创意产业发展的"四梁八柱"被迅速搭建起来，"政府引导、行业指导、中介辅导、市场主导、企业主体"的文化创意产业发展模式也逐渐明晰。其中，2006年是政策制定元年，在市级层面以《北京市促进文化创意产业发展的若干政策》(俗称"35条")为主，制定了一系列宏观指导政策及相关配套政策，确立了促进产业发展的基础性政策；2007年—2009年是政策出台的三个高峰年，政策出台数量明显增多，政策面逐渐拓宽，初步建立了"1+X"的文化创意产业政策体系框架。据统计，"十一五"时期，北京出台市级文化创意产业相关政策共计有28项之多，见表1。

表1 "十一五"时期北京出台市级文化创意产业相关政策情况

| 序号 | 政策名称 | 发布年份 | 政策类别 |
|---|---|---|---|
| 1 | 北京市促进文化创意产业发展的若干政策 | 2006 | 产业促进 |
| 2 | 北京市文化创意产业投资指导目录 | 2006 | 产业促进 |
| 3 | 北京市"十一五"时期旅游业及会展业发展规划 | 2006 | 产业规划 |
| 4 | 北京市文化创意产业集聚区认定和管理办法（试行） | 2006 | 分类认定 |
| 5 | 北京市文化创意产业发展专项资金管理办法（试行） | 2006 | 资金支持 |
| 6 | 北京市海关关于支持北京市文化创意产业发展的若干措施 | 2006 | 产业促进 |
| 7 | 北京市保护利用工业资源发展文化创意产业指导意见 | 2007 | 产业促进 |
| 8 | 北京市工业促进局创意产业实施计划 | 2007 | 产业促进 |
| 9 | 北京市"十一五"时期文化创意产业发展规划 | 2007 | 产业规划 |
| 10 | 北京市文化创意产业分类标准 | 2007 | 分类认定 |

（续表）

| 序号 | 政策名称 | 发布年份 | 政策类别 |
|---|---|---|---|
| 11 | 北京市展会知识产权保护办法 | 2007 | 知识产权 |
| 12 | 北京市文化创意产业集聚区基础设施专项资金管理办法（试行） | 2007 | 资金支持 |
| 13 | 北京市"十一五"时期出版（版权）业发展规划 | 2008 | 产业规划 |
| 14 | 北京市人民政府关于全面推进北京市旅游产业发展的意见 | 2008 | 行业发展 |
| 15 | 北京市关于促进工业旅游发展的指导意见 | 2008 | 行业发展 |
| 16 | 北京市关于促进广告业发展的指导意见 | 2008 | 行业发展 |
| 17 | 北京市文化创意产业贷款贴息管理办法（试行） | 2008 | 资金支持 |
| 18 | 北京市关于支持影视动画产业发展的实施办法（试行） | 2009 | 行业发展 |
| 19 | 北京市动漫企业认定管理工作实施方案 | 2009 | 分类认定 |
| 20 | 北京市关于支持网络游戏产业发展的实施办法（试行） | 2009 | 行业发展 |
| 21 | 北京市文化创意产业知识产权保护与促进意见 | 2009 | 知识产权 |
| 22 | 关于金融支持首都文化创意产业发展的指导意见 | 2009 | 资金支持 |
| 23 | 北京市文化创意产业担保资金管理办法（试行） | 2009 | 资金支持 |
| 24 | 北京市文化创意产业创业投资引导基金管理暂行办法 | 2009 | 资金支持 |
| 25 | 北京市人民政府关于实施首都知识产权战略的意见 | 2009 | 知识产权 |
| 26 | 关于大力推动首都功能核心区文化发展的意见 | 2010 | 产业促进 |
| 27 | 北京市促进软件和信息服务业发展指导意见 | 2010 | 行业发展 |
| 28 | 北京市促进设计产业发展的指导意见 | 2010 | 行业发展 |

市文促中心成立以后，工作开展出人意料地充满艰难曲折，促进文化创意产业发展的过程并非一帆风顺。例如，市文促中心成立运转仅仅两年多，首任主任杨淦同志就被调离岗位，去北京发行集团担任一个副总职务。随着这位"领头羊"

的离任，市文促中心全体同仁艰苦开创的良好局面自然随之遭受重创。具体表现为市文促中心主动作为形成的推动文化创意产业发展的系列构想和举措，特别是解决融资难问题的一揽子谋划随之搁浅。中间有一年多的时间，该机构基本上处于群龙无首状态，在岗的同志情绪相当低落。其间，本人在2009年的科学发展观实践活动中，被市委宣传部干部处推荐去参加为期近一年的巡视活动（其中包括了"回头看"的巡视）——本人所在的市委第十七指导检查组，指导检查包括北京工业大学、北京物资学院、北京财贸职业学院等在内的七所市属高校的学习实践活动。后来，随着北京社科院副院长梅松博士调任市委宣传部副巡视员并兼任市文促中心主任，该机构的运行才得以回到正常轨道。

"十二五"时期，北京市于2011年12月26日，出台了《中共北京市委关于发挥文化中心作用加快建设中国特色社会主义先进文化之都的意见》，围绕首都文化改革发展需要着力解决的问题，作出了实施"两大战略"、推进"九大工程"的工作部署，成为"十二五"时期北京市文化创意产业政策的核心，本人当时有幸在主管副部长张淼同志的领导下，与其他两位同事组成工作小组参与了该文件的前期起草工作。这个《意见》是北京市落实党的十七届六中全会出台的《中共中央关于深化文化体制改革推动社会主义文化大发展大繁荣若干重大问题的决定》的重大举措，也是北京市文化创意产业进入快速发展阶段的标志。围绕《意见》的总体要求和政策构想，针对解决北京文化改革发展重点难点问题而出台的一系列促进文创产业发展的政策，构成了"十二五"时期的"1+X"政策体系。统计显示，"十二五"时期，北京市级文化创意产业相关政策共计22项，见表2。

表2 "十二五"时期北京出台市级文化创意产业相关政策情况

| 序号 | 政策名称 | 发布年份 | 政策类别 |
| --- | --- | --- | --- |
| 1 | 中共北京市委关于发挥文化中心作用加快建设中国特色社会主义先进文化之都的意见 | 2011 | 产业促进 |
| 2 | 北京市"十二五"时期人文北京发展建设规划 | 2011 | 产业规划 |
| 3 | 北京市"十二五"时期旅游业发展规划 | 2011 | 产业规划 |
| 4 | 北京市"十二五"时期会展业发展规划 | 2011 | 产业规划 |
| 5 | 北京市"十二五"时期新闻出版业发展规划 | 2011 | 产业规划 |
| 6 | 北京市旅游发展专项资金管理办法(试行) | 2011 | 资金支持 |
| 7 | 北京市"十二五"时期知识产权(专利)事业发展规划 | 2011 | 知识产权 |
| 8 | 关于金融促进首都文化创意产业发展的意见 | 2012 | 产业促进 |
| 9 | 北京市工商行政管理局关于支持文化产业创新发展的工作意见 | 2012 | 产业促进 |
| 10 | 北京市原创动漫作品扶持办法(试行) | 2012 | 行业发展 |
| 11 | 北京市原创动漫形象作品专项扶持资金管理办法(试行) | 2012 | 资金支持 |
| 12 | 北京市文化创新发展专项资金管理办法(试行) | 2012 | 资金支持 |
| 13 | 北京旅游商品扶持资金管理办法(试行) | 2012 | 资金支持 |
| 14 | 进一步鼓励和引导民间资本投资文化创意产业若干政策 | 2013 | 产业促进 |
| 15 | 北京市专利保护和促进条例 | 2013 | 知识产权 |
| 16 | 北京市原创动漫形象作品专项扶持资金管理办法 | 2013 | 资金支持 |
| 17 | 北京市文化创意产业提升规划(2014—2020年) | 2014 | 产业规划 |
| 18 | 北京市文化创意产业功能区建设发展规划(2014—2020年) | 2014 | 产业规划 |
| 19 | 北京市人民政府关于促进文化消费的意见 | 2014 | 产业促进 |
| 20 | 北京市推进文化创意和设计服务与相关产业融合发展行动计划(2015—2020年) | 2015 | 产业促进 |

（续表）

| 序号 | 政策名称 | 发布年份 | 政策类别 |
|---|---|---|---|
| 21 | 关于贯彻落实新《广告法》指导意见 | 2015 | 行业发展 |
| 22 | 北京市文化创意产业分类标准 | 2015 | 分类认定 |

"十三五"时期，北京文化创意产业发展进入新的历史阶段。《"十三五"国家战略性新兴产业发展规划》将数字创意产业纳入了战略新兴产业，提出到2020年达到8万亿元产值的发展规模目标。中央就加快文化产业发展作出的一系列新部署，大大提振了文化产业界的信心，为文化产业发展注入了强大动力。"十三五"时期，北京着力有序疏解非首都核心功能，推动城市发展从外延扩张向内涵增长转变，首都经济开始迈向形态更高级、分工更精细、结构更合理的发展阶段，京津冀协同发展不断深化，这些内外环境的变化均为北京文化创意产业发展拓展了新的空间，当然也提出了更高的要求。

不断加大促进力度，助推文化创意产业成为"高精尖"经济结构新的增长极，成为北京市"十三五"时期的主攻方向之一，仅2016年一年内出台的政策便与"十二五"时期的政策数量几乎相当（见图1），其中尤为值得关注的是在资金政策方面。为了进一步创新专项资金管理体制机制，制定了《北京市文化创意产业发展专项资金企业项目征集评审管理办法（试行）》及相关实施细则共8项制度，将促进文化消费作为重点支持方向，加大了优秀项目扶持力度（见图2）。同时完善项目评审机制，加强社会监督和银行监管，建立黑名单制度，实现了"全过程"管理、"全流程"监管，进一步提高了财政资金的使用效益。

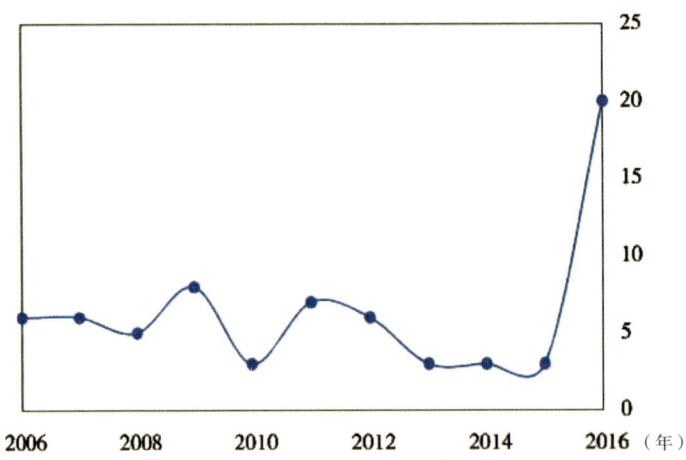

图 1　2006—2016 年北京市发布的文化创意产业相关政策数量变化情况（单位：项）

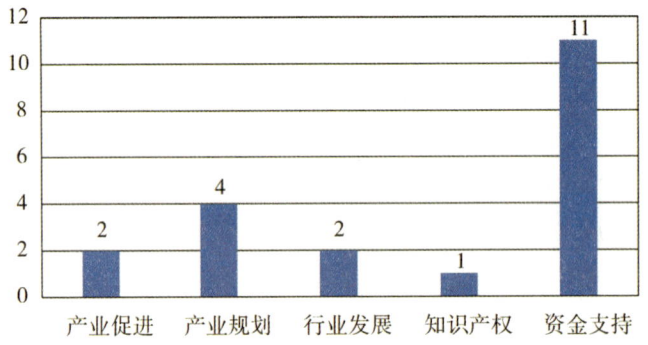

图 2　2016 年北京市发布的文化创意产业相关政策类型数量统计（单位：项）

多年来，北京市在贯彻落实中央精神和文化政策方面，始终走在全国的前列。例如，2005 年中央颁布实施《中共中央国务院关于深化文化体制改革的若干意见》，北京市便根据自身发展实际情况，作出加快发展文化创意产业的战略部署，并制定了《北京市促进文化创意产业发展的若干政策》及相关配套政策措施，推动文化创意产业步入发展的快车道；又如，

2011年年底，中央通过了《中共中央关于深化文化体制改革推动社会主义文化大发展大繁荣若干重大问题的决定》，北京市便迅速出台了《中共北京市委关于发挥文化中心作用加快建设中国特色社会主义先进文化之都的意见》，深入贯彻十七届六中全会精神，全面落实中央的决策部署。

根据对2015年—2017年国家及北京市出台的文化创意产业相关政策的分析，不难发现，进入"十三五"以来，北京市出现了落实国家文化创意产业部分新政策步伐放缓的苗头。2015、2016两年，国家和北京市发布的相关政策数量还基本相当，但是2017年1—7月，国家出台了19项，而北京市仅出台了4项。结合政策内容看，2015年—2017年7月，国家出台的文化创意产业相关政策近50项中，北京市对应出台的仅为16项，见表3。从发布时间对比看，产业规划类政策，北京市较为领先，但就实施细则等来看，北京市明显滞后于国家层面。

北京市之所以出现这种短暂停顿现象，乃是因为伴随京津冀协同发展战略的提出和实施，北京城市的发展和建设进入了一个重要的历史调整期，随着城市总规和副中心详规的制定实施，文化创意产业乃至文化中心建设在顶层设计上需要"重整行装再出发"。短短几年之内，北京市圆满地完成了系统设计和政策集成这项艰巨的任务。

表3　2015年—2017年7月国家出台的文创产业相关政策中北京予以落实的政策一览

| 序号 | 国家相关政策 | | 北京市相关落实政策 | |
| --- | --- | --- | --- | --- |
| | 政策名称 | 发布年份 | 政策名称 | 发布年份 |
| 1 | 关于支持戏曲传承发展的若干政策 | 2015 | 北京市人民政府办公厅关于支持戏曲传承发展的实施意见 | 2016 |

（续表）

| 序号 | 国家相关政策 | | 北京市相关落实政策 | |
|---|---|---|---|---|
| | 政策名称 | 发布年份 | 政策名称 | 发布年份 |
| 2 | 关于新形势下加快知识产权强国建设的若干意见 | 2015 | 关于加快知识产权首善之区建设的实施意见 | 2017 |
| 3 | 关于进一步推动知识产权金融服务工作的意见 | 2015 | 进一步推动首都知识产权金融服务工作的意见 | 2016 |
| 4 | 国务院关于大力推进大众创业万众创新若干政策措施的意见 | 2015 | 北京市人民政府关于大力推进大众创业万众创新的实施意见 | 2015 |
| 5 | 《政府投资基金暂行管理办法》（财预〔2015〕210号）《关于财政资金注资政府投资基金支持产业发展的指导意见》（财建〔2015〕1062号） | 2015 | 北京市中小企业发展基金管理办法（京财经〔2015〕305号） | 2015 |
| 6 | 国务院关于推进文化创意和设计服务与相关产业融合发展的若干意见 | 2015 | 北京市推进文化创意和设计服务与相关产业融合发展行动计划（2015—2020年） | 2015 |
| 7 | 中共中央关于繁荣发展社会主义文艺的意见 | 2015 | 中共北京市委关于繁荣发展首都社会主义文艺的实施意见 | 2016 |
| 8 | 国务院关于积极推进"互联网＋"行动的指导意见 | 2015 | 关于积极推进"互联网＋"行动的实施意见（京政发〔2016〕4号） | 2016 |
| 9 | 开拓海外文化市场行动计划（2016—2020年） | 2016 | 关于加快发展对外文化贸易的实施意见 | 2016 |
| 10 | 关于深化人才发展体制机制改革的意见 | 2016 | 关于深化首都人才发展体制机制改革的实施意见 | 2016 |
| 11 | 关于进一步深化文化市场综合执法改革的意见（中办发〔2016〕20号） | 2016 | 关于进一步深化北京市文化市场综合执法改革的实施意见 | 2017 |

（续表）

| 序号 | 国家相关政策 | | 北京市相关落实政策 | |
| --- | --- | --- | --- | --- |
| | 政策名称 | 发布年份 | 政策名称 | 发布年份 |
| 12 | 关于支持实体书店发展的指导意见（新广出发〔2016〕46号） | 2016 | 《北京市实体书店扶持资金管理办法（试行）》《北京市实体书店扶持项目管理规定（试行）》《北京市实体书店扶持项目评审细则（试行）》 | 2016 |
| 13 | 关于开展特色小镇培育工作的通知（建村〔2016〕147号） | 2016 | 关于进一步促进和规范功能性特色小城镇发展有关问题的通知（京发改〔2017〕549号） | 2017 |
| 14 | 关于进一步扩大旅游文化体育健康养老教育培训等领域消费的意见（国办发〔2016〕85号） | 2016 | 北京市人民政府关于培育扩大服务消费优化升级商品消费的实施意见 | 2017 |
| 15 | 关于印发"十三五"旅游业发展规划的通知（国发〔2016〕70号） | 2016 | 北京市"十三五"时期旅游业发展规划 | 2016 |
| 16 | 文化部"十三五"时期文化发展改革规划 | 2017 | 北京市文化局"十三五"时期文化发展规划 | 2016 |

全国文化中心作为首都"四个中心"城市功能定位之一，为北京市委、市政府高度重视，2016年制定的《北京市"十三五"时期加强全国文化中心建设规划》明确提出："重点推动渗透性、关联性强，有助于产业链延伸和价值链提升的'高精尖'领域及环节发展，加快推进产业结构优化和业态创新，建设具有首都特色的文化创意产业体系。"更值得关注的是，北京市成立了全国文化中心建设工作领导小组。2017年8月18日，市委书记蔡奇同志在全国文化中心建设领导小组第一次会议上提出，

将北京文化创意产业打造成为"高精尖"经济结构的新增长极。

党的十八大以后的五年,全国文化产业产值年均增速达13.7%,比同期 GDP 增速高出 5.4 个百分点,300 多项文化体制改革任务基本完成。[①] 2017 年召开的党的十九大,对文化及文化产业的发展予以崭新战略布局,为全国文化及文化产业的发展注入强劲动力。北京全市上下深入学习贯彻习近平新时代中国特色社会主义思想和党的十九大精神,持续深入学习贯彻习近平总书记多次视察北京重要讲话精神和系列指示精神,坚持"四个中心"战略定位,积极有序疏解非首都功能,高水平规划建设城市副中心,助力雄安新区建设,推动京津冀协同发展,文化创意产业面临的是一个前所未有的崭新局面。北京重新审视自身,抢抓新的发展机遇,乘势而上,伴随北京城市总规及副中心详细控规的出台,对文化创意产业的发展作出了新的谋划,出台了一系列新举措。其中,"十三五"以来已经制定一系列文化经济政策,通过对包括文化创意产业在内的全国文化中心建设的系列顶层设计,形成了推动全国文化中心建设的体制机制及政策"组合拳",掀开了北京文化创意产业发展的崭新篇章,见表4。

① 参见《人民日报》2017 年 10 月 21 日,第 7 版。

**表 4　"十三五"时期北京出台市级文化创意产业相关政策列举**

| 序号 | 政策名称 | 发布年份 | 政策类别 |
| --- | --- | --- | --- |
| 1 | 中共北京市委关于新时代繁荣兴盛首都文化的意见 | 2020 | 综合政策 |
| 2 | 北京市推进全国文化中心建设中长期规划(2019 年—2035 年) | 2020 | |
| 3 | 关于推进文化创意产业创新发展的意见 | 2018 | |
| 4 | 北京市文化产业发展引领区建设中长期规划(2019 年—2035 年) | 2020 | |

(续表)

| 序号 | 政策名称 | 发布年份 | 政策类别 |
|---|---|---|---|
| 5 | 北京市文化产业高质量发展三年行动计划（2020—2022年） | 2020 | 综合政策 |
| 6 | 关于深化国有文化企业改革的意见 | 2017 | |
| 7 | 关于应对新冠肺炎疫情影响促进文化企业健康发展的若干措施 | 2020 | |
| 8 | 关于支持实体书店发展的实施意见 | 2018 | 行业政策 |
| 9 | 关于推动北京音乐产业繁荣发展的实施意见 | 2019 | |
| 10 | 关于推动北京游戏产业健康发展的若干意见 | 2019 | |
| 11 | 关于推动北京影视业繁荣发展的实施意见 | 2019 | |
| 12 | 北京市促进文化科技融合发展的若干措施 | 2019 | 文化融合 |
| 13 | 关于推进北京市文化和旅游融合发展的意见 | 2019 | |
| 14 | 关于促进首都文化金融发展的意见 | 2018 | |
| 15 | 北京市实施文化创意产业"投贷奖"联动推动文化金融融合发展管理办法（试行） | 2017 | 主体培育 |
| 16 | 北京市文化创意产业"投贷奖"绩效考评管理实施细则（试行） | 2019 | |
| 17 | 北京市文化创意产业"投贷奖"联动政策金融机构绩效考评管理实施细则 | 2019 | |
| 18 | 北京市文化创意产业"投贷奖"联动运营平台绩效考评管理实施细则 | 2019 | |
| 19 | 北京市文化产业"投贷奖"风险补偿资金管理办法（试行） | 2020 | |
| 20 | 北京市文化企业"房租通"支持办法（试行） | 2019 | |
| 21 | 关于保护利用老旧厂房拓展文化空间的指导意见 | 2017 | 文化空间 |
| 22 | 保护利用老旧厂房拓展文化空间项目管理办法（试行） | 2019 | |
| 23 | 北京市级文化产业园区认定管理办法（试行） | 2020 | |
| 24 | 北京市文化创意产业园区和市级文化创意产业示范园区"服务包"工作方案 | 2020 | |

（续表）

| 序号 | 政策名称 | 发布年份 | 政策类别 |
|---|---|---|---|
| 25 | 北京市惠民文化消费电子券实施管理办法（试行） | 2016 | 需求拉动 |
| 26 | 北京市惠民文化消费电子券项目资金管理办法（试行） | 2017 | |
| 27 | 深化服务业开放改革 促进北京天竺综合保税区文化贸易发展的支持措施 | 2018 | |

进入新时代以来，习近平总书记就社会主义文化建设发表的一系列重要论述，从实现中华民族伟大复兴和建设社会主义文化强国的战略高度，深化了对社会主义文化建设规律的认识。习近平总书记持续多年对首都功能定位、首都发展建设的深入思考，特别是对首都文化建设作出的系列重要讲话、指示、批示，明晰、强化、丰富了北京的全国文化中心定位，为推进全国文化中心建设指明了前进方向、提供了根本遵循。

在坚持中国特色社会主义文化发展道路、建设社会主义文化强国的伟大征程中，北京始终紧跟时代发展、走在全国前列，努力做好首都文化发展这篇大文章，为建设社会主义文化强国谱写北京篇章。近年来，党中央对文化建设的部署，以及文化建设自身的形势与任务均发生了巨大变化，人民群众对美好精神文化生活的需求更加高涨，文化建设作为重要引擎和增长极支撑经济社会高质量发展的需求更加迫切，维护意识形态安全和文化安全的任务更加繁重，发挥全国文化中心示范引领作用的任务更加艰巨，首都文化在面临挑战的同时，迎来难得的发展机遇。客观上很有必要在编制完成北京城市总规和副中心控制性详规等一系列具有法律效力的规划之后，对未来较长一个时期首都文化建设作出长远谋划。在抗击新冠肺炎疫情取得阶段性重要进展之际，北京市站在两个一百年交汇期，于

2020年4月初出台了《中共北京市委关于新时代繁荣兴盛首都文化的意见》和《北京市推进全国文化中心建设中长期规划（2019年—2035年）》两个重要指导文件（详见第288页附录的文件精神介绍），对全国文化中心建设作出顶层设计。

习近平总书记强调，文化自信是更基本、更深沉、更持久的力量，文化自信是更基础、更广泛、更深厚的自信。北京市委书记蔡奇同志在2020年11月9日的十九届五中全会精神北京宣讲会上提出，"四个中心"是首都北京最大的比较优势，蕴含着无比巨大的能量。北京作为首都，是党的重大理论创新的策源地、哲学社会科学前沿思想的发端地、各种观点思潮激荡的交汇地，北京市以高度的文化自信和使命担当坚决承担起首都责任，站在两个一百年交汇期，加强全国文化中心建设长周期科学谋划，上述两个重要文件的出台，便是加快推进全国文化中心建设的重大举措。

党的十九届五中全会提出的文化强国目标，与首都北京的文化发展可谓息息相关、密不可分，令人鼓舞、催人奋进，预示着北京的全国文化中心建设因此而进入了行稳致远的新阶段，我们应把握住难得的历史性机遇，积极投身全国文化中心建设的时代洪流中去。

雄关漫道真如铁，而今迈步从头越。我们完全有理由相信，北京文化创意产业[①]必将继续引领全国文化产业的发展，一定会为全国文化中心建设贡献更大力量。

---

① 遗憾的是，近几年北京市为了与全国保持称谓上的一致，逐渐舍弃了"文化创意产业"的提法，改称"文化产业"。也许正因此，本书对北京近十几年发展文化创意产业进行总结、梳理和反思，便因具有独特的史料价值而显得愈益必要。

# 卷一
## 理论思考篇

# 两种不同语境中的文化概念及其阐释方式[①]

## 一、中文语境中的文化概念

"文化"是汉语系统中古已有之的词汇,"文"与"化"起初属于两个独立的概念。"文",本义指各色交错的纹理,"物相杂,故曰文"(《易·系辞下》),"五色成文而不乱"(《礼记·乐记》),"文,错画也,象交文"(《说文解字》),均指此义。在此基础上,"文"又产生若干引申义:其一,为包括语言文字在内的各种象征符号,进而具体化为文物典籍、礼乐制度,《尚书·序》所载伏羲画八卦,造书契,"由是文籍生焉",《论语·子罕》所载孔子曰"文王既没,文不在兹乎",是其实例;其二,由伦理之说导出彩画、装饰、人为修养之义,与"质""实"对称,所以《尚书·舜典》疏曰"经纬天地曰文",《论语·雍也》称"质胜文则野,文胜质则史,文质彬彬,然后君子";其三,在前两层意义之上,更导出美、善、德行之义,这便是《礼记·乐记》所谓"礼减两进,以进为文",郑玄注"文犹美也,善也",《尚书·大禹谟》所谓"文命敷于四海,祗承于帝"。

"化",本义为改易、生成、造化,如"化而为鸟,其名曰鹏"(《庄子·逍遥游》),"男女构精,万物化生"(《易·系辞下》),"化不可代,时不可违"(《黄帝内经·素问》),"可以赞天地之化育"(《礼记·中庸》),等等。归纳之,"化"指事物

[①] 本文对文化概念在东西方语境中的发展演变进行了考证式梳理,试图揭示文化概念理解上的多角度和定义方面的多样性。

形态或性质的改变，同时又引申出教行迁善之义。

"文"与"化"并联使用，较早见诸战国末年儒生编辑的《易·贲卦·彖传》："刚柔交错，天文也。文明以止，人文也。观乎天文，以察时变；观乎人文，以化成天下。"这里的"文"，即从纹理之义演化而来。日月往来交错文饰于天，即"天文"，亦即天道自然规律；同样，"人文"，指人伦社会规律，即社会生活中人与人之间纵横交织的关系，如君臣、父子、夫妇、兄弟、朋友，构成复杂的网络，具有纹理表象。这段话强调，治国者须观察天文，以明了时序之变化，又须观察人文，使天下之人均能遵从文明礼仪，行为止其所当止。这里，"人文"与"化成天下"紧密联系，"以文教化"的思想已十分明确。

西汉以后，"文"与"化"开始并提从而形成一个完整词语，如"文化不改，然后加诛"（《说苑·指武》），"文化内辑，武功外悠"（《文选·补之诗》）。这里的"文化"，或与天造地设的自然对举，或与无教化的"质朴""野蛮"对举。因此，在汉语系统中，"文化"的本义就是"以文教化"，它表示对人的性情的陶冶、对品德的教养，本属精神领域之范畴。

随着斗转星移和空间转换，"文化"逐渐成为一个内涵丰富、外延宽广的多维概念，成为众多学科探究、阐发、争鸣的对象。长期以来，人们在使用"文化"这一概念时，其内涵、外延差异很大，故文化有广义、狭义之分。广义的文化，着眼于人类与一般动物、人类社会与自然界的本质区别，着眼于人类卓立于自然的独特的生存方式，其涵盖面非常广泛，实际上把文化视为一切社会现象的实质属性，所以又称作"大文化"。梁启超在《什么是文化》中称："文化者，人类心能所开释出来之有价值的共业也"，这"共业"包含众多领域，诸如认识的（语言、哲学、科学、教育），规范的（道德、法律、信仰），艺术的（文学、美术、音乐、舞蹈、戏剧），器用的（生产工具、日用器皿及制造它们的技术），社会的（制度、组织、风俗习惯），等等。胡适也持广义文化观，他在《我们对西洋文明的态度》中提出："文化是一种文明所形成的生活方式。"广义的文化从人之所以为人的意义上立论，认为正是文化的出现"将动物的人变为创造的人、组织的人、思想的人、说话的人，以及计划的人"，因而将人类社会历史生活的全部内容统统摄入文化的定义域。狭义的文化，则通常指作为观念形态的文化，排除人类社会历史生活中关于物质创造活动及其结果的部分，专注于精神创造活动及其结果，包括知识、信仰、艺术、道德、法律、习俗和任何人作为一名社会成员而获得的能力和习惯在内的复杂整体，实际上把文化视为与政治、经济相区别的实体范畴，又称为"小文化"。

新中国成立后，修订的《辞源》认为，"文化"一词指文治和教化，今指人类社会历史发展过程中所创造的全部物质财富和精神财富，也指社会意识形态。《辞海》则认为"文化"一词有三种含义：其一，从广义上说，文化是指人类社会历史实践过程中所创造的物质财富和精神财富的总和；从狭义上讲，文化是指社会的意识形态，以及与之相适应的制度和组织机构。其二，泛指一般知识，包括语文知识。其三，指中国古代封建王朝所实施的文治和教化的总称。

**20世纪80年代**，文化研究成为中国学术界的一股潮流，文化概念的定义也多样化起来。有人认为，文化是人类在处理人和世界关系中所取得的精神成果的总和，是活动方式与活动成果的辩证统一；有人认为文化是指人类精神生产的领域，是观念形态的反映，其核心内容是作为精神产品的各种知识；还有人认为，文化是人的生命活动发展的特殊方式，是人与自然、人与世界全部复杂关系种种表现形式的总和。

总之，我们认为，文化是与自然现象不同的人类社会活动的全部成果，包括人类所创造的一切物质的与非物质的东西；也可以说，自然界本无文化，自从有了人类，凡经人"耕耘"的一切均为文化。①

## 二、西方语境中的文化概念

在西方，文化一词系从拉丁语"cultura"转化而来，原义指人在改造外部自然界使之满足食住等需要的过程中，对土地的耕耘、加工和改良。后来，该术语产生了转义，古罗马著名演说家西赛罗（M. T. Cicero，前106—前43）在其"智慧文化即哲学"这句名言中把文化的转义确切地表达出来。智慧文化的内容变为主要指改造、完善人的内在世界，使人具有理想公民素质的过程。于是，政治生活和社会生活，以及培育公民具有参加这些活动所必需的品质和能力等内容渐入文化概念，其外延和内涵均变得更为丰富。

但在中世纪，文化概念的含义被神学观念所压倒。18世纪启蒙时代的理论家们把文化概念逐步从神学体系中解放出来。自18世纪末始，西方语言中的"cultura"一词的词义与用法发生了重大变化。这个时期，文化一词主要指自然成长的倾向，以及——根据类比——人的培养过程。到了19世纪，这种文化作为培养某种东西的用法再次发生变化，文化本身变成了某种东西：首先是用来指"心灵的某种状态或习惯"，与人类完善的思想具有密切的关系；其后又用来指一个社会整体中知识发展的一般状态；再后来表示各类艺术的总体。到19世纪末，文化开始意指"一种物质上、知识上和精神上的整体生活方式"。英国文化人类学鼻祖、古典进化论主要代表人物

① 郑杭生主编《社会学概论新修》，中国人民大学出版社，1994，第89页。

爱德华·B. 泰勒（Edward B. Tylor，1832—1917）是第一个界定文化概念的现代学者，他认为，文化是复杂的整体，包括知识、信仰、艺术、道德、法律、风俗，以及其他作为社会一分子所习得的任何才能与习惯，是人类为使自己适应其环境和改善其生活方式的努力的总成绩。之后，西方关于文化的理解十分多样，美国著名人类学家C. 克拉克洪（C. Kluckhohn）教授认为"文化是一种渊源于历史的生活结构体系，这种体系往往为集团的成员所共有"，包括这一集团的"语言、传统习惯和制度，包括有激励作用的思想、信仰和价值，以及它们在物质工具和制造物中的体现"。苏联有的学者认为，文化是受历史制约的人们的技能、知识、思想感情的总和，同时也是其在生产技术和生活服务的技术上、在人民教育水平以及规定和组织社会生活的社会制度上、在科学技术成果和文学艺术作品中的固化和物质化。在德国，文化指人类在一定时期一定区域内，依据他们的能力在同周围环境斗争中，以及在他们的理论和实践中所创造的成果，包括语言、宗教、伦理、公共机构、国家、政治、法律、手工业、技术、艺术、哲学和科学。在西班牙，文化是指在某一社会里人们共有的由后天获得的各种观念、价值的有机整体，也就是非先天遗传的人类精神财富的总和。在法国，文化是指一个社会群体所特有的文明现象的总和，包括知识、信仰、艺术、道德、法律、习俗，以及作为社会成员的人所具有的一切其他规范和习惯。

### 三、文化概念的多种阐释方式

英国学者雷蒙·威廉斯（Raymond Williams）曾说过，"文化"一词是英语语言中最为复杂的词汇之一。根据上文对中、西方不同语境下文化概念的梳理和比较可以看出，人们对文化概念的理解通常有广、狭义之别，一般大众所理解的多为狭义文化，是指日常生活中看得见的语言、文学、艺术等活动，而文化研究领域里的文化概念则是广义上的大文化，国内外学者都曾先后从不同的学科角度出发予以界定与解释。

据说现在世界上有关文化概念的定义多达200种以上，但比较权威并系统归纳起来的定义却是源于《大英百科全书》所引用的美国著名文化学专家克罗伯（A. L. Kroeber）和克拉克洪（C. Kluckhohn）的《文化：一个概念和定义的批判性回顾》（*Culture: A Critical Review of Concept and Definitions*）一书。该书共收集了166条有关文化的定义（其中162条为英文定义），这些定义分别来自世界上一些比较著名的哲学家、人类学家、社会学家、经济学家、政治学家、心理学家、生物学家、化学家、地理学家的理解和界定。

在该书中，两位学者把所收集的162条有关文化的英文定义分成七组，并在每一组定义后，予以综述性评判，这对理解每一组定义起到了导向作用。这七组定义分别为：描述性定义、心理性定义、历史性定义、不完整性定义、行为规范性定义、结构性定义和遗传性定义。现以克罗伯和克拉克洪的分组为准，每组择一举例如下：

1 泰勒（E. B. Tylor，1871）：文化或文明是一个复杂的整体，它包括知识、信仰、艺术、法律、伦理道德、风俗和作为社会成员的人通过学习而获得的任何其他能力和习惯。（描述性定义）

2 斯莫尔（A. W. Small，1905）：文化是指某一特定时期的人们为试图达到他们的目的而使用的技术、机械、智力和精神才能的总和。文化包括人类为达到个人或社会目的所采用的方法手段。（心理性定义）

3 帕克和伯吉斯（R. Park & E. W. Burgess，1921）：一个群体的文化是指这一群体所生活的社会遗传结构的总和，而这些社会遗传结构又因这一群体特定的历史生活和种族特点而获得其社会意义。（历史性定义）

4 萨丕尔（E. Sapir，1921）：文化可以定义为一个社会所做、所思的事情。（不完整性定义）。

5 威斯勒（C. Wissler，1929）：某个社会或部落所遵循的生活方式被称作文化，它包括所有标准化的社会传统行为。部落文化是该部落的人所遵循的共同信仰和传统行为的总和。（行为规范性定义）

6 威利（1929）：文化是一个反应行为的相互关联和相互依赖的习惯模式系统。（结构性定义）

7 亨廷顿（S. P. Huntington，1945）：我们所说的文化是指人类生产或创造的，而后传给其他人，特别是传给下一代人的每一件物品、习惯、观念、制度、思维模式和行为模式。（遗传性定义）

最后，克罗伯和克拉克洪给文化下了一个综合性定义：文化存在于各种内隐的和外显的模式之中，借助符号的运用得以学习和传播，并构成人类群体的特殊成就，这些成就包括他们制造物品的各种具体式样，文化的基本要素是传统（通过历史衍生以及由选择得到的）思想观念和价值，其中尤以价值观最为重要。这一定义广为现代西方学者所接受。

# "五位一体"总体布局中的文化建设①

"五位一体"是党的十八大报告的"新提法"之一，系指经济建设、政治建设、文化建设、社会建设、生态文明建设。

我们党在新的历史时期，着眼于全面建成小康社会、实现社会主义现代化和中华民族伟大复兴，在党的十八大报告中对推进中国特色社会主义事业作出"五位一体"的总体布局：

"建设中国特色社会主义，总依据是社会主义初级阶段，总布局是五位一体，总任务是实现社会主义现代化和中华民族伟大复兴……必须更加自觉地把全面协调可持续作为深入贯彻落实科学发展观的基本要求，全面落实经济建设、政治建设、文化建设、社会建设、生态文明建设五位一体总体布局，促进现代化建设各方面相协调，促进生产关系与生产力、上层建筑与经济基础相协调，不断开拓生产发展、生活富裕、生态良好的文明发展道路。"

"五位一体"总体布局，是中国共产党对"实现什么样的发展、怎样发展"这一重大战略问题的科学回答，为用中国特色社会主义理论体系武装头脑、指导实践、推动工作，提供了强大思想武器。

只有坚持五位一体建设全面推进、协调发展，才能形成经济富裕、政治民主、文化繁荣、社会公平、生态良好的发展格

---

① 本文简要回顾和梳理了文化建设在国家总体布局中的位置及其变化过程，可以帮助我们在国家发展全局和大局中来认识和把握文化及文化建设。

局，把我国建设成为富强民主文明和谐美丽的社会主义现代化国家。

实际上，早在 2002 年召开的党的十六大，就正式提出了文化建设。以往的提法主要是"经济现代化"，十六大报告提出的是"三位一体"（经济建设、政治建设、文化建设），党的十七大提出了"四位一体"（经济建设、政治建设、文化建设和社会建设），党的十八大进一步拓展到"五位一体"总体布局。这个总体布局意味着中国进入 21 世纪后，从局部现代化到全面现代化，从不大协调的现代化到全面协调的现代化。

2017 年 10 月召开的党的十九大，作出了自十八大起中国特色社会主义进入新时代的重大政治判断，指明了我国发展新的历史方位。党的十九大报告强调"明确中国特色社会主义事业总体布局是'五位一体'、战略布局是'四个全面'，强调坚持道路自信、理论自信、制度自信、文化自信"。

中国特色社会主义事业总体布局，是我们党根据社会主义现代化建设的战略构想作出的总体部署，从"三位一体"到"四位一体"再到"五位一体"的发展，是我们党对社会主义建设实践经验的科学总结，是对中国特色社会主义理论体系的进一步完善，适应了新世纪新阶段我国改革开放和社会主义现代化建设进入关键时期的客观要求，体现了广大人民群众的根本利益和共同愿望，反映了我党对社会主义建设规律的新认识。"五位一体"总体布局思想是一种辩证的思想，五大建设之间是存在着普遍联系的。在"五位一体"总体布局中，经济建设是根本，政治建设是保障，文化建设是灵魂，社会建设是条件，生态文明建设是基础，这五个方面同时也是相互影响的。

"五位一体"总体布局标志着我国社会主义现代化建设进入新的历史阶段，体现了我们党对于中国特色社会主义的认识达到了新境界。"五位一体"总体布局与社会主义初级阶段总依据、实现社会主义现代化和中华民族伟大复兴总任务有机统一，对进一步明确中国特色社会主义发展方向，夺取中国特色社会主义新胜利意义重大。

文化是一个国家、一个民族的灵魂。文化兴国运兴，文化强民族强。文化自信是一个国家、一个民族发展中更根本、更深沉、更持久的力量。没有高度的文化自信，没有文化的繁荣兴盛，就没有中华民族伟大复兴。党的十九大报告明确提出"坚定文化自信"，深刻阐述了文化和文化建设的重要地位作用，深刻阐明了在新时代以什么样的态度和立场对待文化、用什么样的思路和举措发展文化、朝着什么样的方向和目标推进文化建设等重大问题，为我们坚定文化自信，推动社会主义文化繁荣兴盛、建设社会主义文化强国提供了根本遵循。我们应该坚定文化自信，在实践创造中进行文化创造，在历史进步中实现文化进步，为进行伟大斗争、建设伟大工程、推进伟大事业、实现伟大梦想提供坚强思想保证和强大精神力量。

2020年9月22日，习近平总书记在教育文化卫生体育领域专家座谈会上指出，中国特色社会主义是全面发展、全面进步的伟大事业，没有社会主义文化繁荣发展，就没有社会主义现代化。要坚定文化自信，推动中华优秀传统文化创造性转化、创新性发展，继承革命文化，发展社会主义先进文化，不断铸就中华文化新辉煌，建设社会主义文化强国。习近平总书记强调了文化在全面建设社会主义现代化国家中"四个重要"的地位和作用：统筹推进"五位一体"总体布局、协调推进"四个全面"战略布局，文化是重要内容；推动高质量发展，文化是重要支点；满足人民日益增长的美好生活需要，文化是重要因素；战胜前进道路上各种风险挑战，文化是重要力量源泉。要把文化建设放在全局工作的突出位置，坚持以社会主义核心价值观引领文化建设，加强社会主义精神文明建设，繁荣发展文化事业和文化产业，提高社会文明程度，发挥文化引领风尚、教育人民、服务社会、推动发展的作用。推动理想信念教育常态化制度化，加强党史、新中国史、改革开放史、社会主义发展史教育，加强爱国主义、集体主义、社会主义教育，引导人们坚定道路自信、理论自信、制度自信、文化自信，促进全体人民在思想上精神上紧紧团结在一起。

党的十九届五中全会审议通过的《中共中央关于制定国民经济和社会发展第十四个五年规划和二〇三五年远景目标的建议》，提出到二〇三五年基本实现社会主义现代化的远景目标，其中明确提出"建成文化强国、教育强国、人才强国、体育强国、健康中国，国民素质和社会文明程度达到新高度，国家文化软实力显著增强"。在这一关于文化、教育和人才等的宏伟蓝图中，文化强国居诸多"强国任务"之首，无疑是国民素质、文明程度、软实力等现代化目标实现的关键保障。

# 无限风光在"创意":全球视野中的概念和发展[①]

## 一、创意"风光"起来的多重背景

### (一)时代背景

1. **时代变迁的自然结果**。当今,全球进入后工业社会和消费时代。发展文化创意产业,是时代变迁(农业社会→工业社会→后工业社会/知识社会)自然提出的时代课题。

2. **中国社会转型之需**。中国社会经由传统社会进入现代社会,大力发展文化创意产业,适应了当今中国社会变迁和消费转型的时代潮流。

### (二)国家背景

1. **创新型国家建设的客观之需**。胡锦涛同志2006年在全国科技大会上宣布,中国要在2020年建成创新型国家,使科技成为经济社会发展的有力支撑。建设创新型国家,既包括科技创新,也包括文化创意。大力发展文化创意产业,激发全社会创造潜能与智慧,有利于推进创新型国家建设。

2. **十七大关于文化建设的动员令**。胡锦涛同志在十七大报告中明确提出,要坚持社会主义先进文化前进方向,兴起社会主义文化建设新高潮,激发全民族文化创造活力,提高国家文

---

[①] 本文为2007年底本人完成的对创意概念及世界各地不同的提法和做法的系统梳理,根本目的是为了做到知己知彼,以对文化创意产业进行系统全面的了解和把握,笔者认为此举是做好文化创意产业促进工作的一项"基本功"和一门"必修课"。

化软实力，实现社会主义文化的大发展大繁荣。这是我们党在新的历史时期发出的大力推进文化建设的动员令。

## （三）国际背景

1. **主要发达国家的文化产业**。在西方主要发达国家，文化产业在 GDP 中的比重普遍高于 10%，美国更是高达 25% 以上，在其国内产业结构中文化产业仅次于军事工业，而且自 1996 年以来，其文化产品出口已超过航空航天工业成为第一大出口产业。日本文化产业的规模也比电子业和汽车业大。我国文化产业占 GDP 的比重却不到 3%。

2. **严峻的文化贸易逆差现实**。目前全球文化贸易额 70% 以上集中在美、英、法、德、日五国。改革开放四十多年来，我国外贸长期顺差，但文化产业出口却一直是惊人的逆差。有数据显示，我国对美国等西方国家的文化贸易逆差达 5—10 倍以上。其中，版权贸易逆差更高达 10—15 倍。2005 年，我国对美版权贸易是 1000∶6。其中，作为全国版权贸易中心的北京地区 2005 年引进版权 7276 种，输出版权仅 868 种。又如影视行业，《泰坦尼克号》和《指环王》均在中国创造了巨额的票房，而中国电影的出口却极少，在西方主流院线几乎可以忽略不计。再如文艺演出市场，近年来引进和派出每场收入比为 10∶1。

# 二、"创意"无时无处不在

"创意"在哪里？创意无时、无处不在。正如"创意经济学之父"约翰·霍金斯（John Howkins）所言，创意属于每一个人。

只要我们善于发现自己和别人的创造力,不仅仅是国家体育场(俗称"鸟巢")(见图 1.1)的设计师赫尔佐格(Herzog)和德梅隆(De Meuron)、国家大剧院(见图 1.2)的设计者安德鲁,也不仅仅是中国导演张艺谋、《云南映象》的艺术总监杨丽萍,甚至我们每一个人实际上都可能是催生创意的"那一人"(见图 1.3)。

图 1.1　国家体育场外观

图 1.2　国家大剧院外观

图 1.3　外研社文创书签

## 三、国内外的不同提法和具体所指

不同国家、地区或城市对文化创意产业概念的内涵和外延的理解往往各有不同。

## （一）国际

### 英国

英国采用"创意产业"的提法。1998年，英国创意产业专责小组首次对创意产业作出定义："源于个人创造力与技能及才华、通过知识产权的生成和取用具有创造财富并增加就业潜力的产业。"

根据英国政府的界定，"创意产业"共包含13个行业部门：广告、建筑、艺术和古玩市场、工艺品、设计、时装设计师、电影与录像、互动休闲软件、音乐、表演艺术、出版、软件和电视广播等。

### 美国

美国则采用另外的称谓："版权产业"，包括核心版权产业、交叉产业、部分版权产业和边缘版权产业。

"核心版权产业"，是指那些主要目的是为了受版权保护的作品或其他物品的创造、生产与制造、表演、宣传、传播与展示或分销和销售的产业。这些产业包括：出版与文学，音乐、剧场制作、歌剧，电影与录像，广播电视，摄影，软件与数据库，视觉艺术与绘画艺术，广告服务。

"交叉版权产业"，是指那些生产、制造和销售其功能主要是为了促进版权作品的创造、生产或使用的设备的产业。这些产业包括：电视机、收音机、录像机、CD机、DVD、录音机、电子游戏设备以及其他相关设备。交叉版权产业包括这些设备的制造与批发零售。

"部分版权产业"，是指那些有部分产品为版权产品的产业。这些产业包括：服装、纺织品与鞋类，珠宝与钱币，其他工艺品，家具，家用物品、瓷器及玻璃，墙纸与地毯，玩具与游戏，建筑、工程、测量，室内设计，博物馆。

"边缘版权产业"，是指那些主要目的是为了便于受版权保护的作品或其他物品的宣传、传播、分销或销售而又没有被归为"核心版权产业"的产业。这样的例子有为发行版权产品的一般批发与零售；大众运输服务；电讯与因特网服务。

以上四个部分合称为"全部版权产业"。

澳大利亚、加拿大等国也多以"版权产业"来统计该产业对本国经济的贡献。

**新加坡**

新加坡采用"创意产业"提法，并将其分为3大类13个行业。其中，第1类为艺术与文化，包括摄影、表演及视觉艺术、艺术品与古董买卖、手工艺品；第2类为设计，包括软件设计、广告设计、建筑设计、室内设计、平面产品及服装设计；第3类为媒体，包括出版、广播、数字媒体、电影。

**联合国教科文组织**

联合国教科文组织（UNESCO）采用"文化产业"提法，具体包括：印刷，出版与多媒体，视听，录音与录影制作，以及工艺与设计；对有些国家，还包括建筑、视觉与表演艺术，运动，音乐器材制作，广告和文化旅游。

可见，联合国教科文组织有关"文化产业"亦无定论，而其内涵中所涉及的多个产业与以英国为主的"创意产业"研究和以美国为主的"版权产业"研究的内容实属同一范畴。

## （二）国内

### 台湾地区

在我国台湾地区，称之为"文化创意产业"，也划分为 13 个行业：视觉艺术业、音乐与表演艺术业、文化展演设施业、工艺业、电影业、广播电视业、出版业、广告业、设计业、数字休闲娱乐业、设计品牌时尚业、建筑设计业、创意生活业。

### 香港特别行政区

我国香港特别行政区的"创意产业"包括设计、建筑、广告、出版、音乐、电影、电脑软件、数码娱乐、演艺、广播、古董与艺术品买卖等 11 个种类。

### 上海

上海市的"创意产业"涉及 11 个行业：工业设计、室内设计、建筑设计、广告设计、时装设计、动漫设计、网络媒体、时尚艺术、影视制作、品牌发布、工艺品制作。

### 重庆

重庆市重点扶持发展 6 大类创意产业：研发设计创意、软件设计创意、建筑设计创意、文化传媒创意、咨询策划创意、时尚消费创意。

综上所述，不同国家和城市、地区在范畴的选择上，往往各基于产业发展所需，但大体上不外乎联合国教科文组织所列的几个大方向，分别为印刷、出版、多媒体、视听商品、电影、工艺与设计、建筑、视觉艺术、表演艺术、运动、歌舞剧与音乐的制造、广告、文化观光等，基本上以英国创意产业 13 大产业为核心，再因国情区情市情不同而有所不同。

## 四、国外代表性国家发展状况

当今世界,创意产业已不再是一种理念,而是有着巨大经济效益的客观现实。约翰·霍金斯在《创意经济》一书中指出,全世界创意经济每天创造 220 亿美元,并以 5% 的速度递增。一些国家的增长速度更快,如美国达 14%。纵观全球,发达国家的众多创意产品、营销、服务,吸引了全世界的眼球,形成了一股巨大的创意经济浪潮并席卷世界。各发达国家的创意产业以各自独擅的取向、领域和方式迅速发展,呈现出一幅创意产业全球蜂起的生动画卷。

### (一)英国

1997 年 5 月,英国时任首相布莱尔为振兴英国经济,提议并推动成立了创意产业特别工作小组。十年来英国创意产业规模几乎翻了一番。

英国文化传媒与体育部的 2007 年报告显示:创意产业在整个国民经济增加值中的比例超过了 7%,并以每年 5% 的速度在增长,远高于整个经济的增长速度,产值达 560 亿英镑,解决了 180 多万人的就业问题。2004 年艺术产业所创造的外贸总额达到了 130 亿英镑,占出口产品与服务总额的 4.3%。音乐产业的产值达到了 60 亿英镑,就业人数为 13 万人。

1997 年,英国政府整合相关领域,其中包括税务方面的法规、智慧财产权等,以此为创意产业的发展创造条件。主要采取如下具体措施。

1 英国创意产业输出顾问团(CIEPAG)提出英国贸易伙伴最佳运用方式。英国政府特别注意强化对创意产业出口的援助,为此特别成立创意产业输出推广顾问团。在相关部门的协作下，创意产业输出推广顾问团发挥了重要作用：（1）促进了产业与政府之间的联结；（2）加入英国文化媒体暨体育部与贸易伙伴组织，对创意产业组织进行可能的协助，促进金融组织与国会对创意产业的了解，以及海外发展所必要的援助；（3）签订创意产业出口市场协议，促进共同基金的使用；（4）增进政府部门对创意产业的了解及对重点产业的影响，以及政府资源关注产业形成的影响。

2. 成立创意产业专责小组，培育创意企业，提升国民创新能力。1997年—2005年，英国已培育了12万多家创意企业。许多艺术机构和艺术活动因此受惠，被注入的资金已超过1.5亿英镑。

3. 在文化遗产与观光领域提供国会与贸易伙伴组织的金融机构认识产业的机会，以适应相关需要。

4. 提供创意产业与金融机构接触的机会，促成合作。针对特定产业进行金融援助，重要议题包括：探索小型企业如何经由融资贷款壮大；找出企业融资后所延伸出来的困难及其成因；评估这类延伸性的问题对成长的危害；针对政府及产业，提出可能的对策。

5. 推进"混合经济"模式，即政府公共投资与私人投资相结合，促成创意产业的成功。具体来说，就是艺术委员会作为一个触手可及的实体来操作，而政府只要履行它的"资助"职责即可，无需对艺术进行控制。

6. 文化媒体暨体育部出版 *Booking on a Hit* 手册，指导相关企业或个人如何从政府或金融机构得到投资或援助。2001年，再出版 *Good Practice in Financing Creative Business*，为金融机构与国会了解文化创意产业在资金运用方面的问题提供信息，并推动相关机构对创意产业的投资。

## （二）美国

创意经济是知识经济的核心内容，是新经济的重要表现形式，美国新经济的本质，就是以知识及创意为本的经济。（The New Economy is a knowledge and idea based economy.）

如图 1.4 所示，2005 年版权产业增加值在美国经济中占据重要的地位，达到 13 882 亿美元，其中核心版权产业增加值 8 191 亿美元，占全部版权产业的 59.0%。版权产业增加值 2003—2005 年的增长率达到 5.69%、9.75% 和 7.57%，大大高于同期美国 GDP 增长率 2.70%、4.21% 和 3.53%。核心版权产业是增长最快的部分，2002—2005 年平均增长率达到 7.0%，高于其他版权产业 5.2% 的年增长率。

从 2004 年美国经济中版权产业增加值构成（见表 1.1）可以看出，核心版权产业增加值达到 7 605 亿美元，占据全部版权产业增加值的半壁江山，达到 58.5%。

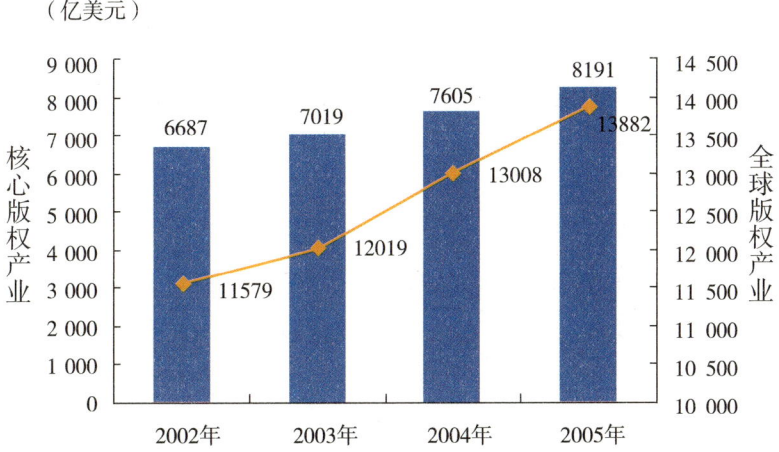

图 1.4　2002—2005 年美国版权产业增加值变化情况

表 1.1　2004 年美国经济中版权产业增加值构成

| 版权产业分类 | 规模（亿美元） | 比重（%） |
| --- | --- | --- |
| 核心版权产业 | 7 605 | 58.5 |
| 有关版权产业 | 2 486 | 19.1 |
| 部分版权产业 | 472 | 3.6 |
| 边缘版权产业 | 2 445 | 18.8 |
| 全部版权产业 | 13 008 | 100 |

### （三）澳大利亚

澳大利亚政府 1994 年发布第一个国家文化发展战略，力推创意产业。将创意产业发展作为一项国家战略加以实施，成立了布里斯班大学创意产业研究中心，作为澳大利亚联邦政府直接支持的国家级创意产业振兴机构，努力以财政支持和政策扶持带动民间资本进入，实现技术创新和市场创新，孵化产业主体，主导产业发展。1999 年，澳大利亚创意产业已占 GDP 的 3.3%，就业人数 34.5 万人，占就业人口总数的 3.7%。

澳大利亚政府从 20 世纪 90 年代后期明确提出将文化产业与创意产业结合起来的概念，将艺术、歌剧、音乐剧、电影、电视制作、互动游戏及数字内容等视为文化创意产业的重要内容，采取了一系列促进措施：一是政府在文化产业政策方面，在全球化趋势的带动下，创意产业的发展已经逐渐朝不再被政府直接赞助的方向发展，文化组织需要面对自给自足的压力。以产业为基础，在政府的文化政策趋向上，推动文化行业的企业化理念。二是在投融资方面，政府投入大笔经费与学校、商界合作开发创意产业特区，通过澳大利亚商业艺术基金会（ABAF）这个具有半官方色彩的机构作为公私部门沟通的平台，引导创意产业的发展。

对于新兴的数字文化产业，澳大利亚各州政府、省政府、区政府各投资 3 000 万美元，用 5 年以上时间来发展数码内容、服务与应用软件产业的发展。

## （四）日本

日本素有"动漫王国"之称，是世界上最大的动漫制作和输出国，目前全球播放的动画节目约有 60% 是日本制作的，世界上有 68 个国家播放日本电视动画、40 个国家上映其动画电影。根据日本贸易振兴会公布的数据，2003 年，销往美国的日本动漫片及相关产品的总收入为 43.59 亿美元，是日本出口到美国的钢铁总收入的四倍。广义的动漫产业实际上已占日本 GDP 十多个百分点，成为超过汽车工业的赚钱产业。动漫产业已经以年营业额 230 万亿日元成为日本第二大支柱产业。日本动漫产业已经形成了成熟的市场运作模式。

日本动漫市场的状态是：制片人制作卡通动画片，代理商销售，影视系统播放，企业购买卡通动画产品形象并开发衍生产品，商家销售产品。按照国际惯例，卡通市场分三个层次：一是动画本身的播出市场；二是卡通图书和音像制品市场；三是卡通形象的衍生产品，包括服装、玩具、饮料、生活用品等。其中，最后一个层次比前两个层次的周期更长，市场反响更为深远。动画片本身不能是一个"孤独"的商品，相反，应该是整个产业链和周边产品的广告。在投入制作一部动画片之前，已做好周边产品的开发规划；动画片放映之际，相关产品也开始热卖，资金回收、市场开拓、卡通形象推广等系列工作都同时开展。在衍生品盈利模式下，日本在欧美动画市场甚至可以免费提供给电视台播出。

**人才优势**。日本民间积极兴办动漫学校，通过举办动漫和游戏大赛等各种方式，下大力气培养人才，壮大动漫和游戏的创作队伍。如今，仅在东京，就有几千家动漫和游戏软件公司。这些公司的职员一般每天都要工作12个小时。

**规模优势**。目前，日本共有440家动画制作公司，这个数字包括"贴牌生产"型的来料加工公司、联盟公司和集团公司，其中的90%都位于以东京为中心的首都圈。这些公司每周能生产70—80集动画作品。同时，在外围，中国、韩国、菲律宾、印尼等地的一些动画生产公司也都已纳入日本动画产业链条，成为其廉价而高效的"贴牌生产商"。

**群众基础**。从日本人的民族特性和民族心理上来说，日本人不管男女老少，都痴迷于动漫及相关文化。日本拥有430多家动漫制作会社和不计其数的自由动漫制作人，电影院年上映动漫大片80余部，电视台年播出动漫4 000多部集。据日本三菱研究所调查，有87%的日本人喜欢漫画，84%的人拥有与漫画人物形象相关的物品，动漫迷组织的动漫俱乐部多达数百，并定期发行会刊。漫画出版业大约占全国出版销售总数的40%，销售总额的20%。

## （五）韩国

1997年金融危机后，韩国政府开始将资源投入到资讯、娱乐产业等与文化相关的产业，尤其注重向电子游戏、音乐及电子网络等新产业倾斜。2003年其影视、音乐、手机及电子游戏四个产业都有两位数的增长，出口额首次超过钢铁。

韩国政府税制支援包括：创新企业原则上两年内免除75%不动产取得税，5年内免除财产税和综合土地税，6年内免除50%企业所得税。

2001年，韩国设立文化产业振兴院，致力于文化产业的发展。韩国还设立专项基金，扶持相关产业的发展，如文艺振兴基金、文化产业振兴基金、信息化促进基金、广播发展基金、电影振兴基金、出版基金等，并运作"文化产业专门投资组合"。这是以动员社会资金为主，官民共同合作的投融资运作方式。文化产业振兴院于 2000 年和 2001 年，成功运作"投资组合"17 项，共融资 2 073 亿韩元（政府 350 亿韩元，民间 1 723 亿韩元）。

**案例：韩国网络游戏产业探秘——天时、地利、人和谱写的奇迹**

**政府**。1997 金融风暴的打击使韩国政府认识到仅靠汽车制造这样的重型工业来支撑全国经济的做法是片面的，韩国政府把采取推动高科技产业发展的措施提到了议事日程上来，并选择宽带互联网作为一个明确的发展方向。目前韩国有超过 60% 的网民在使用 ADSL（非对称数字用户线路，即俗称的宽带拨号上网方式）、CABLE MODEM（电缆调制调解器，即俗称的"宽带猫"）和专线等方式上网。

韩国人受到美国的《魔兽争霸》游戏在韩国热卖的启示，开始把发展网络游戏产业作为本国国策，并制定了一系列相关政策和优惠措施，鼓励国内企业发展以宽带、游戏为代表的信息产业。

**企业**。过去 5 年来与知识相关的新创中小企业一共兴建 11 000 多家。尤其是科技含量极高、能源消耗几乎为零的游戏制作及其相关产业在政府的政策鼓励和大量资金投入下走上了振兴之路。

**民众**。金融危机使很多公司倒闭，大批人员失业。很多人将他们的失业遣散金投入到开设网吧等游戏娱乐场所中，于是当年韩国的网吧以及本土的网络游戏雨后春笋般发展起来。

**人和**。2000年年初，韩国情报通信部在全国范围开设了"家庭主妇互联网培训班"，对全国100万名家庭主妇进行了为期1个多月的互联网培训。从韩国网民年龄差异角度来看，网游在各年龄段网民上网主要目的中都位列前茅。尤其是19岁以下比例最高，对60岁以上的网民来说网游也是其上网的重要内容。

从微观角度来看韩国网游"神话"的原因：一是将游戏作为一项系统化发展的产业来看待，设立游戏大学、游戏大赛、游戏电视台；二是网吧的盛行；三是传媒的营造；四是韩国游戏杂志制作精美、内容丰富而专业，夹杂大量广告并附送很多光盘；五是教育的配合，大批游戏院校成立，大学也开设了游戏相关专业课程，学生的学费有一半由政府出资；六是企业的支持，一些大企业纷纷成立了自己的游戏队伍并赞助各类游戏比赛，甚至游戏精神也成了企业文化的组成部分；七是各类游戏竞赛的举办。

## （六）新加坡

新加坡提出"以文化艺术复兴一个城"的口号，重视展演活动及与旅游资源的结合，以"国际展演中心"来定位新加坡。同时，政府还十分重视税收优惠等财政杠杆的使用。

新加坡提出成为世界一流城市的愿景，以文艺来复兴一个城市，为了达到这个理想，政府提出许多策略。

1. 通过艺术教育来培养民众的文艺鉴赏水平，每年额外提供40万新加坡元的补助，加强艺术教育在学校的影响力。

2. 强化艺术文化组织的经营管理能力。

3. 发掘培养具艺术天分的人才。

4. 投入艺术文化硬件设施。

5. 投入经费，加强国际交流，形成文化活动的亚洲知名度。

## 五、国内创意产业发展状况

### （一）上海

上海市的创意产业在短短几年内，获得了快速发展，推动了一批创意型企业起飞，建立了一批具有很高知名度的创意产业园区，聚集了一批具有创造力的优秀创意人才。这些年，上海大力举办的国际电影节、电视节、音乐节、艺术节、各类设计展，在国际上赢得了广泛的声誉，创意产业已初具规模，在创意设计领域形成了一定的集聚效应。为推动创意产业发展，上海市于2004年成立了创意产业中心。

**规模。**上海创意产业目前包含220万平方米的办公面积、3 000多家企业和2万多名从业人员，其2005年的增加值达549.4亿元，占当年全市GDP的6.3%。预计到2010年，上海市创意产业的经济增加值将达到850亿元，将占全市GDP的10%。上海的创意产业已形成研发设计（包括多媒体、网络、数码技术和软件开发），建筑设计创意（包括园林和室内设计），文化传媒，时尚休闲（包括服装设计、娱乐）和策划咨询（包括会展、金融、法律和外包服务）五大重点门类。

**园区**。上海开发改造和利用了100余处老上海工业建筑，对老厂房、老仓库进行了改建，形成了一批独具特色的创意工作园区，如泰康路视觉创意设计基地、昌平路新型广告动漫影视图片生产基地、杨浦区滨江创意产业园、莫干山路春明都市工业园区、福佑路旅游纪念品设计中心、共和新路上海工业设计园、"八号桥"时尚设计产业谷和天山路上海时尚产业园等。

**资金**。为鼓励原创，上海市政府拨出1.1亿元创立了导向基金，再让银行介入，投资了4亿元，支持有价值的原创项目。此外，政府也推出退税政策，企业可按不同情况获得二至三成的退税，而创意产业聚集的园区也可获得补贴。

**平台**。只有创意园区却不具备通畅的产业链及孵化作用是不够的，上海为此构建了信息、产权保护和交易、投资与融资、教育培训、设计咨询和国际交流等公共服务平台。例如，上海创意产业中心与上汽集团合资成立创意产业投资有限公司，为一些有创意但暂无资金的企业提供资金，扶持其实现产业化、建立品牌，并与九所大学合力创造培训基地，开办技能和就业培训课程，并提供大学生在企业实训的机会。

## （二）杭州

动漫产业是杭州市产业结构升级的一个选择和方向。"以市场机制为主、政府大力扶持为辅"是杭州市获得动漫产业竞争优势的保障。

从杭州市政府到区一级政府，对动漫产业的发展给予了高度重视，采取了产业扶持基金、人才引进、税收、商务等多种优惠政策。在这样的资源保证下，目前杭州的动漫产业已初具规模。全市50多家动漫游戏企业市场表现十分活跃，已初步形成了动漫产业加工、研发、制作、运营和周边产品开发的产业链，逐步从加工国外动漫产品转向自主原创研发。政府制定动漫产业的发展规划，把杭州打造成中国的"动漫之都"。从2005年起，每年举办一届"国际动漫节"。国家动漫产业基地与教研基地落户杭州。

**资料：《杭州市关于鼓励和扶持动漫游戏产业发展的若干意见（试行）》**[①]

一、资金扶持政策

自2005年起，市本级在现代服务业专项资金中单独设立动漫游戏产业发展专项资金5 000万元，滚动用于对动漫游戏产业的奖励、资助、贴息等。

1. 凡在本市申报、国家广电总局批准的原创动画片，经评审的优秀作品，在中央台播出的每分钟奖励企业1 000元；在地市级以上电视台播出的每分钟奖励企业500元；在境外主流媒体播出的每分钟奖励企业1 500元。在多个台播出的按从高不重复原则给予奖励。

2. 对获国际性重大奖项的动漫游戏原创作品，一次性奖励100万元；获国家级、省级、市级重大奖项的动漫游戏原创作品，一次性分别奖励50万元、30万元、10万元；被国家广电总局推荐为优先播出的优秀动画片，一次性奖励10万元；对经国家文化部或信息产业部批准、正式上线运营的原创游戏，每款奖励5万元；

① 资料来源：浙江政务服务网 http://www.hangzhou.gov.cn/art/2019/8/15/1art_1677203_6472.html

获国家文化部或信息产业部认定并推广的益智类游戏，每款奖励10万元。获多次奖项的按从高不重复原则给予奖励。

3  鼓励企业、院校设立或合作设立动漫游戏产业研发（技术、创作）中心，凡被认定为国家级、省级、市级的，一次性分别奖励30万元、20万元、10万元。

4  建立市动漫游戏产业发展专家评审委员会，每年对本市原创动漫游戏项目进行评审。对专家评审委员会审定的原创动漫游戏精品项目，实行前期资助，资助金额为项目实际到位投资额的10%。

5  对参加由市动漫游戏产业发展领导小组办公室组织参加的国家级以上动漫游戏产业会展的企业，给予展位费50%的资助。

6  对自带大型动漫游戏原创题材来杭创业的企业，一次性给予20万元以下创业资金的资助。同时符合其他相关产业政策资助条件的，按从高不重复原则给予资助。

7  鼓励建设动漫游戏公共技术服务平台，并给予一定的资助。

8  企业因生产原创动漫游戏作品向银行借贷资金的，按照贷款利息给予50%的贴息补贴。

二、税收扶持政策

9  政府鼓励的新办动漫游戏企业，免征3年企业所得税。

10 凡符合国家有关高新技术、电子信息和"双软"企业税收优惠政策的，由税务部门办理减免税手续。

11 动漫游戏产品出口参照文化产品出口，按照国家现行税法规定享受出口退（免）税政策。

12 为创作动漫游戏新产品进口所需要的自用设备及配套件、备件等，按现行税法规定，免征进口关税和进口环节增值税。

三、工商扶持政策

13 新办的动漫企业，最低注册资金为300万元，如一时不能全额到位的，可在3年内分期到位，其首期到位的注册资金不得低于50万元。注册资金到位前，企业按注册资金总额承担连带责任。

四、土地扶持政策

14 对入驻本市经认定的动漫游戏企业，3年内需购地建设工业生产用房的，其土地出让价格在现行基准地价基础上下浮20%。

五、人才引进扶持政策

15 对动漫游戏方面急需引进的特殊人才（经市人事局认定），凡符合我市引进人才优先购买专项经济适用住房政策条件的，可优先购买经济适用住房，并在子女教育等方面给予优先照顾。

## （三）深圳

深圳市文化产业园区建设"四个中心、五类基地"，即打造全国的文化产业博览交易中心、动漫游戏开发中心、文化产品生产制作中心和区域文化市场消费中心，以及企业示范基地、专业性基地、孵化基地、交易基地和教学培训基地。

深圳市已建、规划待建文化产业园区（基地）共有30个，其中华侨城、大芬村和雅昌企业集团被评为国家级文化产业示范基地。深圳市文化产业园区基本围绕设计、动漫、游戏、印刷、珠宝、工艺礼品、软件开发等行业进行规划和开发建设，不仅聚集了大量珠宝加工企业，还吸引了以腾讯科技、A8音乐集团、环球数码等为代表的企业。同时，设计和工艺礼品市场、油画、水晶、玉石加工等也具备了一定规模。

深圳市在2005年把文化产业列为继高新技术、金融、现代物流之后的第四大支柱产业，2006年还专门成立了文化产业发展办公室，设立了发展文化产业专项资金。2005年的文化产业增加值占该市GDP的6%，2006年增到6.7%。

### 案例：大芬村[①]

深圳关外的大芬油画村已有美术产业企业30多家，门市店和工作室近700家，形成了从原材料供应、油画、画框生产到销售、交易、托运的完整产业链，成为全球最大的油画产品集散地。大芬村与北京宋庄的不同处在于后者有大批原创画家，前者则是大量生产。

在人们眼里，大芬村的油画产品属于低端、复制型的，但北京大学中文系教授、文艺评论员张颐武认为，大芬村创造了一种成功的"中国制造"模式。随着中国大陆房地产的发展，装饰需求带来了巨大的内销市场潜力，大芬村只要在低端油画商品上做好，就能垄断低端油画市场。

中央财经大学教授魏鹏举认为，大芬村的经验显示"艺术领域同样存在工业效率"，通过提高复制、制作、传播等产业链后部分环节的效率，可以不断提升艺术生产力。

---

① 资料来源：http://blog.sina.com.cn/s/blog_5d4af6170102vjo4.html

## （四）台湾地区

2002年，台湾地区在"挑战2008重点发展计划"中，提出"文化创意产业"发展计划，并将文化创意产业作为核心产业，把创意产业作为继高科技产业后另一项全力扶持的产业——计划在5年内辅导成立50个创意生活产业项目，希望创造3 000亿元新台币的产值，带来10万个工作机会，并带动22.5亿元新台币的新投资。同年，台湾确定科技与文化发展的双主轴，选定了若干未来应该优先发展的创意产业，并拟定若干政策来推动"产业文化化，文化产业化"。

2003年，台湾经济事务主管部门与台湾"文化创意产业推动小组"确立了"文化创意产业发展规划"，这一规划包括成立文化创意产业推动组织，培育艺术创意设计人才，整备创意产业发展环境，促进创意设计重点产业及文化产业的发展。同年9月，台湾经济事务主管部门与其他相关部门共同函报台湾地区行政管理机构，公布促进产业研究发展贷款办法适用于文化创意产业，解决文化创意产业投融资问题。

2004年3月，台湾经济事务主管部门制定《文化创意产业发展条例》，提供租税优惠、免娱乐税等多项奖励优惠措施。

## （五）香港特别行政区

香港地区在发展文化创意产业方面具有得天独厚的条件：东西文化汇聚、创意人才辈出、完善的知识产权保护体系、世界级金融商贸和信息中心。

2003年，香港与内地经济"更紧密经贸合作协议"（CEPA）的签订和粤港联席会议的实施，以及中央批准北京、上海、珠三角等部分城市居民可以个人身份前往香港旅游，大大推动了香港文化产业政策的调整。

2002年3月为止，香港创意产业聘用了超过9万人，占香港总就业人口的3.7%；创意产业在2000年的出口总值达100亿港元，占香港服务出口总额的3.1%，同年创意产业产值为250亿港元，约占香港地区GDP的2%。香港创意产业2005年占香港GDP的4%左右。印刷业是香港的最大产业。

香港经验体现为以下几点。（1）人才优势。香港在创意人才的培养上有着成功的基础，人才培养和引进模式、人才交流环境较好。政府只作宏观、配套、人才方面的政策配合，真正的推动力量在企业和创意行业的前景。（2）知识产权保护。知识产权是维持香港良好营商环境的基石，香港的法规与政策清晰，在保障知识产权方面，除了美国，我国的香港应是全世界做得最好的。（3）投融资扶持措施。香港通过不同性质的基金支持创意产业。提供信用保证，让融资者从传统的渠道取得资金，为投资者及业者建立交流平台。

2004年5月，香港财政司司长唐英年表示，为加强对设计及创新发展的支持，计划动用2.5亿港元成立基金，推出"设计智优计划"，并成立"创意及设计中心"，汇聚各方人才。2005年1月12日，时任行政长官董建华在施政报告中提出，要尽快设立文化及创意产业咨询架构，广纳产业界、文化界，以及相关范畴的外地翘楚，共同探讨香港文化与创意产业的发展远景、路向和组织架构，研究全面发挥优势、整合资源、重点推进。

综观以上，尽管各个国家、城市或地区在概念的选择、理解和发展模式的侧重等上存在差异，但有一点却是共同的，那就是各个国家、地区或城市都越来越重视文化创意产业，甚至可以断言,文化创意产业已经成为 21 世纪的朝阳产业,形势喜人又逼人。

# 文化创意产业概念的两种解析方式①

北京市在其政府促进体系中，为避免歧义和便于实际操作，明确地将"文化创意产业"界定为"以创作、创造、创新为根本手段，以文化内容和创意成果为核心价值，以知识产权实现或消费为交易特征，为公众提供独特文化体验的具有内在联系的行业集群"。这是一种比较学术化的理解方式，在林林总总的理解和界定中，也算一家之言吧。为了更准确掌握这一概念的内涵和外延，特别是把握其精髓，有必要对其作构成上乃至更为另类的解读。

## 一、概念构成角度的解释

"文化创意产业"作为一个组合概念，包括"文化""创意""产业"三个下位概念，从其构成来看，可以直观地表述为这样一个公式："文化创意产业＝文化＋创意＋产业"，不妨对其三个下位概念分别予以解释。

### （一）文化概念

如前文所述，"文化"概念的定义林林总总，几乎不下百种，然而最宽泛的理解是，文化作为人类的现实性存在，与人类相伴而生，其实质性含义乃是指"人化"或"人类化"，意

---

① 本文为笔者步入文化创意产业领域之后，于2007年前后对该概念所做的一些思考和研究。这项工作，既是认识文化创意产业的逻辑起点，也是做好文化创意产业促进工作的基本前提。

即凡是超越本能的、人类有意识地作用于自然界、社会和自身的一切活动及其结果，均属于文化范畴；或者说，"自然的人化"或"文明的演化"即文化。文化的核心是价值观，集中体现为人的生活方式。

关于文化概念的权威理解，当推英国人类学家、文化史和民族学进化学派创始人之一的泰勒（E. B. Tylor，1832—1917）1871年在其《原始文化》一书中所下的定义。他认为，文化"乃是包括知识、信仰、艺术、道德、法律、习俗和任何人作为一名社会成员而获得的能力和习惯在内的复杂整体"。这个描述性定义，不经意间成为狭义文化概念的经典界说。

## （二）创意概念

"创意"是国内近些年流行起来的一个概念，具有丰富的内涵。何为创意？有这样一则寓言故事深入浅出地道出了"创意"的真谛：

> 上帝为人间制造了一个怪结（被称为"高尔丁"死结）并承诺：谁能解开此怪结，谁将成为亚洲王。所有试图解开此怪结的人都失败了，最后轮到亚历山大，他说："我要创建我自己的解法规则。"他抽出宝剑，一剑将"高尔丁"死结劈为两半。于是他就成了亚洲王。

另有一个哥伦布巧妙树立鸡蛋的故事，同样生动形象地揭示了"创意"的高妙：

> 1492年，哥伦布发现了新大陆。从海上回来，他成了西班牙人民心目中的英雄。国王和王后也把他当做上宾，封他做海军上将。可是有些贵族瞧不起他，他们用鼻子一哼，说："哼，这有什么稀罕？只要坐船出海，谁都会

到那块陆地的。"

在一次宴会上,哥伦布又听见有人在讥笑他了。"上帝创造世界的时候,不是就创造了海西边的那块陆地了吗?发现,哼,又算得了什么!"哥伦布听了,沉默了好一会儿,忽然从盘子里拿个鸡蛋,站了起来,提出一个古怪的问题:"女士们,先生们,谁能把这个鸡蛋竖起来?"

鸡蛋从这个人手上传到那个人手上,大家都把鸡蛋扶直了,可是一放手,鸡蛋立刻倒了。最后,鸡蛋回到哥伦布手上,满屋子鸦雀无声,大家都要看他怎样把鸡蛋竖起来。

只见哥伦布不慌不忙,把鸡蛋的一头在桌上轻轻一敲,敲破了一点儿壳,鸡蛋就稳稳地直立在桌子上了。

"这有什么稀罕?"宾客们又讥笑起哥伦布来了。

"本来就没有什么可稀罕的,"哥伦布说,"可是你们为什么做不到呢?"宾客们一个个强词夺理:"鸡蛋都破了,那算什么呢?"

哥伦布却继续保持不以为然的态度:"我在刚开始定条件时,曾有说过不允许把鸡蛋敲破吗?"

哥伦布离席而去时还留下了一句令人回味的话:"我能想到你们想不到的,这就是我胜过你们的地方。"

宾客们一时哑口无言。

何为"创意"?通俗言之,"创意"体现在过程上是创造和创新,体现在结果上是新的"点子"(idea),目的是追求"不同寻常",可从以下六个同音词语入手对其作形象而多元的理解：

① 创"异"（差异、个性）；② 创"议"（创出争议）；

③ 创"艺"（有艺术品位）；④ 创"亦"（空间变化）；

⑤ 创"翼"（灵动、飞翔）；⑥ 创"益"（创出效益）。

概言之，"创意"就是要无中生有，有中生多，多中生好，好中生优，优中生特，最终创造出差异和不同寻常来，达到完善人的生活方式和存在方式之目的。

## （三）产业概念

"产业"一词，更是人人耳熟能详的了。所谓产业，是指由利益相互联系的、具有不同分工的、由各个相关行业所组成的业态总称，是能产生剩余价值的行业。大凡产业，无不讲究投入和产出，无不关注经济效益和社会效益，无不注重自身的规模和发展等。创意产业，又叫创意工业、创造性产业、创意经济等，指那些从个人的创造力、技能和天分中获取发展动力的企业，以及那些通过对知识产权的开发可创造潜在财富和就业机会的活动。

# 二、文化创意产业的另类解读

文化创意产业作为一种新型业态，由文化、创意、产业三个要素构成，三者之间不应是简单的加法关系，而是发生化学反应的乘法关系，因此可以贴切地表述为"文化创意产业 = 文化 × 创意 × 产业"。在文化创意产业中，"文化"是载体，"创意"是灵魂，"产业"是目标；另有一种更为形象的比喻式解释认为：文化是土壤，创意是种子，产业是果实。

此外，对从事"文化创意产业"这种社会事务而言，其奥妙之处可以凝练成一个字来表述，那就是"玩"：

一是好（hào）玩（喜欢→痴迷→追求→内化）：通常人们会说玩字画、玩古董、玩软件、玩书、玩电影、玩漫画……现代人的生活包括工作和休闲两个部分，文化解决的是后一个问题，即休闲和玩儿的问题。

二是好（hǎo）玩（吸引→感知→欣赏→创造）：通常表现为个体在接触和欣赏文化产品与服务中得到精神的享受或心情的愉悦，进而迸发出创造的冲动。

三是玩好（hǎo）（玩出名堂）：从个体看，在"玩"中提升生活品质、拓展精神世界空间；从社会看，创造经济效益，创造品牌，产生社会效益，表现为多数人能接受，社会普遍认同，因而对人、社会乃至地球都有益处。

# 文化创意产业的属性与特征分析①

## 一、文化产业②

### （一）基本理解

在我国，目前在国家和社会层面惯于将文化划分为文化产业和文化事业。文化产业是创造、传播与消费文化（消费者享受文化，但需要购买。）有机统一的经济形态，以盈利为主要目的。与之相对应的文化事业则是创造、传播与消费文化（消费者享受文化，但无需购买。）有机统一的文化形态，以发展公共文化事业，满足人民群众的文化需要，提高全社会的文化素养为其主要目的，不以营利为目的。二者的相同点都是创造、传播与消费文化有机统一的特定形态。不同点在于文化事业归根结底是文化形态，旨在实现文化产品或文化活动的文化价值或精神价值，消费者可以直接消费或参与；文化产业则是通过特定文化内容实现文化产品的商业价值，是具有文化高附加值的经济业态，消费者要购买文化产品和服务。

文化产业有广义与狭义之分。广义上可以理解为从事文化产品和服务的创意、研发、生产、营销以及相关产业的经济形态；狭义上可以理解为从事文化产品和服务的创意、研发、生产、营销的经济业态，也是创造、传播与消费文化有机统一的经济业态。文化产业的狭义界定客观上为文化产业划清了边

---

① 本文通过对文化产业、创意产业、文化创意产业、文化创意产品等的属性与特征的具体描述和深入阐释，来揭示作为一种新兴业态的文化创意产业的属性与特征。行文中引用和收录了几位专家、学者的研究成果并注明，在此一并表示诚挚谢意。

② 主要摘自薛永武教授《论文化产业的经济属性和社会属性》一文，详见《山东大学学报（哲学社会科学版）》，2016年第5期。引者对其中一些不准确的地方进行了校正。

界，即从总体而言，文化产业为体现文化产品和服务的创意、研发、生产、营销四位一体的经济业态。

## （二）主要属性与特征

1. **文化传播性**。文化产业具有文化传播的重要功能，是传播文化的重要载体和渠道，也是提升文化软实力的重要依托。第一，文化产业能够促进民族元素的传承融合与传播，在传统文化资源向现代文化产业的转化中，不断凝聚、继承、传播和弘扬中华民族传统优秀文化。第二，文化产业是中国文化走出去的重要载体和渠道，通过向国外推介优秀文化产品，使中华民族优秀文化融入世界，在文化全球化的过程中彰显中华民族优秀文化的生命力。第三，在中外文化传播的互动过程中，通过文化产业的载体，引进外国优秀文艺作品和学术著作等，有利于我国学习和借鉴外国先进文化，为我国文化发展提供助力。第四，以发展文化产业为动力，有利于提升我国的文化软实力，实现文化强国战略。

2. **意识形态性**。文化产业的核心元素是文化产品，其意识形态性质比较复杂，既具有鲜明性，又具有模糊性和不确定性的亚意识形态性质。第一，出版业中许多人文社会科学著作和文章，具有比较鲜明的意识形态性质。第二，许多工艺品、风景画等文化商品只具有亚意识形态的性质，一般并不具备鲜明的意识形态性质。第三，影视艺术、戏剧和绘画等艺术产业，有的具有比较鲜明的意识形态性质，但很多作品具有亚意识形态的性质。第四，文学作品中的艺术形象具有模糊性的特点，所反映的意识形态性质也往往具有一定程度的模糊性和不确定性，一般的写景诗和咏物诗，其意识形态性质也比较弱。

3. **价值共享性**。文化产业的价值共享性是指文化产品和服务所蕴含的文化内容在较大程度上能够满足消费者共同的情感需要、精神需要和休闲娱乐需要等。文化产业的价值共享性来自文化产品和服务的共享性。文化产品和服务所蕴含的文化价值很多是可以共享的，甚至打破民族之间和国家之间意识形态的差异和对立，比如反映尊老爱幼和人性美的文化产品、反映自然美和保护环境的文化产品、一般的游戏产品等，是人们普遍喜爱的，有利于实现文化产品的价值共享。

4. **自然的人化性**。在旅游业中，以人文景观为主要特色的旅游景点包含丰富的人文内容，以自然景观为主要特色的旅游景点也正在走向自然的人化，体现自然旅游与文化内蕴的融合，体现人化的自然或者自然的人化。

5. **心灵服务专业性**。文化产业是精神产品的创造、生产和精神消费的专门服务行业。除了文化产品创造和生产以外，文化产业还有大量服务行业，为消费者提供心灵服务，在某种程度上满足消费者悦智乐神与悦情的心灵需要。消费者在这些场所散步、休闲、娱乐，不知不觉娱乐了身心，解放和休憩了心灵。

## （三）经济属性

1. **基本理解**。一是文化产业发展要遵循市场规律。市场规律表明，任何经济活动都应该根据社会需要，即消费者的需要来决定具体的生产对象，坚持经济效益、产品质量与服务顾客的三个统一。文化企业既要考虑自身的经济效益，也要创造出优质的文化产品，满足消费者对文化产品的需要，才能真正促进文化产业的发展。文化产业在市场经济环境中要适应优胜劣汰的竞争规律。市场经济注重产品质量，质量就是企业的生命；文化产业更要注重产品的质量，文化产品质量也是文化企业的生命。二是文化产业发展要遵循价值规律。价值是关系范畴，既离不开事物的客观属性，又离不开主体的具体需要，只有当事物的属性满足主体需要时，事物才能实现特定价值；如果事物的属性不能满足主体需要，就无法实现自身价值。因此，当供不应求时，产品就会增值；当供大于求时，产品就会贬值。文化产业只有体现丰富的文化属性并且能够满足消费者对文化产品和服务的需要，才能够实现自身价值；反之，当文化产品和服务缺乏丰富的文化属性，不能满足消费者对文化产品的需要时，文化产品和服务就会贬值。文化产业价值规律的实践表明：文化产业作为经济业态，如果不能盈利，就无法维持产业的发展；只有通过创造出具有真善美的优秀文化产品和服务，才能获得经济效益与社会效益。三是文化产业经济属性的特殊性。从文化产品质的规定性来看，文化产业不是一般的经济业态，而是文化经济，要受到文化属性的制约和影响，体现出文化属性对经济活动影响的两面性：文化产品如果具有健康、文明、科学、先进的文化内容，就能够促进文化产业的发展，有利于文化企业获得较大的经济效益；反之，就会阻碍文化产业的发展，也不可能获得良好的经济效益。文化产业经济属性的特殊性就在于，文化产业既要遵循经济活动的一般规律和特殊规律，又要遵循文化发展的一般规律和特殊规律；既要遵守经济活动的相关法律法规，又要遵守文化活动的相关法律法规。从消费者对文化产品和服务的消费来看，消费的内容只能是产品和服务所蕴含的文化内容，是对文化产品形式美的欣赏，而不是对产品物质属性的消费。观众到电影院看电影，欣赏的是电影中的艺术形象、故事情节、审美意境等，而不是消费电影的屏幕和放映机；读者从书店购买小说阅读，也不是消费小说纸张和文字，而是作品中的故事内容和艺术魅力。与文化产品消费不同，一般经济消费表现为消费者对商品物质属性的认同和消费，其最终结果是消费购买的物质商品。

2. **主要特点**。文化产业的经济属性既具有一般经济活动的属性特点，也具有文化经济所特有的个性创造、快速便捷、复制拷贝、绿色环保、高附加值和高风险性等特点。（1）个性创造。文化产业作为一种经济形态，与一般商品生产有很大不同。一般商品生产虽然也注重品牌，但同一种产品的结构与功能则大同小异。文化产品则更多地要求个性化制作或创造。以艺术产业而论，每一部作品都需要个性化的独创，从创造主体的角度来看，文化产业的个性化创造来源于文化创意者、艺术设计者等创造者的审美意识、审美个性和审美趣味；从文化消费者的角度来看，文化产品和服务的生产和创造客观上恰恰是为了满足消费者的个性化需要，是为了满足消费者的审美趣味、情感欲求和精神满足等个性需要。（2）快速便捷。在互联网时代，文化产业正在逐渐转型升级为具有快速便捷特点的新兴产业，利用互联网和移动化高新技术，以创意创新为核心，培育新兴业态，是我国实现文化产业升级换代的重要途径。新兴的文化产业体现了即时性与及时性的特点。（3）复制拷贝。复制是指依照原件制作成同样产品的过程，比如临摹、拓印、印刷、复印、录音、录像、翻拍等。无论是生产还是消费，一般物质生产出来的产品本身是无法复制的，更不可能无限复制，一块面包只能是一块面包，不可能复制出若干块面包，但文化产品却可以复制拷贝，体现出

"一等于多"的特点。正是文化产业这种复制拷贝与批量生产的特点，客观上促进文化产业快速发展，成为传承文明、传播文化、促进文化交流和经济快速增长的重要方式。（4）绿色环保。国家"十三五"规划强调绿色发展，绿色发展成为五大发展理念之一。在新常态下发展经济必须解决两个矛盾：一是有限资源与无限消费之间的矛盾，二是经济发展与环境污染之间的矛盾。解决第一个矛盾的关键是节约资源，开源节流，科学消费；解决第二个矛盾的关键是经济转型与产业升级。为了解决这两个矛盾，我们要大力发展文化产业，因为文化产业是绿色环保型产业，既能节约自然资源，又能减少环境污染。随着新常态下我国经济转型和产业升级，文化产业正在成为我国经济绿色发展的新引擎。（5）高附加值。文化产品的高附加值体现了文化产品自身的文化价值，既有经济价值，又有文化传播的价值。在文化产品生产过程中，首先，通过创意设计，可以对产品材料、功能、工艺等进行优化设计，使其更具有艺术化和人性化。其次，对文化产品包装进行设计来创造高附加值。再次，通过各类广告传播文化产品，使其受到消费者的青睐。文化产品要实现高附加值，关键是内容要健康、丰富、科学、先进，能够较大程度得到普遍认可，要具有完美的外在形式。（6）高风险性。文化产业具有一定的行业风险，主要有两个方面：一是文化产业具有一定的意识形态性质，而意识形态往往具有可变性，因而文化产品可能随着意识形态的变化而受到一定程度的影响；二是文化产业中的演艺业存在一些不确定的因素。实际上，文化产业的行业风险客观上与缺少高水平的管理者和创意者有关，也与文化产业本身的复杂性不无关系，因为文化产业的复杂性意味着存在文化产品生产、经营、投资有可能偏离预期结果而造成损失的可能性，如一些高投入的文化产业的行业风险的因素包括周期性风险、成长性风险、市场集中度风险、行业壁垒风险、宏观政策风险等。

3. **经济属性的甄别**。判断一个产业是一般产业还是文化产业，一个很重要的标准就是看其注重商品物质属性的实用功能，还是注重服务于文化和精神消费的社会功能。凡是注重商品物质属性实用功能的是一般产业，而注重服务于文化和精神消费的社会功能的则是文化产业。由于文化产业与一般产业客观上存在一些交叉，其产品的实用功能与文化功能已完全融合为一体，故文化产业与一般产业的交叉现象客观上为判断产业属性增加了一定难度。为了对文化产业与一般产业进行认知和判断，我们可以从文化产业与一般产业的本质上进行认知和判断。与文化产业不同，随着经济文化化的进程，一般产业越来越具有文化内蕴，但一般产业所具有的文化特点，不是该产业的本质属性，而只能是产业文化，而绝非文化产业。比如许多汽车越来越漂亮，甚至具有汽车艺术的外在审美性，但汽车主要功能还是交通工具，其产业属于一般产业，而不是文化产业。作为经济形态的文化产业，就整体而言，它是以文化为产业内容，通过实现创造、传播与消费文化（享受文化）的有机统一，来实现其经济价值，即文化产业盈利的内容是文化要素本身，消费者消费的是产品所蕴含出来的文化内涵，而不是产品的物质属性。

## （四）社会属性

文化产业不仅具有经济属性，更具有社会属性。文化产业的社会属性包括文化产品和服务所体现出来的政治、法律、道德、艺术和哲学等社会意识形态的价值取向，也包括其所蕴含的人性、自由、理想、理性、情感、意志、欲求、趣味和心理等人文情怀。

1. **社会属性如何体现**。文化产业的社会属性只有通过实现其社会效益才能体现出来。消费者在文化消费中，通过对产品的认同和赞赏实现特定文化产品的社会效益。首先，文化产业的社会属性是消费者通过文化创意者的创意与文化产品的具体创造而体验蕴含于其中的内在品质、精神等社会要素和人文意蕴，在消费过程中，有利于身心健康，塑造文明、健康、完美、和谐的人生。这是文化产品社会属性最根本和最重要的体现。其次，只有通过消费者积极参与，丰富多彩、蕴藉深厚的文化内容才能转化为具体的社会效益。按照马克思主义生产与消费理论，生产制约和影响消费，消费也制约和影响生产。只有消费者具有消费文化产品的需要和消费能力并进行消费时，文化产品才能实现其社会效益。文化产品消费能力包括两个要素：一是消费者主体的文化程度、美学素养、兴趣爱好等主观因素；二是消费者经济消费能力。从价值论哲学角度来看，文化产品的社会属性只具有潜在的价值，只有消费者对文化产品消费以后，潜在价值才能转化为具体的社会效益。因此，消费者素养高低、兴趣爱好、经济能力等因素，都直接影响文化产品的消费数量、消费质量和消费程度，因而也都不同程度制约和影响文化产品社会属性的实现。

2. **判断文化产业社会属性的指标体系**。从文化产业的消费来看，文化产业的社会属性可以通过消费者对文化产品和服务的具体消费体现出来。文化产业的社会属性可以用真善美来概括，是围绕真善美的有机统一，由此可以建构判断文化产业社会属性的指标体系。（1）文化产业社会属性的真。判断文化产业的社会属性第一个指标就是看文化产品和服务所蕴含的真。文化产品和服务所蕴含的真，要求文化产品能够反映和揭示社会发展的一般规律，正确反映人生的本质，能够从系统论和整体性角度出发，正确反映事物的本来面貌，既见树木，更要见森林。(2)文化产业社会属性的善。文化产业社会属性的善主要表现在文化产品和服务所蕴含的内容具有"精神食粮"的内涵。在把握文化产业社会属性的善时，应该注意以下几点。第一，这里所说的善是广义的，在文化多样性的前提下，凡是能够彰显人性的尊严、自由、公正、公平，有利于维护社会和谐发展、有利于促进人与自然和谐的文化产品，都是善的，要求文化产品和服务既能够反映中华民族文化的先进性，又能够反映人类价值的共同性。只有先进的民族文化，才能真正走向世界，融入世界，濡化世界，成为推进世界文明、促进世界文化发展的有机因子。第二，文化产业社会属性的善还应该体现国家"十三五"规划关于"实现全面建成小康社会奋斗目标，推动经济社会持续健康发展"所提出的必须遵循的"五个原则"。从这个角度来看，文化产业的社会属性应该为凝聚民族智慧、激励民族精神、提升国民素质和社会文明程度，为提升国家文化软实力发挥特有的积极作用。第三，文化产业社会属性的善还应该彰显对消费者人生的有益性，即凡是能够为消费者悦情、悦神，有利于消费者身心健康的文化产品，都是善的，都具有积极的社会效益。另外，许多有利于消费者身心的游戏娱乐产品、自然景观和人文景观等，也都具有善的意蕴。(3)文化产业社会属性的美。文化产业中的许多文化产品和服务具有丰富的审美属性，体现出文化产业社会属性的美。文化产品内容具有文化意蕴、美的内涵和美的外在显现，才能吸引消费者。一方面，文化产品和服务应该倡导真善美，歌颂真善美，彰显审美理想，引领消费者在文化消费中培养健康的审美趣味，树立正确的审美观；另一方面，文化产品和服务总是具有特定的感性形式，体现出各具特色的形式美。用真善美三个维度来判断文化产业的社会属性，建构判断文化产业社会属性的指标体系，符合哲学的基本原理，即文化产业应该实现合规律性与合目的性的统一。所谓合规律性，就是要求文化产品和服务要具有真的维度；所谓合目的性，就是要求文化产品和服务具有善和美的维度。这里所说的目的，是指文化产品和服务要符合人类主观的目的，即符合人类向善与审美的需要。实际上，真善美的和谐统一是人类一切社会实践应该具有的三个维度，如果说一般实践活动较多地体现出求真与向善的统一，而随着社会发展进步，一般实践活动正在逐渐走向求真、向善与审美的统一，而文化产业本身就应该体现出真善美三者的有机统一。因此，建构文化产业社会属性的指标体系，应该围绕真善美三个维度，在这三个维度下细化多项具体指标。其中，无论什么指标，都只有得到消费者认同，才能确认文化产品价值；没有文化消费，就没有评判文化产品的发言权。

3 **社会属性的实现途径**。要实现文化产业的社会属性，涉及文化产品和服务的创造者、消费者、消费渠道及其艺术魅力四个方面。（1）提高文化创意者的创意水平和文化企业的创造能力。从文化产品创造者来看，只有提高文化创意者的创意水平和文化企业的创造能力，才能创造出合格乃至优秀的文化产品。生产者如果能生产出优秀产品，就非常有利于产品占领市场，赢得消费者喜爱。我国文化产业转型升级步履维艰，关键是高素质高水平的文化创意人才不足。（2）提高文化消费者的消费能力。提高文化消费能力，需要提高消费者文化水平、审美能力与鉴赏能力，又要切实增加经济收入，逐步提高每个社会成员的文化消费能力。我国要大力发展文化产业，就必须全方位提高文化消费者的文化素质和审美能力，培养健康的审美趣味和文化消费取向。（3）畅通文化产品和服务生产、传播与消费渠道。文化产品和服务由于其特殊性，特别是在出版物以及影视艺术创造等领域，一般都需要通过主管部门的审查，才能走向消费市场。根据文化产品和服务所特有的快速便捷和复制拷贝特性，为了简化文化产品和服务的消费环节，可以采用传统的消费渠道，又可以采取简约化的现代消费渠道。这样文化企业既可以减少流通环节和流通时间，又可以使消费者尽快享受到文化的魅力。（4）文化产品和服务特殊的艺术魅力。实现文化产业社会属性还需要文化产品具有特殊魅力，要求文化产品和服务寓真于乐、寓善于乐、寓教于乐、寓美于乐，美与乐（快乐之乐）相融相谐。寓真于乐，是指把文化产品和服务求真的合规律性蕴含于消费者消费过程中的快乐体验之中；寓善于乐，是指把文化产品和服务向善的合目的性蕴含于消费者消费过程中的快乐体验之中；寓教于乐，是指把文化产品和服务的教化功能蕴含于消费者消费过程中的快乐体验之中，实际上也是一种寓善于乐；寓美于乐，是指把文化产品和服务的内容美和形式美蕴含于消费者的快乐体验之中。通过文化产品和服务寓真于乐、寓善于乐、寓教于乐、寓美于乐，实现审美与快乐相融相谐。在"互联网＋""文化＋"的大背景下，文化产品更需要"审美＋"，把审美元素融入文化产品，不断提升文化产品特殊的艺术魅力，才能把文化产品社会属性转化为社会效益。

## （五）两种属性的关系

1 **经济属性为社会属性转化为社会效益提供经济基础。**经济属性是文化产业的基本属性。作为经济形态的文化产业只有盈利，获得经济效益，才能为文化产业发展提供物质基础。如果不盈利，企业家就没有发展文化产业的动力，也不可能促进文化产业的良性循环。承认并重视文化产业的经济属性，并不是唯经济论，而是恰恰抓住文化产业作为经济形态的本质属性，甚至可以说，把经济属性转化为经济效益是发展文化产业最主要的目的。文化产业的经济属性应该依存于文化产品和服务为消费者提供健康、文明、科学、先进的文化内容，必须具有丰富多彩的审美化的外在形式。社会消费的文化产品和服务越多，越有利于把文化产业经济属性转化为企业经济效益；反过来，文化产业经济属性转化为经济效益越多，就越能够促进文化产业的可持续发展。

2 **社会属性是经济属性的前提和灵魂**。文化产业的社会属性是其经济属性的前提和灵魂，是文化产品质量和生命的关键。如前所述，文化产业经济属性不是体现在产品的物理属性或者实用价值，而是建立在满足消费者情感需求、心理需求和精神需求等主观层面上，文化产品蕴含健康、文明、科学、先进的文化内容，才能为消费者提供精神食粮，所以，文化创意者和具体文化产品与服务的创造者，一开始就要考虑文化产品和服务的文化属性，考虑如何把真善美的内容包蕴、凝定于特定具体的文化产品和服务之中，为文化产品和服务注入文化的灵魂、血液和风骨，这恰恰体现文化产品和服务与一般商品的本质区别。

3 **经济属性与社会属性相互依存与相辅相成**。文化产业的本质决定文化产业兼具经济属性与社会属性。从政府角度来看，既然文化产业是一种经济业态，就应该把文化产业交给市场，相信和发挥市场优胜劣汰的功能，因为市场从本质上体现产品生产者与消费者之间的供需关系，就是以人民群众为主体的消费者对文化产品的消费需要和消费能力对文化企业的召唤，而政府的作用是为市场搭建平台，通过法规政策对文化产业因势利导和科学管理。从文化企业角度来看，可以把获得经济效益视为主要目的，因为如果没有经济属性转化为经济效益作保障，文化产业自身就无法生存和发展。当然，企业家只有尊重文化产品和服务的社会属性和文化本质，充分认识文化对于文化产品和服务的灵魂作用，才能真正有利于实现经济效益。

## 二、创意产业[①]

创意产业不再简单地囿于过去的传统文化产业，它是适应新的产业形态而出现的创新概念，是对新形态的概括、总结和发展。

创意产业的根本观念是通过"越界"促成不同行业、不同领域的重组与合作。这种越界主要是面对第二产业的升级调整，第三产业即服务业的细分，打破二、三产业的原有界限，通过越界，寻找提升第二产业，融合二、三产业的新的增长点，二产要三产化，要创意化、高端化、增值服务化，以推动文化发展与经济发展，并且通过在全社会推动创造性发展，来促进社会机制的改革创新。英国提出的13类创意产业部类，主要包括新生的产业类别，如动漫、游戏、数字艺术甚至软件设计、手机增值文化产品，也包括虽然仍然沿用过去的电影、电视、服装设计，但内涵已大大变化，已经是数字电影数字电视设计。

需要特别注意的是，创意产业一方面是在过去总体的文化产业基础上发展起来的产业概念，另一方面又是不同于过去文

---

① 摘自 2008 年 12 月 17 日发布的网文《文化创意产业的性质与基本特点》，作者署名为"静谧的尖锐"。在此深表谢意！本文中，作者并未将创意产业和文化创意产业作严格的区分，而是混用甚至等同。详见 https://www.douban.com/group/topic/4900092。

化产业的新的产业形态。创意产业往往是在制造业充分发展、服务业不断壮大基础上形成的,是第二、三产业融合发展的结果。创意产业中既有设计、研发、制造等生产活动领域的内容,也有传统三产中的一般服务业,更有艺术、文化、信息、休闲、娱乐等精神心理性服务活动的内容,是城市经济和产业融合发展的新载体,是现代服务业的重要组成部分。在总体服务业的业态中,通过越界,寻找提升和融合制造业的新的增长点,开拓艺术型、精神型、知识型、心理型、休闲型、体验型、娱乐型的新的产业增长模态,培育新的文化消费市场,涵养新一代创意消费群体,以推动文化发展与经济发展,并且通过在全社会推动创造性发展,来促进社会机制的改革创新。

那么,几乎所有的产业都需要创造性,为什么还要提出创意产业呢?在一些传统的行业或领域中,创造性只是一种附属品而不具有产品的核心地位。同时,这种创造性或创意还是指相当泛化的一般概念,如过去我们熟悉的特指艺术创作中的艺术家的独创性。而按照后标准化时代的创意理念,创意或创造性成了特指的市场趋向的产业方式的核心。也就是说,二产制造业卖产品、卖机器,创意产业卖设计、卖理念、卖精神、卖心理享受、卖增值服务。这样,创意就成了当代产业组构中的一种特殊的设置,它决定了产业的性质,并由此决定了产业的管理与操作。二产的发展靠机器、厂房、资源和劳动力,创意产业不同于制造业的汗水产业、劳动力密集产业,创意产业的发展靠创意阶层,靠创意群体的高文化、高技术、高管理,靠新经济的"杂交"优势,特别是创意阶层中最富创造性的高端创意人才。据统计,现代财富的创造更多集中在一些最优秀的创意人才上,如比尔·盖茨(Bill Gates)、史蒂夫·乔布斯(Steve Jobs)。

从产业运作模式上看,创意产业的发展更加动态化,它是市场经济运行的高端方式,更加远离过去的计划经济方式,更多地依靠市场和消费自身的推动，同时又不断地设计市场、策划市场、涵养市场、激发市场。也就是说，在当下的全球化消费时代，市场的全球性，传播的全球性，需求的精神化、心理化、个性化、独特化，消费的时尚化、浪潮化，使得创意作为产业，从根本上改变了过去固化的稳态工业发展模式：常规结构、常规模式、常规营销、常规消费，而代之以不断变动的创意策划、创意设计、创意营销、创意消费。它在不断关注市场中，创造消费惯例、涵养消费人群、引导消费时尚潮流。它不断地在创意中寻找热点、利润和机会，以一种动态的平衡模式替代或提升过去的稳态工业发展模式。因此，它高度依赖策划、依赖人才、依赖变化，眼睛每时每刻盯着市场哪怕微小的变动，捕捉机会，放大机会，展开新一轮竞争。它的活力在于每个企业都有机会也都有风险，每个企业都要面对竞争也面对失败，每个企业都要殚精竭虑面对生存挑战。这就是创意社会的主旋律和大逻辑。创意理论、创意经济的产业浪潮绝不是空穴来风，而是其来有自。

创意产业的先驱是德国著名经济史及经济思想家熊彼得（J. A. Schumpeter），早在1912年，他就明确指出，现代经济发展的根本动力不是资本和劳动力，而是创新，而创新的关键就是知识和信息的生产、传播、使用。在他逝世40多年后，他当年率先创用的"创造性破坏""创新"以及"企业家精神"三个关键词，已成了美国甚至全球主流经济论述中的核心概念，被麦肯锡顾问公司的两位经济学家发扬光大，写成著作《创造性破坏——市场攻击者与长青企业的竞争》（*Creative Destruction: Why Companies That Are Built to Last Underperform the Market—And How to Successfully Transform Them*），对观察当代企业流变具有十分重要的帮助。熊彼得创始的创造性破坏或创意破坏性技术是指那些能够让更多的人享受到这种技术所带来的好处，而破坏了既有技术的根基的技术。例如，电话的产生就是一个创意破坏性技术，它破坏了原有的电报技术。现在，许多大公司常常基于理性的经营方式来决定自己的产品政策，那些在短期之内经不起考验的产品就不会得到推广，创意破坏性技术就难以产生。但实践表明，创意破坏性技术能够为公司赢得市场，而对创意破坏性技术的搁置往往造成既有市场的丧失。

出身哈佛的美联储主席艾伦·格林斯潘（Alan Greenspan）经常把熊彼得的名字和观念挂在嘴边。他曾说："美国的经济，比起其他国家更明显地反映出从前哈佛著名教授熊彼得所谓的'创造性破坏'，它乃是一个持续的过程，新兴的科技赶走了老科技，当使用老科技的生产设备变得陈旧，金融市场即会支持使用新科技的生产方式……，这种创造性破坏的过程正在明显地加速，这种扩大的创新，也反映在资本由老科技往新科技的移动上。"这种"创造性破坏"被认为就是"新经济"得以发展的动力。

另外一种更具实践意义的创意产业观念将创意产业与雇佣人员数量的平均值和标准差联系起来。美国密苏里州经济研究与信息中心发布的《创意与经济：密苏里州创意产业的经济影响的评估报告》就将创意产业这样表述：创意产业是指雇佣大量艺术、传媒、体育从业人员的产业。产业对艺术的依赖度是通过计算下列工作产业内所占的比例确定，这些工作属于"艺术、设计、体育和传媒行业"类。分类是根据联邦政府所制定的"职业分类标准"进行的。任何产业只要其艺术相关的职业比行业艺术雇员平均值高至少一个标准差，即可被界定为创意产业。在本研究里，任何产业的创意工作的雇员超过10%（比平均值高一个标准差）即被定义为创意产业。在这里，创意（创新）产业有三个基点：一是它与文化——艺术、设计、体育和传媒行业相关；二是它是新创业的有新的文化创意和运作方式的企业；三是从事创意工作的雇员超过先前同类行业10%。最后一条甚至成为判断是否成为创意产业的实操标准。

从经济学角度进行研究，理查德·凯夫斯（Richard Caves）在其《创意产业经济学》（*Creative Industries: Contracts between Art and Commerce*）一书中，为创意产业归纳了七个特点：一是创意产品具有需求的不确定性；二是创意产业的创意者十分关注自己的产品；三是创意产品不是单一要素的产品，其完成需要多种技能；四是创意产品特别关注自身的独特性和差异性；五是创意产品注重纵向区分的技巧；六是时间因素对于一个创意产品的传播销售具有重大意义；七是创意产品的存续具有持久性与营利的长期性。凯夫斯的观点抓住了创意产业的重要特点，颇有见地。综合起来，创意产业具有以下基本特点。

## 1 需求的不确定性与产业的风险

创意产业或文化创意产业生产的产品不再是过去时代基本的物质性必需产品，而是更富于精神性、文化性、娱乐性、心理性的产品。随着人们生活水平的提高，对这种精神性产品的需求在总体上日益提升，需求量越来越大，这是创意产业发展的根本动力。但对于每一种具体的产品如电影、电视剧、广告片、MTV、动漫、网络游戏来说，这种需求又有很大的不确定性。每一创意产品对于消费者需求来说，存在着时尚潮流、个体嗜好、传播炒作、时机选择、社会环境、文化差异、地域特色等多种不确定因素，因而也大大增加了创意产品的风险。

从当代经济发展来看，创意产业无疑是风险产业，对创意产业的投资是一种风险投资。风险投资被认为是当代经济增长的发动机。它以知识创新与高新科技为支持体系，具有可能的高收益、高回报和高增长潜力特性，但这种高收益也可能遭遇风险。即使是十分成熟的好莱坞电影，同一个著名导演，他也无法保证他的每一部电影都能成功。成功与风险并存，这就是创意产业的魅力所在。

## 2 创意为王与创意产业的文化的精神的特质

当代创意产业的蓬勃发展，使得创意产品成了买方市场，而眼球和注意力则成了卖方市场，成了稀缺商品。创意产业的产品最忌讳沿袭陈规俗套，它在总体上必须凸显产品独具的特色，才能"击中"人心，在市场上获得超值的效益。

创意产业的精神性、流动性、易逝性性质决定了创意产业的根本：创意为王。尽管创意产业的组织结构与交易过程十分复杂，但其核心仍然是创意。创造性是创意产业的生命线。在当代消费社会，大众流行文化遵循时尚化、浪潮化的运行方式，使得文化产品的新颖性、短时性和强烈的空间（视觉）特征空前凸显出来。创意产业所包含的广告、建筑、艺术和文物、工艺品、设计、时装设计、电影、互动休闲软件、音乐、表演艺术、出版、软件、电视广播、游戏与网络游戏、动漫，无不强烈地依凭新的创意、新的设计。

创意产业的组织结构与交易过程是与消费社会的架构方式相表里的。比如，创意产业的组织结构就十分强调创意群体的团队组合；创意产品的包装、复制、传播、销售（如软、硬广告，签名售书，见面会，媒体曝光等）具有举足轻重的意义；而创意产品消费者的培育、涵养、组织（歌友会、影迷会、社区团体、俱乐部）则是供奉"上帝"的必修功课。

创意产业的文化性、精神性、流动性、易逝性和组织结构与交易过程的复杂性，表明了创意产业必然超越过去时代的产业水平和产业模式，而在一个更高的层次上展开。它既要求创意产业建立在现代企业制度的构架之上,又具有自身对文化承传、精神创造、意境营构和可遇不可求的艺术天才及其灵感的追求。

### 3 创意产品的多样性与差异性:纵向区别与横向区别

创意产业尽管十分推崇创造者的个人创造力,但它又不同于过去时代文学家、艺术家在象牙塔中自成一格的那种"独创性",不同于过去时代艺术作品,如绘画,完全由画家个人独自完成的情形。当代创意产品必须由创意策划、技术制作、传播操作、管理协调、商品销售等多方合作才能最终完成,是各方协同的产物。这只要看看一部最简单的电视剧片头片尾有多少参与创作人员就一目了然了。

因而,创意产品的创作过程远比一般产品复杂。这就要求创意产品的所有创造投入都要达到和超出一般流水线上的熟练水平,才能生产出合格的创意产品。这样的创意行为才是经济学家所说的增值生产功能。在这种可增值的生产关系中,"如果要得到具有商业价值的产出,每个生产投入必须到位,或是生产行为至少达到精通或是超出精通水平。零的倍数仍然是零。这就是迈克·科米尔称之为关联性生产理论"[①]。

创意产品具有创意的多样性和差异性。由于创意产业更多地具有文化艺术的特性,因而其风格、基调、艺术特色更多地具有多样性与差异性。创意产品的差异性既包含纵向区别,也包含横向区别。所谓纵向区别,是指产品与产品之间在产品水平、等级或质量的区别,它关乎产品的"原创性""技巧性"或艺术境界的评价。好莱坞的剧作家、导演及制片人在任何时候都会对剧作家的好坏有一致的评价,能断定谁应属"一流"剧作家,谁应属"二流"。用经济学的术语来说,这些创意型的产品在纵向上(或本质上)是有区别的。这就是"一流 / 二

① [美]理查德·E.凯夫斯:《创意产业经济学:艺术的商业之道》,孙绯等中译,新华出版社,2004,第7页。

流"特性。从根本上说，任何一个产品与其他产品都是不同的，而它们的不同将导致截然相反的结果。比如在同时播放的电影或电视节目中，一个观众就会选取这一部作品观看，而不是选择其他作品。因为在尝试了两个产品之后，买方认为甲种产品比乙种产品好，如果两种产品的销售价格相同，就没有人会买乙种产品。

横向区别则是指不同类别不同特色之间的区别。同样质量同样水平的创意产品之间会因为消费者的习惯、偏爱而做出选择。"两首歌曲，两部动作片，在消费者看来，其特点和质量可能非常相似，但它们又不完全相同。用经济术语来说，它们具有横向区别。"① 横向区别激发艺术家从各种可能中做出选择，刺激消费者或中间商从一系列真正具有创意性的产品中做出选择。而创意产品通常是横向区别与纵向区别的混合体。

总之，创意产业是全球化条件下，以消费时代人们的精神文化娱乐需求为基础，以高科技手段为支撑，以网络等新传播方式为主导的，以文化艺术与经济的全面结合为自身特征的跨国跨行业跨部门跨领域重组或创建的新型产业集群。它是以创意为核心，向大众提供文化、艺术、精神、心理、娱乐产品的新兴产业。它改变了过去时代的产业发展的静态平衡，趋向于一种发展的动态平衡。

## 三、文化创意产业

### （一）文化创意产业的基本特征

文化创意产业通常具有"两高两强"的基本特征：

**1 高知识性**。文化创意产品一般是以文化、创意理念为核心，

---

① [美] 理查德·E.凯夫斯：《创意产业经济学：艺术的商业之道》，孙绯等中译，新华出版社，2004，第7页。

是人的知识、智慧和灵感在特定行业中的物化表现。文化创意产业与信息技术、传播技术和自动化技术等的广泛应用密切相关，呈现出高知识性、智能化的特征。如电影、电视等产品的创作是通过与光电技术、计算机仿真技术、传媒等相结合而完成的。

2 **高附加值**。文化创意产业处于技术创新和研发等产业价值链的高端环节，是一种高附加值的产业。文化创意产品和服务价值中，科技和文化的附加值比例明显高于普通的产品和服务。

3 **强融合性**。文化创意产业作为一种新兴的产业，它是经济、文化、技术等相互融合的产物，具有高度的融合性和很强的渗透性，为发展新兴产业及其关联产业提供了良好条件。

4 **强辐射性**。文化创意产业具有很强的辐射力，在带动相关产业的发展、推动区域经济发展的同时，还可以辐射到社会的各个方面，全面提升人民群众的文化素质。

## （二）文化创意产品的属性与特征[①]

文化创意产品，是指文化创意产业中产出的任何制品或制品的组合。从产品最终形态来看，文化创意产品包含两个相互依存的部分：文化创意内容与硬件载体。文化创意产品区别于大多数一般产品的特殊性主要在于它的文化创意内容，这是文化创意产品的核心价值。但文化创意内容无法独立存在，必然要依靠具体的硬件载体而存在。因此，文化创意产品的价格主要是由两个部分的价值组成的：一是硬件载体的成本，另一个是文化创意内容的精神与情感价值，前者易于量化，而后者往往难以量化。

① 摘自中央财经大学文化创意研究院执行院长魏鹏举教授的文章。本人在市文促中心工作期间，与这位文创产业专家打了不少交道，市文促中心的工作得到他的不少帮助和指导。

文化创意产品的属性可以分为两个方面：一是文化创意价值属性，二是经济价值属性。文化创意价值属性是指文化创意产品所表达的人类精神活动内涵及其影响。文化创意产品通过定价和售卖，把无形资本转换为有形的货币价值，带来直接和间接的经济增长和就业增长，这些经济效益的总和就是文化创意产品的经济价值。

鉴于文化创意产品的双重属性，其主要经济特征有如下五个方面。

**第一，文化创意产品的价值主要源自无形资本，其初始创造成本高，而复制、传播成本低。**所有商品的价值，一般来源于两个部分：有形资本和无形资本。比如同样是矿泉水，超市售卖的和饭店售卖的价格就有很大的差距；同样是运动鞋，著名品牌的价格比普通品牌的价格要高出不少。这两个例子中的价格差主要是由商品的无形资本所决定的。对于大多数满足人的生理和物质需要的产品来说，有形的物质成本是决定产品价格的主要因素，无形资本是产品的附加价值，厂商获取最大利益的竞争力是通过降低有形成本以及提升无形资本来实现的。

对于文化创意产品来说，其价值同样是由有形资本和无形资本两部分构成，与一般产品不同的是，决定文化创意产品价值的主要因素是所包含的无形资本，有形的物质成本一般在产品价格中的比重是非常小的。比如，一盘售价 30 元的唱片，其物质成本大约在 1 元钱左右，决定唱片价格的主要是光盘所负载的音乐价值，购买唱片是一种典型的精神性消费。文化创意产品的价值主要源于无形资本，这并不意味着文化创意产品的创造成本低，相反，无形资本的创造可能比有形资本的创造成本还要高，而且由于它是"无形"的，这种资本的价值实现具有很大的不确定性，因此，无形资本的风险很大。无形资本的创造需要大量的创造性投入，加之它的风险成本很高，所以文化创意产品的初始创造成本往往较高。但是，由于文化创意的无形资本是以信息符码的方式存在的，所以它的复制、传播成本很低。因此，我们可以说，每一件文化创意产品的附加价值很高，但是整体文化创意产品的创造过程的成本并不低，而且有较大的风险。

**第二，文化创意产品具有双重的质量标准，即物化的表达形式质量与内容质量。**我们对于一双运动鞋的质量的评价，主要是看它的材质好坏、看它是否结实耐磨舒适等等，质量评价的基础是运动鞋的物质形态，这种质量评价在实践中当然也受到心理因素的作用，比如运动鞋的款式、品牌美誉度等。对于运动鞋的质量评价代表了消费者对于大部分产品的质量评价方式。文化创意产品是以物质产品为载体的精神消费产品，文化创意产品的这种价值构成，使得文化创意产品的质量评价具有了一定的特殊性。文化创意产品的质量标准是双重的，既有物质形态的产品质量评价，也有非物质形态的内容质量评价，后者往往更为重要，更被消费者所重视。消费者购买一本书，对于这本书的质量评价，主要是要看这本书的内容是否对于阅读者有价值（比如教育价值、理论价值、情感价值等等），纸质、印刷、装帧等物化的表达形式虽然也是对书籍质量评价的重要内容，但显然关于内容的质量评价是最主要的。由于文化创意产品存在双重质量标准，因此在文化创意产品的生产、传播、消费以及市场监管等各个环节都显示出与一般产品的不同来，既需要可量化的质量标准，也需要不可量化的软性质量标准，后者往往显得更为棘手，也更为微妙。不可量化的软性质量标准是文化创意产品的一个重要而独特的属性特征，这是一个还有待进一步深入分析和研究的问题。

**第三，文化创意产品属于人类较高层次的精神需求或附加值生产需求，它的需求弹性较大。** 弹性概念在经济学中用得很广泛，它是指在一个经济函数中，因变量对自变量变化的反应程度。需求弹性是用来测量一种商品的需求数量对于某些需求决定因素变化的反应程度，更具体地说，需求弹性是一种需求决定因素（自变量，包括产品价格、消费者收入、相关产品的价格和广告费等）的值每变动百分之一所引起的需求量（因变量）变化的百分比。需求弹性分需求收入弹性和需求价格弹性，需求收入弹性是指需求对收入变化的反应程度，需求价格弹性是指需求对价格变化的反应程度。决定商品需求弹性的因素很复杂，需求价格弹性与需求收入弹性也分别有各种影响因素。如果仅就需求的性质来说，一般情况下，越是基础性的需求越是刚性需求，这类商品的需求弹性越小；越是高级需求越是软性需求，这类商品的需求弹性越大。

相对于大量的物质性的产品，文化创意产品基本上属于非刚性的软性需求产品，它主要是满足精神性的直接消费需求或提升附加值的生产需求，前者比如音乐会、戏剧演出、电影等文化创意产品，后者比如广告促销、建筑设计、工业设计等。人们的收入增长，满足了基本的生存与安全需要之后，那么精神方面的需求就会有大幅度的提升，文化创意产品的市场需求快速增长；反之，如果人们的收入下降，满足或维持基本生存与安全需求是必须的，那么，精神方面的需求往往成为首当其冲要削减的对象，文化创意产品的需求就会大幅度的减少。那些创意设计类的文化创意产品也是如此，它的作用是提升工业或制造业的附加价值，在经济衰退时期它的需求往往不足。文化创意产品的价格变动对于需求量的影响也同样比较显著。比如，书价的增幅如果超过居民的收入增长幅度，销售量就会有大幅度的下滑，尤其在总体收入水平较低的发展中国家或地区。

**第四，文化创意产品大多具有公共品的特点，即文化创意价值的消费具有某种程度的非竞争性和非排他性。**一杯水，一个人喝了三分之二，另一个人最多只能喝剩下的三分之一。一件衣服，已经穿在了我身上，其他人就不能同时穿着它了。但一部电影却不是这样的，几十人、上百人可以同时观赏，每个人都可以完整地欣赏这部电影，即使是放映结束后，除了胶片有些微的磨损，电影内容本身依然是完整的，并没有被消耗。以上的几个实例说明，与大多数的实物形态的产品相比较，文化创意产品大多具有某种程度的非竞争性和非排他性。所谓非竞争性，是指一部分人对某一产品的消费不会影响另一些人对该产品的消费，一些人从这一产品中受益不会影响其他人从这一产品中受益，受益对象之间不存在利益冲突。例如广播，多一个人听或少一个人听，不会影响其他人的收听，大家同时收听同一台节目，也不会因此产生利益竞争。所谓非排他性是指，产品在消费过程中所产生的利益不能为某个人或某些人所专有，要将一些人排斥在消费过程之外，不让他们享受这一产品的利益是很难的。例如，公共文化广场的建造，可以为提供资金支持的市民们提供一个参与并享受文化生活的良好空间和氛围，它的开放性也让那些即使是没有对此作出贡献的人或外国人也能享受到同样的好处。文化创意产品消费的非竞争性和非排他性，在实践中一般可以通过一定的措施和技术手段来规避。比如通过收取门票来获得竞争性消费，通过设置无线接收密码等手段来实现排他性收益。

**第五，文化创意产品的供给创造文化需求也创造文化消费者，文化创意产品在消费传播的过程中具有价值循环累积效应。**供给创造需求，这个古典经济学的市场判断，随着市场竞争的加剧以及买方市场的出现，逐渐被需求决定供给的认知所取代。其实，更为符合实际的是，供给与需求之间是一种互动均衡的关系，供给会影响需求，需求也会影响供给，只不过在生产力相对不足的时期，供给的影响更大，而在生产力过剩供大于求的市场环境中，需求的市场作用更为突出。文化创意产品的供需总体上也是符合这种互动均衡规律的，但是对于创造性的产业来说，供给的意义和作用显然更为重大。文化创意产品属于创造性的产出，独特性与超越性是这类产品追求的重要品质，通过创新带来新奇的精神享受或开启新的产业链。比如伟大的艺术作品，可能是超越当下时代的审美观的，它的创造给它的消费者们带来了新奇的艺术审美体验。比如工业设计，它的价值就是要突破常规，通过不断的创新开启新的产业链，创造新的需求，不是被动地适应市场，满足已有的消费心理，而是要激发新的消费欲望，创造需求，赢得市场。文化创意产品的消费需要消费者具备特定的文化修养能力，文化供给往往是文化消费的前提条件。以交响乐为例，只对那些懂得欣赏交响乐的人来说才有价值。交响乐的市场需要从交响乐的普及和教育开始，随着交响乐教育的日益深入，喜欢这类文化创意产品的人群才会逐渐壮大，文化市场才会繁荣。文化市场的繁荣会进一步推动文化创意产品的需求。因此，我们说，文化创意产品的供给培养了专业忠诚的消费者，培育了市场，使得文化创意产品的消费需要不断增长，文化创意产业的从业者，以及经济效益和社会效益进一步扩大。文化创意产品的这一特点在实践中经常被运用，比如，当中国人还不熟悉日本或美国好莱坞的动漫作品的时候，大量的日本或好莱坞的动漫作品，如《铁臂阿童木》《米老鼠与唐老鸭》，以免费或极低的价格向中国电视观众倾销式传播，培养了大批热衷日本动漫与好莱坞动画的消费者，从而得以成功进入了中国动漫消费市场。

# 卷二
## 实践探索篇

# 文化创意产业：北京市的理性选择[①]

关于文化创意产业，世界上不同国家、地区和组织往往选择不同的提法和表述，例如：文化产业（中国、德国、芬兰、西班牙、法国、韩国、UNESCO），创意产业（英国、新加坡、中国的上海市），版权产业（美国、澳大利亚、加拿大），文化创意产业（中国香港和中国台湾地区），等等，从而体现不同的历史传统和鲜明的现实选择。

2005年年底，北京市在全国率先作出大力发展文化创意产业的重大战略决策。北京选择"文化创意产业"概念实际上经历了一个广泛调研、充分比较、深入论证、审慎取舍的过程，这个理性选择的过程突出强调了以下三个独特取向。

## 一、现实取向

立足于北京市丰富的文化资源禀赋和巨大的文化消费市场；看重的是文化创意产业承载的重要功能，体现出极为鲜明的现实取向。正如市委宣传部联合课题组在研究报告中明确指出的："大力发展文化创意产业，是全面落实科学发展观、实现首都经济社会全面协调可持续发展的重要保证，是推进首都产业结构调整升级和经济增长方式转变的重要途径，也是实现首都发展定位和发展目标、提升'四个服务'功能的重要手段。"[②]

[①] 本文旨在介绍当初北京市选择"文化创意产业"概念、作出大力发展文化创意产业战略决策的基本考虑。

[②] 中共北京市委宣传部联合课题组：《北京市文化创意产业发展研究报告》，2005年。

## 二、高端取向

北京市不是泛泛地更非低端地发展文化创意产业,而是在整体产业布局之内,有取有舍,有所为有所不为,坚持走高端发展之路。诚如时任中央政治局委员、市委书记刘淇同志在代表中共北京市委第九届委员会向市第十次党代会所作报告中指出的,全市要"推动产业发展高端化。坚持高端、高效、高辐射力的产业发展方向,加快发展现代服务业,不断提高第三产业的比重。着力发展动漫、网络游戏、版权交易、新媒体、设计、软件等文化创意产业,培育骨干企业和战略投资者,使文化创意产业成为首都经济的支柱产业和新增长点","积极建设高新技术产业基地和文化创意产业集聚区,支持高端产业更好地发展"。高端取向将一些相关的但属于低端的产业活动排除在文化创意产业之外,有效地廓清了北京市文化创意产业的应然范围。

## 三、创新取向

文化创意产业概念本身就非常强调"创新",实际上,没有创新,焉有"创意"?当然,反之亦然。在2006年12月8日上午举行的北京市文化创意产业领导小组第三次会议上,时任北京市文化创意产业领导小组组长的刘淇同志强调,发展文化创意产业,是北京市全面贯彻科学发展观的重要举措,是调整产业结构、转变增长方式的重要着力点,是首都经济发展的新引擎。要注重增长方式转变,注重经济结构优化,注重资源节约利用,注重深化改革和自主创新。要将科技与文化有机结合起来,推动文化创意产业的发展。从此,文化创意和科技创新成为推动首都北京经济社会发展的"双引擎"。正如著名经济学家厉无畏先生所指出的,"这里的创意特指文化创意,它和科技创新是提升产业附加值和竞争力的两大引擎。科技创新在于改变产品和服务的功能结构,为消费者提供新的更高的使用价值,或改变生产工艺以降低消耗和提高效率;而文化创意为产品和服务注入新的文化要素,如观念、感情和品味等因素,为消费者提供与众不同的新体验,从而提高产品和服务的观念价值"[①]。

---

① 厉无畏:《上海创意产业发展的思路与对策》,《上海经济》,2005年第 C00 期。

# 北京市文化创意产业的行业构成[①]

2006年,北京市为贯彻落实"十一五"规划目标要求,大力发展文化创意产业,探索建立科学、系统、可行的北京市文化创意产业统计标准,以《国民经济行业分类》为基础,以国家关于文化产业的方针政策、北京市关于发展文化创意产业的决策精神为指导原则,并与国内外相关标准相衔接,同时兼顾部门管理和文化创意活动的自身特性,正式制定、印发了京统函〔2006〕183号文,即《北京市文化创意产业分类标准》,从而为文化创意产业统计监测和评价提供了科学、统一的范围与定义。

该分类标准首先明确了文化创意产业的定义,是指以创作、创造、创新为根本手段,以文化内容和创意成果为核心价值,以知识产权实现或消费为交易特征,为社会公众提供文化体验的具有内在联系的行业集群。

该分类标准规定了北京市文化创意产业的外延,明确将其划分为三个层级,共9个大类27个中类88个小类。文化创意产业的9个大类具体包括:文化艺术,新闻出版,广播、电视、电影,软件、网络及计算机服务,广告会展,艺术品交易,设计服务,旅游、休闲娱乐和其他辅助服务。具体分类情况详见表2.1。

[①] 本文对北京市文化创意产业的内涵与外延作了介绍,回答了北京市文化创意产业的具体所指和所包括的行业门类问题。

表 2.1　北京市文化创意产业分类标准

| 类别名称 | 国民经济行业代码 |
| --- | --- |
| 一、文化艺术 | |
| 　1 文艺创作、表演及演出场所 | |
| 　　文艺创作与表演 | 9010 |
| 　　　—文艺创作服务 | |
| 　　　—文艺表演服务 | |
| 　　　—其他文艺服务 | |
| 　　艺术表演场馆 | 9020 |
| 　2 文化保护和文化设施服务 | |
| 　　文物及文化保护 | 9040 |
| 　　　—文物保护服务 | |
| 　　　—民族民俗文化遗产保护服务 | |
| 　　博物馆 | 9050 |
| 　　纪念馆 | 9060 |
| 　　图书馆 | 9031 |
| 　　档案馆 | 9032 |
| 　3 群众文化服务 | |
| 　　群众文化服务 | 9070 |
| 　　　—群众文化场馆 | |
| 　　　—其他群众文化活动其他文化艺术 | 9090 |
| 　4 文化研究与文化社团服务 | |
| 　　社会人文科学研究与试验发展 | 7550 |
| 　　专业性团体* | 9621 |
| 　　　—文化社会团体 | |
| 　5 文化艺术代理服务 | |
| 　　文化艺术经纪代理 | 9080 |
| 二、新闻出版 | |
| 　1 新闻服务 | |
| 　　新闻业 | 8810 |
| 　2 书、报、刊出版发行 | |
| 　　（1）书、报、刊出版 | |
| 　　图书出版 | 8821 |

（续表）

| 类别名称 | 国民经济行业代码 |
|---|---|
| 报纸出版 | 8822 |
| 期刊出版 | 8823 |
| 其他出版 | 8829 |
| （2）书、报、刊制作 | |
| 书、报、刊印刷 | 2311 |
| 包装装潢及其他印刷* | 2319 |
| （3）书、报、刊发行 | |
| 图书批发 | 6343 |
| 图书零售 | 6543 |
| 报刊批发 | 6344 |
| 报刊零售 | 6544 |
| 3 音像及电子出版物出版发行 | |
| （1）音像制品出版和制作 | |
| 音像制品出版 | 8824 |
| 音像制作 | 8940 |
| （2）电子出版物出版和制作 | |
| 电子出版物出版 | 8825 |
| —电子出版物出版 | |
| —电子出版物制作 | |
| （3）音像及电子出版物复制 | |
| 记录媒介的复制* | 2330 |
| —音像制品复制 | |
| —电子出版物复制 | |
| （4）音像及电子出版物发行 | |
| 音像制品及电子出版物批发 | 6345 |
| 音像制品及电子出版物零售 | 6545 |
| 4 图书及音像制品出租 | |
| 图书及音像制品出租 | 7321 |
| 三、广播、电视、电影 | |
| 1 广播、电视服务 | |
| 广播 | 8910 |
| —广播电台 | |

（续表）

| 类别名称 | 国民经济行业代码 |
| --- | --- |
| —其他广播服务 | |
| 电视 | 8920 |
| —电视台 | |
| —其他电视服务 | |
| 2 广播、电视传输 | |
| 有线广播电视传输服务 | 6031 |
| —有线广播、电视传输网络服务 | |
| —有线广播、电视接收 | |
| 无线广播电视传输服务 | 6032 |
| —无线广播、电视发射台、转播台 | |
| —无线广播、电视接收 | |
| 卫星传输服务* | 6040 |
| 3 电影服务 | |
| 电影制作与发行 | 8931 |
| —电影制片厂服务 | |
| —电影制作 | |
| —电影院线发行 | |
| —其他电影发行 | |
| 电影放映 | 8932 |
| —电影院、影剧院 | |
| —其他电影放映 | |
| 四、软件、网络及计算机服务 | |
| 1 软件服务 | |
| 基础软件服务 | 6211 |
| 应用软件服务 | 6212 |
| 其他软件服务 | 6290 |
| 2 网络服务 | |
| 其他电信服务 | 6019 |
| 互联网信息服务 | 6020 |
| —互联网新闻服务 | |
| —互联网出版服务 | |
| —互联网电子公告服务 | |

（续表）

| 类别名称 | 国民经济行业代码 |
|---|---|
| 　　—其他互联网信息服务 | |
| 　3 计算机服务 | |
| 　　计算机系统服务 | 6110 |
| 　　其他计算机服务 | 6190 |
| 五、广告会展 | |
| 　1 广告服务 | |
| 　　广告业 | 7440 |
| 　2 会展服务 | |
| 　　会议及展览服务 | 7491 |
| 六、艺术品交易 | |
| 　1 艺术品拍卖服务 | |
| 　　贸易经纪与代理* | 6380 |
| 　　—艺术品、收藏品拍卖服务 | |
| 　2 工艺品销售 | |
| 　　首饰、工艺品及收藏品批发 | 6380 |
| 　　工艺美术品及收藏品零售 | 6547 |
| 七、设计服务 | |
| 　1 建筑设计 | |
| 　　工程勘察设计* | 7672 |
| 　2 城市规划 | |
| 　　规划管理 | 7673 |
| 　3 其他设计 | |
| 　　其他专业技术服务 | 7690 |
| 八、旅游、休闲娱乐 | |
| 　1 旅游服务 | |
| 　　旅行社 | 7480 |
| 　　风景名胜区管理 | 8131 |
| 　　公园管理 | 8132 |
| 　　其他游览景区管理 | 8139 |
| 　　城市绿化管理 | 8120 |
| 　　野生动植物保护* | 8012 |
| 　　—动物观赏服务 | |

（续表）

| 类别名称 | 国民经济行业代码 |
| --- | --- |
| ——植物观赏服务 | |
| 2 休闲娱乐服务 | |
| 　　摄影扩印服务 | 8280 |
| 　　室内娱乐活动 | 9210 |
| 　　游乐园 | 9220 |
| 　　休闲健身娱乐活动 | 9230 |
| 　　其他娱乐活动 | 9290 |
| 九、其他辅助服务 | |
| 1 文化用品、设备及相关文化产品的生产 | |
| 　（1）文化用品生产 | |
| 　　文化用品制造 | 241 |
| 　　乐器制造 | 243 |
| 　　玩具制造 | 2440 |
| 　　游艺器材及娱乐用品制造 | 245 |
| 　　机制纸及纸板制造* | 2221 |
| 　　手工纸制造* | 2222 |
| 　　信息化学品制造* | 2665 |
| 　　照相机及器材制造 | 4153 |
| 　（2）文化设备生产 | 3642 |
| 　　印刷专用设备制造 | 403 |
| 　　广播电视设备制造 | 4151 |
| 　　电影机械制造 | 407 |
| 　　家用视听设备制造 | 4154 |
| 　　复印和胶印设备制造 | 4159 |
| 　　其他文化、办公用机械制造* | |
| 　（3）相关文化产品生产 | |
| 　　工艺美术品制造 | 421 |
| 2 文化用品、设备及相关文化产品的销售 | |
| 　（1）文化用品销售 | 6341 |
| 　　文具用品批发 | 6541 |
| 　　文具用品零售 | 6349 |
| 　　其他文化用品批发 | 6549 |

（续表）

| 类别名称 | 国民经济行业代码 |
| --- | --- |
| 　　其他文化用品零售 | |
| 　（2）文化设备销售 | 6376 |
| 　　通讯及广播电视设备批发* | 6548 |
| 　　照相器材零售 | 6374 |
| 　　家用电器批发* | 6571 |
| 　　家用电器零售* | |
| 3　文化商务服务 | |
| 　　知识产权服务 | 7450 |
| 　　其他未列明的商务服务* | 7499 |
| 　　—模特服务 | |
| 　　—演员、艺术家经纪代理服务 | |
| 　　—文化活动组织、策划服务 | |

# 快速发展中的北京市文化创意产业[①]

## 一、文化创意产业是北京发展的新机遇

20世纪90年代，北京市就在全国率先提出发展文化产业。最近几年，主要领导多次组织国内外各领域专家学者召开专家咨询会、专题研讨会，共商北京文化产业发展大计，在听取专家学者意见和建议基础上，最终将"文化创意产业"作为北京市发展的新抓手。北京选择"文化创意产业"的称谓主要理由有三点。

**一是现实取向**。北京是全国的文化中心。2006年，北京的人均GDP已超过6 000美元；北京的文化资源异常丰富，文化消费市场十分巨大，具有发展文化创意产业的深厚基础和强大动力。大力发展文化创意产业，既是实现北京经济社会全面协调可持续发展的重要保证，也是推进北京产业结构调整升级和经济增长方式转变的重要途径，更是打造北京国际化大都市形象的重要手段。

**二是高端取向**。北京在整体产业布局之内，坚持高端、高效、高辐射力产业发展方向，加快发展现代服务业，不断提高第三产业的比重……着力发展动漫、网络游戏、版权交易、新

---

[①] 本文为杨沁同志2007年11月30日应邀在中国人民大学"2007美学与文化创意产业硕士研究生班"开班典礼上的致辞。此讲稿由笔者起草、杨沁同志改定。

媒体、设计、软件等文化创意产业，培育骨干企业和战略投资者，使文化创意产业成为首都经济的支柱产业和新增长点。

**三是创新取向**。科技创新和文化创意是当今世界各国发展的两个重要决定因素。科技创新在于改变产品和服务的功能结构，为消费者提供新的更高的使用价值，或改变生产工艺以降低消耗和提高效率；而文化创意为产品和服务注入文化要素，如观念、感情和品味等因素，为消费者提供与众不同的新体验，从而提高产品和服务的观念价值。北京注重深化改革和自主创新，将科技与文化有机结合起来，推动文化创意产业的快速发展。

## 二、北京市促进文化创意产业快速发展的主要举措

2005年开始，北京市文化创意产业步入了发展的快车道。

这一年，作出战略部署，文化创意产业被列为"重点支柱产业"；2006年，成立班子、出台政策、建立推进机制、设立专项资金、举办系列活动、认定集聚区、支持重点项目；2007年，出台五年规划、支持一批项目、认定第二批集聚区、举办第二届"文博会"、发布集聚区专项资金使用办法、构建投融资体系。

概括地说，我们的工作主要是着力于打造以下四个体系。

**一是领导体系**。成立北京市文化创意产业领导小组。这是我们的最高领导协调和决策机构，由市委书记亲自挂帅，领导小组下面设一个办公室，根据领导小组的意见具体指导推进文化创意产业方面的工作，市委常委、宣传部部长、副市长担任

办公室主任。同时还成立了北京市文化创意产业促进中心这个常设机构，促进中心是在领导小组及其办公室的具体指导之下推进文化创意产业的相关工作，架起党和政府与市场、党和政府与企业之间的桥梁。

**二是政策体系。** 我们初步建立了一个"1＋X"政策体系框架。"1"就是我们去年正式出台的《北京市促进文化创意产业发展的若干政策》，俗称"35条"，从财政、税收、规划、土地以及人才培养等方面都作了宏观指引。有这个总的政策之后，我们还根据各个行业的特点制定各个行业的政策。通过这些总的政策加上若干实施细则共同构筑起北京发展文化创意产业的政策体系。

**三是规划体系。** 规划体系可以概括为"1＋9"规划体系。"1"就是今年8月份正式出台的《北京市"十一五"时期文化创意产业发展规划》，这个规划是北京市整体布局全市文化创意产业发展的总纲性规划。根据该规划，经过5年的努力和发展要使文化创意产业成为北京的一个重要经济支柱。根据这个总的"十一五"发展规划，我们还要制定九个行业的分规划。通过这个"1＋9"规划，共同构筑起北京文化创意产业的规划体系，用于更好地引导全市文化创意产业的健康发展。

**四是资金体系。** 包括两大块：其一是设立政府引导资金来助推文化创意产业的发展，也就是所谓的专项资金。专项资金包括两项：一项是北京市文化创意产业发展专项资金，从2006年开始，市财政每年投入5个亿，这项资金主要用于支持重点文化企业的发展、重点文化产品的研发和市场推广。目前主要采取政府补贴、政府奖励和政府购买这几种方式，下一步我们要加大的就是贷款贴息方面的力度。另一项是文化创意产业集聚区基础设施专项资金，资金规模也是5亿元，分3年投入。其二是构建投融资服务体系。引导金融资本和社会资本与文化创意产业对接。通过引导金融机构和社会各方面的介入，为文化创意产业提供相关服务，逐步解决文化创意企业发展目前普遍面临的融资难问题。

那么，目前北京市文化创意产业的发展效果究竟如何呢？这里我不妨列举几个数字：2006 年，北京市文化创意产业创造增加值 812 亿元，占全市 GDP 增加值的 10.3%，同比增长 15.9%；资产总额达 6 161 亿元，同比增长 19.9%；实现收入 3 614.8 亿元，同比增长 29.4%。

## 三、北京市文化创意产业发展的未来目标

《北京市"十一五"时期文化创意产业发展规划》明确提出：到 2010 年，文化创意产业实现增加值占全市 GDP 比重要超过 12%，年均增长在 15% 左右。

更值得关注的是，未来几年，北京将建成全国的九大中心，即文艺演出中心、出版发行和版权贸易中心、广播影视节目制作和交易中心、动漫和网络游戏研发制作中心、广告和会展中心、古玩和艺术品交易中心、设计创意中心、文化旅游中心、文化体育休闲中心。

总之，北京文化创意产业正处于良好开局和快速发展阶段。随着奥运会的即将举办，随着北京市经济社会各项事业的发展，文化创意产业必将为北京的经济发展和社会进步做出更大贡献。

# 北京市发展文化创意产业的实践和思考[①]

"一年之计在于春",春天已经悄然来临,我们在这个风和日丽的周末相聚于著名高等学府中国人民大学,共同探讨文化创意产业的发展,这无疑既是一个良好的开端,也昭示着一个美好的未来!下面我将用一个上午的时间,从五个方面向大家详细介绍北京市发展文化创意产业的有关情况,与大家一起交流和思考,希望大家多给予批评。

## 一、北京发展文化创意产业的现实背景

### (一)时代背景:消费转型与提升

当今,世界进入后工业社会和消费时代。大力发展文化创意产业有利于更好地满足人民群众的精神文化需求。在这种时代大背景下,北京结合自身的资源禀赋,审视文化创意产业发展的现实条件和基础,积极主动作为。到 2007 年底,北京人均 GDP 突破 7 000 美元。"十五"期间,北京市城乡居民消费结构发生了很大变化,恩格尔系数从 36.2% 下降到 31.8%,城乡居民文化娱乐支出年均增长 10.8%,文化消费日益成为城乡居民的消费热点,但文化产品和服务供给不足的问题依然比较突出。大力发展文化创意产业,能够进一步激发全社会的创

---

[①] 本文为笔者2008年2月份一个周末上午应邀在中国人民大学"2007美学与文化创意产业硕士研究生班"上授课的提纲,保持了当时的内容原貌。

造潜能与聪明智慧，加快推进文化创新体系建设，提供更多更好的文化产品和服务，不断满足人民群众多方面、多层次的精神文化需求。

## （二）国际背景：国际文化贸易不平衡

在当今世界，创意产业已不再仅仅是一种理念，而是有着巨大经济效益的直接现实。放眼全球，不少发达国家的众多创意产品、营销、服务，吸引了全世界的眼球，形成了一股巨大的创意经济浪潮，席卷世界。各发达国家的创意产业以各自独擅的取向、领域和方式迅猛发展，展现了一幅创意产业全球蜂起的壮阔图景。

"创意产业之父"、英国著名经济学家约翰·霍金斯先生在他的《创意经济》(*The Creative Economy*) 一书中指出，全世界创意经济每天创造 220 亿美元的产值，并以 5% 的速度递增。在一些国家，增长的速度更快，美国高达 14%。以英国为例，1997 年 5 月，英国时任首相布莱尔为振兴英国经济，提议并推动成立了创意产业特别工作小组。十年来英国创意产业规模几乎翻了一番。英国文化传媒与体育部的 2007 年报告显示：创意产业在整个国民经济增加值中的比例超过了 7%，并以每年 5% 的速度在增长，远高于整个经济的增长速度，产值达 560 亿英镑，解决了 180 多万人的就业问题。

在西方主要发达国家，文化产业在 GDP 中的比重普遍高于 10%，我国却不到 1%。美国则高达 25% 以上，在其国内产业结构中文化产业仅次于军事工业，位居第二，而且自 1996 年以来，其文化产品出口已超过航空航天工业成为第一大出口产业。日本文化产业的规模也比电子业和汽车业大。目前国际文化贸易极不平衡，全球文化贸易额 70% 以上集中在美、英、法、德、日五国之间，而其他国家以文化为核心的产品输出微乎其微。

我国文化创意产业发展远远落后于西方发达国家，虽然我国在其他贸易方面的顺差日趋突出，但文化贸易逆差仍十分惊人。

## （三）国家背景：大力发展文化产业

党的十七大报告明确提出，要坚持社会主义先进文化前进方向，兴起社会主义文化建设新高潮，激发全民族文化创造活力，提高国家文化软实力，实现社会主义文化的大发展大繁荣。这是我党在新的历史时期发出的大力推进文化建设的动员令。

目前全国已有 23 个省提出将文化强省或文化大省作为奋斗目标，同时有 13 个省区市设立了推动产业发展的专项资金。调查显示，截至 2007 年，我国已经形成长三角、珠三角、环渤海地区三大文化产业带。其中，广东、北京、上海、浙江、江苏、山东等 6 省市的文化产业资产拥有量均超过 1 000 亿元，合计占全国文化产业总资本的 66%。

北京市文化创意产业目前呈现出良好发展势头，为首都经济社会发展增添了新的生机与活力。

## 二、北京确立文化创意产业的支柱地位

### （一）坚持三个取向[①]

### （二）符合城市功能定位

大力发展文化创意产业有利于实现北京城市功能定位。贯彻落实科学发展观，必须立足于北京城市功能定位，进一步提升首都"四个服务"水平。《北京城市总体规划（2004年—2020年）》明确提出，北京要建设"国家首都、国际城市、文化名城和宜居城市"。大力发展文化创意产业，抓住了北京城市功能定位的这一本质特征，为落实北京城市总体规划提供新思路，从构筑强大经济基础、提供良好文化条件、塑造崭新城市形象、增强高端竞争能力等方面，为实现首都城市功能定位提供重要支撑。

### （三）市委市政府的战略部署

20世纪90年代，北京市就在全国率先提出发展文化产业。2005年11月市委决议，大力发展文化创意产业。2006年1月20日，市十二届人大四次会议通过的北京市国民经济和社会发展第十一个五年规划纲要及工作方针和任务，将文化创意产业列为重点支柱产业。自2005年市委市政府作出大力发展文化创意产业的战略部署以来，北京文化创意产业进入了发展的快车道。

## 三、北京发展文化创意产业的系列举措

一是领导体系。成立北京市文化创意产业领导小组，这是

---

[①] 为避免重复，此处省略。详见《快速发展中的北京市文化创意产业》一文。

我们一个最高的领导协调和决策机构，由市委书记亲自挂帅，领导小组下面设一个办公室，办公室是根据领导小组的这种意见具体指导推进文化创意产业方面的具体工作。同时我们去年还成立了推进机制——北京市文化创意产业促进中心，促进中心在领导小组办公室的指导之下推进文化创意产业相关工作，架起党和政府与市场、党和政府与企业之间的桥梁，为我们的文化创意企业提供更好的服务。

二是政策体系。在政策框架方面我们建立了一个"1＋X"政策体系。"1"就是2006年正式出台的《北京市促进文化创意产业发展的若干政策》，俗称"35条"，该"35条"从财政、税收、规划、土地以及人才培养方面都提供了一个宏观指引。有这个总的政策之后，我们还根据各个行业的特点制定各个行业的政策。例如：

——《北京市文化创意产业投资指导目录》；

——《北京市文化创意产业分类标准》；

——《北京市文化创意产业发展专项资金管理办法（试行）》；

——《北京市文化创意产业集聚区认定和管理办法（试行）》；

——《北京市文化创意产业集聚区基础设施专项资金管理办法（试行）》；

……

三是规划体系。规划体系也可以概括为"1＋9"规划体系。"1"就是2007年8月份正式出台的《北京市"十一五"时期文化创意产业发展规划》，这个规划是北京市用于指导和整体布局全市文化创意产业发展的总纲性规划。根据该规划，经过5年的努力和发展，北京市的文化创意产业将成为一个重要的经济支柱,这是我们的一个发展方向,同时根据这个总的发展规划,还要制定9个行业的分规划,主要通过这个"1+9"规划,共同构筑起北京市文化创意产业"十一五"规划体系,用于更好地引导全市文化创意产业健康发展。

四是资金支持体系。包括两大块:其一是设立政府引导资金来助推文化创意产业的发展,也就是所谓的专项资金。专项资金包括两项:一项是北京市文化创意产业发展专项资金,从2006年开始,每年5亿元,主要用于支持重点文化企业的发展、重点文化产品的研发和推向市场。主要采取政府补贴、政府奖励和政府购买这几种方式,下一步我们要加大的就是贷款贴息这方面的力度。另一项是文化创意产业集聚区基础设施专项资金,资金规模5亿元,分3年投入。其二是构建投融资服务体系。引导金融资本和社会资本与文化创意产业对接。通过引导金融机构和社会各方面的介入和参与,为文化创意产业、创业企业提供相关服务,逐步解决文化创意企业发展普遍面临的融资难问题。

五是活动体系。"文博会"是北京发展文化创意产业的一个重要抓手。举办文博会,一方面给大家提供一个交流的平台,大家在这里能够交流信息,互通有无,还有一个更重要的方面,这也是一个交易平台。我们想经过几年的培育使文博会更加按照市场规律的要求来运行,真正成为北京、中国乃至在世界上占有重要一席之地的一个文化创意产业的交流、交易平台。另外像海峡两岸文化创意产业交流互访、集聚区发展论坛、国际文化创意产业人士交流等活动,都丰富和活跃了北京市文化创意产业的发展进程,共同形成助推北京市文化创意产业发展的活动体系。

## 四、北京发展文化创意产业的效果和目标

### （一）发展效果

在我们的努力下，北京文化创意产业迄今的发展呈现出以下两个鲜明特点。

一个是其支柱产业地位已经初步显现。2006 年北京市文化创意产业所创造的增加值达到 812 亿元，占北京市 GDP 总量的 10.3%，同比增长 15.9%；资产总额达 6 161 亿元，同比增长 19.9%；实现收入 3 614.8 亿元，同比增长 29.4%。按国际惯例来说，当一个产业对一个地区的经济贡献率达到 6% 以上，它就是一个重要的支柱行业，所以说北京文化创意产业的支柱地位已经初步显现出来。

第二个特点就是北京文化创意产业的集聚效应日益凸显。2006 年北京市认定了 10 个市级文化创意产业集聚区，这也是从北京市众多集聚区中脱颖而出的具有一定规模和一定影响力的集聚区。我可以在这里向大家介绍几个数字。经过这一年多的发展，据不完全统计，10 个市级文化创意产业集聚区现在已经入驻企业 4 687 家，其中去年 11 月份挂牌之后到现在新入驻的企业 1 100 余家；2006 年，10 个集聚区收入达到 478 亿元，利润近 50 亿元，上缴税收近 20 亿元，从这些数字可以看出这 10 个集聚区已经显示出它们的生机活力和蓬勃朝气。同时，以这 10 个市级文化创意产业集聚区为龙头，汇集了各区县一批中小规模各具特色的发展集群，这个格局已经充分显现出来。此外，2007 年认定的 11 家集聚区也即将挂牌。

### （二）发展目标

《北京市"十一五"时期文化创意产业发展规划》明确提

出:"十一五"期间的发展目标是,通过大力发展文化创意产业,进一步提升北京作为全国文化中心和文化创意产业主导力量的影响,增强文化创意产业创造社会财富和就业机会的能力,使文化创意产业成为首都经济的重要支柱,把北京市建设成为全国的文艺演出中心、出版发行和版权贸易中心、广播影视节目制作和交易中心、动漫和网络游戏研发制作中心、广告和会展中心、古玩和艺术品交易中心、设计创意中心、文化旅游中心、文化体育休闲中心。规划期内,预计文化创意产业增加值年均增长 15% 左右,到 2010 年,文化创意产业实现增加值占全市 GDP 比重超过 12%。

## 五、"北京经验"的初步总结与提升

### (一)产业发展模式

北京在引导产业发展方面,主要思路还是坚持以市场为导向,充分发挥市场配置资源的基础性作用,这是我们一个最根本的出发点。在引导企业发展方面,我们主要抓住两方面工作:一个方面是抓政策促进,另一个方面是抓规划引导。通过政策促进和规划引导,营造更好的发展环境,在这方面我们始终坚持在产业发展过程当中政府起一个指导作用,市场起主导作用。我们的文化企业是市场主体,要充分发挥企业的主体作用,应该说,三者关系的正确处理推动了文化创意产业这一年的健康发展。

在产业发展模式方面,我们的顶层设计和理想目标是最终形成"政府引导、行业指导、中介辅导、市场主导、企业主体"的生动局面,这样便能保证各类主体各就其位,各司其职,协同作战,共促文化创意产业健康快速发展。

## （二）破解融资难瓶颈

从 2007 年度北京市文化创意产业发展专项资金支持项目申报情况看，目前我市文化创意产业发展的主要瓶颈仍然是融资难问题。2007 年申请专项资金支持的项目达 386 项，全部项目投资总额约 358 亿元，拟申请专项资金支持总额约 70 亿元，相当于专项资金总额度的 14 倍。必须清醒地看到，融资难成为制约文化创意产业发展的重要瓶颈。

通过一系列举措，例如推动文化创意企业与金融资本对接、推动文化创意企业与多层次资本市场对接，推动文化创意产业与社会资本对接等，我们在解决文化创意产业融资难问题上向前迈出了重要的一步，使我市文化创意产业发展在投融资问题上领先于全国其他地区，完成了破冰之旅。我们已经与北京银行、交通银行北京分行等金融机构签署了战略合作框架协议。相关金融机构将为本市文化创意企业开辟贷款绿色通道、推出无形资产质押贷款试点、设立专项授信额度，建立快速审批机制，提供优惠贷款利率和贷款贴息等服务，实现与金融资本的有效对接，共同推进文化创意产业发展。截至 2007 年 11 月 28 日，北京银行、交通银行北京分行共审批文化创意类贷款项目 12 个，发放贷款金额人民币 1.12 亿元。

同时，我中心还与北京产权交易所签署了战略合作框架协议，正式启动了北京市文化创意产业投融资服务平台建设。该平台针对现阶段文化创意产业的特点和需求，有效汇聚包括文化创意企业、各类投资人和相关中介服务机构在内的各方资源，建立起包括信息披露、投融资促进、登记托管、资金结算在内的文化创意企业投融资服务平台工作机制和运作平台；充分利用现代电子技术和网络资源，建设基于互联网的文化创意企业数据库、投资人数据库和文化创意企业投融资电子服务网络，进而搭建起为北京市乃至兄弟省市文化创意企业投融资提供低成本、高效率、专业化服务的公共服务平台，形成文化创意企业多层次投融资服务体系，有效解决文化创意企业发展过程中面临的并购重组与融资瓶颈问题，促进文化创意产业的持续、健康、稳定发展。

## （三）文化贸易与文化交流的思考

一方面，我们要按照"文化例外"原则，大力支持和推动对外文化贸易。

十七大报告指出，要"加强对外文化交流，吸收各国优秀文明成果，增强中华文化国际影响力"。在西方主要发达国家，文化产业在 GDP 中的比重普遍高于 10%，我国却不到 1%。改革开放三十年来，我国外贸长期顺差，但文化产业出口却一直是惊人的逆差。有数据显示，我国对美国等西方国家的文化贸易逆差达 5—10 倍以上。其中，版权贸易逆差更高达 10—15 倍。2004 年，中国从美国引进图书版权 4 068 种，输出 14 种；从英国引进 2 030 种，输出 16 种；从日本引进 694 种，输出 22 种。2005 年，我国对美版权贸易是 1 000∶6。其中，作为全国版权贸易中心的北京地区 2005 年引进版权 7 276 种，输出版权仅为 868 种。

为了改变上述现状，基于中国发展文化产业是在世贸新规则下进行的，我们必须用好"文化例外"等国际规则，各级政府应制定切实可行的财税、金融、资本市场等方面的政策，在体制机制上适应市场要求，注重内容产业，要把财政引导性资金功效发挥好，尽量少些直接补助，多些以奖代补。要构筑为文化创意产业服务的投融资平台，引入机构投资人和战略投资人共同参与文化产业投资。适时推出文化产业发展基金。形成文明古国崇尚文化、消费文化、爱护文化、弘扬文化、人人都是文化使者的良好发展氛围。

另一方面，我们应转变观念，依据需求开展对外文化交流。

我一直强调这样一个观点：世界各个国家和地区并非不需要中国文化，而是中国文化输出不够、输出方式方法不当。由于我们的文化企业规模偏小、资源分散、条块分割，对国际市场研究不深入，对不同受众消费需求缺乏有针对性的措施，加之缺乏恰当的政策扶持，我们的文化产品和服务很难进入西方主流传播渠道，也很难影响西方主流消费层。为了扭转这种局面，扩大中国文化贸易，要切实从转变观念入手。

一是要转变事业式"文化交流"，重新审视文化交流的方式方法。长期以来各地主要是从文化事业角度，采取类似公共文化的方式推动中国文化走出去，往往不计成本，不考虑投入和产出，普遍重文化产品和服务的社会属性而轻文化产品和服务的商业属性。结果是活动年年搞，效果却年年差。

二是文化交流要变"送"为"卖"。调查显示，以往"送"文化上门的做法，往往会被西方社会认为是在搞意识形态和价值观的输出，常常会遭到抵制。如果改为做文化及其有文化元素的生意，按照价值规律运作，对方往往就不会产生明显的抵触心理。这样，我们的文化产品和服务就更容易进入人的内心，进入西方主流社会。可喜的是，我们的一些文化企业经营者正在奋力开拓海外市场，也获得了可观的经济效益。《云南映象》由派格太合文化传媒公司推广，在2005年进入了美国的主流演出市场；天创国际演艺制作交流公司制作了《功夫传奇》等剧目，遵照国际化合作经营方式，与加拿大演出公司签约，利润与外方五五分成，开创了文化企业全面按市场规律与国际接轨的先河；2008年2月古典名著《红楼梦》被制作成大型舞剧在国外演出，获得了好评，取得了很好的收益。

三是各级政府要变"操办者"为"促进者"。政府工作的着力点与其是具体文化活动的主办方，莫如做鼓励各种文化企业走出去的促进方，要为文化企业营造良好贸易环境，"中国周、中国季、中国年"等活动应该有更好、更长久的方式。要用盈利方式去吸引"千帆竞发，百舸争流"。

四是文化企业要变"闭门造车"为"量身定做"。中国文化走出去，要考虑"本土化"问题，要在文化的差异性中寻找共同的结合点，要为消费者"量身定做"中国的文化产品和服务，比如请外国交响乐团给古筝、二胡伴奏，使人领略到中国乐器和西方乐器可以融为一体，相得益彰。

## （四）人才高地问题

文化产业从根本上讲是创意产业，创意产业的灵魂是"创意"，归根结底是"人"的问题。所以，各类人才是文化产业和文化交流"牌局"中的"王牌"。做强文化产业，做实文化交流，必须掌握人才这张"王牌"。

一是原创人才。真正做大做强文化产业，离不开原创，也离不开经典。原创和经典需要"天才"，天才的灵感要靠激出创意。只有以人为本，才能激发创意，创造经典；只有经典迭出，才能壮大产业。

二是营销策划人才，特别是了解市场营销规律和不同文化偏好的营销人才。如大芬村的油画通过香港和欧洲画商出口美国，已占美国市场的70%以上，但通过内地营销出口美国市场的不到10%。根本原因在于我们缺乏既懂买家又懂卖家的营销人才。

三是文化企业的经营管理人才。艺术家是偏才，企业家要是全才。要让艺术家同时是好的企业家，这是不大可能的。这也是目前我国文化企业普遍做不强的重要原因之一。

四是资本运作人才。世界上大而强的文化企业，无一不是由产品（服务）经营向资产运营，再向资本市场运作而成。因此有一种"文化企业是买大的，不是做大的"流行说法。我们的文化企业规模总体普遍偏小，最近由几家媒体评出的中国文化企业30强，加起来也还不如美国一两家文化企业的市值规模和销售收入。这使我想起十多年前中国企业在世界500强中的地位，通过十几年发展，中国也出了市值排行世界500强居前几位的大公司。中国文化企业亟待懂资本运作的人才。

五是行业领军人才。要在行业和行业交叉、学科边缘和边际上创新、下功夫，要在充分关注人的内心、充分呵护人的自尊等方面另辟蹊径，要不走外国人和前人的老路，要抓住自主知识产权和版权，要创意，再创意！

北京文化创意产业近几年的快速发展正是得力于得天独厚的文化创意人才储备的支撑。北京文化创意产业又好又快发展对人才的需求和依赖进一步显露。目前北京高度重视行业领军人物、高级营销策划人才、高级经营管理人才的培养，正在积极谋划认定、引导和支持文化创意人才培训基地的建设与发展，目的就是尽快打造中国文化产业的"人才高地"，借助人才这张"王牌"，牢牢掌握发展文化创意产业的出牌权。

## （五）后奥运的机遇与挑战

据了解，各国举办奥运后，场馆运营是个难题，据说只有洛杉矶奥运会场馆运营不亏本。北京将会如何？市委决策把文化体育休闲作为第九大行业，正是对后奥运的一种前瞻性的考虑和布局。希望各位能够多关注，多思考，寻找机会，为北京文化创意产业的发展贡献自己的智慧和力量。

# 基于文化创意产业融资难现状的投融资制度构想[①]

## 一、北京市文化创意产业发展的目标设计和效果预期

早在 20 世纪 90 年代,北京市委市政府就高度重视并在全国率先提出发展文化产业。近三年来,我们围绕着文化创意产业做了很多工作:2005 年 11 月市委决议,北京要大力发展文化创意产业;2006 年是重要的一年,成立了班子、出台了政策、建立了推进机制、设立了专项资金、举办了系列活动、认定了一批集聚区、支持了重点项目;2007 年发布了五年规划、市文促中心开始有效运转、再次征集重点项目、开始认定第二批集聚区、筹办第二届"文博会"。就发展效果来看,2006 年,北京市文化创意产业创造增加值 812 亿元,占全市 GDP 增加值的 10.3%,同比增长 15.9%;资产总额达 6 161 亿元,同比增长 19.9%;实现收入 3 614.8 亿元,同比增长 29.4%。

日前,市委市政府正式发布了《北京市"十一五"时期文化创意产业发展规划》,明确提出以下几点。

一是强调优先发展文化创意产业。把文化创意产业放在优先发展位置,强化首都功能定位,紧抓奥运发展机遇,通过文化和科技的融合,扶持优势产业,打造驰名品牌,逐步形成高

---

[①] 本文为笔者 2007 年六七月份代表北京市文化创意产业促进中心在某次解决文化创意产业融资难问题座谈会上的发言提纲,经市文促中心的主要领导和各部门的负责人把过关。其中,市文促中心关于解决融资难的框架设计已基本形成,为向相关上级单位和文化创意产业领导小组办公室递交一份一揽子解决方案奠定了坚实基础。

端、高效、高辐射力的文化创意产业集群，大力提升北京的文化软实力和城市影响力，促进北京经济文化社会和谐发展。

二是展望北京将建成九大中心：文艺演出中心、出版发行和版权贸易中心、广播影视节目制作和交易中心、动漫和网络游戏研发制作中心、广告和会展中心、古玩和艺术品交易中心、设计创意中心、文化旅游中心、文化体育休闲中心。

三是谋划做好十个方面重点工作。"十一五"期间，北京市文化创意产业发展着力做好十个方面的重点工作：一是营造良好环境，制定并完善有利于文化创意人才发挥作用、促进文化创意产业发展的政策法规；二是创新体制机制，加大国有文化企事业单位的改革力度，充分发挥市场配置资源的基础性作用；三是调整产业结构，盘活存量、优化增量，建设功能完备、布局合理的文化创意产业集聚区；四是整合优质资源，培育拥有自主创新知识产权、市场竞争力较强的文化创意龙头企业；五是提升城市形象，打造一批具有国际先进水平、北京特色的文化精品和知名品牌；六是精心运筹谋划，做好奥运会场馆的赛后利用，为文艺演出、广告会展、文化旅游、文化体育休闲等开辟新的空间；七是增强创新能力，建设以企业为主体、市场为导向、产学研结合的文化创意产业创新体系；八是推进科技应用，促进高科技同文化内容的融合，提高文化创意产品的质量和水平；九是完善产业链，加强社会相关行业对文化创意产业的配套支撑；十是面向国际国内市场，建设发达的文化创意产业营销网络。

四是指出在规划期内，预计文化创意产业增加值年均增长 15% 左右，到 2010 年，文化创意产业实现增加值占全市 GDP 的比重超过 12%。

## 二、融资难是当前制约文化创意产业发展的瓶颈问题

### （一）文化创意产业的融资难特点

文化创意产业是高投入、高风险、高产出行业集群，其核心是知识产权的交易和运营，而知识产权往往"看不见、摸不着"，价值不易评定。中小企业融资难，现实中成为一个普遍性问题。文化创意企业多属于中小企业，资产构成中无形资产占相当比重，缺乏实物资产抵押，很难取得银行贷款的支持，而仅靠企业自身的资金积累难以实现文化创意的产业化。因此，融资难也已经成为制约文化创意产业快速发展的瓶颈。

从 2007 年度北京市文化创意产业发展专项资金支持项目申报情况来看，目前我市文化创意产业发展的主要瓶颈之一仍然是融资难问题。该年度申请专项资金支持的项目达 386 项，全部项目投资总额约 358 亿元，拟申请专项资金支持总额约 70 亿元，相当于专项资金总额度的 14 倍。由此可见，资本短缺已成为我市文化创意产业发展的最大障碍。

### （二）文化创意企业融资过程中面临的诸多难题

一方面，从文化创意企业或项目角度看，由于其本身存在的一些特性，使其在取得银行贷款或获取风险投资方面，明显处于弱势地位。

第一，文化创意企业所具有的专项技术或知识产权，在什么条件下可以作为质押或担保品？文化创意企业通常为新创的中小型企业，投资金额有限且自有投资比例较高，通常土地或厂房等都是以租赁为主，缺乏用固定资产向银行担保贷款的条件。

第二，文化创意及知识产权价值评估具有不确定性。文化创意及相关知识产权的价值不易确定，并会随时间变化而波动，但此种波动目前无法在文化创意企业的财务报表上明确表现，致使资金供给者对于债权十足确保的要求变得无法解决，因而对文化创意产业投资常常望而却步。

第三，文化创意项目或企业缺乏科学公正的评价机制。只有构建起公正合理的评价机制及专业的评价机构，风险投资机构或银行在评估新创文化创意企业时，才能更明确评估被投资或贷款的文化创意项目的价值。目前，国内尚缺乏公正、客观、合理的评价机制，使得评价无所依循。一方面评价的结果缺乏公信力，不易为人所信服；另一方面容易因商业利益驱使，过分抬高或压低知识产权价值而发生争执。如果要求风险投资机构或银行本身建立隶属于自己的评价团队，其评价成本则会相当高。因此，构建一个具有公信力的第三方评价机构极为迫切，而透过该机构专业评价团队所评估的价值，往往更具有说服力及参考作用。

第四，财务报表亏损率高是文化创意企业在创业初期的一般表现。既然没有产品或服务的销售，伴随而来的便是财务报表经常亏损。目前，财务报表是银行融资或企业投资的重要参考依据，文化创意企业在财务报表上的亏损，无法达到银行或风险投资机构内部审核标准，使得银行或风险投资对于资金的投入持观望态度。

第五，代理发行权的交易市场不活跃。由于目前尚未建立起文化创意产业交易市场，使得文化创意项目完成后未必能找到发行方从而实现其市场价值，因此资金供给者往往不愿承担对于文化创意项目计划可能因缺乏市场交易平台而无法完成发行或交易的风险。

第六,知识产权的移转和管理方面存在缺陷。以知识产权为担保时,经常会就研发及维护责任归属问题发生争执。当文化创意企业以相关知识产权设定质押权时,该知识产权的开发及维护应由何人负责通常特别容易引起争议。若由资金供给者负责,则因目前风险投资机构或银行的内部人员多半无此能力而勉为其难;若由文化创意企业方负责,则因其知识产权开发及维护的透明机制可能存在问题,难以确保资金供给者随时了解到知识产权的更新状况以保障债权。一旦发生侵权事件,应由质权人或由文化创意企业负责亦有争议。由于知识产权设定权利质权者并无公示制度,因此拥有知识产权的文化创意企业如将该知识产权设定质权向不同投融资机构作为融资的债权担保,资金供给者无法透过公开信息知悉。假如该文化创意企业发生不履行债务时,资金供给者的债权可能因其担保时间靠后而无法完全获得补偿。

另一方面,从创业投资机构或贷款银行方面看,其在投资或贷款给文化创意企业时,也会面对许多风险与管理上的问题。

第一,申贷公司自有资金或营业额过低,投资人的风险过高。文化创意企业往往自有资本不足,需要依赖高比例的融资,这对融资的债权人而言,其风险便相对加大。再加上文化创意企业的初期营业额较低,无法以其预期的未来营运收益作为还款的保证,投资的风险则更不易控制。

第二,投资人本身对知识产权价值鉴定未必熟悉,往往缺乏专业的评价人才。文化创意企业所拥有的主要是知识产权,而投资人对于知识产权的价值鉴定存在专业缺失。资产评价本身就是高度技术性的工作,而知识产权等无形资产的评价则尤为困难。

第三,以知识产权方式融资,投资人在投资后,往往还欠缺知识产权管理方面的专业能力。以知识产权投资融资之后，牵涉到知识产权管理的问题。知识产权与不动产不同。不动产的价值在一定阶段上基本是稳定的，即使缺乏专业的经营管理，其价值也不会有太大的落差。然而知识产权的价值，必须靠市场营销运营才能显现，不论是实施该知识产权生产出产品并出售，或是将该知识产权授权于他人收取权利金，都离不开专业性的营销管理。

第四，以知识产权为基础所制造的新开发商品的未来市场通常也难以确定。知识产权的价值只有透过营销管理，运用于产品的生产与销售才能体现出来。然而对文化创意企业而言，其所拥有的知识产权尚未经市场检验，以该知识产权为基础所制造的新开发商品，未来在市场上被接受的程度如何，往往很难事先预料，这也影响了对知识产权价值的认定。

## 三、完善北京市文化创意产业投融资制度的基本构想

上述分析表明，要使北京市文化创意产业在"十一五"期间得到快速发展，成为"支柱产业"和"新增长点"，就必须高度重视、有效解决文化创意企业面临的融资难问题。

从中长期来看，应着力于优化环境、完善政策，增强文化创意产业发展的原动力。通过深化投融资体制改革，制定一系列鼓励文化创意产业进入资本市场的政策和措施。一方面，应积极推动不同规模层次的文化创意企业与多层次资本市场实现有效对接，主要包括：鼓励现有主板公司利用各种方式做优做强；采取措施推进文化企业制度创新，扩大文化企业在中小企业板的市场规模；积极利用国内外资本市场、国内产权市场和

其他要素市场，探索建立适合文化创意产业特征的新兴资本市场，丰富投资品种，完善投资体系，更有效地满足各类文化创意企业的投融资需求。另一方面，应结合北京市文化企业的特点，积极准备、尽早筹建文化创意产业投资基金，在全面推动我市文化创意产业发展的同时，以市场为主导，按照市场经济规律，重点培养一批具备国际竞争力的大型文化创意企业，增强企业自身融资能力，从根本上缓解我市文化创意产业发展面临的融资难问题。

就近期看，应在以下几个方面重点实现突破。

第一，引导金融资本与文化创意企业对接。主要包括：一是开办文化创意领域的无形资产质押贷款业务。借鉴文化创意产业发达国家经验，请市知识产权局等部门协助，通过与银行、担保公司和评估机构的合作，建立文化创意企业的无形资产评价机制。结合文化创意产业和企业自身特点，实现设计创意、收益权、作品与个性化服务等无形资产的有效质押。二是通过贷款贴息推动文化创意企业向银行融资。贷款贴息包括全额贴息、部分贴息等多种方式，目前应主要用于支持具有一定的创意性，需要重视或扩大规模，银行已经给予贷款或意向给予贷款的项目，引导银行信贷资金进入文化创意产业。三是建立文化创意企业担保机制，放大专项资金的投入，发挥专项资金的杠杆作用。若获批准，市文促中心每年拟从专项资金中拿出 5 000 万元，在银行设立专户，建立文化创意企业担保机制。由银行按 1∶10 的比例给予相应的贷款额度，与相关担保公司合作，对文化创意企业申请银行贷款提供相应的担保，使企业可以获得急需的资金。

第二，利用多层次资本市场，引导社会资本与文化创意企业对接。依托北京产权交易所基础平台，构建面向文化创意企业的多层次投融资服务平台，以有效汇聚文化创意产业资源和金融资源，推动社会资本参与文化创意产业投资，实现资本与文化创意企业的有效对接。

第三，深化投融资体制改革，建设投融资服务平台。通过"基金＋基地＋集团＋产业"的发展道路，拟委托专业投资管理机构——北京市文化创意产业投资公司进行管理和运作。

第四，用足用好文化体制改革政策，进一步激发国有文化创意企业的活力，盘活存量国有资产。将公益性文化事业与经营性文化创意产业适度剥离，并实行分类管理。

第五，创新制度设计，筹建北京艺术品交易所。艺术品市场已经成为新的投资热点。借鉴资本市场运作方法，结合艺术品市场的特征，把北京打造成国际艺术品交易中心，推动相关产业链的较快形成。

# 北京市文化创意产业与资本对接的系统设计[①]

[①] 本文为北京市文化创意产业促进中心发挥职能作用，通过比较系统深入的研究，把准文化创意产业的命脉，抓住制约其发展的瓶颈问题即融资难问题而作出的通盘考虑，涉及课题（无形资产评价机制），资金（担保专项资金、基金），平台（投融资服务平台），机构（投资机构、交易所），活动（金创意大赛）等诸多方面。即使在今天看来，该一揽子解决方案仍不失为一个相当完善的系统性顶层设计，甚至可以说，今天北京全市的关于破解融资难的文化创意产业促进实践，仍不过是这些设想的具体展开与不同程度的实现而已。

北京市文化创意产业促进中心（以下称"文促中心"）根据王岐山市长对《国内动态清样》第2 846期《文化产业与资本对接急需相关制度设计》的批示精神，结合《国家"十一五"时期文化发展规划纲要》《北京市"十一五"时期文化创意产业发展规划》《北京市促进文化创意产业发展的若干政策》，以及文促中心的职责定位与发展思路，迅速组织有关专家和专业机构就文化创意产业与资本对接问题进行了系统研究，形成了文化创意产业和资本对接制度设计的一揽子方案，并及时上报市文化创意产业领导小组办公室。

## 一、融资难是当前制约北京市文化创意产业发展的主要瓶颈之一

近两年我市文化创意产业发展很快，在国民经济中所占比重不断提高。但从2007年度北京市文化创意产业发展专项资金支持项目申报情况看，目前制约我市文化创意产业发展的主要瓶颈之一仍然是融资难问题。此次申请专项资金支持的项目达386项，全部项目投资总额约358亿元，拟申请专项资金支持总额约70亿元，相当于专项资金总额度的14倍。由此可见，资本短缺已成为我市文化创意产业发展的最大障碍。为

解决这一问题，我们认为应区分近期与中长期，分别采取不同措施来实现文化创意产业与资本的有效对接。

## 二、文化创意产业与资本对接的相关制度构想①

大力发展文化创意产业，是北京市委市政府贯彻中央精神而作出的一项重要战略决策，各级领导均予以高度重视。市委常委、宣传部部长、副市长蔡赴朝同志在对文促中心职责定位与发展思路的批示中，也把搭建文化创意产业发展的投融资平台作为文促中心的重要工作目标，以及推动我市文化创意产业机制建设的重要组成部分。

从中长期来看，应着力于优化环境、完善政策，增强文化创意产业发展的原动力。通过投融资体制改革，制定一系列鼓励文化创意产业进入资本市场的政策和措施。一方面，应积极推动不同规模层次的文化创意企业与多层次资本市场实现对接，包括：鼓励现有主板公司利用各种方式做优做强；采取措施推进文化企业制度创新，扩大文化企业在中小企业板的市场规模；积极利用国内外资本市场、国内产权市场和其他要素市场，探索建立适合文化创意产业特征的新兴资本市场，丰富投资品种，完善投资体系，更有效地满足各类文化创意企业的投融资需求。另一方面，应结合北京市文化企业特点，积极准备，尽早筹建文化创意产业投资基金，在全面推动我市文化创意产业发展的同时，以市场为主导，按照市场经济规律，重点培养一批具备国际竞争力的大型文化创意企业，增强企业自身融资能力，从根本上缓解我市文化创意产业发展面临的融资难问题。

① 本部分的相关内容与前文《基于文化创意产业融资难现状的投融资制度构想》有些地方相同，但前文属于更为概括的"纲要"，本文则是具体化的方案，体现了可操作性，故予以保留。

近期而言，建议从以下几个方面实现重点突破：

**1 引导金融资本与文化创意企业对接。**

（1）开办文化创意领域的无形资产质押贷款业务。借鉴文化创意产业发达国家的经验，请市知识产权局等部门协助，通过与银行、担保公司和评估机构的合作，建立文化创意企业的无形资产评价机制。结合文化创意产业和企业自身特点，实现设计创意、收益权、作品与个性化服务等无形资产的有效质押。此举将极大地缓解中小型文化创意企业间接融资难的矛盾，从而有利于金融资本与文化创意企业的对接。

2007 年年初，文促中心在市委宣传部领导的支持和带领下，已同北京银行、交通银行等多家商业银行及中关村担保公司等多家担保公司进行了商谈。近期，文促中心拟与北京银行正式签署战略合作协议。

文促中心将继续与相关各方合作，按照市场规律，参照国际惯例，建立完善规范的文化创意产业无形资产评价机制，加大知识产权保护力度，积极开办文化创意领域的无形资产质押贷款业务，并全方位、深入地开展相关课题研究。（详见附件 1）

（2）通过贷款贴息推动文化创意企业向银行融资。贷款贴息是专项资金支持的主要方式之一。对于处于成长期的文化创意企业或项目，将采取贷款贴息的方式鼓励其通过银行信贷资金的支持进行技术创新活动，以促进文化企业的产业化进程。贷款贴息包括全额贴息、部分贴息等多种方式，目前主要用于支持产品和服务具有一定的创意性、需要重视或扩大规模、银行已经给予贷款或意向给予贷款的项目，引导银行信贷资金进入文化创意产业。

（3）建立文化创意企业担保机制，放大专项资金的投入，发挥专项资金的杠杆作用。若获批准，文促中心每年拟从专项资金中拿出 5 000 万元，在银行设立专户，建立文化创意企业担保机制。由银行按 1 ∶ 10 的比例给予相应的贷款额度，与相关担保公司合作，对文化创意企业申请银行贷款提供相应的担保，使企业可以获得急需的资金。目前，已就此项工作与市发改委和市财政局进行了多次协商，《北京市文化创意产业担保专项资金管理实施办法（试行）》已进入审批程序。（详见附件 2）

**2 利用多层次资本市场，引导社会资本与文化创意企业对接。**

鉴于目前我市文化产业发展中尚存在企业综合素质难以达到金融机构投融资要求、价值评估体系及产权管理不完善、缺乏专业的交易市场等诸多问题，文促中心可依托北京产权交易所这一基础平台，构建面向文化创意企业的多层次投融资服务平台，以有效汇聚文化创意产业资源和金融资源，推动社会资本参与文化创意产业投资，实现资本与文化创意企业的有效对接。

平台的构架以文化创意企业为核心，通过组织专业服务机构，广泛吸引社会资本投入，为企业在债权融资、私募融资、上市融资、增资扩股、并购与重组等方面提供增值服务，从而实现"企业价值发现、企业价值实现、企业价值创造"的核心目标和最终追求。在此基础上，与国内外机构合作，通过组织研讨会、洽谈会、推介会、博览会等多种方式，积极拓展市场营销渠道，培育一批高素质的中介机构，活跃交易市场，推动社会资本流向文化创意产业。（详见附件 3）

**3 深化投融资体制改革,设立产业基金和投资公司。**

国务院《关于投资体制改革的决定》对投融资体制改革作出了全面部署。我市文化创意产业要实现传统产业新型化、文化创意产业规模化,需要按照社会主义市场经济体制的要求,加快推进投融资体制改革,促进生产要素的合理流动和有效配置。我们建议,市政府安排专门投资或同意从文化创意产业发展专项资金中划拨出部分资金,与社会资金主体、专业投资机构合作设立产业投资基金(以下称"产业基金"),专门投资于文化创意产业中的企业。这将有力地推动我市开辟文化创意产业直接融资渠道,促进产业资本和金融资本的融合。通过"基金+基地+集团+产业"的发展道路,创新我市文化创意产业投资和发展模式,实现市场化资金筹集和资金管理方式的突破。(详见附件4)

产业基金为公司型基金,首期规模拟为50亿元人民币,采取定向募集方式,以市场化融资手段面向国内外具有长期投资能力的机构投资者募集,并按照国际惯例及国内实际,委托专业投资管理机构管理运营。产业基金的主要发起人拟为:(原)中央电视台、中国电影总公司、中国唱片总公司、中国出版集团、北京广电集团、北京市国资委、首创集团、歌华集团等法律法规允许的机构投资者,包括国内主要的文化创意产业和相关产业集团,并积极吸引国家开发银行、中国进出口银行和保险资金参与基金发起设立。产业基金主要投资方向为文化创意产业规模化生产和产业整合项目。

当前正处于政策破冰阶段,产业基金在设立初期,拟委托专业投资管理机构——北京市文化创意产业投资公司(以下称"投资公司")进行管理和运作。待条件成熟后,产业基金可考虑采用开放式管理模式,吸引其他资金投入。

投资公司拟由市国资委及部分国有控股大型企业，如首创、北青报、歌华、北广传媒等参股，可吸收国外著名文化企业和投资机构与文促中心共同出资组建，注册资本约5亿元。力争在2007年底前完成股东谈判，2008年3月底前成立。（详见附件5）

鉴于文化创意产业相对于传统产业具有一定特殊性以及文促中心肩负的历史使命，对于经济效益和社会效益较为突出的部分文化创意产业，如影视节目制作与交易、动漫和网络游戏研发制作等行业，文促中心拟以一定比例出资，通过项目投资、风险投资等方式直接参与社会资本的投入，并按照市场经济规律参与企业管理，以便在众多投资人中掌控话语权，确保重点文化创意产业和企业按照市委市政府既定方向健康发展。

**4 用足用好文化体制改革政策，进一步激发国有文化创意企业的活力，盘活存量国有资产。**

文化企业管理制度的创新是推进我国文化创意产业快速、健康发展的必由之路。这就要求我们在统一的市场经济环境中，将公益性文化事业与经营性文化创意产业适度剥离，并实行分类管理。

对于经营性文化创意产业的发展，可以引导和鼓励社会资本以直接投资、间接投资、项目融资、兼并收购、金融租赁、承包等多种形式进入所允许的文化领域。在总结儿艺等单位改制经验的基础上，通过构建多元化股本结构，实现各类资本的有机融合。

为培育和壮大文化产业市场主体，盘活国有存量资产，我们将坚持"抓大不放小"的原则，促进培育一批符合资本市场要求、具有竞争力的现代文化创意产业市场主体和投融资主体。一方面，我们拟按照市场经济规律，通过联合、兼并、收购、重组等多种方式，在全国范围内开展文化企业资源和资产的重组，培育一批以资本为纽带，而非以行政隶属关系为纽带的真正意义上的跨地区、跨行业、跨媒体、跨所有制的大型文化创意产业集团，参与国际竞争，在开放的文化市场空间中获得一席之地。另一方面，积极为众多中小型文化企业提供政策、资金、技术和人才等方面的支持，为中小企业的发展营造有利的外部环境，同时推动其按照市场经济的要求完善法人治理结构，夯实我市文化创意产业微观基础。

**5 创新制度设计，筹建北京艺术品交易所。**

北京作为五千年文明古国的首都，已经成为全球艺术品市场最活跃的地区。随着中国改革开放的深入和人民生活水平逐渐提高，人们的投资热情日益高涨，艺术品市场已经成为广大老百姓新的投资热点。借鉴资本市场运作方法，结合艺术品市场的特征，一批有识之士已经有所设想。我们认为，北京应积极响应，并采取切实可行的方法，按照"政府引导、市场运作、专业管理、规范高效"的原则，创新制度设计，筹建艺术品交易所并予以分步实施。努力把北京打造成国际艺术品交易中心，推动相关产业链的形成，为北京国民经济和社会发展做出贡献。（详见附件6）

## 三、需进一步落实并解决的问题

**1 由市政府出资建立文化创意产业投融资平台。**

投资公司作为文化创意产业投融资平台的载体，根据其宗旨及设计理念，建议由政府以适当比例出资并掌握控股权，既保证投资公司按市场经济规律运转，又能充分发挥政府资金的支持、导向和引领作用，确保我市文化创意产业按照市委市政府既定的轨道健康、快速发展。

建议此项工作在市文化创意产业领导小组的领导下，在领导小组办公室的具体组织下，组织专家认真研究，尽早决策明确责任部门，促进我市文化创意产业与资本的有效对接。建议主管部门为市文化创意产业领导小组办公室，落实部门为市文促中心，协助部门为市发改委、财政局、工商局和相关国有公司。

## 2  市财政部门尽快审发《北京市文化创意产业担保专项资金管理实施办法（试行）》。

通过担保基金的运作方式，与银行和担保公司合作，对获得专项资金支持和银行贷款的项目提供担保，拉动金融资本介入，放大专项资金效能。建议此项工作主管部门为市财政局和市文化创意产业领导小组办公室，落实部门为市文促中心，协助部门为市发改委、中关村管委会、金融办、首创集团等。

## 3  进一步深化文化管理体制改革，实现"三个转变"，建立适应市场经济规律的管理体制和运行机制。

即实现由"办文化"向"管文化"的转变、管理政府文化服务机构和文化设施向管理社会文化和推动文化创意产业发展的转变、以行政手段管理为主向以经济和法律手段管理为主的转变。公有资本尽快退出文化创意产业一般竞争性领域，将以往政府投入公益性文化事业单位及人员的经费转向以项目投入为主，对公益性文化活动项目、精品文化创作等以公开招标形式实行政府购买。强化文化行政管理部门的社会管理、政策调节、规划布局、制订规范、建立机制、市场监管、营造公平竞争环境、引导产业发展和提供公共文化产品和服务等职能。

建议分部门组织、清理和完善相关政策。主管部门为市委宣传部，协助部门为市文化创意产业领导小组相关成员单位，督促部门为领导小组办公室或市文促中心。

**4 用好 5 亿元专项资金，建立促进文化创意产业发展的相关制度。**

（1）建议从 5 亿元专项资金中拿出 10% 设立文化创意原创及事后鼓励奖，营造良好的人才创意环境，发掘并留住一批既熟悉文化发展内在规律，又了解世界文化艺术发展趋势，同时又懂得经济全球化条件下经营管理的复合型人才。

（2）建议从 5 亿元专项资金中拿出 20% 用于银行贷款贴息和设立文化创意产业担保专项基金，拉动银行贷款，放大资金效能。

（3）建议从 5 亿元专项资金中拿出 30% 用于对北京市及所属各区县具有行业带动、产业引领及公共服务平台等作用的项目进行补助，充分发挥财政资金的引导作用。

（4）建议从 5 亿元专项资金中拿出 40% 用于文化创意产业基金的设立及文化创意产业投融资平台的构建，依靠市场力量，广泛吸引社会资本投入，建立机制，选择重点，滚动发展。通过多层次、多元化的资本市场，实现文化创意产业与资本的对接。

**5 由文化创意产业领导小组办公室牵头、文促中心具体承办，举办首届"中国（北京）国际金创意奖"大赛活动。**

通过举办大奖赛营造氛围，汇聚人才，扩大影响，点亮创意智慧，融入科技力量，焕发文化魅力，创造财富价值，推动

产业发展。为确保大赛效果，及时总结经验教训，建议首届大赛先选定四个领域开展。（奖励章程见附件7）

同时，启动文化创意人才梯队建设，在大、中、小学生中开展各类"文化创意设计"活动，使青少年从小具有良好的文化创意基础，建立我市文化创意产业发展高素质的后备人才队伍。

### 6 组织召开系列专题研讨会。

建议由文化创意产业领导小组办公室牵头，金融办及相关成员单位配合，尽快组织有关专家、学者就文化创意产业与资本对接问题、"北京艺术品交易所"筹建问题、专项资金分类投向等问题召开专题研讨会，展开充分论证，汇集社会各界智慧，集思广益，为促进我市文化创意产业实现跨越式发展献计献策。

附件1　文化创意企业的无形资产评价机制课题方案

附件2　北京市文化创意产业担保专项资金管理实施办法（试行）

附件3　北京市文化创意产业投融资服务平台建设方案

附件4　文化创意产业基金设立建议方案

附件5　建立文化创意产业投资公司建议方案

附件6　北京艺术品交易所：中国投资者的第三度空间

附件7　中国（北京）国际金创意奖励章程

# 附件1　文化创意企业的无形资产评价机制课题方案

## 一、课题背景

在西方发达国家，文化创意产业已经逐渐成为国民经济的支柱之一，对国民经济增长的贡献率越来越高。我国的文化创意产业虽然起步较晚，但在政府的支持下，各地区发展极其迅速。作为文化腹地的北京，当仁不让地成为文化创意产业发展的晴雨表。

北京市委市政府高度重视文化创意产业的发展，在"十一五"规划中，北京市确定了将文化创意产业作为首都的核心产业来发展。北京具有发展文化创意产业的显著优势，发展文化创意产业符合首都资源特点，是北京转变经济增长方式、实现产业结构升级和城市功能提升的重要战略。

然而，由于文化创意行业自身的特点，大多数文化创意企业规模小，且资产构成中知识产权占相当比重，缺乏抵押资产等原因，很难取得银行贷款的支持，仅靠企业自身的资金积累难以实现文化创意的产业化，因此，融资难已经成为阻碍文化创意产业快速发展的瓶颈。

## 二、研究目标

本课题的研究目标是针对文化创意企业和项目的特征，建立系统、精确的价值评估方法，构建公正、客观的无形资产评估机制，同时针对交通银行、招商银行、光大银行等相关金融机构，提出针对文化创意企业的无形资产质押贷款机制，以及针对文化创意项目的融资建议。

## 三、课题意义

从文化创意企业的角度看，评估机制的建立将有助于更加准确地展现文化创意企业的价值，体现其市场前景；有助于拓展文化创意企业的融资渠道，改变文化创意企业因无实物资产担保而融资难的现状。

从银行或投资人角度看，公正、客观的评价机制将有助于其完善知识经济条件下的投资机制，拓展新的投资市场；同时使得其针对文化创意企业的评价有所依循，理解文化创意企业的市场价值，降低交易成本，增加投资意愿。

从政府角度看，针对文化创意企业的评估机制将成为企业融资的重要前提，有助于文化创意企业的繁荣发展，是大力发展文化创意产业不可或缺的基础制度；同时构建文化创意企业的评价原则或标准，完善文化创意知识产权评价的管理机制，将促进中介机构服务水平的提高，提升整个行业的公信力，为文化创意产业的良好发展打下坚实的基础。

## 四、研究方法

本课题将采取文献研究和案例研究相结合的研究方法,具体如下:

1. 通过文献调研分析文化创意企业的无形资产特征,以及文化创意项目的价值特征;

2. 通过文献调研对内外无形资产评估方法和项目价值评估进行比较研究;

3. 通过对专家和企业的走访和调查,使用案例研究的方法构建适合文化创意企业的无形资产评估方法和文化创意项目评估方法,建立评估有效性模型;

4. 通过文献调研和专家走访,结合国内评估业的现状,设计文化创意企业无形资产和文化创意项目的评估标准操作流程和监管制度;

5. 通过文献调研和专家走访,结合相关金融机构的现状,提出针对文化创意企业无形资产质押贷款的建议方案,以及针对文化创意项目的项目融资建议。

## 五、研究计划

子课题一　文化创意企业无形资产评估机制研究

1　2007　分析文化创意企业的无形资产特征;

2　2007　对国内外无形资产评估方法进行比较研究;

3　2007　构建适合文化创意企业的无形资产评估方法;

4  2007  构建适合文化创意企业无形资产评估的有效性模型;

5  2007  撰写文化创意企业无形资产评估的标准操作流程和评估机构的监管制度的建议;

6  2007  撰写针对文化创意企业无形资产质押贷款机制建议。

子课题二  文化创意项目价值评估机制研究

1  2007  分析文化创意项目的价值特征;

2  2007  对国内外项目评估方法进行比较研究;

3  2007  构建适合文化创意项目的价值评估方法;

4  2007  构建适合文化创意项目价值评估的有效性模型;

5  2007  撰写文化创意项目评估的标准操作流程和评估机构的监管制度;

6  2007  撰写针对文化创意项目的项目融资建议。

## 六、成果提供形式

1  文化创意企业的无形资产特征分析报告;

2  文化创意项目的价值特征分析报告;

3  无形资产评估方法的比较研究报告;

4  国内外项目评估方法进行比较研究报告;

5  文化创意企业的无形资产评估案例研究报告;

6  文化创意项目评估案例研究报告;

7 文化创意企业无形资产的评估标准操作流程；

8 文化创意项目的评估标准操作流程；

9 文化创意企业无形资产的评估的监管制度；

10 文化创意项目评估的监管制度；

11 针对文化创意企业无形资产质押贷款的建议方案；

12 针对文化创意项目的项目融资建议；

13 国内核心期刊发表相关文章 2—3 篇。

## 七、研究基础

课题申请单位北京产权交易所作为北京地区唯一经北京市人民政府批准设立的、国内领先的专业从事各类综合性产权交易服务的指定产权交易机构，是国务院国资委选定的从事中央企业国有产权转让的试点产权交易机构之一。通过十几年的积累，北京产权交易所已经形成了一整套国有产权交易制度和操作规则，很好地完成了国家国资委和北京市交付的实现国有资产转让过程中保值增值的任务，在国务院国资委组织的中央企业产权交易试点机构评审中，北京产权交易所被评为"具有活力、创造力和成长性的产权交易机构"。

北京产权交易所一直承担着产权交易市场管理和制度设计建设的职责，具有丰富的制度建设和市场监管经验，并已经成功地将国有资产产权交易的经验和规范推广到诸如金融资产产权交易等其他产权领域，这些经验也有利于知识产权交易制度的设计。

由于产权市场特有的聚集效应，北京产权交易所聚集了一大批各类会员机构，这些会员机构在与北京产权交易所长期的合作过程中，形成了良好的合作伙伴关系，不仅能够为本课题提供法律等专业方面的支持，还能派员以专家身份参与到课题研究工作中，并为课题的开展提供案例。

北京产权交易所针对本课题，有着独特的优势，特别在无形资产评估方面有着独特的研究优势，先后受国家知识产权局委托进行《知识产权交易过程中的专利资产评估研究》，受北京市发展改革委委托进行《北京市中小企业投融资服务体系构建模式研究》，受中国社科院委托进行《产权交易机构组织和监管体系创新》，受财政部和中国资产评估协会无形资产评估专业委员会委托的《无形资产评估研究》。

参与本课题研究的成员不仅从事过多轮知识产权交易相关的研究和实践，而且均选择知识产权交易为主要研究方向，时间上能够全力投入，不存在因工作和研究方向差异而导致难以保证投入的情况。

## 八、知识产权归属与管理

本课题属于北京产权交易所向北京市文化创意产业促进中心申报课题，知识产权由北京市文化创意产业促进中心与北京产权交易所共同所有。

# 附件2 北京市文化创意产业担保专项资金管理实施办法（试行）

## 第一章 总则

**第一条** 根据《北京市促进文化创意产业发展的若干政策》《北京市中小企业担保资金管理办法》的相关规定，为建立北京市文化创意产业担保机制，经北京市文化创意产业领导小组办公室（以下简称领导小组办公室）批准，特制定北京市文化创意产业担保专项资金管理实施办法。

**第二条** 北京市文化创意产业担保专项资金（以下简称"担保资金"）重点对符合北京市文化创意产业发展总体规划和相关政策的文化创意项目以保证的方式提供信用担保，增强文化创意企业的融资能力，提高使用效益，提升文化创意产业在北京市国民经济中的地位和作用。

**第三条** 本办法遵循《中华人民共和国担保法》和《中华人民共和国合同法》的规定，按照"公开公正、诚实信用"的原则，采用"专业经营、规范管理"的方式运营，保证担保资金的安全性和有效性。

## 第二章 担保资金来源和规模

**第四条** 担保资金依据《北京市文化创意产业发展专项资

金管理办法（试行）》，从北京市文化创意产业发展专项资金中拨付。

**第五条** 根据担保资金实际使用情况，按照文化创意产业发展需求，可增加担保资金的规模。

**第六条** 担保资金项目的担保总余额，不超过担保资金总余额的十倍。

## 第三章 担保资金的管理机构和职责

**第七条** 由北京市文化创意产业促进中心（以下简称促进中心）作为领导小组办公室的日常工作机构委托专业性的担保公司负责担保资金的日常管理，领导小组办公室对担保资金的使用进行指导和监督。

**第八条** 促进中心的职责：

1. 作为领导小组办公室的日常工作机构，履行出资人对担保资金的监督和管理；
2. 根据国家有关法律、法规建立担保资金的各项管理制度；
3. 提请领导小组审议、核销坏账；
4. 提请领导小组审议增资或弥补代偿损失方案；
5. 每季度召开工作会议，每年度向领导小组办公室提供经审计的财务报告。

**第九条** 领导小组办公室的职责：

1. 审核、批准促进中心对担保资金使用的管理制度；

2 审议、批准年度工作计划、年度财务报告、弥补代偿损失的方案；

3 审议、核销坏账和变更资金规模。

**第十条** 担保公司的职责：

1 负责具体申报项目的评审和贷款担保审核；

2 按照促进中心制定的担保资金的各项管理制度对担保资金进行日常管理；

3 制定文化创意产业担保业务流程和实施细则；

4 建立担保业务统计和财务会计报告制度，每月对担保业务汇总，报送促进中心；

5 提出弥补担保代偿损失方案和核销坏账损失的方案。

## 第四章 担保资金的担保对象和范围

**第十一条** 担保资金用于扶持注册地址在北京的文化创意企业的各类项目：

1 从事出版发行和版权贸易、动漫与网络游戏研发制作和交易、影视制作和交易、设计创意、古玩及艺术品交易、文艺演出、文化旅游、文化体育、设计创意等文化创意企业；

2 具有自主知识产权、具有市场发展前景和行业导向作用的重点文化创意项目；

3 具有原创性、有商业价值的、面向国际市场制作和销售推广的文化创意项目；

4 其他符合政策支持的文化创意项目。

**第十二条** 担保资金可以向符合条件的文化创意企业提供以下担保支持：

1 短期流动资金贷款担保；

2 中长期贷款担保；

3 银行票据担保；

4 投标、履约保证担保；

5 其他。

## 第五章 担保资金的管理流程

**第十三条** 担保资金委托专业性的担保公司进行专业化管理和市场化运作。

**第十四条** 担保资金在银行设立专户，向银行申请相应的信用担保额度。

**第十五条** 严格规范担保业务操作流程，实行担保资金封闭管理，建立专业综合评估体系和独立审查运作机制。

**第十六条** 担保资金主要用于补偿担保风险的代偿。

**第十七条** 建立担保资金的风险准备金制度，按照在保余额提取 2% 作为风险准备金。风险准备金主要用于弥补坏账损失。

## 第六章　担保资金的代偿和补偿机制

**第十八条**　促进中心根据北京市文化创意产业的不同发展时期的特点，制定担保资金风险代偿补偿的机制，促进担保资金的良性运作。

**第十九条**　当年担保代偿率（即当年发生的担保代偿金额除以当年末在保责任余额）原则上应控制在担保总额的4%以内。

**第二十条**　促进中心根据每年担保资金支持文化创意产业的业务开展情况核定当年风险补偿比率，提请领导小组办公室审议批复。担保资金担保项目发生担保代偿，在核定的担保补偿比率范围内从担保资金中予以弥补。超出担保补偿比率范围的部分，由促进中心提请领导小组办公室审议后确定具体补偿方案。

**第二十一条**　担保公司在取得代位求偿权后，应积极制定追偿措施并实施追偿，追偿债权所得资金作为归还担保资金的本金；追偿债权所得抵债资产，应限定于国家政策允许流通和可变现的范围，其处置按财政部的有关规定执行。

**第二十二条**　担保公司在年度终了4个月内，向中心提出补偿担保代偿申请，同时提供上年度担保代偿的有关法律文件，包括：代偿通知书、代偿资金凭证、追偿债权资金情况等。

**第二十三条**　促进中心对担保代偿申请资料审核后，确定上年度应补偿的担保代偿数额后，报领导小组办公室审核批准，市财政局审核后拨付。

## 第七章　坏账处理

**第二十四条**　坏账确认的条件：

1. 被保证人破产或死亡，其破产财产处置收入或遗产收入清偿后仍无法收回；

2. 经执行法律程序仍无法收回；

3. 因被保证人逾期未履行偿债义务超过 3 年仍然不能收回的。

**第二十五条**　由银行和担保公司按责任分别出具坏账处理意见书，报送促进中心，经审核批准后，办理坏账核销手续。

## 第八章　监督

**第二十六条**　在保企业按月向担保公司报送财务报表及经营信息；担保公司汇总后报促进中心，促进中心不定期对在保项目进行随机抽查，每年对担保公司和贷款银行进行绩效考评。

**第二十七条**　担保公司建立文化创意产业担保业务财务会计报告和担保业务统计报告制度，按季、年向中心报送财务会计报表和担保业务统计报告；担保公司于每年 3 月底前将上年度财务会计报告（决算）、会计师事务所的审计报告以及上年度的担保业务统计报告报送促进中心。促进中心审查后，上报领导小组办公室。

**第二十八条**　担保公司应严格按照保后管理制度要求对担保资金担保的项目实施风险分级、分类管理，对单笔担保额度大以及分级为"关注"和"预警"的项目，应加大监管力度，防止可能出现的代偿。

**第二十九条** 对于贷款项目出现虚报、挪用、诈骗等违规违法行为，将对贷款项目责任主体依法处理，构成刑事犯罪的，依法移交司法机关追究其刑事责任。

## 第九章 附则

**第三十条** 本办法如与国家法律、法规不一致时，应作相应的修改和调整；本办法在担保业务运作过程中，根据需要和情况的变更，可以补充修改。

**第三十一条** 本办法由领导小组办公室和市财政局负责解释。

**第三十二条** 本办法自公布之日起 30 日后施行。

# 附件 3　北京市文化创意产业投融资服务平台建设方案

文化创意产业化的主体是文化创意企业，文化创意企业的发展离不开资金的支持。由于文化创意行业自身的特点，大多数文化创意企业规模小，且资产构成中知识产权占相当比重，仅靠企业自身的资金积累难以实现文化创意产业化。加上投融资环境不完善，缺乏吸引直接融资的专业化市场平台，又因为企业自身规模小、缺乏抵押资产等原因，很难取得银行贷款的支持。可以说，融资难已经成为阻碍文化创意产业快速发展的瓶颈。

市委、市政府安排财政专项资金对文化创意企业给予直接的资金支持，对于缓解文化创意企业的资金缺口起到了很好的推动作用。但从长远看，文化创意产业的持续稳定发展还需要引导社会资金的进入。搭建专业化的投融资服务平台，充分发挥财政专项资金的引导和带动作用，吸引更多的社会资金投资文化创意企业和项目，是从根本上解决文化创意企业融资瓶颈的必然选择。

产权市场是我国多层次资本市场的重要组成部分，其作用是依据价值规律，通过市场的交易和信息服务，集中并撮合产权交易双方，降低交易成本，实现社会资源的有效配置。产权交易机构作为产权市场交易服务和信息服务的组织和管理者，核心功能是采用先进的技术手段和方法，搭建有效的交易服务网络和信息传播渠道，为产权交易双方达成交易提供服务。

# 一、文化创意产业投融资体系建设中的问题

发展文化创意产业,就必须解决好人才、资金和环境等问题,而产业的发展,资金或者说投融资服务体系是龙头。文化创意产业有其自身的独特性,在投融资体系建设中,必须要抓住其根本点和难点,才能搭建有效的多层次投融资服务体系。为此,有必要分析文化创意产业投融资过程中的一些问题。总括来看,可分为文化创意企业方、投资方以及投融资服务方等三个方面。

## (一)从文化创意企业的角度看投融资的问题

1. 企业素质方面:大多数文化创意企业通常为新创的小企业,无实物资产担保,没有土地或厂房等资产可向银行担保贷款,其产品仍在创作阶段或其产品的市场尚未打开的阶段,财务报表经常亏损,有形净资产额相对较低,满足不了银行或投资机构内部的审核标准,从而融资无门。

2. 价值评估方面:缺乏公正、客观、合理的评价机制,使得评价无所依循,而若投融资机构本身建立属于自己的评价团队,其评价成本则会相当高,使得投资意愿降低。

3. 知识产权方面:文化创意及相关知识产权的价值不易确定,并会随时间推移而大幅变动,致使投资人对有关债权十足确保的要求变得相当困难。

4. 交易代理方面:代理发行权的交易市场不活跃,尚未建立专业的文化创意产业交易市场,退出渠道不畅。

5. 产权管理方面:文化创意产权的移转和管理问题,集中反映在以价值易变的文化创意知识产权为担保时,常就维护

责任归属发生争执。此外由于就知识产权设定权利质权者并无公示制度，极易引发多重质押和权属争端。

## （二）从文化创意投融资机构的角度看投融资的问题

1. 企业素质方面：申请融资的公司自有资金比例过低，过高的债务比例往往越过银行或投资人的风险控制标准，再加上文化创意企业的初期营业额较低，无法以其预期的未来营运收益作为还款的保证，投资的风险则更不易控制。

2. 价值评估方面：对文化创意知识产权价值评估不熟悉，缺乏专业的评估人才，而一般性评估机构对知识产权所做的评估，其评估结果银行或投资人经常无法完全接受。

3. 知识产权方面：文化创意的创作与技术的创新日新月异，原有创作或技术的价值便快速变动，此种价值的变动对于银行或投资人来说很难掌握，债权就无法有效获得清偿。

4. 产权管理方面：银行或投资人欠缺文化创意产权管理的专业能力。知识产权与不动产不同，其价值必须靠市场营销运营才能显现。

## （三）从文化创意投融资服务机构角度看投融资中的问题

从文化创意投融资服务机构角度来看，存在着供需信息问题、产权完整性问题、产权价值评估问题、产权评估基准问题、产权交割问题、交易环节问题、产权保存问题等诸多问题。

综上所述，文化创意产业由于其产业特殊性，企业投融资方面存在着众多个性化的特点。要发展文化创意产业，就必须从特殊性出发，抓住企业融资是用其产权作为交易物换取外部资金这一本质，紧扣交易这一中心环节，建设文化创意企业投融资服务平台，搭建文化创意产业多层次投融资服务体系。

## 二、建设文化创意产业投融资服务平台的必要性

建设北京市文化创意产业投融资服务平台，将有效打破产业发展瓶颈，为促进文化创意产业的发展提供有力支持，从根本上解决文化创意企业融资难问题。同时，平台的建设对于贯彻党中央、国务院关于非公资本和外资进入文化产业领域的各项政策规定，建立市场化、多元化、开放型的文化产业投入机制，拓宽文化创意企业融资渠道，鼓励各类民营资本、境外资本进入国家政策允许的文化创意领域，强化资本市场对文化创意产业发展的支持，组建文化创意产业投资基金和风险投资基金，为文化创意企业发展提供专项资金支持等方面都具有重要的意义。具体包括以下几个方面：

1 有效汇聚产业资源；

2 汇聚文化创意金融资源；

3 汇聚文化创意人才资源；

4 促进文化创意产业集群化；

5 有效改变文化创意产业投融资市场存在的弊端；

6 促进文化创意企业多层次投融资服务体系和交易体系的完善与发展；

7  为文化创意企业提供以投融资为核心的全方位服务，降低交易成本、提高成交效率。

# 三、建设目标及主要内容

## （一）总体目标与分项目标

### 1  总体目标

通过北京市文化创意产业投融资服务平台的建设，理顺文化创意企业投融资产业链，搭建以文化创意产业投融资服务平台为核心的文化创意产业多层次投融资服务体系（见图2.1），为各个发展时期的文化创意企业提供个性化融资服务（见图2.2），打造国内一流、权威的文化创意企业投融资服务体系，从而进一步促进北京市文化创意产业的发展，加快北京市文化体制改革，并配合首都文化创意产业做大做强。

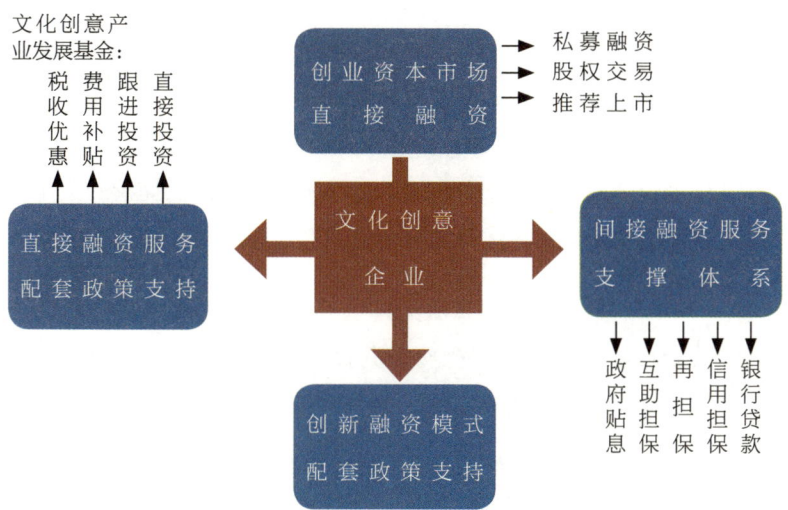

**图 2.1  北京多层次文化创意企业投融资服务体系示意图**

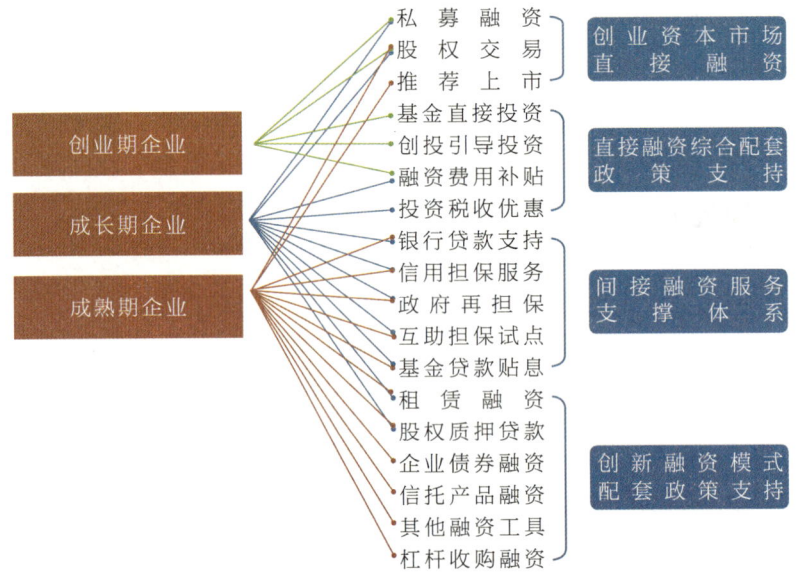

图 2.2 文化创意企业各发展阶段投融资服务体系示意图

## 2 分项目标

（1）平台机制的建设目标。通过平台建设，将有效聚拢文化创意企业、资金、中介服务机构等各方资源，改变目前文化创意产业领域内各类机构各自为政的局面，建立一套有效的文化创意企业投融资服务制度、健全的工作体系、完善的工作机制和监管体系，构建高效的文化创意企业第三方投融资平台。

（2）多层次投融资服务体系的建设目标。通过平台建设，改变目前国内文化创意投融资服务中存在的信息不对称、机制不健全、依然是人对人、物对物的原始状态的缺陷，建立一套适合中国国情和市场现状的多层次投融资服务体系，从而为企业融资、促进价值流通和产业发展提供支持。

（3）机制创新的建设目标。通过平台建设，突出文化创意企业投融资服务机制在各类创新制度建设中的作用，增强创新能力和综合竞争力，全面促进北京市拥有自主文化创意产权产品、产业、服务和企业的形成和发展，形成文化创意企业投融资服务机制推动下的产业发展良性循环。

（4）人才队伍的建设目标。通过平台建设，培育文化创意企业投融资方面的高素质人才和经纪队伍，大力提高业务人员在文化创意企业投融资方面的能力和水平，从而打破目前文化创意产业中企业和资本、企业和市场对接不畅的瓶颈。

（5）行业龙头的建设目标。通过平台建设，加快促进行业规范的建立，改变目前行业内各自混战的状态，将平台打造成为立足北京、面向全国的文化创意企业投融资服务中心，巩固和促进北京市文化创意产业在全国的优势地位。

## （二）建设原则

北京市文化创意产业投融资服务平台的建设原则体现在以下四个方面：

1　为北京市文化创意产业发展服务的原则；

2　充分整合首都地区文化创意资源的原则；

3　以建立会员制为基础的基本经营方式的原则；

4　在业务流程、运作模式、经营方式等方面与国际接轨的原则。

## （三）市场定位

北京市文化创意产业投融资服务平台的建设，从总体目标和建设原则来看，决定了平台的市场定位是服务北京市文化创意产业的发展，属于政府支持的公共服务平台，应以不纯粹盈利为目的，一方面体现了政府对文化创意产业的支持和引导功能，另一方面平台也应通过多种经营和服务，能够自负盈亏，实现可持续性发展。平台建设的宗旨应当是为需要资金的文化创意企业牵线搭桥，促进投融资业务的开展，为文化创意企业和投资人提供有公信力的、便捷的撮合服务。

### （四）建设指导方针

1　政府主导，多方共建

文化创意产业投融资服务平台建设强化顶层设计和统一规划，充分调动科研院所、中介机构、行业协会、企业和个人等方方面面的积极性，共同参与资源整合与建设。各共建共享机构以资源共享为核心原则，打破资源分散、封闭和垄断的状况，积极探索新的管理体制和运行机制，加快推进制度创新，制定相关政策和标准，理顺各种关系，促进产业资源的有效利用和高效共享。

2　综合集成，优化配置

北京文化创意产业投融资服务平台的建设应坚持以资源整合为主线，共享为核心，贯彻"整合、共享、完善、提高"的建设方针，按照我市文化创意产业分类中的文艺演出业、出版发行和版权贸易业、影视节目制作和交易业、动漫和网络游戏研发制作业、广告会展业、古玩艺术品交易业、设计创意业、文化旅游业等不同门类的特点，找到切入点，突出重点，先行试点，分阶段积极稳妥地推进平台建设，采取灵活多样的整合方式和共享模式，探索不同的投融资业务模式。

## 3 政府推动,市场运营

北京文化创意产业投融资服务平台采取政府推动和市场机制运营相结合。政府推动、服务和市场运营相辅相成,逐步由政府推动为主向社会服务和市场运营为主过渡。

## 4 完善评价与激励体系

北京文化创意产业投融资服务平台的建设要完善投融资项目评价和奖励体系的建设,将文化创意企业投融资业务与政策挂钩,成为立项、经费投入、贷款、政策扶持、中介机构考核的重要评价指标和依据之一。

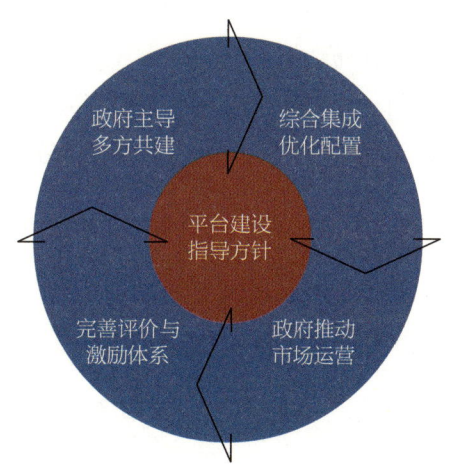

**图 2.3 服务平台建设的指导方针**

## (五)项目建设内容

### 1 投融资服务体系建设

(1)北京文化创意企业投融资服务中心场地建设;

(2)文化创意企业投融资服务体系模式研究;

（3）北京文化创意企业投融资需求调查，建立北京文化创意企业信息资源库；

（4）搭建文化创意企业投融资体系，包括股权转让、股权质押、抵押贷款、债券融资、短期融资、境外融资等业务；

（5）建立北京文化创意产业投资人信息资源库；

（6）建设北京文化创意产业投融资门户网站。

2　投融资中介服务体系建设

（1）搭建文化创意产业投融资中介服务体系，包括价值评估、信誉评价、股权托管、法律服务、审计服务、财务顾问服务、文化创意产业经纪服务、拍卖服务、保有服务、担保服务、再担保服务等业务；

（2）建立北京文化创意产业投融资中介服务资源数据库；

（3）建设北京文化创意产业投融资中介服务网上工作平台；

（4）建设文化创意产业经纪人培训体系；

（5）建成文化创意产业投融资中介服务监管机制。

3　第三方文化创意知识产权评价机制

文化创意知识产权评价机制是投融资服务体系中关键组成部分。平台将建立评价准则和程序，培养文化创意产业评价人才，建立评价人员认证和证书制度，提供评价所需的在线专家评价系统和资料库。

4 文化创意产业担保机制

由于目前文化创意产业市场尚不完善，政府应建立担保扶持机制，降低融资门槛。平台将依托北京市文化创意产业担保专项资金，为具有产业知识和专业能力的各类机构投资文化创意企业提供担保或者再担保服务，降低银行和投资者风险，提高投资方的积极性。

## （六）项目的技术架构与功能

1 平台的服务架构

文化创意产业投融资服务平台在技术架构上是通过互联网或虚拟专用网的接入方式，与服务对象建立网络连接，为文化创意企业投融资业务各方提供在线撮合交易服务、自主交易服务和信息服务；同时文化创意产业投融资服务平台还将与其他投融资机构建立"独立平台、平等合作、资源共享、联网交易"的合作伙伴关系；在中介服务方面，文化创意产业投融资服务平台将通过中介服务体系的接入，为交易双方提供在线和离线服务；在政策服务和监管上，文化创意产业投融资服务平台将为监管机构提供监管接入，实现对所有在线业务的监测。在支付和营销环节上，平台将与电子商务服务机构建立连接，为投融资双方提供安全认证、信用和清算支付服务。

2 平台的电子商务模型

平台的电子商务模型由文化创意融资企业（供给方）、文化创意产业投融资服务平台和需求方共同组成。平台的信息流分别始于投资方和文化创意企业。双方通过本项目提供的互联网信息发布渠道和实地展示体验获得项目信息，通过对项目信息的判断和研究，与经纪机构建立合作关系，经由本项目平台与另一方经纪机构和交易对象进行信息交流，对交易物、价格等相关条件进行磋商。

3　平台的电子支付流程

平台将与银行签订协议，利用银行接口，采用专业的加密措施或银行指定采用的数字证书等方式，通过接入、权限管理、身份认证、数字签名、传输加密等手段，完成银行账户信息查询、下载、转账支付三大类服务，充分保证公司、投融资方的资金安全。

## （七）具体业务内容

1　构建文化创意产业的投融资服务体系

北京文化创意产业投融资服务平台的建设是为落实北京市发展文化创意产业的战略安排，旨在对现有文化创意企业投融资项目信息及服务资源进行整合，提供一个文化创意企业投融资项目融合、服务渠道畅通、集成创新的途径，提高与文化创意产业相关资源利用率，降低开发和交易成本，带动成果转化与文化创意产业发展，促进产业结构调整，优化资源配置，并通过创造自主创新的环境为北京市文化创意产业长远发展与重点突破提供战略性支撑。

2　构建文化创意产业投融资中介服务体系

实践证明，投融资市场的发展离不开一个繁荣的文化创意投融资中介服务产业，平台将以文化创意企业投融资需求为核心，通过组织专业服务机构，为企业在债权融资、私募融资和上市融资、产业重组与并购等方面提供如净值调查等增值服务，从而实现"企业价值发现、企业价值实现、企业价值创造"的核心目标和最终追求。

## 3 制定文化创意企业投融资制度及工作流程

文化创意企业投融资服务中心的建设，一是落实国家有关文化体制改革政策，二是落实促进民营经济发展的"三十六条"，具体业务流程如下：

（1）平台内部流程：包括信息披露、分析整理、交易制度、交易监管、动态反馈等五个环节。

（2）平台外部流程（详见图2.4）

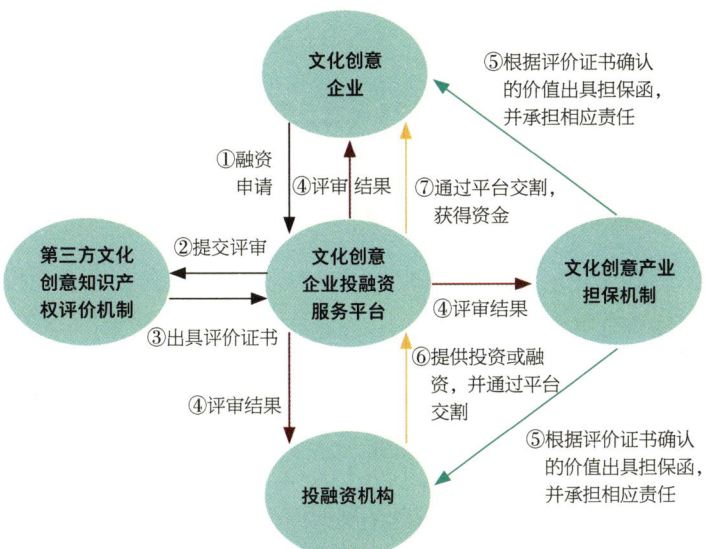

**图2.4 平台与外部资源业务连接图**

## 4 构建专家评价系统

文化创意企业投融资服务平台将构建专家评价系统，组建市场化专家队伍，对文化创意投融资项目进行评审、监督等动态管理。

5 开展国际合作业务

平台可借助资源，与文化创意领域相关的国际权威组织进行合作，为北京市文化创意产业走向国际化开辟道路。

## （八）项目营销策略

1 吸引高素质的营销人员，专业从事市场研究、开发和平台推广工作；

2 加大宣传力度，通过各种渠道向目标客户进行推广，引导产业主体参与交易；

3 积极探索新的投融资服务形式，利用 3G 等新技术为投融资双方提供更加翔实的需求信息，使投融资方更加便利利用投融资服务平台开展业务；

4 根据文化创意产业不同门类的特点，开发文化创意产业投融资分平台或频道、窗口，以适应不同行业的需求；

5 通过组织研讨会、投资人见面会、各类博览会、洽谈会、对接会等形式进行撮合及推介；

6 与国际机构建立合作管理拓展渠道；

7 实施个性化专业服务战略，根据创意产业特性，发掘特色服务项目。

## （九）合作模式

平台将采取开放式的合作模式，以项目的建设推动文化创意企业投融资业务各相关机构、企业、协会以及个人之间的合作与共享。

平台建设将坚持"独立平台、平等合作、资源共享、联网交易"的原则,通过采取开放式的系统模式,与合作机构共用平台,实现信息共享、异地同步挂牌、联网交易、联网服务;与合作机构和个人开展对等合作,通过跨区合作,扩大交易范围,提高市场效率,降低交易成本,推动各类文化创意企业投融资项目的顺利进行。

# 附件 4 文化创意产业基金设立建议方案

## 一、设立文化创意产业基金的重大意义

### (一) 聚合市场资金,加快北京文化创意产业基地建设,维护国家文化安全

文化安全包含了政治、经济等诸多问题,国际社会多元文化对中国的浸透正严重影响着中华民族的未来,因此使得文化安全在国家战略安全中的重要地位更加突出。我国目前的文化资源赋存结构,决定了我国文化创意产业在相当一段时间必将受到外来文化更加巨大的冲击,切实确保中国文化的安全是中华民族生死存亡的大事。

北京是我国最重要的文化创意产业基地,加快把北京建设成为全国新型文化创意产业基地,对保障国家文化安全具有重要意义。设立文化创意产业基金,聚合市场资金,对引进国内外投资者有序拓展安全、稳定、有竞争力的投资领域,加快北京文化创意产业基地建设步伐,解决资金不足的问题,实现北京文化创意产业的可持续发展,具有直接而重要的影响。

## （二）挖掘北京文化创意产业发展潜力，强化政治中心支撑作用

改革开放以来，北京为全国经济发展和社会进步提供了丰富的精神产品。在实现全面建设小康社会战略任务中，充分挖掘北京文化创意产业的发展潜力，充分提升北京文化创意产业发展水平，充分发挥文化创意产业对政治的支撑作用，是夯实建设和谐社会最有力的保障，是一种必然的现实选择。

北京市文化创意产业虽然取得一定成就，具有较好基础，但同时也积累了体制等诸多历史问题，迫切需要从持续保障全国文化创意产业的高度出发，加大对北京文化创意产业基地建设投入力度，调整产业战略布局，提高可持续发展能力。为此，设立"北京文化创意产业发展基金"对于转换企业经营机制，培育骨干文化企业，带动相关产业发展，转变经济增长方式，加快形成集约化、规模化的产业格局，以市场化手段对北京文化创意产业结构、产品结构、技术结构和组织结构进行调整，都具有重要的作用。

## （三）构建区域发展的金融比较优势，推动北京文化创意产业率先发展

北京文化资源禀赋独特、体系完备，产业基础较好，在历史上有发展金融产业的优秀传统和文化积淀，具备率先发展的条件。通过设立文化创意产业基金，实现产业资本和金融资本的结合，构建区域发展的金融比较优势，有利于北京由资源提供区域借助资本市场转变成为文化创意产业生产区域，有利于与全国其他地区共同形成经济发展、社会进步、相互促进的发展格局。

### （四）加快资本市场建设，深化投资体制改革

国务院《关于投资体制改革的决定》，对投融资体制改革作出了全面具体的部署。北京市文化创意产业要实现传统产业新型化、文化创意产业规模化，需要按照社会主义市场经济体制的要求，加快推进投融资体制改革，促进生产要素的合理流动和有效配置。设立文化创意产业基金，将推动北京开辟文化创意产业直接融资渠道，促进产业资本和金融资本有效整合。通过"基金+基地+集团+产业"的发展道路，创新北京文化创意产业投资和发展模式。实现市场化的资金筹集和资金管理方式。

## 二、设立文化创意产业基金的可行性

**中央重视**。中央高度重视和大力支持文化创意产业发展，特别是重视北京市文化创意产业发展。

**政策支持**。虽然关于产业基金管理办法尚未正式出台，但是国家积极支持产业基金试点。目前已经有了中国－比利时趋势股权投资基金、中瑞产业基金的试点先例，天津滨海产业投资基金已获国务院批准，为北京发起设立"文化创意产业基金"提供了可资借鉴的经验。

**市场可行**。文化创意产业发展资金需求巨大。仅"十一五"期间，北京市文化创意产业投资需求达 5 000 亿元左右，年投资需求量达到近 1 000 亿元。文化创意产业在国民经济发展中的地位日益重要，文化创意产业已经成为社会的长期投资热点。

**管理成熟**。国内已出现了一批产业基金的专业投资管理机构，经过市场化的实践探索，形成了相对成熟的经营管理模

式，构建了比较完整的投资管理和风险控制体系，并且具备了一批产业基金专业人才队伍。

**项目储备。**北京市文化资源禀赋独特，产业基础较好，优质项目众多。北京市文化创意产业领导小组办公室每年征集了一批符合国家产业政策、市场前景较好的优质重点项目，作为基金储备投资项目，为基金获取良好投资收益奠定了坚实基础。

## 三、设立文化创意产业基金准备充分

### （一）政府高度重视和大力支持基金发起设立

按照"政府支持，市场运作"的原则，北京市将以政府资源为依托，以市场资源为动力，加快推进基金发起设立工作，建议由北京市文化创意产业促进中心牵头、有关部门参与的基金筹备工作小组，引进了专业化投资管理机构。为了更好地吸引投资者参与基金发起设立，北京将进一步优化投资环境，在国家批准基金设立后抓紧出台配套优惠扶持政策。

### （二）基金发起设立准备工作充分

为了顺利发起设立基金，北京市文化创意产业领导小组应组织专门机构，认真开展调查研究和组织筹备工作。北京市文化创意产业促进中心可联合有关机构，对发起设立基金进行专题立项研究。课题研究对发起设立基金的政府支持、政策法规、市场需求、管理模式、经济效益等条件进行了深入研究分析后，形成《北京市文化创意产业投资基金课题研究报告》《文化创意产业投资基金发起设立方案》等。总的意见为，在北京发起设立"北京文化创意产业基金"，政府支持、政策允许、市场可靠、管理成熟、经济效益良好、风险可以控制、具有较强的可操作性。经过一系列研究，现已基本完成了基金发起设立的理论研究、项目准备、平台构建、团队建设和发起股东准备。

### （三）设立中国文化创意产业投资基金（暂定名）

中国文化创意产业投资基金规模首期为 50 亿元人民币，公司型基金。基金采取定向募集方式，以市场化融资手段面向国内外具有长期投资能力的机构投资者募集。按照国际惯例及国内实际，基金委托专业投资管理机构管理运营。

基金的主要发起人拟为：(原)中央电视台、中国电影总公司、中国唱片总公司、中国出版集团、北京广电集团、北京国资、首创集团、歌华集团等法律法规允许的机构投资者，包括国内主要的文化创意产业和相关产业集团，并积极吸引中国进出口银行和保险资金参与基金发起设立。基金主要投资方向为：文化创意产业规模化生产和产业整合项目。

北京在大力推动文化创意产业基金这一金融创新的同时，将严格按照国家关于金融行业的政策法规和监管体系，加强对文化创意产业基金的监督管理和风险控制。要确保基金按照资金使用计划投资，确保基金规范运作、公开透明，切实维护区域金融稳定，防范和化解金融风险。

## 四、文化创意产业基金管理运营和风险控制

### (一) 基金管理运营

**1 坚持"政府指导,市场化运作"原则**

基金在政府支持和指导下,按照市场化原则发起设立。基金设立后,在政府支持下采取市场化运作机制,同时要接受主管部门的监管。基金投资运作,要兼顾和平衡经济效益和社会效益。

**2 按照国际惯例,委托专业投资机构管理**

国际惯例和市场化运作原则,基金委托专业管理机构管理运营,基金资产委托商业银行保管基金资产。基金和基金管理公司独立存在,分体运行。基金管理公司要符合国家主管部门条件,获得国家主管部门资质认证,在主管部门批准和基金股东认可后受托管理基金。管理公司拟联合专业机构共同发起组建。基金托管银行要具有基金托管资质和经验,并符合主管部门的条件。

**3 建立公司型法人治理结构**

基金按照《公司法》和主管部门规定,建立公司型基金治理结构,制定基金《章程》作为基金管理运营基本准则。股东会是基金最高权力机构,董事会是基金日常决策机构;基金管理人由基金股东会通过,基金董事会出任并接受主管部门监管;基金托管人由基金股东会通过,基金董事会出任并接受主管部门监管。基金要出任会计师事务所担任基金审计师,出任律师事务所担任基金法律顾问。

### 4 确立产业政策的投资策略

基金在北京市文化领域开展投资业务,一是严格遵守国家产业政策,符合国家文化创意产业基地建设产业方向;二是坚持"安全性、流动性、收益性"相结合;三是遵循基金基本运作规律,坚持以投资退出作为运作导向;四是坚持组合投资,分散风险;五是以最少获得董事会一名席位为股权比例最低限制原则;六是与其他机构采取联合投资等策略。

### 5 建立分组投资决策体系

实施项目投资时,由管理公司团队制定投资方案,聘请专家委员会咨询之后由管理公司投资决策委员会和风险控制委员会进行审议,通过后提请基金董事会审议。基金董事会审议通过的,由基金管理人出具董事会决议,向基金托管人下达投资指令,执行投资决议。基金董事会审议未通过的,不予执行投资指令。

### 6 明确基金投资范围和方向

基金可以普通股、优先股、可转换的优先股和认股权证等形式进行投资。基金只能投资未上市企业,基金不得从事的活动包括:吸收或者变相吸收存款;发放贷款;资金拆借;证券投资;期货投资;提供担保;其他与产业投资无关的活动。基金不得投资承担无限责任的企业。基金主要投资在北京注册的企业,投资方向:文化创意产业规模化生产与产业整合项目和延伸文化创意产业链的项目。

### 7 基金储备项目

基金优先投资拟上市企业,积极投资国家重点规划建设项目,大力扶持高成长项目。北京市政府将提供优质项目供基金投资者选择，未来三年上市发行的文化创意产业企业，基金可作为优先战略投资者参与股改和私募。对不同成长阶段和不同项目的具体组合，在基金设立后由基金董事会审议决定。

## 8 基金资金运用和投资进度

基金正式成立前，投资者认购基金股份的款项存于基金工商注册专用账户，不得动用；基金未投资企业的资金，只能存于银行或者用于购买国债；基金前5年为投资期，在投资期内原则上要完成基金实际募集资金的投资；基金设立3年后，未投资企业的资金不得在持续6个月内超过基金总资产的20%。

## 9 安排多种基金投资退出

基金投资的企业，以在境内外证券市场公开上市发行作为首选退出方式，以通过重组并购市场协议转让股权作为重要退出渠道，以产权交易市场和回购安排体系作为有效退出手段，以资产证券化和其他可能的金融工具，不断拓宽基金投资退出途径。

## 10 建设具有国际化水平的管理团队

基金管理公司团队组建，在依托本土投资人才的同时，积极引进国际化基金管理人才，形成中西合璧、适应国情的复合型投资管理团队。主管部门和基金股东要对主要管理人员背景和经验，进行分析和评价，确保入选人员具有丰富的产业投资及基金管理经验，确保基金管理团队的职业操守和专业水平。基金构建专家支持体系，发挥社会资源和专业智慧的业务支持作用。

## 11 加强基金信息披露

基金通过会议、书面报告和重大事项通知等形式，仅系国内信息披露，确保基金股东和主管部门享有充分及时的知情权。基金通过召开股东会、董事会或其他专项会议形式披露基金运营信息。基金以书面报告形式，通过年度和半年报告、财务报表、基金通讯等形式，向基金投资者披露基金运营信息。基金以重大事项通知形式，对基金在运作中可能对基金股东权益产生重大影响事项及时告知股东。

**12 加强基金监管**

基金通过监事会的监督，审计师的独立财务审计、律师的独立法律审核，加强内部监管，健全内控机制，同时基金接受国家发改委和北京市发改委的监管，加强对基金运作监督管理，对基金资产的检查稽核，确保基金规范运作，公开透明，完善风险控制，防范和化解金融风险。

## （二）基金运作风险控制与规避

### 1 风险的揭示

基金设立后，存在的风险包括外部风险和内部风险。外部风险主要是指国家宏观经济风险、政策法规风险、行业景气周期、市场竞争以及利率汇率等风险。内部风险主要是指基金管理人内部人控制风险、管理人专业风险、基金管理人道德风险、所投项目风险和基金资产安全性、流动性风险。

### 2 风险防范的措施

防范宏观经济和政策法规风险措施。基金管理团队要加强对国家宏观经济的分析，深化对国家产业政策研究，确保基金投资方向、投资领域和投资项目，吻合经济发展形势，符合国家产业政策和相关法规。

防范景气周期和市场竞争风险措施。一是通过组合投资，分散风险，基金在对文化领域不同行业、不同成长阶段、不同所有制的企业进行组合投资，分散行业风险。按照主管部门规定，对单一企业累计投资金额不超过基金总额20%。二是采取产业整合，价值延伸分散风险，基金发挥资金支持和资本运作功能，推动文化企业并购重组，提高产业集中度和延伸价值链，培育大型文化创意产业，提升企业市场竞争力和防御景气周期风险能力。

防范内部人控制风险措施。完善法人治理结构，形成良好内控机制。文化创意产业基金按照《公司法》和国家主管部门规定，严格按照基金资产所有权、管理权和保管权分开的原则，建立完善的法人治理结构。股东会、董事会、监事会、管理人和托管人按照相关法律文件，严格履行各自权限与职责，防止基金运作越权与错位行为产生；同时聘请会计师事务所担任基金会计师，负责基金审计工作；聘请律师事务所担任基金法律顾问，负责基金法律审核工作。强化基金管理人和基金托管人之间的相互监督、相互制衡，确保资产运用正确，保管安全，管理运行公开透明。按时规范披露基金信息，确保管理人、托管人和投资人、主管部门之间实现信息对称。

防范管理人专业风险。健全投资决策体系，防范投资决策风险。形成标准严格、流程清晰、权限明确的投资决策体系，建立透明规范的投资表决机制，确保投资决策严谨科学，减少失误；建立专家决策支持体系，提高产业分析的专业性和客观性；建立规范的尽职调查和投资方案要求，确保管理团队投资建议调查深入，信息真实；必要时候引入专家顾问共同开展项目尽职调查，独立出具调研报告提请投资决策委员会审议。

防范管理人道德风险措施。一是由主管部门加强对基金运作的监督检查，重点加强基金管理人和基金托管人的监管，对管理人和托管人违规违法行为施以处罚。二是通过完善的法人治理结构、独立的会计审计和法律审核，检查评价基金管理人与托管人行为规范性，实行监事会对管理人和托管人弹劾机制。三是管理人与托管人之间本着投资人利益最大化，实行相互监督，相互制衡，相互评价机制。四是对管理团队实行激励和约束机制，实现管理团队和投资人有效捆绑，利益高度一致。

防范基金资产和投资项目流动性风险措施。基金以退出为前提设计投资方案，充分运用多种资本市场实现基金退出和良性循环。北京主要文化企业，计划全面实施"集团加上市公司"模式，为实现退出奠定了良好基础。在安排一般性退出渠道的同时，针对北京市文化企业与资本市场对接情况，对不同阶段和类型的项目可采取 IPO、分拆上市、集团公司回购、上市公司定向增发回购等手段，构建与资本市场紧密联系的基金退出渠道，提高整合资产和项目股权的流动性。

# 附件5　建立文化创意产业投资公司建议方案

文化创意产业既需要政府的大力扶持和引导,又需要吸引各类社会资本的积极参与。根据《北京市促进文化创意产业发展的若干政策》《北京市文化创意产业发展专项资金管理办法》的相关精神,为充分发挥文化创意发展专项资金的效能,拉动各类政策资金、社会投资、银行信贷,更好地支持文化创意企业研发创新、做强做大,使文化创意产业在北京的 GDP 中所占比重逐年提高,北京市文化创意产业促进中心(以下简称文促中心)提出建立文化创意产业投融资平台——北京市文化创意产业投资公司(以下称投资公司),并在此基础上,建立文化创意产业投融资的新体制。

## 一、目的和意义

专项基金的使用必须考虑使用效率、适时调控、逐步扩张的原则,在保证专项基金的安全性、公平性、有效性的前提下,使专项基金发挥最大的效能。通过建立投资公司、担保基金、投资咨询公司三位一体的文化创意产业投融资服务体系和运营机制,可以保证专项资金得到更好使用。

1  吸收社会投资，加大直接投资

建立股份制的投资公司可以在公司成立时吸收各类企业和投资机构参股，做大公司规模，直接向文化创意企业投资，企业在获得政府专项基金扶持的同时，又获得了股本金，增强企业抗风险能力和获利能力。

2  拉动银行贷款，放大资金效能

专项基金采用贷款贴息、项目补贴、政府重点采购以及奖励的方式对企业进行资助，还可以实施担保基金的方式，对项目获得专项资金支持和银行贷款提供担保。

3  提供专业投融资信息服务

建立中介组织——北京文化创意产业投资咨询有限公司为企业获得专项资金、银行贷款、创业投资提供专业化的项目审核、评估、投资、基金管理等咨询服务。

## 二、运作方式

1. 拟由首创、首旅、北京国资、歌华参股，并吸收国外著名的文化企业和投资机构与文促中心共同出资成立"北京市文化创意产业投资公司"，注册资本5亿元，文促中心出资5 000万元，拉动社会资本投向文化创意产业。

2. 拟由专项资金中每年拨款5 000万元，由文促中心在银行设立专户管理，组建担保专项基金，由银行给予相应的贷款额度，每年对文化创意企业申请专项资金补贴提供担保，对文化创意企业申请银行贷款提供相应的担保，使企业可以获得所需的流动资金。

3 文促中心指导成立北京文化创意产业投资咨询有限公司，接受文促中心的委托完成申请项目的实地调查、项目初次评估、项目投资后的跟踪管理等任务，同时接受企业委托，编制投融资申请报告，推介投资机构、财税服务等，从而规范文化创意企业的财务管理，实现有效调控，发挥服务功能，帮助企业解决成长的问题。

## 三、分类指导和分步实施

根据对文化创意企业的初步摸底调查，文化创意企业大致可以分为三大类别：一是大型国有企业，如歌华、北广传媒、各区县下辖的较大的企业，这类企业有历史基础、企业运营盈利经验、融资能力，主要需求在于产品和服务的创新和研发。二是中型发展性公司，如一些动画、电影、出版发行、演出类公司，这类公司的经营历史较短，有一定的成功案例，公司发展和壮大需要流动资金支持。三是新创立的公司，如有些动漫设计公司、手机设计公司等，这类公司有些有专利、专家、专项优势，但缺乏管理经验和融资经验，需要资金和管理指导；同时有些艺术家以自己的艺术产品为经营对象，举办画展或拍卖等，也可归在这一类，但不具备法人资格。

依照文促中心制订的职责定位、发展思路和近期主要工作的安排，可以分三步实施：首先建立中介性质的投资咨询公司，协助文促中心开展有关金融方面的实施管理细则的制定，为文促中心和企业提供相关服务。其次，与北京银行和担保公司合作设立专门的担保专项基金，获得银行的授信额度，方便企业直接向银行融资，担保基金专户管理，承担代偿责任，代偿范围不超过担保基金总量的50%，担保专项基金实行专业化管理，管理费用为担保基金总量的 3%，担保费率为担保额的 1%—5%（根据文化创意企业的特点，担保额较小，担保费率略高）。再次，通过咨询服务和担保服务，挖掘优质的文化创意产业，进行直接投资，可以考虑成立投资公司，力争在 2007 年底前完成股东谈判，2008 年 3 月 31 日前成立。

建立文化创意产业的投融资平台和运行机制是文促中心的重要工作，是推动文化创意产业机制建设的重要组成部分，是充分发挥专项资金效能的有效保证，是当前亟待抓好又必须着力抓紧的基础性和长远性工作。

# 附件 6　北京艺术品交易所：中国投资者的第三度空间

——关于做大做强北京市文化创意产业的战略思考与制度设计[①]

> 天空的蔚蓝，爱上了大地的碧绿，他们之间的清风惊叹了一声"啊！"
>
> ——泰戈尔

## 前　言

战略的关键是选择，选择的核心是放弃。当上海执证券、期货交易之牛耳，深圳挟中小企业、创新创业板之威风，叱咤中国资本市场之际，北京的战略选择是跟进，还是放弃？显而易见，另辟蹊径是北京的应有姿态。市委书记指出要以发展文化创意产业为新引擎，推动北京产业结构升级；市长则倡导要把文化创意产业打造成为首都的经济支柱，要占北京 GDP 总量的 30%。这是一个大胆的构想，也是北京的一个崭新机会，而作为文化创意产业体系核心的艺术品投资抑或是北京的发力点，成立北京艺术品交易所将使北京站上中国投资市场的新高峰，北京艺术品交易所亦将成为继上海、深圳证券交易所之后，中国投资者淘金的第三度空间。

[①] 本方案撰稿人为北京大学产业与文化研究所理事长，也是当时本人所负责部门代表市文促中心建立的北京市文化创意产业专家库专家彭中天博士。特将本方案收录进本文集，并对方案中个别表述不准确的字句予以改正。

"凡事预则立，不预则废。"成大事皆在"取势，建道，优术，弘德"上做文章，借助制度经济学理论，我们将银行、证券及高科技产业做大、做强的成功经验，运用于探讨创建艺术品投资市场的可行性，提出以下基本思路。

## 取势篇：对艺术品市场发展的几点判断

1  第四次艺术品收藏高潮正在来临

在历史上，中国人对收藏和投资古玩字画的偏爱从未间断，但形成全国性的收藏和投资热潮有三次：第一次是北宋末年，第二次是康乾盛世，第三次是清末民初。这三次热潮的共同特点表现为：上至帝王将相，下到平民百姓，均视收藏和投资艺术品为乐事，古今艺术品大量涌现，市场交易活跃。进入21世纪，我国经济独步于世界的高速增长，带来了国民收入的持续增加，因此，随着我国市场化改革进程的深化，艺术品市场的兴起成为必然，2002年以来，国内书画艺术品市场一路上扬，各拍卖市场成交记录不断刷新，成交量直线攀升，据统计2006年的成交量已突破500亿元大关（这还不包括大量的民间交易）。

太平盛世玩收藏，可以预言第四次艺术品收藏高潮正在来临！

2  艺术品投资必将成为继股市、楼市之后的第三个投资热点

金融、地产、艺术品是世界上公认的三大投资领域。到2006年末，我国居民储蓄超过17万亿元，而投资渠道偏窄，楼市政府打压，股市风险巨大，存款利率长期低水平徘徊，企业和老百姓的大量闲置资金急需寻找出路和回报，正是在这样

的经济背景下，艺术品市场异常火爆，但严格说来，这个市场是以投机和收藏为主，并不具备投资的条件，交易不透明，拍卖不保真，更缺乏权威的指数体系。在这一关键时刻，政府应该有所作为，因势引导，规范市场行为，把握前进方向，建立一个公正、公开、公平的交易平台，鼓励大众的参与行动，艺术品投资将必然成为继股市、楼市之后的第三个投资热点。

### 3 艺术品的巨大价值空间等待发掘

伴随着经济的发展，艺术必然复兴，这是一再被历史证明的铁律。文化的价值是由其历史的悠久性、艺术的独特性和经济发展的水平决定的。文化的价值是经济总量的客观体现。当社会财富极大增加后，文化必然要分享这一巨大的经济成果。中国改革开放三十几年形成的巨额财富积累和五千年的历史积淀已经为中国艺术品的升值留出了巨大的空间，而中外艺术品在市场成交价的巨大反差又为国内艺术品价值的回归找到了最好的注脚。中华民族悠久的历史和灿烂的文化是我国人民宝贵的财富。他不仅是精神的，更是物质的。其能量巨大，一旦释放，是可以成为继国企转制、福利房商品化、经营城市出让土地之后的第四增长极。

### 4 艺术品市场呈现金融化发展趋势

据统计，目前我国艺术品收藏爱好者和投资者队伍达8 000多万人，占全国总人口的7%，每年还在以超过10%的速度增长，各类艺术品的年交易额约为200亿元，还在以20%的速度增长。中国艺术品正在从一个单纯的收藏市场向投资市场转化，这也是全球艺术品市场的趋势所在。艺术品投资也要遵循"发现价值，提升价值，实现价值"的一般规律。设计好资金的进入和退出渠道，控制投资者的风险，鼓励金融机构的参与。这就要求我们要以投资的理念，从金融的视角，来分析行业特征，看清发展趋势，把握历史机遇。

5 当前艺术品市场的诸多弊端给我们提供了机会

纵观当前艺术品市场，弊端显而易见：产业分工不明，内部人控制，暗箱操作；交易中偷漏税严重，国家没能从迅速发展的交易市场中受益；市场交易不透明，存在大量洗钱现象，成为滋生腐败的温床；缺乏权威科学的保真、估价体系，公信度受到质疑；一级市场（画廊）萧条；投机成分多于投资成分，造成二级市场（拍卖）火爆；缺少银行业和保险业的介入，市场稳定性和扩容性大打折扣；没有科学的指标系数和规范的市场，让大量投资者望而却步……凡此种种，已成为危害行业健康发展的毒瘤。毒瘤可恶并不可怕，它毕竟是发展中出现的问题，需要在发展中加以解决。危害和机会从来都是并存的，如果我们能完善文化市场创新体系，一做标准，二做模式，提高专业化、产业化程度，政策配套，监管到位，登高而呼，必定应者云集。当下市场的乱象，正是为有准备而又想有所作为的人提供的最好机会。

6 北京理应成为新一轮经济增长的领跑者

就文化创意产业而言，北京独占天时、地利、人和之优势，善取势者，事半功倍。面对扑面而来的艺术品收藏与投资的第四次高潮，如何把握和引导这一难得的历史机遇是对北京的重大考验。在此，我们郑重呼吁：北京市应大力推进艺术品市场的体制创新，以制度经济学为理论指导，建立一个由政府主导、风险可控，按市场规律引导和规范艺术品市场交易行为和方向的，有自己商业模式和系列政策配套，辅之以高科技手段、金融衍生工具运用为一体的，适合大众参与的新型艺术品投资市场——北京艺术品交易所。通过市场发掘最优秀的专业及操作人才；通过市场筹集最优秀的文化产品和最充足的资本；通过市场运作，在提升价值的同时，把中国的艺术品推向世界，把世界文化成果引入中国。

## 建道篇：创建北京艺术品交易所的理论依据和思路

1 文化与发展，市场与创新

市场的创新离不开观念的创新，因此北京艺术品交易所的建立应在创新思路上有所突破：（1）体现政策制度上的创新；（2）体现产业整合上的创新；（3）体现技术和科技的创新；（4）体现商业模式上的创新；（5）体现思想、观念和标准的创新；（6）体现金融及衍生工具运用的创新。北京艺术品交易所应是创新的产物，是由政府制定游戏规则，结合实物市场与虚拟市场各自优势，集艺术交易、金融工具和高科技手段为一体的新型概念市场。它必须具有：（1）创造连续性的交易行为；（2）产生公平有序的价格；（3）协助将闲置货币资本转化为艺术性资本；（4）广泛传播交易信息和经济信息；（5）保护投资者利益五大功能。

2 制度的演进与社会进步

新制度经济学的代表人物诺斯的研究目标是制度演进背景下人们如何在现实世界中做出决定和这些决定又如何改变世界。他对北京的启示是：交易制度既是一定历史条件下市场制定的结果，也受政府政策的影响，市场目标必须与总体的社会经济发展目标一致。就当前来说，北京市应牢牢抓住艺术品市场兴起这一天赐良机,加强对艺术品市场的基础研究,结合主流经济学的理论,借鉴证券、保险、银行业的成功业务模式,创造一个崭新的产业发展模型,通过争取相关政策的优惠条件,制定行业规则和标准,抢占制高点,用有形的手去引导和规范市场的建立,用无形的手去激发和放大交易行为,从而使北京成为真正的世界文化之都和文化产业之都。

3  北京艺术品交易所的构建思路

借鉴证券交易机制,结合艺术品市场的特点,可以大致勾画出北京艺术品交易所的功能框架:

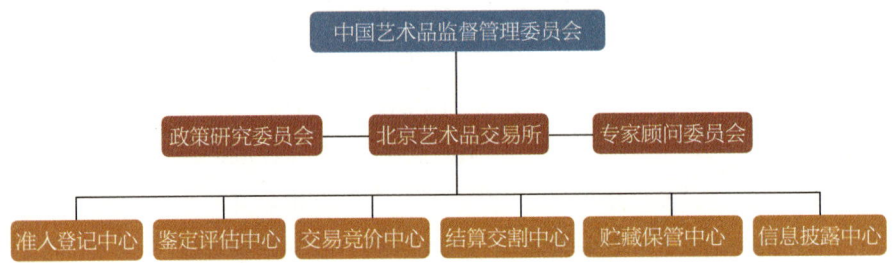

准入登记中心的功能:主要是控制进入交易流程的艺术品的种类、质量和数量及艺术品产权的合法性。

鉴定评估中心的功能:是通过经验和技术的手段保证进入交易流程的艺术品的真实性并提供一个市场参考价值。鉴定评估的权威性是银行、保险及投资者介入的前提。

交易竞价中心的功能:是用现代化的手段,为买卖双方提供远程的连续的公平的竞价交易的平台并撮合成交。

结算交割中心功能:是为买卖双方提供支付平台,保证结算的速度和安全性,并且完成物品的交割手续。

储藏保管中心的功能：是艺术品市场的专业功能，由专业人员和设施来完成艺术品的贮藏和保管，同时具有展览的功能。

信息披露中心的功能：是将市场中重大信息迅速准确地提供给买卖双方。相关指数的发布是其重要功能。

4　建立北京艺术品交易所应着手解决的十大问题

（1）从制度层面解决相关政策配套问题。

（2）认真展开艺术品交易市场的微观结构理论及交易制度设计研究，以研究成果指导市场建设。

（3）解决艺术品证券化的问题。

（4）建立艺术品保真体系。

（5）构建艺术品估价体系。

（6）完成艺术品市场准入的标准设计。

（7）解决艺术品交易相关指教的科学设定和发布问题。

（8）依托高科技手段，解决艺术品网上交易和远程支付等问题。

（9）解决艺术品交易市场的资金来源和资本进入问题。

（10）解决国家对于艺术品交易市场的税收及监管问题。

## 优术篇：把握最佳时机，抢占制高点，一呼天下应

1　申请文化特区

改革开放以设立深圳经济特区为标志，深交所和上交所的

成立为二地注入极大的经济动力。随后设立的珠海、厦门经济特区及最近批准的第三批试点省市都步入了经济高速发展快车道。北京已经错过了几次政策优惠的机遇，这次借《中共中央关于深化文化体制改革的若干意见》的东风，申请设立北京文化创意产业特区正当其时，通过设立文化特区，得到相关政策扶持，确立文化龙头地位，拉开与兄弟省市的竞争距离，凸显自己的优势与个性。思想决定出路，定位决定地位，文化北京的理念将随奥运会的成功举办再一次载入史册。

## 2 推动成立"中国艺术品监督管理委员会"

由于设立北京艺术品交易所牵涉部门众多，光凭北京市的力量难以协调，故建议由北京市牵头（或推动）相关部门发起设立"中国艺术品监督管理委员会"。把艺术品的市场化、产业化、规范化、标准化、网络化、国际化工作列入议事日程，为北京市成立艺术品交易所提供政策、法律和组织保障。

## 3 成立北京艺术品交易所筹备小组

率先开展与"艺术品交易所"相关制度的理论研究，争取立项和中央支持，在条件成熟时，成立"北京艺术品交易所筹备领导小组"和相关的组织机构，拿出申办奥运的劲头，一鼓作气把宏伟的蓝图变成北京的现实，使北京成为第一座以文化为载体，又具有金融辐射功能的标志性城市。

## 4 推出"北京艺术品市场系列权威指数"

指数是市场成熟的标志，是经济活动的晴雨表，是投资者的指南针。艺术品市场由收藏功能转化为投资平台，系列指数的发布必不可少，它将确立北京艺术品交易所的权威性和科学性。它既是中国的，也是世界的。而指数的建立需要科学的设计、数据的采集、市场的认可和时间的检验，同时具有唯一性和排他性，属于基础工程，应尽早动手，免落人后。

## 5　建立艺术品鉴定、评估体系

我国现有的艺术品鉴定及评估方法，既不成体系也不科学，应学习国外成功的经验，完善和重建具有中国特色的鉴定评估体系，要走职业化的道路，通过中介机构和科技手段的加盟，拉长产业链，增加透明度。公开是医治弊端的最佳良药，阳光是最好的防腐剂，艺术品鉴定评估体系的建立将对艺术品市场的健康发展起到不可估量的作用。

## 6　适时推出"艺术品投资基金"和"艺术品保值基金"

为了引导大众参与艺术品投资，设立由艺术专家和理财专家管理的"艺术品投资基金"和"艺术品保值基金"势在必行。大额艺术品的证券化，小额投资者的基金化，将极大地丰富艺术品投资市场的内涵，扩大艺术品市场交易容量和人气指数，保值基金将改变人们习惯的理财观念，分担银行的储蓄压力，也为降低艺术品投资风险铺平道路。

## 7　利用现代科技手段建立"艺术品保真数据库"

高科技的发展，数据库的出现，为艺术品的保真、鉴定和交易提供了广阔空间。"艺术品保真数据库"就是分门别类将经过严格程序鉴定的艺术品放入数据库，交易品均出自数据库，认购者可以远程通过电脑技术进行观验和比对，也可向认购者提供相关证明材料，从而解除交易者的心理障碍，刺激其购买欲望。保真数据库还将对国家管理艺术品起到积极作用。

8  加强对"艺术品期货""艺术品租赁"及"艺术银行"的研究

随着艺术品交易市场的发展,新的交易品种和交易工具将不断创新,"艺术品期货""艺术品租赁""艺术银行"可以满足不同人群和行业需求。既可充实艺术品市场的内涵与外延,又可引领市场的发展方向,具有广泛的市场和美好的未来,创新能力代表着北京艺术品交易所的生命力,在新品种的研发方面,北京应走在行业的前列。

## 弘德篇:新市场的创立将对中国乃至世界产生巨大影响

1. 对世界文化产业的发展是一个贡献,开创了艺术品、金融与高科技完美结合的先河,确立了中国艺术品市场在世界的地位。文化将成为中国走向世界的特别通行证。

2. 对国家来说,此举将极大释放文化价值、促进产业升级、增加就业、扩大税收,还将为股市、楼市和高储蓄率减轻压力,同时为行业管理带来便利。

3. 对民众而言,增加了新的投资渠道,获取了分享五千年文化积淀和经济发展成果的机会,在提高全民艺术素质的同时,增强民族自豪感。

4. 对艺术是一种促进,是利用市场的力量、民间的资金推动文艺复兴,使艺术品市场向产业化、规范化迈进一大步。对提高当代艺术家的社会地位、经济状况和作品质量也将起到积极作用。

5 对北京更是意义重大。北京艺术品交易所将成为连接中国与世界文化交易与交流的桥梁。其人流、物流、资金流、信息流的聚集功能将为拉动北京市的 GDP 发挥重要作用。我们希望在不久的将来，古老的北京通过全新的商业模式和高科技手段整合文化资源而独领风骚，傲视群雄。

# 附件7 中国（北京）国际金创意奖励章程

## 第一章 总则

**第一条** 为全面落实科学发展观，贯彻《北京市促进文化创意产业发展的若干政策》，鼓励文化创意产业多出精品，表彰在文化创意产业推进活动中做出突出贡献的个人和组织，调动文化创意人员的积极性和创造性，加速文化创意产业发展，促进首都的经济建设和社会发展，特制定本章程。

**第二条** 中共北京市委、北京市人民政府设立中国（北京）国际金创意奖（以下简称金创意奖），每一年评选一次，活动举办时间为每年的4月—11月。

**第三条** 以邓小平理论和"三个代表"重要思想为指导，坚持"为人民服务、为社会主义服务"的方向和"百花齐放、百家争鸣"的方针，坚持弘扬和培育民族精神，弘扬主旋律，提倡多样化，努力贴近实际、贴近生活、贴近群众，求真务实，解放思想、实事求是，与时俱进、开拓创新。

**第四条** 金创意奖评选范围包括文艺演出、出版发行和版权贸易、影视节目制作和交易、动漫和网络游戏研发制作、广告会展、古玩艺术品交易、设计创意、文化旅游等八大产业十一个门类的创意成果。

**第五条** 奖励贯彻尊重知识、尊重人才的方针，鼓励自主创新、创意研究、技术开发与经济建设、社会发展密切结合，奖励的评审坚持以观众参与投票为特色、观众评选与专家评审相结合，坚持公开、公平、公正、效益原则。

## 第二章 组织委员会和评选委员会

**第六条** 市委、市政府主要领导、相关主管部门的代表和专家组成每届金创意奖组织委员会（以下简称组委会），负责组织金创意奖评选活动的组织和领导工作。

组委会组成人选由市文化创意领导小组办公室提名，报市文化创意产业领导小组批准。组委会设主任、副主任、秘书长、副秘书长。

**第七条** 组委会下设办公室（办公室设在北京市文化创意产业促进中心），负责征集、评选和颁奖的日常事务工作。

**第八条** 组委会办公室负责组成金创意奖各类奖项评选委员会（以下简称评委会）。评委会负责金创意奖的评审工作，其构成人员由政府相关部门的领导、行业的权威人士及专家学者组成，其中行业领域专家比例不少于50%。

评委会组成人选由组委会聘请并确认，评委会设主任、副主任、若干委员，任期三年，其中各行业评委会委员不超过九人，每届评委会成员应比上届成员至少更换三分之一。

## 第三章 评奖条件

**第九条** 申报参加金创意奖评选，需符合下列条件：

（一）符合北京市重点发展的文化创意产业方向，符合有关精神文明建设的规定，应用于经济建设和社会发展，拥有自主知识产权，并取得较大经济效益或者社会效益的；

（二）在产品、工艺等方面研究开发共性技术和关键性技术，实施后能够取得较大经济效益或者社会效益的；

（三）在转化、推广文化创意成果并使之产业化中，取得显著经济效益或者社会效益的；

（四）文化创意研究成果对推动决策科学化和管理现代化，促进首都创意产业发展起重大作用的；

（五）外国组织或者个人同本市的组织或者个人合作研究、开发的重大文化创意成果；

（六）申报参评须按要求填报《金创意奖参评登记表》，并附送相关资料。

**第十条** 下列成果不属于金创意奖的评审范围：

（一）涉及国防、国家安全并由于国家安全和保密原因不能公开的成果；

（二）正在研究且不能在其他领域应用的成果；

（三）存在知识产权及有关完成单位、完成人员等方面争议的成果。

## 第四章 奖项设置、奖金额度和申报

**第十一条** 金创意奖根据首都文化创意产业行业门类分设特等奖、一等奖、二等奖、三等奖，奖励名称对应市文化创意产业行业门类对应为成就奖、贡献奖、推进奖、作品奖，每年奖励一次。其中一等奖、二等奖、三等奖的项目总数为 120 项左右。其中，一等奖不超过 11 项，二等奖不超过 20 项，其余为三等奖。一等奖奖金 30—50 万元，二等奖奖金 10—30 万元，三等奖奖金 1—10 万元。

对于取得重大经济效益或者社会效益的创意产业组织和个人，经组委会办公室推荐，可以授予特等奖，奖金为 50—100 万元。

**第十二条** 金创意奖单项励奖授奖人数一等奖不超过 9 人，二等奖不超过 6 人，三等奖不超过 5 人。获奖人员按贡献大小排序。

重大创意产业推广类成果，依据单位申报，奖项可以仅授予组织。

**第十三条** 奖项颁发包括奖杯、奖金、证书。

**第十四条** 候选项目申报采取组织推荐、社会征选和自荐相结合的方式。具体产生渠道主要有四种：

（一）通过中央有关部委和本市相关政府部门向组委会办公室推荐参评对象；

（二）通过专业协会、社团、院校向组委会办公室推荐参评对象；

（三）组委会办公室经与各方协商，并征求当事人单位意见，征选参评对象；

（四）自荐或他人推荐，并征求自荐者或推荐人、被推荐人单位意见，产生参评对象。

## 第五章　评选方法和程序

**第十五条**　确定候选对象。组委会办公室对所有推报材料进行形式审查，将符合推报要求的参选资料提交组委会，推报材料不齐全或不符合基本要求的参选对象，不具备参评资格。

**第十六条**　形式审查合格的部分奖项将通过媒体向社会公布，同时在指定网站刊登候选对象的资料。在规定时间内，广泛征求社会各界的意见。如遇异议，组委会办公室将协同有关部门进行核查，并将核查结果和处理建议提交组委会。对于经核查确有严重问题的候选对象，组委会将取消其参评资格。

各评委会投票前，组委会办公室首先对候选项目的公示情况向评委会进行说明。然后由评委采用无记名十分制打分的方式，进行现场打分。评委会投票结果占评选积分 50% 比例；指定网站网上（手机短信或信函）投票占评选积分 40% 比例；现场投票占评选积分 10% 的比例。上述三项积分加权计算结果为候选项目最终得分。

**第十七条**　观众投票方式包括计算机网络（手机短信或信函）投票。观众可任选一种投票方式参加评选，每位观众限投一票。观众在填写选票时，每个奖项填写的数目不得少于该奖项设奖数的 40%。不符合金创意奖投票规定的选票视为无效票。

任何单位和个人不得盗用他人名义参加投票评选活动。违反规定的参评者，一经发现，取消本届获奖资格，且不准参加以后两届金创意奖评选活动。

**第十八条**　金创意奖评审结果实行公告异议制度。评审结果在组委会办公室指定的媒体上公布，公告期为 30 天。公告期内对评审结果有异议的，可以提请复审。

组委会办公室组织有关专家对奖励项目有异议的进行复审，并实行无记名投票表决，作出复审意见，提交评审委员会。

**第十九条** 评委会根据奖励的重点，对评审结果和复审意见进行综合评议，实行无记名投票表决，提出项目获奖人选和奖励等级的评审意见。

**第二十条** 市文化创意产业领导小组办公室对评委会提出的金创意奖的获奖人选和奖励等级的评审意见进行审核，报市文化创意产业领导小组批准。

**第二十一条** 市委、市政府有关部门按照各自的职责协同做好金创意奖的评审监督工作。

## 第六章　罚则

**第二十二条** 评审专家及相关工作人员应当遵守评审工作规定，不得与获奖候选人单独接触，不得透露评审项目的技术内容及评审情况；涉及当年申报奖励项目或者与申报奖励项目的组织或者个人有利害关系的，应当回避。

**第二十三条** 对弄虚作假、剽窃他人成果等骗取奖励的，由市文化创意产业领导小组办公室报经市文化创意产业领导小组批准，撤销其奖励，追回奖金、奖杯和证书，并在相关媒体予以公布。

**第二十四条** 评审专家及工作人员在评审工作中有弄虚作假、徇私舞弊及其他违反评审规定行为的，由其所在主管部门依法给予行政处分；由组委会办公室取消其评审专家资格。

**第二十五条** 推荐单位提供虚假材料，协助他人骗取金创意奖的，由组委会办公室取消其三年内的推荐资格，并在相关媒体予以公布。

## 第七章　附则

**第二十六条**　凡是报名参加金创意奖即被视为承认并接受章程，组委会办公室有权对获奖项目进行公开发布、宣布、正式出版及其他非营利商务推介活动。

**第二十七条**　奖项称号获得者如有违反法律受到制裁或有严重侵犯"中国（北京）国际金创意奖"评选活动声誉的行为发生时，组委会取消其荣誉称号。

**第二十八条**　本章程由北京市文化创意产业领导小组负责修订和解释。

# 乘势而行，做大做强民族文化产业①

## 一、文化复兴是中华民族伟大复兴的内在要求

当今时代，文化越来越成为民族凝聚力和创造力的重要源泉，越来越成为综合国力竞争的重要因素。中华民族伟大复兴必然伴随着中华文化的繁荣兴盛，文化复兴是中华民族伟大复兴的内在要求。

纵观世界历史，自哥伦布发现新大陆以来，历经500年演进，其间波谲云诡，巨变频生。20世纪中叶以来，经历了二三百年的休克和昏厥的中华民族又走上了复兴之路。尤其是最近30年来，随着国民生产总值和综合国力逐年提升（2007年中国经济总量排名居世界第四位），中国在国际舞台上所扮演的角色愈来愈重要，国人的自信心与自豪感也日益增强。

进入21世纪，在全球化背景下，当政治的面纱渐渐解除，经济的热力慢慢消退，在国际竞争中，文化的力量日趋凸显。在中华民族的复兴征途上，文化复兴的呼声也愈来愈高。人们普遍认识到，文化复兴与整个中华民族的复兴存在血肉关联，文化复兴是民族复兴的内在要求和有机组成部分；没有中华文化的复兴，就不可能实现真正的中华民族的伟大复兴。

---

① 本文为笔者应主办方之邀为"2008中国（昆明）民族文化产业发展国际高峰论坛"提交的会议论文。本人出席了2008年3月25日于云南昆明举行的该论坛，并在会上据此论文作了专题发言。

## 二、中华文化复兴是建设和谐世界的客观需要

2005年9月15日，胡锦涛主席在联合国成立60周年首脑会议第二次全体会议上，发表了题为《努力建设持久和平、共同繁荣的和谐世界》的重要演讲，提出了"和谐世界"的思想，引起世人高度关注。中华文化的复兴，不仅是中华民族伟大复兴的内在要求，也是引领世界健康发展、建设和谐世界的客观需要。

众所周知，中华文化的精髓是儒家文化。儒家积极进取的入世态度，以人为本的道德精神，天下为公的大同理想，和而不同的兼容气度，天人合一的哲学理念，躬行践履的实干作风，格致诚正的精微体验，修齐治平的博大情怀，克己安人的自律仪范，重义轻利的任侠风徽……对于消弭由争夺能源而不断引发的局部战争、为推行霸权而导致的意识形态之争、因仇视西方而产生的世界性恐怖主义、由"以暴易暴"而爆发的反恐战争及因掠夺攫取资源和财富而造成的世界性环境恶化等危机，治疗世界机体的"病灶"及部分"痼疾"和"绝症"，无疑提供了一种可能。可以相信，以儒家文化为核心的中华文化的复兴，必将对人类生存环境和相处方式的完善产生深远影响。中华文化的复兴，必将改变世界文化格局，为和谐世界的早日到来注入强劲动力。

## 三、我国（民族）文化产业发展面临千载难逢的大好机遇

党的十七大将文化提高到国家战略高度来认识，给（民族）文化产业的发展创造了新的历史机遇。胡锦涛总书记在十七大

开幕式上用了近 10 分钟的时间论述"推动社会主义文化大发展大繁荣"。讲话提出"文化生产力""文化软实力"等重要概念，提到解放和发展文化生产力，推动文化内容形式、体制机制、传播手段创新；提到要运用现代科技手段开发利用民族文化丰厚资源，加强对各民族文化的挖掘和保护，重视文物和非物质文化遗产保护，做好文化典籍整理工作，加强对外文化交流，吸收各国优秀文明成果，增强中华文化国际影响力；提到要运用高新技术创新文化生产方式，培育新的文化业态，大力发展文化产业，繁荣文化市场，增强国际竞争力。

这是我党在新的历史时期发出的文化发展动员令。完全可以断言，今天我们迎来了（民族）文化产业发展的"春天"！可以预见，随着文化的大发展大繁荣，中华文化的复兴必将进入一个崭新历史阶段。但也应该看到，对于已有准备、乘势而上的地区，这无疑是一个文化产业快速发展的千载难逢的历史机遇；麻木不仁、熟视无睹甚至逆势而动的地区，则可能会坐失良机，最终必将遗恨千古。

## 四、产业化发展是实现文化大发展大繁荣的重要途径

我们正在坚持社会主义先进文化前进方向，兴起文化建设的新高潮。笔者认为，产业化发展是新的历史条件下推动文化大发展大繁荣，实现中华文化复兴的重要途径。

产业化发展，通俗言之，就是使文化产品和服务得以批量生产、形成规模、广泛传播，让更多的消费者具有接触、消费这些文化产品与服务的机会。如今，全球已进入消费时代，不少国家和地区的文化产业已成为经济发展的新增长点，甚至已

成为重要支柱产业。美国的文化产业已经成为第一大出口产业并雄霸世界，日本文化产业成为国民经济第二支柱产业。一些发达国家，如英国，其经济快速增长都经历了以第三产业为主的产业结构调整，其中文化产业（创意产业、文化创意产业）和高文化含量的服务业，以及经济生产活动中的高文化附加值，都成为这些国家和地区经济增长的重要支柱。综观全球，文化的产业化发展已经成为众多国家和地区理性选择的发展战略和竞争策略。

自 2003 年我国正式启动文化体制改革试点工作以来，文化产业作为一种"朝阳产业"，日益深入人心，逐渐步入了发展的快车道。文化产业所创造的价值，在 GDP 中所占的比重逐年提高（2007 年已占 GDP 的 2% 以上），在国民经济发展中的地位越来越重要。如今，举国上下已形成共识：文化既是事业，也是产业，只有大力发展文化产业，"只有更好地占领市场，才能更多地占领阵地"[①]，才能实现社会效益和经济效益的统一。舍弃产业化发展道路，继续沿用传统的文化事业发展思路，不可能做大做强文化产业，不可能真正实现文化的大发展大繁荣。

## 五、推动文化产业快速发展已成为全国各地的自觉行动

能否抓住千载难逢的历史机遇，推动（民族）文化产业快速发展，在挑战、考验着各级政府的胆略、智慧和灵敏度。可喜的是，党的十七大之后，全国各地迅速行动起来，迄今已有二十几个省市提出将文化强省或文化大省作为奋斗目标，并果断采取一系列措施，其中有 13 个省区市设立了推动产业发

---

① 李长春：《在文化体制改革试点工作会议上的讲话》（2003 年 6 月 28 日）。

展的专项资金。有关调查显示，截至 2007 年，我国已形成长江三角洲、珠江三角洲、环渤海地区三大文化产业集聚区。其中，北京、广东、上海、浙江、江苏、山东等 6 省市的文化产业资产拥有量均超过千亿元，北京市文化产业资产更是达到 8 000 多亿元。

文化创意产业已经成为北京的重要经济支柱之一。按照国际标准，一个产业其增加值占 GDP 的比重超过 6% 就可以算做一个经济体的支柱。近日出版的《北京文化发展报告（2007—2008）》蓝皮书指出，北京文化创意产业在国民经济中的支柱性地位进一步得到确立。2006 年，北京文化创意产业从业人员已经达到 89.5 万人，创造增加值 812 亿元，占全市增加值的 10.3%，同比增长 15.9%；资产总额达 6 161 亿元，同比增长 19.9%；实现收入 3 614.8 亿元，同比增长 29.4%。2007 年 1—5 月，文化创意企业实现收入 1 502.9 亿元，增长 22.1%。其中尤以文化艺术、软件网络、艺术品交易、设计服务等行业增势强劲。

## 六、影响我国（民族）文化产业做大做强的诸因素分析

在文化产业发展如火如荼的今天，文化的建设和创新，不再是一般意义上的文化传承，而是文化的现代转型。如何引导本地区、本行业的文化产业做大做强，已成为摆在各级党委和政府，以及文化产业各行业从业者面前的重要课题。综观全国各地及北京市的做法与经验，我们认为，欲充分发挥各级政府在（民族）文化产业做大做强中的引领作用，则需高度重视规划、政策、创意、环境、人才、规律等六个因素。

## （一）规划要先行

古语云：凡事预则立，不预则废。就是说，做事之前要先想好谋划好，然后采取有效行动，这样才有可能成功。对于文化产业，就是要先作出系统的规划，这样才可能做大做强文化产业。

**1 规划是民族文化产业发展的行动指南**

文化产业规划是产业发展促进工作的起点，是明确产业发展的目标、方向的行动指南和工作纲领。发展文化产业是一项长期的系统工程，不可能一蹴而就，将发展文化产业作为长期战略的地区和城市应该及早做出规划，并坚定地向着这个目标迈进。在构建少数民族文化创意产业体系时，我们应学习和借鉴发达国家和地区发展文化创意产业的先进经验，加强战略研究，全面系统地把握这一新兴产业群的战略地位和发展趋势。同时，研究制定适应我国少数民族特色的文化创意产业发展战略，提出未来 10 年到 20 年的发展目标和中长期规划。

**2 规划制定要力求科学、合理、可行**

规划的质量至关重要，好的规划应是科学的、合理的、可行的。

对于民族文化产业而言，规划的目标在于培育优质的教育、文化、休闲等软性资源，创造和谐的自然生态和社会氛围。首先提升市民的涵养和接受文化产品的能力与需求，进而繁荣文化市场，在此基础上优质的城市生活才能够形成品牌，这对于在生活品质上有较高要求的文化产业的投资家、创业者和创意人才方具有强大的吸引力。

云南是少数民族聚集地，有其特殊性，因此在政府的支持上，可以更针对少数民族文化创意产业制定促进其发展的战略规划和行动计划，并从法律和制度方面营造有利于其发展的产业环境。

## 3 北京市的规划制定及"1＋9"规划体系

规划的制定，需要领导重视，通盘考虑，立足实际，结合未来，充分论证。

北京的城市定位是"国家首都、文化名城、国际都市、宜居城市"。北京市高度重视规划制定工作，成立了文化创意产业领导小组，领导小组下面设一个办公室，同时还成立了推进机构——北京市文化创意产业促进中心。我们正在结合北京的实际情况，积极制定发展规划，努力形成"1＋9"规划体系。

经市委、市政府批准的《北京市"十一五"时期文化创意产业发展规划》(以下简称《规划》)已正式发布。该《规划》是指导、布局北京市整个文化创意产业发展的总纲性规划。根据该《规划》，要经过5年的努力和发展使文化创意产业成为北京市的一个重要经济支柱，使北京成为全国的"九大中心"，即文艺演出中心、出版发行和版权贸易中心、广播影视节目制作和交易中心、动漫和网络游戏研发制作中心、广告和会展中心、古玩和艺术品交易中心、设计创意中心、文化旅游中心、文化体育休闲中心。在规划期内，文化创意产业年均增长要达到15%左右，到2010年，文化创意产业实现增加值占全市GDP要超过12%。

同时根据这个《规划》，文化旅游、出版发行、广播影视、文艺演出、广告会展等行业也正在分别制定各自的发展规划，将最终形成"1＋9"规划，共同构筑起北京市文化创意产业的规划体系，用于更好地引导全市文化创意产业健康发展。

## （二）政策是保障

政策是文化产业发展的"助推器"，是各级政府促进文化产业快速发展的"抓手"。有了好的政策，才能激发创意，才能创造环境，才能引进培养人才，才能摸清规律并按规律办事，才能取得预期的产业促进效果。

北京市在探索中形成了"政府引导，行业指导，中介辅导，市场主导，企业主体"的工作思路和发展模式。在政策体系框架方面我们建立了一个"1＋X"政策体系。"1"就是2006年正式出台的《北京市促进文化创意产业发展的若干政策》，俗称"35条"，从财政、税收、规划、土地以及人才培养方面都作了一个宏观指引。有这个总的政策之后，我们还根据各个行业的特点出台各个分行业的政策，以及根据实际需要，针对具体问题制定专项政策。

## （三）创意是关键

创意产业是当今世界发达国家经济文化发展的重要潮流，国内不少省市，如北京、上海、广东等地也早已敏锐地捕捉到了其中蕴涵的独特价值，采取行动大力发展文化创意产业。

### 1 "创意"是什么

何为创意？仁者见仁，智者见智，诸如：创意是传统的叛逆；是打破常规的哲学；是导引递进升华的圣圈；是一种智能拓展；是一种文化底蕴；是一种闪光的震撼；是破旧立新的创造与毁灭的循环；是宏观微照的定势，是点题造势的把握；是跳出庐山之外的思路，超越自我，超越常规的导引；是做少数，就是有争议；是智能产业神奇组合的经济魔方；是思想库、智囊团的能量释放；是深度情感与理性的思考与实践；是思维碰撞、智慧对接；是创造性的系统工程；是投资未来、创造未来的过程……

实际上，"创意"是近些年流行起来的一个概念，通俗言之，就是创新性"点子"（idea），可从以下六方面作形象理解：

① 创"一"（创造唯一性）　② 创"议"（创出争议）

③ 创"艺"（有艺术品位）　④ 创"异"（创出差异）

⑤ 创"翼"（灵动、飞翔）　⑥ 创"益"（创出效益）

也许，创意本身就是个怪结，没有人能把它解开，它也没有一个真正意义上的解释和定义。但可以肯定的是，创意绝不是一般意义上的模仿、重复、循规蹈矩、似曾相识；相反，创意就是要无中生有，有中生多，多中生好，好中生优，优中生特。好的创意必定是新奇的、惊人的、震撼的、实效的。

## 2　创意为何成为关键

文化产业的特殊性就在于始终离不开创意。文化产品和服务不同于一般的产品和服务。饭可以天天吃而不厌，但可以反反复复看下去的书毕竟不多，电影、戏剧亦如此。创意使文化始终保持新鲜与活力，这是文化的魅力和影响力的"基因"。北京市将文化产业概念直接表述为"文化创意产业"正是基于文化产业的这一特殊性。

"文化创意产业"概念可以有多种解读。（1）构成形式：作为一个组合概念，文化创意产业＝文化＋创意＋产业。（2）基本理解：文件语言——文化是基础，创意是关键，产业是落脚点；形象理解——文化是土壤，创意是种子，产业是花和果。（3）个人新解：文化创意产业＝文化×创意×产业，"×"体现了某种放大效应，决定放大效应的正是"创意"。

### 3 创意在哪里

创意无时不在，无处不有。正如"创意经济学之父"约翰·霍金斯所提醒我们的那样，创意属于每一个人。每个人都具有创意力，都具有创造性。只要我们善于发现自己和别人的创造力，我们每一个人实际上都是创意的"单元"。

### 4 创意与民族文化产业的结合

"创意"被约翰·哈特利（John Hartley）誉为"出类拔萃的行动"，而约翰·霍金斯则预言"创意将是二十一世纪社会和经济变革的主要推动力"。那么，创意元素和民族文化产业到底应该如何结合呢？实际上，以文化创意产业的视角审视少数民族文化，使其与"创意""科技"相结合，把对少数民族文化从传统的、简单的保护提升到以创意产业推动少数民族文化产业化发展的层面上来，是目前急需解决的一个理论问题和实践问题。少数民族文化创意产业的构建需要突破既有的观念，从理论、政策、人才、活动等多层面着手，构建民族文化发展的助推器。

（1）政府在少数民族文化创意产业发展中的引导作用更显重要。少数民族文化创意产业生产的是精神产品，需要政府在发挥市场资源配置作用的基础上进行积极的干预和大力的支持。政府首先要针对少数民族文化创意产业制定相应的产业政策，制定促进其发展的战略规划和行动计划，从法律和制度方面营造有利于其发展的产业环境。其次还需对投身少数民族文化创意产业的企业予以财税政策方面的优惠，吸引更多的企业加入少数民族文化创意产品的生产中。地方政府应就其地区的人文、自然、产业等资源进行综合性的调查，从宏观上对文化创意产业的发展战略、区域竞争比较优势、综合效益和可持续发展等做出规划，对自身的优劣势形成客观的认识，克服浮躁的心态，避免低水平重复建设。

中国西部地区少数民族文化的保护，除了启发全体民众的文化自觉以外，发挥政府的职能是关键。首先应当进一步提高各级领导的认识。我们呼吁主流社会给予少数民族文化以包容，努力形成一种"在文化多元论基础之上运作得很好的社会氛围"[①]。各级政府官员对不同的文化，尤其是对那些少数民族文化，应给予更好的理解与充分的尊重。不能从纯经济角度来衡量文化的价值，以为能赚钱的就是有价值的文化，不能赚钱的就是没价值的文化。领导干部更不能以无知或偏见来对待少数民族文化，（尤其是对那些人口较少，生活在较为偏僻、社会经济欠发达地域的少数民族的文化）不能简单地认定他们的生产方式、生活方式就是"落后保守"的或是"奇风异俗"，甚至是"封建迷信"。这些都是带有歧视性的、非常错误的。

（2）建立相应的投融资体系。产业发展链条化，特别是建立适应少数民族文化创意产业发展特点的投融资体系。只有实现链条式发展，完善部门的系统划分，形成一条完整的产业链，才能把少数民族文化创意产业做大、做强、做久。少数民族文化创意产业是一个融合多种产业内容的综合性产业，其分类应保留弹性，可以依据环境变化拓展相关产业链。少数民族文化创意产业对少数民族地区发展所能发挥的作用还包括：美化区域环境、提供就业机会、吸引旅游观光、吸引高端人才等。区域竞争优势的形成，有助于实现少数民族文化与经济的良性互动。少数民族文化创意产业属于高风险性投资，其投融资体系需要进一步探索。可以借鉴高科技产业的做法，建立以政府投入为导向、企业投入为主体、金融机构投入为支撑、外资和民间投入为重要组成部分的多元化投融资机制，保障少数民族文化创意产业所需资金；同时，实行"谁投资，谁受益"的利润分配制度，调动投资各方的积极性。

---

① 戴维·波普诺:《社会学》，李强等中译，中国人民大学出版社，2007，第310页。

（3）制定相关法律政策保护民族文化。建立健全少数民族文化创意产业良性发展的法律法规保护体系。当前，我国创意产业法律法规体系尚未形成，特别是盗版问题较为严重。创意产业更多地要依托商标权、著作权、专利权等知识产权要素来获得发展，保护创意即保护创意者的知识产权，具有至关重要的意义。我国现阶段的知识产权保护体系正处于逐步加强过程中，政府主管部门要加强指导协调，强化文化工作者的知识产权意识，推动文化单位、科研院所、高等学校重视和加强知识产权保护和管理，在社会中形成保护和尊重个人作品、个人创造力的浓郁氛围。

（4）打造民族文化产业品牌活动。《云南映象》就是非常好的例子。创意活动一旦形成品牌活动，就会吸引全国各地甚至其他国家的游客，对发展当地民族旅游业大有裨益。

## （四）环境是基础

### 1 良好的环境是民族文化产业发展的重要基础

文化产业的发展环境是指以文化活动为主题的文化生存、繁衍、创新与可持续发展的外部氛围和软硬件条件。各国、各地区文化产业的竞争，表面上是文化产品、服务和市场份额的竞争，实质上是文化产业发展环境的竞争。[1]如果把民族文化产业比做一个生态系统，那么环境就是土壤，是一个地区能够吸引一流人才和充足资金的基础性要素，也是形成品牌、打开市场的重要基础。优良的产业发展环境，对民族文化产业长足发展具有重大意义。

### 2 着力打造良好的民族文化产业发展环境

发展环境包括硬件环境和软性环境。对于民族文化产业的发展，硬件环境是指一个地区的民族文化资源（包括物质和非

---

[1] 陆地：《文化产业发展环境的优化对策》，《声屏世界》2006 年第 10 期。

物质文化遗产、旅游景观、传统工艺、民族歌舞等），经济基础（包括经济发展水平、已有上下游产业链，以及现代服务业等配套行业的发展水平）和相关基础设施建设（旅游开发、表演场地、宾馆、交通等支持性建设）等。硬件环境多属于经过时间沉淀的资源，在短时期内是不易发生质的变化的。一个地区要发展民族文化产业，一方面需要经过调研、论证该地区所具有的硬件条件是否适宜；另一方面需要长期不懈的维护、完善本地区硬件条件，以始终保持硬件环境的竞争力。

软性环境包括风俗、人文、政策等因素，是发展民族文化产业的建设重点。改善软性环境，可以从政策环境、人文环境两个方面入手。

要因地制宜出台反映当地民族文化特色和适合经济发展需要的政策，引导产业发展。政府应着力在宏观政策以及投融资、信贷、税收、人才、文化贸易、文化交流、知识产权保护等方面研究制订一系列政策，同时政府还应注意有所为有所不为，积极培育公共服务平台。稳定而较为宽松的政策环境，是吸引投资、人才等优势资源的有力保证。②

从哲学和社会学的角度看，人文环境属于意识形态范畴，是在当代生产力和经济基础上形成的观念形态，起源于人们在工业化社会的意识觉醒，存在于城市精神和物质空间的各个角落，是城市文明的载体。民族文化产业的资源可能分布于民族地区的不同区域，但其产业化的关键部门和人员必然是以城市为核心营造宽松的城市氛围并宣扬城市的人文精神，提高城市的生活品质和文化氛围是提高人文环境的重要体现。

在创意经济学研究领域，美国著名学者理查德·佛罗里达（Richard Florida）在其所著《创意经济》（*The Fight of the Creative Class*）一书的第二部分《创意阶层的腾飞》中提出

② 厉无畏主编《创意产业导论》，学林出版社，2006，第七章。

了创意经济发展的"3T"原则,即 Technology(科技)、Talent(人才)和 Tolerance(宽容),意指当一个地区具有较高的科技水平、丰富的创意人才资源和宽容的环境,方能有效地利用创意来促进经济发展。其中第三个"T"(宽容),或者说宽松的社会氛围,对一个地区或国家吸引文化人才的能力相当重要。[①]宽容度体现着经济的开放程度,也体现在一个城市对不同文化、信仰、风俗习惯和不同种族、宗教、性别、年龄背景人群的接受程度。

**伦敦案例**。伦敦被评为全球最具文化活力的城市,与这个城市对各种人才和文化活动的高度宽容密不可分。大伦敦区的居民说 300 多种语言,居民达万人以上的少数族裔社区就有 50 多个,少数族裔的贡献在历史建筑、传统工艺品、食品、传统文化表达中随处可见。政策制订者也越来越意识到不论是传统的还是新兴的文化活动,都能强化伦敦开放、包容的形象,进而吸引更多的人才和企业。宽容的城市氛围是在漫长的文化交流和碰撞中积淀而成的,更多地体现在市民生活中的习惯和城市的一种无形氛围。

城市精神是城市文化的重要组成部分,是从实践到理性的高度升华,是对市民的理想、信念、价值取向等多个方面的概括和提炼,表达一个城市所追求的境界,这种追求不一定是经济增长这种直接的目标,而是准确概括出被实践证明对经济、社会、文化发展具有重要推进作用的因素。城市精神是一个城市的魂,是城市特色的体现。提炼城市精神并大力宣传,强化市民和外界在文化上对该城市的认同感,好比为城市提供了一张名片、一个标签,是城市提升知名度和美誉度的有效方式。国内外许多名城都根据自身的历史文化传统和发展愿景,提炼出自己的城市精神,如上海的"海纳百川而服务全国,在艰苦

---

① 理查德·佛罗里达:《创意经济》,方海平、魏清江中译,中国人民大学出版社,2006,第81页。

奋斗中追求卓越"，杭州的"精致和谐，大气开放"，纽约的"高度的融合力、卓越的创造力、强大的竞争力、非凡的应变力"，伦敦的"历史与现实的和谐统一、人和自然的和谐统一"等。从这些城市的成功经验中可以看出，塑造民族地区的城市精神，关键在于尊重城市的民族、地方、传统和风俗特色，尊重城市的历史和现实，尊重市民的首创精神，引导市民形成共同的人文气质。

对于民族文化产业而言，理想的城市生活品质应该具有优质的教育、文化、休闲等软性资源，和谐的自然生态和社会氛围。[①]提高城市的生活品质具有多方面的意义，首先是提升市民的涵养和接受文化产品的能力和需求，进而繁荣文化市场；同时优质的城市生活能够形成品牌，对于在生活品质上有较高要求的文化产业的投资家、创业者和创意人才具有强大的吸引力。我国的绝大多数城市距离这种理想的城市生活水平还有较大距离，提高城市生活品质是一项长期的系统工程，不可能一蹴而就，但是将发展文化产业作为长期战略的城市必须及早做出规划，并坚定地向着这个目标迈进。

## （五）人才是王牌

佛罗里达的"3T"原则中第二个"T"为Talent，即人才。佛罗里达特别强调："人尽其才可以带来无与伦比的繁荣兴盛，只有当我们意识到每个人都是促进经济发展和提高生活水平的创意源泉，潜力才能变成能力。"[②]创意产业是在制造业充分发展，服务业不断壮大的基础上形成的，是第二、三产业融合发展的结果，是城市经济和产业融合发展的新载体，它高度依赖策划，依赖人才。当今时代，人才，特别是高端创意人才是文化产业发展、壮大的核心资源。而人

① 厉无畏主编《创意产业导论》，学林出版社，2006，第243页。

② 理查德·佛罗里达:《创意经济》，方海萍、魏清江中译，中国人民大学出版社，2006，第40页。

才是流动的资源,已成为全球新一轮竞争的焦点所在。根据世界劳工组织的资料,在全球有资料可循的国家中,创意阶层(包括科学家、工程师、艺术家、文化创意人员、经理人和专业人士)的人数在1亿到1.5亿,美国独占了这个人才库的20%—30%,也就是说,保守估计美国的创意人口达到2 000万。[①]

长期以来,我国文化是作为事业来规范和发展的,与发达国家相比,文化产业起步较晚,虽然发展势头较猛,但是受到传统体制和当前激烈竞争等因素的影响,我国文化产业人才在总量、结构、素质、层次上远不能满足文化产业发展的需要,尤为值得注意的是创意人才严重匮乏已成为制约产业发展的瓶颈。有学者指出,与创意产业较为发达的国家相比,"我国的创意产业从业人员比例非常小,在总的就业人口中所占比例不过千分之一,而且其中高端人才明显不足"[②]。在原创人才、营销策划人才、经营管理人才、资本运作人才和行业领军人才方面,情况都有待改进。民族文化产业的发展也遵循着"3T"原则,人才资源同样是不可或缺的因素。

### 1 发展民族文化产业,要树立"人才是第一资源"的观念

人才是任何产业发展壮大均不可或缺的要素,对于民族文化产业而言尤为重要。文化的传承离不开人才,特别是对地域性、民族性较为鲜明的民族文化、传统文化而言,民族、民间文化传承者相对较少,人才的意义尤为重要;产业的壮大同样离不开人才,深谙民族文化的创意型人才可以带动一个全新的概念继而引领一个全新的产业形态的诞生或是通过创新、创意使已有的文化现象、文化资源再次焕发新的活力或引发新的关注;经营管理人才则是产业化的中坚力量,是把民族文化带入市场并经过成熟的现代商业手法操作,使民族文化由某一地域

---

① 理查德·佛罗里达:《创意经济》,方海萍、魏清江中译,中国人民大学出版社,2006,第68页。

② 厉无畏主编《创意产业导论》,学林出版社,2006,第234页。

走向全国甚至走向全世界。

## 2 民族文化产业人才现状

近年来，我国的民族地区文化产业呈现出蓬勃发展的喜人态势，相应地，人才需求也日益迫切起来。但是我国的民族文化较发达地区多数是中西部等经济欠发达地区，在激烈的人才争夺战中，相比于发达国家、甚至我国东部地区，处于明显劣势位置，因此人才现状不容乐观。

（1）民族民间文化传人及其技艺面临生存困境。一方面，民族民间传统文化的特点是多数要靠口传身授来传承延续，流传的区域又多为经济欠发达地区，一些民间艺术大师只能勉强维持生计，无力授徒；另一方面，很多民间艺术形式，如剪纸、皮影、说唱等，未经过现代商业开发，尚处于较为原始的状态，市场有限，而民间艺人教育程度普遍不高，缺乏经营管理和营销策划的能力。久而久之，民族民间传统文化就会陷入市场越来越小、艺人生存越来越难的恶性循环之中。后继无人的同时，老艺人、老工匠又在渐渐离世，许多优秀的民族民间文化遗产也将随之消亡。云南省民族工作部门2004年的统计表明，云南无文字民族的优秀民间艺人现仅存500多人，而且其中绝大部分年事已高却尚无传人。①

（2）文化创意人才奇缺。文化产业的核心是内容创意，要生产出好的文化产品，必须依赖于创意人的智慧、技能和才华。只有充分激发创意人才创造原创文化产品的灵感和想象力，借助于高科技手段，通过知识产权的开发和运用，对文化资源进行创造与提升，才能生产出符合市场需求的高附加值文化产品。②著名导演张艺谋出任总导演，国家一级编剧梅帅元任总策划、制作人的大型山水实景演出《印象·刘三姐》，就是一个借助一流创意人才推出的优秀民族文化产品。该演出将

① 郭佳骥：《云南民族文化发展报告》，《贵州民族研究》2004年第3期。

② 覃萍、梁培林：《突破人才瓶颈：西部民族文化产业发展的关键》，《经济与社会发展》2006年第10期。

刘三姐的经典山歌、民族风情、漓江渔火等元素进行创新组合，把广西举世闻名的两大旅游文化资源——桂林山水和"刘三姐"的传说进行巧妙嫁接和有机融合，让自然风光与人文景观交相辉映。梅帅元先生评价张艺谋导演："他举世公认的非凡才华和独创精神使这部与上帝合作的作品成为唯一。"但目前这样的产品为数不多，我国文化产业整体上面临创意人才短缺的困境，文化中心和现代大都市尚且如此，民族地区的情况更不容乐观。

（3）经营管理人才匮乏。文化产业是高投资、高收益、高风险的产业，对经营管理者有较高要求，而我国长期的文化事业化发展的历史，特别是对民族文化事业长期的政策倾斜和扶持致使民族文化产业缺乏高素质的经营管理者。目前，民族文化市场经营从业人员主要来自以往文化企事业单位的管理人员和个体经营人员，既有一定文化艺术修养，又懂经营管理或策划、营销和资本运作的复合型人才少之又少，从业人员仅凭经验、靠感觉进行经营管理的现象仍比较普遍，个别管理者还存在等、靠、要的惯性思维，严重削弱了文化生产单位的市场竞争力，难以适应文化产业快速发展的需要。①

## 3 解决民族文化产业人才匮乏的几条途径

（1）深入发掘、积极保护民族民间文化传人。对于民间艺术传人，政府应制定特殊政策，进行发掘、保护、培养和资助。一是通过各种途径进一步发掘散落在民间的艺术瑰宝和艺人，可以考虑通过表彰奖励等形式进行认定；二是对已经发现的民间艺人要有专款保证其生活，并帮助其培养传人；三是帮助民间艺人"经营"自己的手艺，把"作坊"变成"柜台""剧场"，鼓励发展民间艺术品业、民间演艺业、民间文化旅游业等业态，帮助民间文化传人打开市场。

① 覃萍、梁培林：《突破人才瓶颈：西部民族文化产业发展的关键》，《经济与社会发展》2006年第10期。

（2）多管齐下，培育民族文化产业人才资源。围绕产业需求，通过学历教育、培训及资格认证等多种手段培育人才。学历教育要依托具有相关优势的高校，结合产业特点，科学设置课程，形成多层次、多渠道的教育培养体系，培养符合市场需要的高层次文化产业专门人才。培训主要面对已经具有一定专业知识和专业技能的文化产业从业人员，特别是那些高端的经营管理人才，加强系统性、实战性的培训，以满足实际工作需要。同时，对民族文化产业领域的艺术专才、策划专才、技术专才、经营管理人才进行资格认证也是培养人才规范市场的重要手段。①

（3）营造有利环境和条件形成足够的竞争力吸引人才。利用外脑是民族文化产业发展壮大的一条捷径，除了尽量提升创业环境和生活条件来吸引人才，民族地区也要面对现实，强化"借鸡生蛋""借船出海"的意识，大力引进稀缺的顶尖人才，特别要引进具有丰富国际文化产业工作经验、熟悉国际文化产业趋势与潮流的顶尖原创人才和策划营销人才，形成"不求为我所有，但求为我所用"的人才观念和引进机制。提供体现和提升人才价值的各种优惠政策，把引才与引项目、引资、引智有机结合，实现人才资源的最佳配置。②

## （六）规律是前提

一般来讲，这里的规律是指"产业规律"，也就是民族文化产业发展的规律。只有遵循产业规律，才有可能做大做强民族文化产业。

### 1 一般规律：市场经济规律

一般来讲，文化包括文化事业和文化产业。政府欲做大做强文化产业，在促进引导工作中，必须充分遵循市场经济规

① 厉无畏主编《创意产业导论》，学林出版社，2006，第234页。

② 覃萍、梁培林：《突破人才瓶颈：西部民族文化产业发展的关键》，《经济与社会发展》2006年第10期。

律，合理配置各种资源，让其发挥最大效益。云南的民族文化产业的发展，也应按照市场经济规律，充分运用市场经济手段，唯此才能达到预期目标。

### 2　特殊规律："文化例外"原则

这里的"特殊规律"系指"文化例外"原则，以及结合民族文化产业特色的一些规律。"'文化例外'一词最早源于20世纪90年代初，在关于关税总协定的谈判中，法国人敏锐地意识到国家和民族文化独立的重要性，坚决而果断地提出反对把文化列入一般性服务贸易，认为文化领域不能适用WTO贸易原则，随后其他欧洲国家和加拿大等国纷纷响应，确立了界定'文化例外'的6条标准，其主旨就在于保护本国文化不遭受别国文化冲击。"[①]

一个民族的存在，除了它的领土、人口、政治、经济等外，还有它的文化。文化凝聚着一个民族的精神，包含着一个民族的历史。一个失去自己文化的民族，数典忘祖，失去精神家园，很难立足于世界民族之林，更谈不上有光辉的未来。从这个意义上讲，"文化例外"原则作为一条特殊规律，是应该被高度重视和遵循的。这一点同样适用于云南民族文化产业的发展。

### 3　尊重文化差异性，保护文化多样性

云南地域广阔、少数民族众多，各民族经济多样、习俗各异，生存环境差异较大、社会发展情况不一。不同的宗教信仰、不同的生活习俗、不同的生活方式相互衬托、相得益彰，宛如一个大型的活态民族文化博物馆。我们一直强调，在发展民族文化产业过程中，要给予少数民族文化以包容，要以尊重和平等的原则对待每一种文化，保持文化的多样性，在融合中

---

[①] 载于《北京商报·文化创意产业周刊》，2008年3月17日。

碰撞出新的火花，民族文化产业的大花园才会"百花齐放"！这一点对云南民族文化产业发展尤为重要。

## 4 开发与保护并重

丰富多彩的民族文化资源是人类文化资源宝库的奇葩。建设社会主义和谐文化，发展民族文化产业，离不开对民族传统文化的发掘和整理，离不开对优秀民族传统的发扬光大。但要避免民族文化资源开发中的无序、滥用、破坏和民族文化开发中的功利化倾向，应走保护性开发的路子，在保持本民族原生态状况不受侵害的前提下，通过保护性开发，使民族文化资源的开发和保护走上良性循环的路子。

对本民族丰富的文化传统和文化资源进行积极的保护、发掘必须在一种开放的视野中进行。一种文化只有与时代相适应，既不断地更新和发展，又不失自身传统的特色，才是一种有生命力的文化。因此，在发展民族文化产业过程中，我们应在自主开发的前提下，尽可能进行广泛的对外交流，使民族文化走出封闭的乡村山寨，走向全国和世界。"越是民族的，越是世界的"，让我们共同期待一个五彩缤纷、争奇斗艳的民族文化产业春天的到来！

# 2008中国（昆明）民族文化产业发展宣言[①]

文化产业是新经济时代的支柱产业，是21世纪的朝阳产业。有效开发文化资源，逐步完善文化体制，做大做强民族文化产业，是关系到我国各民族发展的重大问题，也是我们共同的责任。

为了进一步推动民族文化产业健康快速发展、弘扬民族文化、提升民族经济、加强国际交流、创建和谐世界，大会形成《2008中国（昆明）民族文化产业发展宣言》。内容如下。

一、我们充分认识到，文化生产力是一个国家最核心的软实力，创意经济已成为不少国家和众多城市社会转型、经济提速的重要依托。自觉主动地推动文化大发展大繁荣，是时代发展的内在要求，是国家建设的迫切需要，也是民族振兴的必由之路。以科学发展观为指导，依托当地资源优势和文化产业发展基础，有效发展优势主导产业，形成以品牌为中心的产业链是民族文化产业发展的奋斗目标。

二、我们深切意识到，要切实加大对中华民族传统文化的发掘、整理、开发和创新力度，凸显中华民族文化的优势，彰显中华民族文化的实力。我们应自觉推动民族文化的现代化转换，赋予传统文化以时代精神和应有活力，处理好民族传统文化与外来文化的关系，主动吸收体现时代精神的世界文化元

[①] 本文为笔者应邀为2008中国（昆明）民族文化产业发展论坛组委会起草的论坛宣言。

素，树立民族文化创新意识，大力推进民族文化创新工作，促进中华文化伟大复兴，为世界发展贡献中国经验和中国模式。

三、我们要以多元资本为基础，民族文化为支点，区域特色为纽带，产业链条为载体，资源整合和体制创新为手段，充分发挥区域资源的集群、孵化效应，以民族文化的发展促进民族经济大发展和中华文化大繁荣。为此需结合实际，着力发展民族文化旅游、民族工艺品加工贸易、民族歌舞演艺等民族文化产业，打造民族文化品牌和民族文化产业品牌。

四、我们力争建立与社会主义市场经济体制相适应的民族文化产业体制，形成产权清晰、权责分明、政企分开、管理科学的现代文化企业制度和法人治理结构，促进民族文化产业健康发展。鉴于健全体制机制是民族文化产业和谐、健康、快速发展的基础，发展民族文化产业，必须深化劳动、人事、分配等各项改革，促进民族文化产业与文化行政管理适当剥离，放宽市场准入，鼓励个人、企业、社会团体独资或合资兴办国家政策许可的各种民族文化企业。同时积极有效保护市场竞争力较弱而民族文化色彩浓郁的文化业态，为其保留足够发展空间。

五、我们重视加强文化产业的集群发展与规模效应，加强对特色文化产业集群的培育，建设一批特色鲜明、优势突出的民族文化产业基地和园区。我们希望加强民族文化产业基地和园区间的互动交流，形成行业间、区域间、企业间的资源协作，互相学习，优势互补，共同发展。为此需不断提高基地和园区软硬件建设，增强民族文化产业基地和园区的综合管理与服务能力，努力将基地和园区建设成为经济产出率高、社会效益好、体现民族特色的乐园。

六、我们要积极与国际对接，以民族视野和国际思维，推进文化交流和文化贸易，增强中华民族文化的亲和力、吸引力和辐射力。我们要力推民族文化走出去，维护中华文化作为世界主流文化的地位；要系统地、高标准地制定对外文化产品和服务输出计划，要按照国际"文化例外"原则，通过翻译、出版、演出、展览等国际文化运作规则，大力拓展国际文化市场，提升中华优秀民族文化产品和服务在海外市场的份额；要鼓励民族文化在大众媒介上的传播，大力提高民族文化在大众传媒上的占有率；要积极利用高科技宣传手段，把中华文化传播到世界各个角落，扩大中华文明的国际影响力。

中华文化，源远流长，历经磨难而不灭，饱经沧桑而不衰。以"和"为核心的中国传统文化价值观在全球化和多元化时代所焕发出来的魅力，正是中华文化的感召力和吸引力之根本所在。

我们坚信，"越是民族的，越是世界的"，我们愿与有志于推动民族文化产业发展的政府、企业、各阶层志士仁人携手努力，共创中华民族文化产业的美好明天。我们肩负把中华民族悠久的历史、灿烂的文化传递到世界各地，造福于世界各族人民，为和谐世界建设贡献力量的历史重任。

让我们共同致力！

# 关于创建北京艺术品交易所的论证报告[①]

积极推进北京艺术品交易所的筹建,是北京市文化创意产业促进中心(以下简称"市文促中心")在市文化创意产业领导小组办公室的领导下,围绕艺术品市场所做的一项重要工作。根据2007年12月1日中央领导同志对"人民日报情况汇编"关于"专家建议成立北京文化艺术品交易所"的批复,市文促中心对创建北京艺术品交易所进行了充分的研究论证。

## 一、创建北京艺术品交易所是文化新业态,意义重大

**1 创建北京艺术品交易所是贯彻落实胡总书记"6·25"讲话精神和党的十七大精神的大胆创新。**

近三年来,围绕北京艺术品交易所的筹建,以北京大学彭中天博士牵头的一个工作组已作了较长时间的准备工作,经中央领导同志批复的专家建议正是我们共同商议此事的一个结果。学习胡锦涛总书记"6·25"讲话后,我们加快了工作步伐,2007年10月,将此事进一步委托专家进行完善。

北京艺术品交易所,就是以艺术品为载体,以新制度经济学、产权交易理论及风险流动理论为基础,借鉴证券和产权交

---

[①] 本文为北京市文化创意产业促进中心根据中央领导同志的批示精神,就创建北京艺术品交易所进行深入研究并请专家进行了充分论证,从而形成了本报告,递交北京市文化局,供其上报国家文化部之用。本人是该报告起草负责人之一。

易的成熟商业模式，并运用高科技手段，让大众投资在政府的统一规则下有序进入、公平交易、合理收益、安全退出的一个平台。北京艺术品交易所作为一种新的文化业态，完全符合胡锦涛总书记"6·25"讲话精神，也是贯彻落实党的十七大精神的大胆创新。

### 2 创建北京艺术品交易所是扭转艺术品市场发展现状的战略构想。

综观当前艺术品市场，存在以下诸多弊端：（1）产业分工不明，内部人为控制，暗箱操作；（2）交易过程偷漏税严重；（3）市场交易不透明，存在大量洗钱现象，成为滋生腐败的温床；（4）缺乏权威科学的保真、估价体系，公信度受到质疑；（5）投机成分多于投资成分，造成二级市场（拍卖）火爆，一级市场（画廊）萧条；（6）缺少银行和保险介入，市场稳定和扩容性大打折扣；（7）缺乏科学、规范的指标体系，让大量投资者望而却步。

当前艺术品市场表面繁荣，但也缺乏管理、乱象丛生。只有通过完善文化市场创新体系，提高专业化、产业化程度，政策配套、监管到位，才能切实解决这些市场顽疾。创建北京艺术品交易所就是一项重要的解决方案。

### 3 创建北京艺术品交易所有利于维护国家文化安全。

要真正实现中华文化的崛起，自觉维护国家文化安全至关重要。创建北京艺术品交易所，将有利于我们牢牢把握社会主义先进文化前进方向，大胆借鉴、吸收世界各国优秀文明成果，又不简单模仿、照抄照搬，从而使中华文化产生广泛的吸引力和感召力。此举将有利于提高中国在国际文化市场中的地位，提高把握艺术品市场方向的能力，有利于抵御外来文化的入侵，维护国家的文化安全。

**4　创建北京艺术品交易所有利于维护中国经济运行安全。**

创建北京艺术品交易所，对解决"流通过剩"、改变资金对物质市场的冲击造成的物价结构性上涨甚至是全面的通货膨胀无疑具有积极意义；有利于把零散的消费性资金转化为投资性和产业性资金，解决大众及资金的进入渠道和商品的连续交易问题；有利于北京实现从奥运经济到后奥运经济的平稳过渡，为中国经济安全运行贡献力量。

**5　创建北京艺术品交易所有利于推动中国文化走出去。**

当前，我国贸易顺差惊人，文化产品和服务的贸易逆差也同样惊人。创建北京艺术品交易所，必将开创艺术品与金融、高科技完美结合的先河，有利于确立中国艺术品市场在世界文化贸易中的地位和影响力，使一大批文化艺术品借助这个平台走向世界。

**6　创建北京艺术品交易所符合北京城市功能定位。**

国务院2005年批复的《北京市城市总体规划（2004—2020）》提出了北京的四大城市功能定位，即国家首都、国际城市、文化名城、宜居城市。2007年市委、市政府发布的《北京市"十一五"时期文化创意产业发展规划》中明确提出在未来若干年内北京将建成九大中心，其中包括古玩和艺术品交易中心。

创建北京艺术品交易所，旨在把目前的收藏与投机行为变成公共投资行为，把少数人参与的艺术品交易变成大众参与的艺术品市场，是规范艺术品市场、打造艺术品交易平台、做大做强艺术品产业的积极探索和大胆尝试，这作为文化创意产业的一种崭新业态，完全符合中央对北京的城市功能定位要求，是努力打造北京的古玩和艺术品交易中心的关键举措。

## 二、反复研究，多方求证，相关准备工作已基本就绪

市文促中心对创建北京艺术品交易所课题高度重视，并全力支持彭中天博士牵头的工作团队进一步深入调研，完善方案。

该研究团队根据市文促中心的要求，积极主动地与有关部门合作展开深入研究，目前已在艺术品交易所的政策依据、组织架构、实施关键点、实现路径等关键层面取得一定成果，初步具备了将艺术品交易科学化、标准化和技术化的能力，相关数据库建设正在进行中。

近一年来，该团队根据市文促中心的建议，就此项目与国内外相关专家和学者进行广泛交流和研讨。（见附件1）

对此项目，宣武区委、区政府高度重视，常务副区长和区委常委、宣传部部长都分别听取了专题汇报，决定成立专门工作小组推动北京艺术品交易所落户琉璃厂。

慎重起见，市文促中心于2008年1月8日专门组织了一次高层专家论证会，邀请国家发改委、文化部、北京大学、清华大学、北京科技大学、歌华集团、保利集团等相关单位领导、专家和学者就此方案进行了深入研讨。（见附件2）

在上述工作基础上，2008年1月10日下午，市文促中心组织该团队向主管部领导作了集中汇报。主管部领导充分肯定

了这项工作，并提出增强可操作性的具体要求。我们组织有关人员据此作了完善。截至目前，创建北京艺术品交易所的相关准备工作已基本就绪。

艺术品交易市场的建立与完善应该成为北京发展文化创意产业、打造古玩和艺术品交易中心的发力点，成立北京艺术品交易所将使北京站上中国投资市场的新高峰。北京艺术品交易所一旦建立，将成为继上海、深圳证券交易所之后，中国投资者淘金的第三度空间。

## 三、几点建议

北京艺术品交易所是一种新的文化业态。鉴于该项工作具有系统性和复杂性，制度设计需要大胆创新，稳步推进。提出如下建议：

1 尽快安排就组建北京艺术品交易所问题向国家文化部和市政府作一次专题汇报；

2 由国家文化部和我市相关部门先期成立"北京艺术品交易所筹备领导小组"；

3 由国家文化部相关部门和我市共同成立"北京艺术品交易所指导委员会"，推动该项目的展开。

### 附件1：参与项目论证的国内外部分专家名单（排名不分先后）

Christian Branducci：摩纳哥国际文化遗产保护基金发起人（卢浮宫油画馆馆长、嘉士德拍卖公司艺术总监）；

Cyril Boisson：欧亚艺术公司董事长、美国盖蒂基金会董事；

Julia Wang：欧亚艺术公司亚洲区总监；

蔡虹：注册律师，北京锋怡国际顾问有限公司董事长，资深国际艺术品交易法律顾问；

陈亚杰：新加坡总理艺术顾问；

Thomas Krens：美国所罗门古根海姆博物馆馆长；

Ante Glibota：欧洲科学院院士、著名国际策展人；

邵建武：《人民日报》文艺部主编；

Vincenzo Sanfo：意大利文化中心总裁、北京国际美术双年展特约策展人；

Pamela Auchincloss：美国艺术家国际信托基金亚太区总裁；

熊澄宇：清华大学国家文化产业研究中心主任、教授；

马保平：负责国家抢救流失海外文物专项基金的主任；

郭晓川：国家文化部著名画家、美术理论家、博士；

饶权：国家发改委社会发展司处长。

## 附件2：参与项目论证的部分专家的意见与建议（摘要）

专家们普遍认为，成立北京艺术品交易所，是制度创新和技术创新的产物。北京艺术品交易所既不是传统意义上的以实物交易为基础的集市型市场，也不是完全依托现代高科技手段的虚拟交易市场，而是由政府制定市场交易规则，结合实物市场与虚拟市场各自优势，集艺术交易、金融工具和高科技手段于一体的新型概念市场。

清华大学国家文化产业研究中心主任熊澄宇教授认为，创建北京艺术品交易所的构想找到了中国文化和世界接轨的方式，将艺术品、高科技以及金融和市场科学地结合在一起，有战略、有思路、适时机。项目判断准确，理论站得住脚。他指出艺术品市场规模呈几何级数增长，市场空间大。希望进一步在操作上细化：1.参照、借鉴国际标准；2.在政府的政策层面上要有研讨和判断，不要越界；3.要有对市场量化的可行性分析；4.加强和提升核心竞争力，要加强保密确保项目在全球的领先地位；5.政府应该加大力度，积极推进和支持。

国家抢救流失海外文物专项基金的马保平主任指出，目前的艺术品交易方式存在着大量弊病，虚假宣传、恶意哄抬炒作、假冒伪劣现象充斥市场，有人称之为有组织的专业性欺诈。此种贸易方式大大滞后于当今的社会需求。现有的形式只能做到尽可能地公开，而不公平、不公正成为现有交易方式生存的基础，其原因在于缺乏有效的监管机制，政府对集市中的商贩尚能有效管理，对艺术品市场的管理却产生了空白。一旦政府找到了方法，符合今天和未来市场需求的交易方式必将取代现有的交易方式，希望政府能批准进行改革试点。

国家发改委社会发展司饶权处长认为，创建北京艺术品交易所的构想是一个大胆且有扎实研究基础的创意，符合大力发展服务业和文化产业的方向。其关于艺术品交易的新型制度设计以新制度经济学理论为基础，思路清晰、构思严谨，既借鉴了现有的证券交易制度内容，又充分结合了艺术品交易所具有的自身特点。如这一设想能够真正实现，必将极大地促进北京文化创意产业及相关产业的发展，也必将对中国乃至世界的艺术品交易产生前所未有的推动作用。

来自文化部的著名画家、美术理论家郭晓川博士认为，目前艺术品市场的产业化程度很低，北京艺术品交易所的创立很及时也很必要，但也有难度，应该从当代艺术品上实现突破，在"确真"和"确权"上有可操作性。构想要进一步完善，要保护投资者利益，政策因素很关键。

# 向台湾同胞介绍快速发展中的北京文化创意产业①

## 一、文化创意产业是北京经济社会发展的重要新机遇

20世纪90年代,北京在全国率先提出发展文化产业。最近几年,在深入调研基础上,广泛听取专家学者、业界人士的意见和建议,进一步将"文化创意产业"作为北京市实现新一轮大发展的宝贵机遇。北京作出大力发展文化创意产业的战略选择基于以下三种取向。

一是现实取向。北京是中国的文化中心,文化资源异常丰富,文化消费市场巨大,具有发展文化创意产业的深厚基础和强大动力。大力发展文化创意产业,是实现北京经济社会全面协调可持续发展的重要保证,也是推进北京产业结构调整升级和经济增长方式转变的重要途径,更是将北京打造成国际化大都市的重要手段。

二是高端取向。发展文化创意产业,有利于北京走高端发展之路,推动产业发展高端化。按照高端、高效、高辐射力的产业发展方向,北京将着力发展现代服务业,不断提高第三产业的比重,其中着力发展动画漫画、网络游戏、版权交易、创意设计、软件设计、体育休闲、新媒体等文化创意产业,培育骨干企业,使文化创意产业成为北京经济的重要支柱产业和新

① 本文为笔者2007年10月随北京市文化创意产业访问团赴我国宝岛台湾参加海峡两岸城市文化创意产业交流互访系列活动时,于10月13日向台方相关人士介绍北京市文化创意产业发展情况的讲稿。

的增长点。

三是创新取向。科技创新和文化创意是当今世界经济发展的双引擎。科技创新旨在改变产品和服务的功能结构,为消费者提供新的更高的使用价值;而文化创意为产品和服务注入文化元素,为消费者提供与众不同的新体验,从而提高产品和服务的品味。北京倡导自主创新,将科技与文化有机结合起来,推动文化创意产业的大发展。

## 二、北京全力推动文化创意产业快速发展

2005年11月,北京作出战略部署,将文化创意产业作为"重点支柱产业"来发展。目前,已经形成了政策引导、资金支持、全面谋划、全方位推进文化创意产业快速发展的良好局面。经过两年多的探索,北京文化创意产业发展的效果和良好态势正初步显现。

### 1 政策引导、资金支持

政府政策的引导,是新兴产业快速发展的重要条件。2006年以来,北京制订了《北京市促进文化创意产业发展的若干政策》《北京市"十一五"时期文化创意产业发展规划》《北京市文化创意产业投资指导目录》《北京市文化创意产业分类标准》《北京市文化创意产业发展专项资金管理办法(试行)》《北京市文化创意产业集聚区认定和管理办法(试行)》等系列政策,基本上形成了具有北京特色的促进文化创意产业发展的政策框架,为北京文化创意产业又好又快发展创设了良好的政策环境。

按照《北京市促进文化创意产业发展的若干政策》的规定,自2006年起,北京市每年安排5亿元文化创意产业发展专项

资金（"财政专项资金"），采取贷款贴息、项目补贴、政府重点采购、后期赎买和后期奖励等方式，对符合重点支持标准的文化创意产品、服务和项目予以扶持。同时，市政府还设立文化创意产业集聚区基础设施专项资金，资金规模 5 亿元，分 3 年投入，专门用于支持文化创意产业集聚区的建设与发展。

## 2　全面谋划、全方位推进

在实施政策促进、专项资金重点支持的基础上，我们非常注重全方位地推进文化创意产业的发展。当前及今后一个时期，北京坚持全面谋划，全方位推进以下十个方面的工作，促进文化创意产业全面、快速发展：一是营造良好环境，制定并完善有利于文化创意人才发挥作用、促进文化创意产业发展的政策法规；二是创新体制机制，加大国有文化企事业单位的改革力度，充分发挥市场配置资源的基础性作用；三是调整产业结构，盘活存量、优化增量，建设功能完备、布局合理的文化创意产业集聚区；四是整合优质资源，培育拥有自主创新知识产权、市场竞争力较强的文化创意龙头企业；五是提升城市形象，打造一批具有国际水准、北京特色的文化精品和知名品牌；六是精心运筹谋划，做好奥运会场馆的赛后利用，为文艺演出、广告会展、文化旅游、文化体育休闲等开辟新的空间；七是增强创新能力，建设以企业为主体、市场为导向、产学研结合的文化创意产业创新体系；八是推进科技应用，促进高科技同文化内容的融合，提高文化创意产品的质量和水平；九是完善产业链，加强社会相关行业对文化创意产业的配套支撑；十是面向国际国内市场，建设发达的文化创意产业营销网络。

## 3　初具规模、方兴未艾

到 2006 年，北京市文化创意产业创造的增加值已经达到 812 亿元，占全市增加值的 10.3%，同比增长 15.9%；资产总额达 6 161 亿元，同比增长 19.9%；实现收入 3 614.8 亿元，同比增长 29.4%。值得关注的是，文艺演出、影视节目制作、出版发行和版权贸易、广告会展、古玩及艺术品交易等一批优势行业开始浮现。初步形成了中关村创意产业先导基地、北京数字娱乐产业示范基地、大兴国家新媒体产业基地、中关村科技园区雍和园、中国（怀柔）影视基地、北京 798 艺术区、北京 DRC 工业设计创意产业基地、北京潘家园古玩艺术品交易园区、宋庄原创艺术与卡通产业集聚区、中关村软件园等一批文化创意产业集聚区，产业集聚效应初步显现。作为朝阳产业，文化创意产业在北京已经喷薄而出，初现耀眼光芒。

## 三、北京文化创意产业发展前景极其光明

2007 年 8 月份刚刚发布的《北京市"十一五"时期文化创意产业发展规划》明确提出，北京要把文化创意产业放在优先发展位置，强化首都功能定位，紧抓奥运发展机遇，通过文化和科技的融合，扶持优势产业，打造驰名品牌，逐步形成高端、高效、高辐射力的文化创意产业集群，大力提升北京的文化软实力和城市影响力，促进北京经济文化社会和谐发展。

根据规划，在不久的将来，北京将建成全国的九大中心：文艺演出中心、出版发行和版权贸易中心、广播影视节目制作和交易中心、动漫和网络游戏研发制作中心、广告和会展中心、古玩和艺术品交易中心、设计创意中心、文化旅游中心、文化体育休闲中心。

就其影响而言，通过大力发展文化创意产业，将进一步提升北京作为全国文化中心和文化创意产业主导力量的影响力，增强文化创意产业创造社会财富和就业机会的能力，使文化创

意产业成为首都经济的重要支柱。预计文化创意产业增加值年均增长15%左右,到2010年,文化创意产业实现增加值占全市GDP比重预计将超过12%。

总之,北京的文化创意产业正处于快速起步阶段。未来,随着奥运会的举办,随着北京市各项事业的全面发展,文化创意产业必将为北京经济发展和社会进步作出更大贡献。

# 宝岛台湾文化创意产业的发展经验

2007年10月12日,北京市委宣传部、北京市台办、北京市文化局以北京市文化创意产业促进中心、北京市文化基金会、北京市海峡两岸民间交流促进会名义,与台北市文化局、台北县文化局、台北市文化基金会和财团法人力晶文化基金会共同组织的"海峡两岸城市文化创意产业交流互访系列活动"拉开帷幕,上半场是北京团的台湾行,对方的热情接待、精心安排,使访台活动达到了预期目标,至2007年10月21日,赴台参访活动圆满结束。宝岛台湾文化创意产业的发展给我们留下了深刻的印象,撰写此文以作纪念。

## 一、台湾地区文化创意产业的内涵与外延

我国台湾地区将"文化创意产业"定义为"源自创意或文化积累,透过智慧财产的形成与运用,具有创造财富与就业机会潜力,并促进整体生活环境提升的行业"。这显然是沿用了英国的界定思路。

就外延来看,台湾地区的文化创意产业包括视觉艺术产业、音乐与表演艺术产业、文化展演设施产业、工艺产业、电影产业、广播电视产业、出版产业、广告产业、设计产业、数

字休闲娱乐产业、设计品牌时尚产业、建筑设计产业、创意生活产业等共 13 项产业，分为三大类别，详见表 2.2。

**表 2.2　台湾地区文化创意产业的三大类别**

| 产业类别 | 细项产业类别 |
| --- | --- |
| 文化艺术核心事业 | 精致艺术之创作与发表，如表演（音乐、戏剧、舞蹈），视觉艺术（绘画、雕塑、装置等），传统民俗艺术等。 |
| 设计产业 | 以核心艺术为基础之应用艺术类型，如流行音乐、服装设计、广告与平面设计、影像与广播制作、游戏软件设计等。 |
| 创意支持与外围创意产业 | 支持上述产业之相关部门，如展览设施经营、策展专业、展演经纪、活动规划、出版营销、广告企划、流行文化包装等。 |

资料来源：台湾经济研究院于 2003 年出版的《文化创意产业产值调查与推估研究案》。

**表 2.3　台湾地区文化创意产业的 13 个行业门类**

| 产业名称 | 说　明 |
| --- | --- |
| 视觉艺术产业 | 凡从事绘画、雕塑及其他艺术品的创作、艺术品的拍卖零售、画廊、艺术品展览、艺术经纪代理、艺术品的公证鉴价、艺术品修复等之行业均属之。 |
| 音乐与表演艺术产业 | 凡从事戏剧（剧本创作、戏剧训练、表演等）、音乐剧及歌剧（乐曲创作、演奏训练、表演等）、音乐的现场表演及作词作曲、表演服装设计与制作、表演造型设计、表演舞台灯光设计、表演场地（大型剧院、小型剧场、音乐厅、露天舞台等）、表演设施经营管理（剧院、音乐厅、露天广场等）、表演艺术经纪代理、表演艺术硬件服务（道具制作与管理、舞台搭设、灯光设备、音响工程等）、艺术节经营等之行业均属之。 |
| 文化展演设施产业 | 凡从事美术馆、博物馆、艺术馆（村）、音乐厅、演艺厅经营管理暨服务等之行业均属之。 |
| 工艺产业 | 凡从事工艺创作、工艺设计、工艺品展售、工艺品鉴定制度等之行业均属之。 |
| 电影产业 | 凡从事电影片创作、发行映演及电影周边产制服务等之行业均属之。 |

（续表）

| 产业名称 | 说　明 |
|---|---|
| 广播电视产业 | 凡从事无线电、有线电、卫星广播、电视经营及节目制作、供应之行业均属之。 |
| 出版产业 | 凡从事新闻、杂志（期刊）、书籍、唱片、录音带等具有著作权商品发行之行业均属之。但从事电影发行之行业应归入8520（电影片发行业）细类，从事广播电视节目及录像节目带发行之行业应归入8630（广播节目供应业）细类。 |
| 广告产业 | 凡从事各种媒体宣传物之设计、绘制、摄影、模型、制作及装置等行业均属之。独立经营分送广告、招揽广告之行业亦归入本类。 |
| 设计产业 | 凡从事产品设计企划、产品设计、机构设计、原型与模型的制作、流行设计、专利商标设计、品牌视觉设计、平面视觉设计、包装设计、网页多媒体设计、设计咨询顾问等之行业均属之。 |
| 数字休闲娱乐产业 | 凡从事数字休闲娱乐设备、环境生态休闲服务及社会生活休闲服务等之行业均属之。<br>1　数字休闲娱乐设备——3D VR设备、运动机台、格斗竞赛机台、导览系统、电子贩卖机台、动感电影院设备等。<br>2　环境生态休闲服务——数字多媒体主题园区、动画电影场景主题园区、博物展览馆等。<br>3　社会生活休闲服务——商场数字娱乐中心、小区数字娱乐中心、数字休闲事业、亲子娱乐学习中心、安亲班／学校等。 |
| 设计品牌时尚产业 | 凡从事以设计师为品牌之服饰设计、顾问、制造与流通之行业均属之。 |
| 创意生活产业 | 凡从事符合下列定义之行业均属之：<br>源自创意或文化积累，以创新的经营方式提供食、衣、住、行、育、乐各领域有用的商品或服务。<br>运用复合式经营，具创意再生能力并提供学习体验活动。 |
| 建筑设计产业 | 凡从事建筑设计、室内空间设计、展场设计、商场设计、指标设计、庭园设计、景观设计、地景设计之行业均属之。 |

## 二、台湾地区文化创意产业的发展现状

自 2002 年台湾地区积极发展文化创意产业以来，到 2004 年，台湾文化创意产业单位共有 50 111 家（不含设计品牌时尚业），其中以广告业最多，达 11 175 家，其次为工艺产业单位 10 676 家，最少的为创意生活产业单位，为 53 家。2004 年台湾地区文化创意产业单位数量较 2003 年增长 4.28%，其中以创意生活产业的单位数量增加最快，增长率达 89.29%，其次为音乐及表演艺术产业的 18.16%，而视觉艺术产业、电影产业、广播电视产业的家数在 2004 年则略有减少。

就营业额来看，2004 年台湾地区文化创意产业总营业额为 5 565.49 亿元（不含设计品牌时尚业），其中仍以广告业的营业额最多，达 1 404.04 亿元，其次为广播电视产业的 970.44 亿元，最少的为文化展演设施产业的 20.69 亿元。2004 年台湾地区文化创意产业营业额较 2003 年增长 10.61%（不含设计品牌时尚业），其中以文化展演设施产业的营业额增加最快，增长率达 173.40%，其次为音乐与表演艺术产业的 40.61%。文化展演设施产业、音乐与表演艺术产业在 2003 年因当年上半年爆发 SARS 疫情，受到严重冲击，到 2004 年已显著回升。电影产业也在 2003 年 SARS 疫情中受创，2004 年营业额仅增长 5.76%。就附加价值来看，2004 年台湾地区文化创意产业的附加价值达 2 954.30 亿元（不含设计品牌时尚业），较 2003 年增长 10.80%。

2004 年台湾地区文化创意产业就业人数共有 185 758 人（不含设计品牌时尚业），占全体就业人数比重为 1.75%，但因部分产业人数数据阙如，该数据仅涵盖 8 个产业，因此比重可能被严重低估。就有数据的行业来看，广告业的就业人数最多，达 42 162 人，其次为出版产业的 39 005 人。

就获奖情况来看，文化创意产（作）品参加国际竞赛得奖在 2002 年仅 42 件；2005 年，中国台湾在德国 iF 设计奖得奖件数已由 14 件增加至 37 件，在德国 Red Dot 设计奖的得奖件数也由 2 件增加至 20 件。另外，在日本的 G-Mark 奖、美国的 IDEA 奖，中国台湾的文化创意产品也都有良好的表现。在对全球包装设计发展具有指标性作用的世界之星评选中，2005 年中国台湾也有 5 件作品获奖。显然，经过三年的不懈努力，台湾文化创意产业的发展已经逐渐开花结果。

据介绍，仅台北市，2006 年从事文化创意产业的企业就多达 94 628 家，总营业额为 1.6 兆元新台币，占台湾地区的 40%。在台北市，每 5 家企业中就有 2 家是从事文化创意产业及相关产业的，台北市全部产业的总营业额有 10% 来自文化创意产业，每 10 位工作者中就有一位是从事文化创意产业的。

## 三、台湾地区文化创意产业的发展特征及其启示

台湾地区文化创意产业的发展有其鲜明的特征，对北京发展文化创意产业具有重要的借鉴意义。

### （一）大力促进文化创意产业起飞

台湾地区过去十几年来的经济成长与繁荣，很大一部分与它成功地扮演了世界信息工业的生产重镇有关。最高峰的时期，台湾地区生产的信息工业产品（系统或零组件）曾有 48 种，产品排名世界第一，现在也还保有若干项目（如主机板和笔记本电脑目前仍居世界前列）。尽管台湾地区拥有比较先进

的技术，但为什么依然挡不住迅速的衰落之势呢？这说明，当代高新科技虽然建立起了先进的技术与传播的网络与管道，提供了知识经济交流的平台，但传播什么、交流什么的问题仍没有解决，还需要内容，需要文化。

2002年，台湾地区确定科技与文化发展的双主轴，选定了若干种未来应该优先发展的创意产业，并拟定"产业文化化，文化产业化"。将文化创意产业作为核心产业，把创意产业作为继高科技产业后另一项全力扶持的产业——计划在5年内辅导成立50个创意生活产业项目，希望创造3 000亿元新台币的产值，带来10万个工作机会，并带动22.5亿元新台币的新投资。

2002年5月台湾地区通过"文化产业发展计划"后，各部门召开三次由官方和民间参加的共识会议，凝聚社会对发展文化产业的共识。同年10月，"文化创意产业推动小组"及办公室成立。

台湾地区行政管理机构下设的"文化创意产业发展指导委员会"的任务包括：台湾文化产业发展目标及策略之评议，各相关机关文化创意产业发展措施之评议，提供重要产业发展资料汇集、研究、咨询及其他相关产业发展之事项。台湾地区的"文化创意产业推动小组"确立了"文化创意产业发展规划"，这一规划包括成立文化创意产业推动组织，培育艺术创意设计人才，整备创意产业发展环境，促进创意设计重点产业及文化产业的发展。这一规划提出6项具体目标：提升文化创意产业产值、提升文化创意产业就业机会、提高文化消费占家庭支出比重、提升文化创意产业大专以上人口就业比例、提升文化创意产业产品（作品）参加国际竞赛得奖率、文化创意产业有关智慧财产权每年持续保持增长。其最新文化创意产业发展重点包括：整备文化创意产业发展机制、设置文化创意产业资源中心、发展艺术产业、重点发展媒体艺术产业、台湾设计产业。

在政策法令方面，台湾地区 2003 年年底开始对文化创意产业发展规划进行滚动式修订，重点在于完善文化创意产业发展的推动机制。除修正现行的 24 项相关法令外，台湾经济事务主管部门也在拟定《文化创意产业发展法》，并拟报上级部门审批。2003 年 9 月，台湾各相关部门公布促进产业研究发展贷款办法适用于文化创意产业，以解决文化创意产业投资者的融资问题。

2004 年 3 月 31 日台湾地区"文化创意产业推动小组"第二次委员会召开，决议订定《文化创意产业发展条例》，该条例将比照促进产业升级条例订定精神，提供租税优惠、免娱乐税等多项奖励优惠措施。

## （二）扎根传统、面向世界

台湾文化创意产业协会会长陈立恒先生认为，文化创意产业不仅是一个新概念，也是下一波经济发展的趋势。随着全球经济模式的演进与生活水平的提高，兼具商业价值与文化内涵的文化创意产业，已成为 21 世纪的发展趋势。文化创意产业的发展，不但可带动经济增长，更重要的是可以发扬人类宝贵的文明菁华，使世人同时享有物质与精神的富足和质量。

陈立恒认为，文化创意产业一般都与人们日常生活的各个层面有直接的联系，当物质发展到一定阶段时，人们就不再仅仅满足于享受科技带来的物质生活，而要追求生活的文化品质。消费者对于生活对象的重视，已不再只是实用功能和造型上的美感，而是深入到设计主题的文化内涵，并期待内涵丰富的设计对象，能够为生活带来更多的创意巧思、灵感启发与文化氛围。这时，文化创意就附着于产业而又为产业带来更多利润附加值。

陈立恒先生自己就成功地经营了一个全球化的文化创意产业机构——法蓝瓷（FRANZ）实业有限公司。法蓝瓷的产品，集艺术与实用于一身、东方与西方于一体、传统与现代于一处，深得全球消费者的赏识。目前，法蓝瓷在全球已经拥有5 800个销售点，进驻了欧美最高档的百货公司。由于对大众文化生活的贡献，法蓝瓷获得了"联合国教科文组织杰出手工艺品奖""纽约国际礼品展最佳礼品首奖""英国最佳陶瓷礼品奖""台湾最时尚奖""中国工艺美术金奖"等20余个奖项。尤为值得一提的是，由法蓝瓷设计并与法国顶级品牌柏图瓷器（Bernardaud）、昆庭银器（Christofle）、巴卡拉水晶（Baccarat）合作，共同为北京故宫博物院专门制作的"福海腾达"系列精品餐具（206件，限量200套）的发布，更是让世人感到了创意产业与古典文化的完美结合。

说到法蓝瓷的成功，陈立恒先生说这首先得益于观念的成功，得益于东方文化情结。法蓝瓷品牌创立之初，陈立恒先生就提出"china is China"的理念。他认为，瓷器是中国老祖宗的发明，象征中华灿烂文明，也因为此，瓷器（china）从此成了中国（China）的代表。只可惜近百年来，中国瓷器产业未能与世界市场接轨，因此目前瓷器精品产业多为欧美品牌的天下，而我们只能捧着金饭碗要饭。法蓝瓷品牌的创立，就是希望以"中华瓷艺文化"为根，运用"创意"让传统文化再生，让瓷器与现代生活结合，并利用"产业化"的力量发挥传播效益，让全球广大民众得以共享，使中华瓷艺品牌进入世界精品之列，"使瓷器的光辉重回中华"（From china back to China）。于是，发扬中华瓷艺文化，成了法蓝瓷文化创意产业的发展方向。正是这种发扬中华文化的使命感，成了法蓝瓷文化创意的核心观念。在此基础上，法蓝瓷以科技为后盾，以人文艺术为诉求，以市场为导向，结合生产、行销与服务，仅仅用四五年的时间，就创造出了具有国际竞争力的品牌和价值链。

图 2.5　台湾法蓝瓷

## （三）市场主导、融于生活

台湾地区最有创意的是中小企业，相关部门所要做的就是退居其后为企业创造良好的环境和条件，让大家天马行空，让创意奔涌而出。事实证明，直接扶助结果不会太好，那就像强迫小孩子念书，与其如此，不如"孟母三迁"，为企业创造好的环境。比如可以在典型示范、国际通路、贷款等方面给予支持。在台湾，有创意的企业就可以得到政府的无抵押贷款，当然这要由评审委员会来决定。还有，产品出来了，要创造通向市场的通路，这是很关键的方面。借鉴台湾的经验，北京市应该培养几个领头羊，抓几个产品经得住市场考验的示范企业，这样会带动一大批文化创意企业成长起来。

图 2.6 创意融入台湾居民的生活

## （四）持之以恒、做精做细

文化创意产业是百年事业，创造的是长远的价值，拥有深厚文化涵养的文化产品不仅受用于当下，更可以造福于后世，甚至越陈越香，随着时间越来越有价值。这就像孔子的名言，不但受用于春秋战国的纷乱局面，更使几百年几千年后的后代子孙的心灵受惠。

21世纪是中国文化再度兴起、发扬光大的新时期，法蓝瓷通过创意重新诠释传统文化，在此基础上，创造时尚。只有够时尚，大众才能跟随你，你才能融入现代人的生活。

中国是世界四大文明古国之一，历史文化源远流长，文化底蕴深厚，发展文化创意产业具有得天独厚的优势。况且，我们在帮助别人创造生活价值的同时，也向世界宣扬了中国人几千年来累积的灿烂文化，让中华文化的精粹与时代产业相结合，走向世界，步入世人生活，正是我们这一辈中国人责无旁贷的使命。

图 2.7　台湾莺歌陶瓷

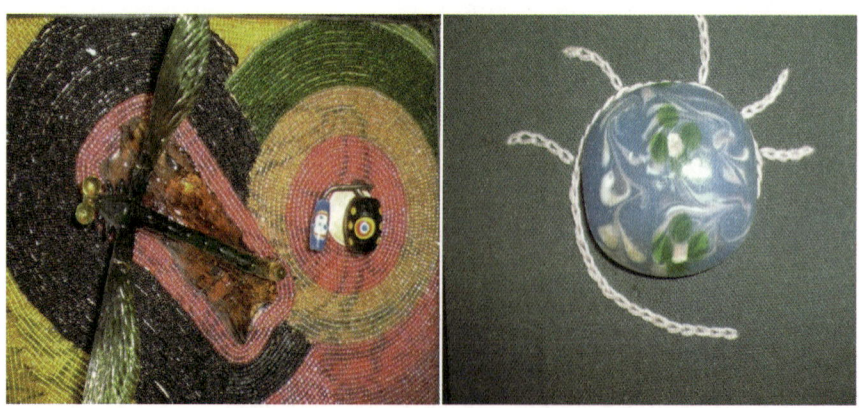

图 2.8　台湾原住民玻璃手工品

# 中国文化产业新年论坛给予我们的启示[①]

2008年1月4—6日,有关单位在北京大学举办了以"创意时代的文化创新与软实力建设"为主题的第五届中国文化产业新年国际论坛。论坛为期三天,近60位来自政府、学界、产业界、新闻媒体界的嘉宾以及国际人士等做了精彩演讲,同时参与论坛会议的人员累计达千人。该论坛由北京大学文化产业研究院主办,每年元旦前后举办一次,地点均在北京大学,因此也被称为"北京大学中国文化产业新年论坛"。

## 一、此次论坛呈现的若干特点

### (一)从参与者看,论坛规格高、政府参与深

本文化产业新年论坛以中华人民共和国文化部、中华人民共和国新闻出版署、国家广播电影电视总局、中共北京市教育工作委员会四家为指导单位,不同于以往的纯学术型论坛,其在论坛中进行了城市推介评奖,并邀请政府官员作演讲等,体现了"大学办论坛,政府唱主角"的形式,反映了政府对文化产业相关论坛的重视。在1月5日上午的论坛开幕式上,全国政协副主席罗豪才、国家文化部副部长孟晓驷、内蒙古自治区副主席连辑等作演讲,同时出席的还有全国政协常委教科文

---

[①] 本文为笔者代表北京市文化创意产业促进中心应邀参加本次文化产业论坛后撰写的活动总结报告,提交市文促中心领导班子讨论定稿后上报市文化创意产业领导小组办公室。

卫体委员会主任刘忠德，内蒙古自治区人大常委会副主任张国民，中共中央宣传部文化体制改革办公室张晓虎，欧盟官方发言人、教育及文化总干事 Rasmus Wiinstedt Tscherning，北京大学副校长、教授、博士生导师张国有，全国政协常委、北京大学文化产业研究院院长叶朗教授等。

### （二）从论坛内容看，四大分论坛各有特点，触及文化产业的前沿和热点

此次论坛设立了创意城市、动漫、人文奥运以及新媒体等四个分会场，突出了 2008 年文化产业热点。2008 年是我国的奥运年，论坛举办方抓住难得的契机，将人文奥运内容单设为一个分会场，围绕"乘奥运之风，启动中国体育产业"议题展开论坛演讲；对于北京市着力发展的动漫产业，也单设分会场，研究品牌营销和国际授权问题；在创意城市的分论坛中，出席论坛的各个城市的政府官员、国外文化创意产业人士也分别作了精彩发言，推介了自己的城市，突出了"区域文化创新和区域文化产业"发展的分论坛主题。

### （三）从论坛的举办方式看，具有创新性，引人关注

此次论坛将演讲座谈与奖励机制结合在一起，在闭幕式上同时颁出十大创意城市奖，突破了常规的论坛举办套路；邀请英国、丹麦、韩国、日本等国人士及云南、江苏、辽宁、陕西、河北、内蒙古等省区市代表参加，在承办中采取市场化运作，各地多家单位予以赞助支持，体现了"以会养会"的鲜明特征。

## （四）从论坛产生的效果看，品牌效应比较明显

中国文化产业新年论坛创办于 2003 年，每年岁末年初如期举办。此次论坛已是第五届，时间仅为三天，内容集中而环节紧凑，可谓忙而不乱。借助新年之际举办此论坛，打造品牌优势，体现了北京大学的智慧和价值追求。

# 二、北京市仍实际游离于该论坛之外

## （一）具体表现

一是作为指导单位之一的市属某单位，仅仅是挂名而已，参与的相关领导很少，在论坛上很少听到北京的声音。

二是参与的北京文化企业很少，很难看到北京文化创意产业发展的成就和风貌，在这种国际性的论坛上失去展示自我、结交朋友的大好机会。比如，动漫分论坛，全国有影响的三家上星动漫卡通频道，湖南、上海的代表都发表演讲、介绍经验，而北京卡酷频道却没有参与，尤其是在奥运之年更需展示自己、宣传自己的时候，失语必然会造成被动。而参与动漫分论坛的还有国家新闻出版广电总局的领导、宏梦卡通等知名企业，以及来自中国台湾和香港地区、日本、韩国的创作专家和运营高管，的的确确是一次同行业内进行交流的大好机会。

三是北京媒体的参与也很不够。除了北京商报社的《文化创意产业周刊》作为合作媒体，进行全程报道之外，北京的市属媒体参与可谓少之又少，失去了在这一平台上对北京文化创意产业发展成就进行宣传展示的主动权。

## （二）产生的不良影响

一是北京文化创意产业发展的成就和经验没有得到很好宣传，没有充分发挥榜样的作用。北京和上海作为全国发展文化创意产业的领头城市，近年来都做出了不少努力和尝试，也取得较好成绩，经验值得全国分享和借鉴，而在这样的全国性、高规格的文化产业集会上，相较于上海，北京市的"声音"更为微弱，没有体现出"首善之区"的优势地位。

二是出现了一些负面的声音。部分嘉宾在演讲中直接向北京某区的文化创意产业实践提出批评，认为"是在拿着金饭碗要饭"。学术是自由的，任何人都可以提出批评和建议，但由于没有该区的代表和企业在场，这种批评就成为一种"终审裁决"，造成的负面影响可能会使兄弟省市的代表对北京的做法产生怀疑态度，这无疑损害了北京文化创意产业的形象。

## 三、北京市应持有的态度和立场

### （一）要主动占领所有的相关阵地

无论是宣传舆论，还是学术研讨，甚至企业合作，北京都要发出强有力的声音，占据应有的领导地位。应该抓住一切机会，将北京的做法和经验，推广到相关兄弟省市，同时也能将他们的反馈及时吸纳过来，为我所用，更好地推进北京文化创意产业的又好又快发展。在相互交流碰撞中进一步奠定北京的领军地位。

## （二）要争取各方力量对北京文化创意产业发展的理解和支持

除了舆论引导之外，在具体的企业合作、版权交易、活动举办、学术交流、奖励资助等方面应加强同各方面的合作，增强参与度，提高美誉度，将"创意北京"的品牌推向全国，当然，这可能是一项长期而艰巨的任务，但意义重大，值得为之。

## 四、积极参与该论坛的构想与建议

### （一）以积极的姿态尽可能参与进去

应充分重视，并拿出切实、可操作的参与方案来。甚至可以考虑，北京市文促中心作为合办方之一，参与今后的文化产业新年论坛。

### （二）争取上半年的新年论坛与下半年的文博会交相辉映

一年一度的北京文博会是北京文化创意产业发展的盛会，已经初步形成了一定的品牌效应。但为时一周的密集活动，辐射力和影响力终归有限，还不足以带动和维持全年的产业发展热潮。通过努力，若能实现与北大文化产业研究院的合作，共同举办新年国际论坛，一前一后，首尾相接，无疑可以延伸品牌的影响力，丰富北京文化创意产业活动体系。

### （三）进一步探索论坛市场化运作机制

此次论坛，在市场化运作方面相当成功，通过承办公司参与，招商引资，将评奖推介与地方城市展示、企业赞助有机结合起来，取得了良好的经济效益和社会效益。但作为一次高规格的文化产业论坛，其评奖标准应当公正客观，真正反映行业发展的成绩和方向，这方面还要继续加强。因此，探索一条公正公平、为论坛服务的市场化运作之路是非常必要的。在这方面，北京市应认真学习借鉴本论坛的成功做法，同时避免其不足。

### （四）与北大的具体合作方式

与北大文化产业研究院进行长期合作，可考虑从每年的文化创意产业专项资金中拨付若干支持新年国际论坛的举办，以力求在今后的论坛中突出北京主题，帮助更多的北京文化创意企业得到展示，为它们创造更多的合作机会，从而为北京文化创意产业的持续健康发展创造良好的外部条件。

# 找准问题，对症下药，推动我国动漫游戏产业科学发展[①]

## 一、并非所有地方都适合发展动漫游戏产业

近年来，中央有关部门和地方各级政府纷纷加大对动漫游戏产业的关注和扶持力度，出台了一系列税收、资金等方面的优惠政策，全国掀起了一股"动漫热"，不少城市提出打造"动漫之都"的口号，于是，动漫游戏产业基地和园区纷纷挂牌，动漫游戏会展和节庆活动也接连不断。相关部门提供的数据显示，2009年，我国与动漫有关的机构达到6 463家；全国共有447所大学设立了动画专业，1 234所大学开办了涉及动漫专业的院系，动漫专业的大学毕业生达6.4万人，在校学生46.6万人；2007年，国产动画片的产量为10万分钟，2008年增加到13万分钟，2009年预计将超过15万分钟，一批质量较高、效益较好的动画作品，如《福娃奥运漫游记》等，受到群众喜爱。在网络游戏方面，2008年，中国网络游戏企业的经营收入近204亿元人民币，出口网游数量已经超过30款，成功进入了北美、欧洲、日本、东南亚等20多个国家和地区，出口总额达7 178万美元。

由此可出，各地大力发展动漫游戏产业的政策措施已经产生了明显成效，动漫游戏产品的数量大幅增加，质量不断提高，产业链日益完善，人才培养规模不断扩大，走出去的步伐

[①] 本文为笔者代表北京市文化创意产业促进中心在"首届中国动漫游戏人才年会"上的演讲文稿。该活动于2009年12月5日在北京德宝饭店举办。会上，本人的一针见血的观点得到了与会者的认可和好评。

在加快，在国际上的影响力也得到了提高。但是，我们也应该看到，整个动漫行业仍然面临着全行业亏损的残酷现实。据估计，15万分钟的动画年产量，产值还不过10亿元人民币，而且主要靠衍生品赚钱，也就是说我们举全国之力生产的动画片，其产值还远远不如一部《功夫熊猫》来得多（其全球票房约为6亿美元）。"以外包养原创"成为众多动漫企业的生存现状，就连国内最大的动画制作企业宏梦卡通也从2008年开始做代工业务。据国家新闻出版广电总局统计，2008年，只有长沙、杭州和广州三个城市的原创电视动画产量超过了1万分钟，三地之和占全国总产量的41.9%。

由此我想到，是不是所有的城市都适合发展动漫游戏产业？发展动漫游戏产业到底需要具备什么样的条件来支撑？我个人认为至少应该具备以下四个条件。

一是经济基础。一个地方的经济实力在很大程度上决定了一个地方的文化购买力或者文化消费力，因此，雄厚的经济基础是发展动漫游戏产业的一个基本条件。这一点从2008年全国原创电视动画片生产十大城市排名便可以看出：位于东部经济发达地区的城市占一半以上，中西部城市只占三席（长沙、西安和重庆）。在网络游戏研发和运营方面，北京、上海和广东的优势也非常明显。

二是人文基础。作为文化创意产业的一个重要组成部分，动漫游戏产业是文化艺术与科技高度结合的新型产业，它的发展与一个地方的文化底蕴、当地人民的文化消费习惯密切相关。丰富的文化资源为动漫游戏产业提供了必要的创作源泉，人们的文化消费习惯也决定了包括动漫游戏产品在内的文化消费支出占消费总支出的比重。

三是市场基础。市场基础包括资金、人才、技术、信息和知识产权等要素市场和中介服务组织等。这与经济基础直接相关。动漫游戏产业是资金密集型产业，也是技术密集型和知识密集型产业。缺少了市场基础，动漫游戏产业就难以形成核心竞争力，更谈不上做大做强。

四是政策供给。由于动漫游戏产业属于新兴产业，在发展起步阶段需要政府大力扶持和引导，加上动漫游戏产业是知识密集型产业，健全的法规体系对知识产权保护至关重要。因此，各地几乎都出台了相关政策。但政府应该把握政策制定的方向，对培育市场、营造环境、把住准入门槛等方面给予更多关注，不应过多干预企业的微观运营过程。

## 二、是不是发展动漫游戏产业都要建园设区

据统计，目前国内动漫游戏产业基地或园区已达到78个，其中由国家文化部等三部委授牌的基地就达到49个。北京、上海、重庆、广州等25座大中型城市都设有动漫产业基地或园区。这些基地或园区的建设对推动当地动漫游戏产业的发展无疑起了积极作用，不仅促进了各类要素的集聚，也对产业发展初期引导投资产生了很好的示范效应。

但也应该看到，现在不少动漫游戏产业基地或园区存在着产量虽高，但质量不高，重复建设严重，土地、资金、人力、物力浪费较大等问题；一些地区以基地或园区建设为名行"圈地"之实，甚至打着建设"基地""园区"的旗号进行商业开发。另外，各地的基地或园区没有形成优势互补的格局，一些基地或园区没有真正发挥作用。例如，某两个被国家新闻出版广电总局授予"国家动画产业基地"的园区，2008年的动画

产量竟然为零，有一个基地甚至连续两年的产量都是零。因此，在发展动漫游戏产业过程中，不应把重心过多放在建园设区上，而应重点解决外部环境问题。同时，应在国家层面出台相应的制度和政策，形成一套科学合理的管理办法，使动漫游戏基地和园区规范有序发展。

## 三、我国动漫游戏产业面临的突出问题分析

当前我国动漫游戏产业在保持数量高速增长的同时，也面临不少值得关注的突出问题。

一是人文价值观不足。动漫游戏产品作为文化产品，本身是文明的载体，是给人梦想、使人快乐的产品，应该让消费者获得娱乐体验和文化享受。更何况对动漫游戏产业而言，青少年一般是最大的受众，提供给他们的文化产品，不仅是商品，更是影响他们健康成长的精神食粮。可是，我们的很多动漫游戏产品，囿于主题的狭隘，没能超越地域限制把中国的民族文化元素转变为其他民族都能理解和接受的产品，从而让世界各民族人民共同欣赏中国的优秀文化。此外，不少动画片情节简单，缺乏深度，"作品低幼化"现象非常突出；网络游戏则同质化严重，一些产品价值观淡漠，文化品位较低，甚至出现不少凶杀、暴力、色情等低俗内容，导致青少年沉迷游戏，引发了严重的社会问题。

二是发展战略不清晰。发展战略至少包括国家、区域和企业三个层面。在国家层面，迫切需要制定一个明确的国家战略。例如，动漫游戏产业的发展定位是什么，目标是什么，实现这一目标的路径是什么？在区域层面，也应制定区域性战略。例如在发展动漫游戏产业过程中，各地区与全国的关系是

什么，不同区域之间的关系又是什么？如何实现差异化发展，如何进行不同的功能定位？在企业层面，也是如此。目前，全国有数千家动漫企业，其中80%以上都是2004年以后成立的。许多企业在进入这个看似"火热"的行业以后，并没有仔细研究过自己的商业模式，没有充分考虑自己的核心竞争力是什么，产品的市场在哪里，市场规模有多大，如何开展营销等基本问题，而是盲目进入、急于求成，盲目追求产品数量，结果导致量大却质次。有专家直言不讳地表示，全国15万分钟动画产品中有三分之二是垃圾！然而，动漫产业恰恰是急不得的。要想出精品就得"慢工出细活"。在国外，一部动画片的前期策划往往需要3—5年，成品全部出来甚至要10年之久。比如，《天线宝宝》前期由30个幼教专家开发了3年。美国的少儿频道——尼克频道制作动画片有一个"7＋7法则"，在样片制作完成后，先请70个孩子来看，并在孩子周围放很多好吃的东西，他们会观察孩子看到什么时候走开去拿吃的，然后就会修改这些地方。这样的程序一共要重复7遍。但在国内能耐着性子这么做的动漫机构不敢说没有，即使有也是少之又少。相反，有的制作机构几个月就能拿出一部动画片，甚至还有一些企业只是为了享受各种政策"红利"，套取政府扶持资金而进行"投机"，成为"候鸟公司"。这显然对整个行业的健康发展产生了巨大的负面影响。

三是管理缺少统筹协调。今年，中央和各级地方政府对动漫游戏行业的主管部门进行了调整，明确了各级文化行政部门是动漫游戏的主管部门。但是，"魔兽世界"审批事件表明，动漫游戏产业相关部门之间的运行机制并不顺畅。同样地，在基地授牌方面，也缺乏统筹协调。全国78个动漫游戏基地和园区，由不同部门授牌的"国家级"动漫游戏产业基地就有49个，占总数的62.8%。由于对基地和园区布局缺少统筹和规划，基地和园区标准各不相同。因此，存在重复建设、资源浪费、同质发展和恶性竞争等突出问题。一些基地因为没有制定合理规划，发展模式雷同而导致基地之间争抢企业和基地资源闲置现象普遍存在。此外，对各区域的发展目标也缺乏统筹和协调。

四是统一市场体系欠缺。由于历史原因，我国的文化市场条块分割，没有形成全国统一的市场体系。一个地方的动漫游戏企业想要进入另一个地方的市场往往会遇到各种壁垒，最明显的例子就是卡酷动画卫视落地的问题。

五是制度建构存在问题。制度建构问题比较多，主要涉及三个方面。首先是价格形成机制。目前，全国有 4 个卡通卫星频道，20 多个少儿频道。由于播出平台少，特别是卫星频道被央视、北京卡酷卫视、上海炫动卡通卫视和湖南金鹰卡通卫视四家垄断，因此，内容生产商议价能力弱，基于市场的合理价格机制没有形成。相对于 1 分钟上万块钱的制作成本，动漫企业的作品播出 1 分钟才得到可怜的几百块钱，甚至更少。其次是人才流动机制，比如流动受到居住等方面的限制。还有就是动漫教育的师资往往来自传统美术专业和软件专业，连老师自己都不懂动漫。而有产业经验的人，却因为没有相应的教师资格无法进入教学领域。这种不顺畅的人才流动机制亟待改变。最后就是产品管理制度。对于动漫游戏产品的创作和上线标准，目前还缺少一套明确的审查和管理制度。如果引入分级分类管理，那么就可以让投资方获得一个明确的预期，从而减少盲目投资和资源浪费现象。

六是产业融合度不高。我们经常讲，一部好的小说可以衍生出一部动漫作品，一部好的动漫作品可以发展为一部电影，一部好的电影可以继续形成各种各样线下产品，也可成为网络游戏。这样的产业模型在世界范围内是非常成熟的，但在国内，这种例子并不多见。目前开始尝试跨行业延伸产业链，并且做得较好的企业有动画领域的三辰卡通、宏梦，以及网游领域的盛大等。今年，完美时空也尝试介入电影领域，出品了首部电影《非常完美》，用以宣传推广自己的游戏。今后，只有提高产业融合度，打通产业链上下游，使多种产业链经营模式共同发展，才能真正把动漫游戏产业做强做大。

七是产业运营中存在突出问题。一个是营销问题，另一个就是行业标准问题。这直接关系到动漫游戏产品在市场上的受青睐程度和质量好坏。

## 四、推动我国动漫游戏产业科学发展的几点想法

我国动漫游戏产业进入发展"快车道"，特别是国家的《文化产业振兴规划》（见266页附录）颁布以后，动漫游戏产业必将会迎来一个非常好的发展契机。但我认为，要科学推动动漫游戏产业发展，一要着眼未来，搞好国家层面的战略研究和规划，明确短、中、长期发展目标。二要理顺关系，建立一个顺畅高效的管理引导机制。要遵循动漫产业发展规律，对各类基地加强管理和引导，适时引入退出机制。另外，要高度重视动漫游戏产品低俗化的倾向，大力引导产业健康发展。三要加快改革，打破各种地区壁垒和行业壁垒，加快产业要素的流动，推动统一大市场的形成。四要积极解决人才、营销和投融资等突出问题，推动解决全局性问题。

其中，人才问题是动漫游戏产业发展面临的核心问题之一。动漫游戏企业往往把人才作为核心竞争力。人才问题涉及

人才的培养、管理、使用、流动和发展等几个重要方面。在人才培养方面，政府应牵头建立人才培训和技能评估认定机制，支持高校和企业建立培养实训基地，促进产学研结合和互动。在人才管理、使用方面，企业应以"以人为本"为原则，以"人尽其才"为目标，针对各类人才的特点制定相应的管理和任用制度，同时在福利、工资待遇和工作环境等方面尽量满足职工要求，解决其后顾之忧。在人才流动方面则应大力引进市场极缺的高端创意和经营管理人才，政府要出台相关的鼓励和优惠政策。在人才发展方面，要创新思维和做法，拓展各类人才的发展空间，比如推行股票期权等形式的股权激励，让企业管理人才和技术人才以股东的身份参与企业决策、分享利润、承担风险，从而为企业的长期发展服务，在企业发展壮大的同时实现自身价值。在营销上，应加强总体营销，促进总体合作，搭建交易服务和外贸平台，推动出口，使中小企业在大平台上实现集合发展。最后，应健全社会化、市场化的中介服务体系，完善投融资服务，缓解动漫游戏企业融资难的问题。

根据专家估算，我国动漫产业产值还有上千亿元人民币的空间亟待开发。让我们共同努力，把这块千亿蛋糕做得更大更好！

# 抓住新机遇，采取新举措，实现新跨越[①]

自2005年中共北京市委九届十一次全会作出大力发展文化创意产业的战略决策以来，经过近五年的努力探索，文化创意产业作为北京的支柱产业，地位进一步巩固，毫无争议地成为首都经济增长的新亮点和城市形象的新符号。即将进入"十一五"规划的最后一年，北京文化创意产业的发展面临一些不容忽视的深层次问题，本文就此做些个人思考以求教于方家。

## 一、准确把握北京文化创意产业发展的基本态势

北京文化创意产业呈现"一快、两大、三高"发展态势。

"一快"，就是发展速度快。根据北京市统计局的数据，2009年上半年，规模以上文化创意产业单位所创造增加值占全市GDP的11.4%，1—9月占11.8%，而在2004年这个数字为10.1%。目前文化创意产业已超过批发零售业、房地产业、商务服务业、交通运输业等行业，在第三产业中位居第二，仅次于金融业，支柱产业地位进一步确立。

"两大"是指产业规模大、政策供给规模大。从产业规模看，全市目前共有各类文化创意企业50 000多家，其中

---

① 本文为国家的《文化产业振兴规划》于2009年9月份正式发布后，本人学习该规划的过程中对北京市文化创意产业发展所做的几点个人思考。

规模以上文化创意企业近 8 000 家，占全市规模以上企业的 13.7%；2009 年 1—9 月实现利润增加值 965 亿元，占第三产业增加值的 16.1%。从政策支持来看，围绕落实《北京市促进文化创意产业发展的若干政策》，实行"一业一策"，先后出台包括支持影视动画、网络游戏发展的涵盖九大门类的 16 个文件，各区县也根据自身实际和产业功能定位，陆续出台区域性扶持政策。全市已形成以《若干政策》为基础，实施细则、行业政策与区域政策协调配套的文化创意产业政策支持体系。

"三高"就是贡献率、集聚度和可持续发展进一步提高。从文化创意产业对北京的贡献率来看，上缴税金大幅增加，吸纳就业效果显著。2007 年，文化创意产业上缴税金 216.7 亿元，占全市的 7.3%，从业人员 102.5 万人。2009 年 1—9 月份规模以上企业实现税收 133 亿元，占全市税收比重达 13.8%。集聚度高体现为集聚效应进一步凸显。据不完全统计，到目前为止，仅已认定挂牌的 21 个市级集聚区内就有文化创意企业近万家，所形成的收入和税收、带动的就业占绝对比重，并呈现出向周边辐射带动的趋势。目前全市已形成以市级集聚区为龙头，区级集聚区和众多各具特色的文化创意街区、文化创意新村组团式集群发展的良好态势。可持续发展度高体现在产业梯次结构明显、空间布局趋向合理、资本结构优化和企业盈利水平和财务状况等方面。就资本结构来看，目前全市文化创意产业呈现多元发展格局，非公有制及混合所有制经济增长强劲，非公经济占文化创意产业总收入的比重 2007 年达到 77.6%，文化创意产业正成为全市吸引外资的重要领域，港澳台和外商投资的规模以上企业数量由 2005 年的 622 家增加到 2007 年的 871 家，2007 年资产总额达到 1 248 亿元。从产业结构看，软件网络和计算机服务、设计服务和广播影视等行业优势地位进一步巩固，形成良性梯次发展结构。

## 二、认清新形势，更加全面深刻把握做大做强文化创意产业的重要意义

当前，文化创意产业的发展面临以下国内国际新形势。

一是当今世界科技创新和文化创意成为全球经济社会发展的双引擎，成为决定国家竞争力的两个重要因素。文化与经济、政治相互交融，与科技的结合日益紧密，在综合国力竞争中的地位和作用日益突出，越来越成为衡量一个国家综合实力强弱的重要尺度之一。随着经济一体化进程进一步加快，世界范围内的文化交流、交融、交锋日益加剧。悠久灿烂的中华文化，为人类文明进步作出了巨大贡献，是中华民族生生不息、国脉传承的精神纽带，也是中华民族面临严峻挑战及各种复杂环境屹立不倒、历经劫难而百折不挠的力量源泉。但当前中国文化贸易逆差巨大且缩小速度缓慢，西方各种思想强烈地冲击着中国，而中国优秀的仁和文化作为当今世界非常需要的文化却不能顺畅地走向世界。

二是中国在经历 30 年计划经济和 30 年改革开放的市场经济之后，一个建设中国特色社会主义的中国模式在新世纪刚刚拉开帷幕，其最主要标志就是大力提倡科学发展观。科学发展观要求我们全面审视改革开放的发展历程，全面正视未来中国 30 年如何发展。十七大把文化建设与经济、政治、社会建设相并列，确立了中国特色社会主义"四位一体"的总体布局，提出了促进文化大发展大繁荣、兴起社会主义文化建设新高潮的文化发展目标，在客观上就是要求中国未来 30 年发展要以文化唤醒民众，用道德责任武装百姓，用精神文化的自信鼓舞人民投身到建设中国自己的经济速度、社会制度、政治文明和文化复兴中去。站在三十年河东、三十年河西这样的历史分水岭，我们显然更应该重视中华文化对民族、对人民、对世界的

重大意义。

三是中国虽然是一个当之无愧的文明古国和文化大国，但与文化产业增加值占GDP的比重高于15%的美、英、日等国相比，中国却不到3%（2008年数据），而且中国文化资源分散，文化人受尊重的程度还不够高，知识产权意识较为淡薄，包括北京在内的全国各地的文化企业小、散、弱，全国排行前三十位的大的文化企业市值总和还不及美国一两家大文化传媒企业的市值。中国文化在世界范围内的传播力、影响力仍很弱。北京作为全国的文化中心，当然要承担起勇立潮头、引领文化产业健康快速发展的重任。

四是当前全球经济形势总体企稳向好，但仍未见底，各国在应对金融危机、调整产业结构时都对发展新兴产业寄予厚望。受金融危机影响，拉动我国经济发展的外需大幅度降低，不少传统产业增速放缓，文化消费成为最有潜力的内需之一，电影业的"井喷式"增长、深圳文博会逆市"飘红"就充分说明了这一点。文化产业越来越成为区域经济的支柱产业。北京文化创意产业不仅经受住了金融危机的考验，而且呈逆势上扬态势，成为抗危机、保发展、保稳定的支撑性力量。

五是党的十七大以来，特别是《文化产业振兴规划》出台以来，在这份文化产业纲领性文件的指导下，各省区市都纷纷以文化产业为抓手，发展特色经济，区域内和区域间的竞争明显加剧，文化建设大有千帆竞发、百舸争流的态势。但总体上看，中国文化产业发展还处于起步阶段，规模较小，市场体系不完善，科技含量比较低，竞争能力不强。就北京文化创意产业本身来看，面临着从起步增长步入稳定快速增长新阶段，对产业政策和市场体系建构等方面提出了新课题新要求。

基于上述形势，我们应充分认识到发展文化产业是时代变迁和中国社会转型的内在要求和必然选择，也是党和政府在新的历史时期作出的重要战略部署。做大做强文化创意产业，是北京抓住新的发展机遇实现战略转型的英明之举，也是建设"人文北京，科技北京，绿色北京"的必然要求和中坚力量，不仅能够进一步巩固北京作为全国文化中心的地位，使北京继续引领全国文化产业发展，更体现着北京对国家和民族的重大责任和责无旁贷的历史使命。面对上述国内国际形势和新的五年规划，我们必须抓住新的发展机遇，树立新的发展目标，做大做强首都文化创意产业。

## 三、紧密结合实际，深入分析问题，更加清晰地找准工作着力点

北京文化创意产业这几年的发展成效显著，得到中央有关部门的肯定，也成为全国关注和学习的对象。当前，需要站在新的历史起点上，进一步解放思想，分析问题，找准着力点，促进文化创意产业又好又快发展。

**一要进一步推动体制机制实现新的突破。** 20世纪90年代北京在全国率先提出发展文化产业，进入新世纪，北京坚持现实取向、高端取向和创新取向，在深入调研和广泛论证的基础上，进一步将文化创意产业作为北京新一轮发展的机遇。市委市政府解放思想，成立以市委书记为组长的文化创意产业领导小组，市长任常务副组长，21个委办局一把手为成员，文化创意产业成为名副其实的"一把手"工程。就出台的政策、财政列支的专项资金、各区县一把手亲自抓等方面来看，可谓盛况空前，全国首屈一指。但目前体制机制创新仍然是一个突出

问题。体制决定机制，机制依附体制。当前要努力破除束缚文化创意产业发展的行政区划、机构设置等体制机制障碍，把"党委统一领导、政府组织实施、宣传部门协调指导、文化行政主管部门具体落实、各有关部门密切配合"的文化领导体制和工作机制落实好。打破在文化、广电、新闻出版发行所属领域的框框局限，大胆跨行业、跨部门地推进做大做强文化创意产业所必需进行的体制机制变革。

**二要努力实现由政府主导型向市场主导型的转变。** 北京文化创意产业发展所取得的显著成效得益于这五年建立了领导体制、政策保障、规划指导、资金支持、融资服务、交易平台、人才支撑等七大工作体系，从这个角度看，目前北京文化创意产业坚持的是典型的"政府主导型"发展模式。实践证明，这种模式在产业发展的起步阶段是需要的，效果也是显著的。但文化创意产业毕竟是"产业"，需要市场来支撑和检验，产业的成熟度直接体现在市场取向的明显与否。因此，当前应继续坚持"政府引导、市场主导、企业主体"的工作模式，重点打造市场环境，培育市场主体。政府要摆正自己的位置，随着产业成熟度的提升，要逐渐转变角色，最终使文化创意产业发展步入"市场主导型"轨道，这既是文化创意产业实现科学发展的根本保证，也是做大做强北京文化创意产业的必然要求。

**三要促进文化创意产业的集群发展和集聚功能的提升。** 集群发展战略，已经为其他产业发展和国际实践经验证明，是一条行之有效的产业推动模式，也成为北京发展文化创意产业的重要抓手。近五年来，结合《若干政策》的落实制订了《北京市文化创意产业集聚区基础设施专项资金管理办法（试行）》《北京市文化创意产业集聚区认定和管理办法（试行）》等政策，有力地促进了文化创意产业的集群发展。五年的发展实践表明，集聚区建设对引导社会投资，统筹各区县资源，推动土地、基础设施和公共服务平台的集约利用，加速形成产业集聚和规模效应，促进全市文化创意产业又好又快发展起到了重要作用。

随着《文化产业振兴规划》的发布实施，全国各地文化产业发展明显提速，兴起了大规模的"造园"热潮。尽管北京进行了成功的尝试，但是我们更应该看到北京作为全国文化中心的责任，看到集聚区建设中的不足和存在的问题。这些不足和问题集中在以下三个方面：一是集聚区的管理和服务能力有待提高，还没有形成适应不同集聚模式的管理机制；二是集聚区的创新发展活力有待提高，知识生产和信息共享不够，环境承载力不强，推动创新的文化生态还没有完全形成；三是集聚功能和辐射带动效应有待进一步提高，集聚区内产业集中度本身还不够高，而资源整合的相对欠缺和融资能力的不足导致产业要素流动环境不够优化，处于散而不强的状态，没有形成综合竞争力。面对各省市在发展文化产业上奋起直追所形成的逼人态势，北京文化创意产业要想继续保持遥遥领先地位，必须正视以上问题和不足，高度重视集聚区的建设、发展和管理，有效提升集聚区的功能，进一步把集群发展战略落到实处，促进文化创意产业的快速集聚发展。

**四要通过改革加快培育和完善现代市场体系。**在市场经济条件下，文化产品大部分都要进入市场，随着我国社会主义市场经济的深入发展，无论是文化资源的配置，还是文化产品的生产、传播和消费，都越来越离不开市场。因此，做大做强文化创意产业，要把着力点放在构建有利于文化创意产业发展的现代市场体系上。北京在深化文化体制改革、发展文化创意产业过程中高度重视文化市场体系建设。2004—2008 年，为转制文化单位和新设文化企业免除企业所得税 23.7 亿元；同时根据国办发〔2008〕114 号文件精神，明确对经营性文化事业单位转制后的财政支持和税收优惠政策延续到 2013 年；2001—2008 年，为 800 多家出版单位办理了出版物增值税先征后返手续，累计返税 36 亿元人民币。今后北京要以文化资源为基础，以现代管理机制为手段，以市场需求为导向，以文化产品和服务为目标，以满足人们的精神文化需求为目的，扶持优势产业，打造驰名品牌，培育和重塑一批新型市场主体，逐步形成高端、高效、高辐射力的文化创意产业集群和完善的现代文化市场体系。

## 四、进一步转变观念，积极主动作为，让"五跨"在北京率先落实

多年来北京已经走在全国文化体制改革的前列，但作为首善之区和国家文化中心这还不够，还要更加积极探索和实践，继续在全国保持领先地位。在"十二五"期间，北京文化创意产业占 GDP 的比重应该达到 20%—30%，在打造全国九大中心方面也应实现新的大跨越。为此，要进一步转变观念，把中央文化体制改革试点的成果充分吸收到促进文化创意产业发展的工作中去。

跨所有制、跨媒介、跨行业、跨地区、跨国家（"五跨"）是中央文化体制改革的最新精神，北京具备"五跨"条件，应该以"敢为天下先"的精神大胆探索，率先实现跨越。

落实"五跨"精神，需要盘活国有文化产业资源，推动集团规模化发展。根据中央提出的"要加快股份制改造步伐，积极引进战略投资者，着力完善法人治理结构，建立健全现代企

业制度，有条件的可以上市融资"的要求，把产权股权的股改工作提速。要以存量资产，吸引战略投资人，要把股东结构调整好，成为国资、民资、外资三结合的结构。以北京发行业为例，要融入国际，没有渠道，借助美国、澳洲的经验可以先行试验。

落实"五跨"精神，需要以资源为依托，以市场为导向，充分借助资本的力量推动跨国并购和跨行业并购。北京文化创意产业之所以能够得到持续较快发展，很重要的一个原因就是始终把文化创意产业的投融资体系建设放在优先位置。在推进文化创意产业发展过程中，北京适应产业发展规律，紧紧抓住投融资这个关键环节，按照"财政资金撬动社会投入，平台服务连接各方"的思路，探索建立文化部门与经济部门、金融机构的联动机制，不断加大政策供给和资金投入，逐渐建立起"财政资金带动，社会资本跟进，多元投入并举"的文化创意产业投融资服务格局。今后应进一步发挥好政府扶持资金的杠杆作用，打好做大产业基金、调动金融力量、发挥私募股权基金作用、引导企业上市融资这套"组合拳"，让"五跨"在北京全面落实，做大做强北京文化创意产业。

# 附录　文化产业振兴规划

（2009年7月22日国务院常务会议审议通过，9月26日新华社受权发布）

党的十七大明确提出，要积极发展公益性文化事业，大力发展文化产业，激发全民族文化创造活力，更加自觉、更加主动地推动文化大发展大繁荣。为贯彻落实中央精神，在重视发展公益性文化事业的同时，加快振兴文化产业，充分发挥文化产业在调整结构、扩大内需、增加就业、推动发展中的重要作用，结合当前应对国际金融危机的新形势和文化领域改革发展的迫切需要，特制定本规划。

## 一、加快文化产业振兴的重要性紧迫性

文化产业是市场经济条件下繁荣发展社会主义文化的重要载体，是满足人民群众多样化、多层次、多方面精神文化需求的重要途径，也是推动经济结构调整、转变经济发展方式的重要着力点。党的十六大以来，党中央、国务院高度重视发展文化产业，采取了一系列政策措施，深入推进文化体制改革，加快推动文化产业发展。国有经营性文化单位转企改制取得重要进展，涌现出一批具有较强实力和竞争力的文化企业和企业集团，文化产业规模逐步壮大，以公有制为主体、多种所有制共同发展的文化产业格局初步形成。文化"走出去"步伐加快，文化进出口贸易逆差逐步缩小，我国文化产业的国际竞争力不

断增强。总的看，我国文化产业呈现出健康向上、蓬勃发展的良好态势，正在成为推动社会主义文化大发展大繁荣的重要引擎和经济发展新的增长点。

同时要看到，我国文化产业的发展水平还不高、活力还不强，与人民群众日益增长的精神文化需求还不相适应，与日趋完善的社会主义市场经济体制还不相适应，与现代科学技术迅猛发展及广泛应用还不相适应，与我国对外开放不断扩大的新形势还不相适应。当前，国际金融危机仍未见底，并对文化产业发展产生诸多影响，但困难和挑战中蕴含着新的机遇和有利条件，文化具有反向调节功能，面对经济下滑，文化产业有逆势而上的特点，这为创新文化体制机制、做大做强文化产业带来了契机。要抓住机遇，大力振兴文化产业，为"保增长、扩内需、调结构、促改革、惠民生"作出贡献。

## 二、指导思想、基本原则和规划目标

### （一）指导思想

全面贯彻党的十七大精神，坚持以邓小平理论和"三个代表"重要思想为指导，深入贯彻落实科学发展观，紧紧围绕《国家"十一五"时期文化发展规划纲要》确定的文化产业发展的各项目标任务和当前文化体制改革的重点，大力培育市场主体，加快转变文化产业发展方式，进一步解放和发展文化生产力，切实维护我国文化安全，推动文化产业又好又快发展，将文化产业培育成国民经济新的增长点。

## （二）基本原则

坚持把社会效益放在首位，努力实现社会效益和经济效益的统一；坚持以体制改革和科技进步为动力，增强文化产业发展活力，提升文化创新能力；坚持走中国特色文化产业发展道路，学习借鉴世界优秀文化，积极推动中华民族文化繁荣发展；坚持以结构调整为主线，加快推进重大工程项目，扩大产业规模，增强文化产业整体实力和竞争力；坚持内外并举，积极开拓国内国际文化市场，增强中华文化在国际上的影响力。

## （三）规划目标

完成经营性文化单位转企改制，文化市场主体进一步完善，活力进一步增强，文化产业规模不断扩大，推动经济社会发展的功能和作用得到较好发挥。

1. 文化市场主体进一步完善。按照创新体制、转换机制、面向市场、增强活力的原则，基本完成经营性文化单位转企改制，文化市场主体进一步完善，活力进一步增强。

2. 文化产业结构进一步优化。重点行业和项目对文化的拉动作用明显增强，文化创意、影视制作、出版发行、印刷复制、广告、演艺娱乐、文化会展、数字内容和动漫等产业得到较快发展，以资本为纽带推进文化企业兼并重组取得重要进展，力争形成一批跨地区跨行业经营、有较强市场竞争力、产值超百亿的骨干文化企业和企业集团。

3. 文化创新能力进一步提升。文化体制机制创新取得实质性进展，文化产业发展活力明显增强，以企业为主体、市场为导向、产学研相结合的文化创新体系初步形成，文化原创能力进一步提高，数字化、网络化技术广泛运用，文化企业装备水平和科技含量显著提高。

4 现代文化市场体系进一步完善。市场在文化资源配置中的基础性作用得到更好的发挥，文化产品和生产要素合理流动，城乡文化市场进一步发展，现代流通组织和流通形式逐步成为文化流通领域的主要力量，文化消费领域不断拓展，在城乡居民消费结构中的比重明显增加。

5 文化产品和服务出口进一步扩大。一批外向型骨干文化企业和国际知名品牌初步形成，对外文化贸易渠道和网络进一步拓展，文化产品和服务出口大幅增长，文化贸易逆差明显缩小，成为我国服务贸易出口的重要增长点。

## 三、重点任务

当前和今后一个时期，要着力做好以下八个方面工作。

### （一）发展重点文化产业

以文化创意、影视制作、出版发行、印刷复制、广告、演艺娱乐、文化会展、数字内容和动漫等产业为重点，加大扶持力度，完善产业政策体系，实现跨越式发展。文化创意产业要着重发展文化科技、音乐制作、艺术创作、动漫游戏等企业，增强影响力和带动力，拉动相关服务业和制造业的发展。影视制作业要提升影片、电视剧和电视节目的生产能力，扩大影视制作、发行、播映和后产品开发，满足多种媒体、多种终端对影视数字内容的需求。出版业要推动产业结构调整和升级，加快从主要依赖传统纸介质出版物向多种介质形态出版物的数字出版产业转型。出版物发行业要积极开展跨地区、跨行业、跨所有制经营，形成若干大型发行集团，提高整体实力和竞争力。印刷复制业要发展高新技术印刷、特色印刷，建成若干各具特色、技术先进的印刷复制基地。演艺业要加快形成一批大型演艺集团，加强演出网络建设。动漫产业要着力打造深受观众喜爱的国际化动漫形象和品牌，成为文化产业的重要增长点。

## （二）实施重大项目带动战略

以文化企业为主体，加大政策扶持力度，充分调动社会各方面的力量，加快建设一批具有重大示范效应和产业拉动作用的重大文化产业项目。继续推进国产动漫振兴工程、国家数字电影制作基地建设工程、多媒体数据库和经济信息平台、"中华字库"工程、国家"知识资源数据库"出版工程等重大文化建设项目。选择一批具备实施条件的重点项目给予支持。

## （三）培育骨干文化企业

着力培育一批有实力、有竞争力的骨干文化企业，增强我国文化产业的整体实力和国际竞争力。坚持政府引导、市场运作，科学规划、合理布局，在重点文化产业中选择一批成长性好、竞争力强的文化企业或企业集团，加大政策扶持力度，推动跨地区、跨行业联合或重组，尽快壮大企业规模，提高集约化经营水平，促进文化领域资源整合和结构调整。鼓励和引导有条件的文化企业面向资本市场融资，培育一批文化领域战略投资者，实现低成本扩张，进一步做大做强。

## （四）加快文化产业园区和基地建设

加强对文化产业园区和基地布局的统筹规划，坚持标准、突出特色、提高水平，促进各种资源合理配置和产业分工。对符合规划的产业园区和基地，在基础设施建设、土地使用、税收政策等方面给予支持。建设若干辐射全国的区域文化产品物流中心，建设一批文化创意、影视制作、出版发行、印刷复制、演艺娱乐和动漫等产业示范基地，支持和加快发展具有地域和民族特色的文化产业群。

## （五）扩大文化消费

不断适应当前城乡居民消费结构的新变化和审美的新需求，创新文化产品和服务，提高文化消费意识，培育新的消费热点。加强原创性作品的创作，打造一批具有核心竞争力的知名文化品牌。努力降低成本，提供价格合理、丰富多样的精神文化产品和服务。加快建设具有自主知识产权、科技含量高、富有中国文化特色的主题公园。开发与文化结合的教育培训、健身、旅游、休闲等服务性消费，带动相关产业发展。

## （六）建设现代文化市场体系

建立健全门类齐全的文化产品市场和文化要素市场，促进文化产品和生产要素的合理流动。重点建设传输快捷、覆盖广泛的文化传播渠道。发展文艺演出院线，推动主要城市演出场所连锁经营。支持全国文化票务网络建设。推进有线电视网络整合，鼓励通过并购、重组等方式，进行广电网络的区域整合和跨地区经营。推进电影院线、数字电影院线的跨地区整合以及数字影院的建设和改造。支持国有出版发行企业以资本为纽带实行跨地区兼并重组。鼓励非公有资本进入文化创意、影视制作、演艺娱乐、动漫等领域。支持优先选用拥有自主知识产权、产品质量水平高的文化设备及产品。

## （七）发展新兴文化业态

采用数字、网络等高新技术，大力推动文化产业升级。支持发展移动多媒体广播电视、网络广播影视、数字多媒体广播、手机广播电视，开发移动文化信息服务、数字娱乐产品等增值业务，为各种便携显示终端提供内容服务。加快广播电视传播和电影放映数字化进程。积极推进下一代广播电视网建设，发挥第三代移动通信网络、宽带光纤接入网络等网络基础设施的作用，制定和完善网络标准，促进互联互通和资源共享，推进三网融合。积极发展纸质有声读物、电子书、手机报和网络出版物等新兴出版发行业态。发展高新技术印刷。运用高新技术改造传统娱乐设施和舞台技术，鼓励文化设备提供商研发新型电影院、数字电影娱乐设备、便携式音响系统、流动演出系统及多功能集成化音响产品。加强数字技术、数字内容、网络技术等核心技术的研发，加快关键技术设备改造更新。

## （八）扩大对外文化贸易

落实国家鼓励和支持文化产品和服务出口的优惠政策，在市场开拓、技术创新、海关通关等方面给予支持。制定《2009—2010年度国家文化出口重点企业和项目目录》，形成鼓励、支持文化产品和服务出口的长效机制。重点扶持具有民族特色的文化艺术、展览、电影、电视剧、动画片、网络游戏、出版物、民族音乐舞蹈和杂技等产品和服务的出口，抓好国际营销网络建设。支持动漫、网络游戏、电子出版物等文化产品进入国际市场。鼓励文化企业通过独资、合资、控股、参股等多种形式，在国外兴办文化实体，建立文化产品营销网点，实现落地经营。办好国家重点支持的文化会展，通过中国（深圳）国际文化产业博览会、中国国际广播影视博览会、北京国际图书博览会等推动文化产品和服务出口。支持文化企业参加境外图书展、影视展、艺术节等国际大型展会和文化活动。

## 四、政策措施

### （一）降低准入门槛

落实国家关于非公有资本、外资进入文化产业的有关规定，根据文化产业不同类别，通过独资、合资、合作等多种途径，积极吸收社会资本和外资进入政策允许的文化产业领域，参与国有文化企业的股份制改造，形成以公有制为主体、多种所有制共同发展的文化产业格局。

### （二）加大政府投入

中央和地方各级人民政府要加大对文化产业的投入，通过贷款贴息、项目补贴、补充资本金等方式，支持国家级文化产业基地建设，支持文化产业重点项目及跨区域整合，支持国有控股文化企业股份制改造，支持文化领域新产品、新技术的研发。支持大宗文化产品和服务的出口。大幅增加中央财政"扶持文化产业发展专项资金"和文化体制改革专项资金规模，不断加大对文化产业发展和文化体制改革的支持力度。

### （三）落实税收政策

贯彻落实《国务院办公厅关于印发文化体制改革中经营性文化事业单位转制为企业和支持文化企业发展两个规定的通知》中的相关税收优惠政策，研究确定文化产业支撑技术的具体范围，加大税收扶持力度，支持文化产业发展。

## （四）加大金融支持

鼓励银行业金融机构加大对文化企业的金融支持力度。积极倡导鼓励担保和再担保机构大力开发支持文化产业发展、文化企业"走出去"的贷款担保业务品种。支持有条件的文化企业进入主板、创业板上市融资，鼓励已上市文化企业通过公开增发、定向增发等再融资方式进行并购和重组，迅速做大做强。支持符合条件的文化企业发行企业债券。

## （五）设立中国文化产业投资基金

按照有关管理办法，由中央财政注资引导，吸收国有骨干文化企业、大型国有企业和金融机构认购。基金由专门机构进行管理，实行市场化运作，通过股权投资等方式，推动资源重组和结构调整，促进国家文化发展战略目标的实现。

# 五、保障条件

## （一）加强组织领导

地方各级人民政府要按照科学发展观的要求，切实将《规划》的实施列入重要议事日程，把《规划》提出的目标任务纳入经济社会发展总体规划，建立相关的考核、评价和责任制度，作为评价地区发展水平、衡量发展质量和领导干部工作实绩的重要内容。文化行政主管部门在党委宣传部门协调指导下，具体组织实施，相关部门密切配合，确保《规划》提出的各项任务落到实处。

## （二）深化文化体制改革

通过深化文化体制改革，进一步解放和发展文化生产力，激发全社会的文化创造活力。要紧紧抓住转企改制、重塑市场主体这个中心环节，加快推进出版发行单位转企改制和兼并重组，加快电影制片、发行、放映单位和文艺院团转企改制，抓好党报党刊发行体制和广播电视节目制播分离改革。大力推动行政管理体制改革和政府职能转变，建立统一高效的文化市场综合执法机构。

## （三）培养文化产业人才

继续抓好全国宣传文化系统"四个一批"人才培养工程，着力加强领军人物和各类专门人才的培养。继续办好经营管理人才培训班，培养一批熟悉市场经济规律，懂经营、善管理的人才。吸引财经、金融、科技等领域的优秀人才进入文化产业领域。注重海外文化创意、研发、管理等高端人才的引进，为我国文化产业发展提供强有力的人才保障。

## （四）加强立法工作

进一步完善法律体系，依法加强对文化产业发展的规范管理。完善国家知识产权保护体系，严厉打击各类盗版侵权行为，促进国家文化创新能力建设。

# 北京的全国文化中心地位之生成和明确过程①

北京是享誉世界的历史文化名城，文源深、文脉广、文气足、文运盛。这座伟大的城市有着3 000多年的建城史和近870年的建都史，积淀了中华民族优秀传统文化的精华，传承了"五四运动"以来的文化精髓，凝结了改革开放以来的新思想新观念新风尚，富集了各类文化人才、文化资源、文化市场，形成了源远流长的古都文化、丰富厚重的红色文化、特色鲜明的京味文化、蓬勃兴起的创新文化多元并存、互相辉映的文化格局。

习近平总书记分别于2014年2月25—26日、2017年2月23—24日两次视察北京并发表重要讲话，明确北京全国政治中心、文化中心、国际交往中心、科技创新中心的战略定位，提出建设国际一流的和谐宜居之都战略目标，全面部署京津冀协同发展战略。"十三五"期间，北京强化"首都风范、古都风韵、时代风貌"的城市特色，充分挖掘文化内涵，全面保护、传承、利用好各类历史文化资源，打造新时期首都建设精品力作，彰显城市文化特征，提升城市文化品位；同时，北京致力于推动文化改革发展，建设现代文化市场体系，创新文化业态，促进文化消费，优化文化创意产业布局，扩大国际文化交流合作，展示大国首都形象，努力建设中国特色社会主义先进文化之都。

---

① 北京成为全国文化中心，既是一个长期积淀的历史过程，也是一个逐渐被认识、被明确的现实过程，体现着历史与现实的双重建构。本文便对这一过程予以梳理和总结。

## 一、全国文化中心地位的历史生成过程

北京在历史发展进程中逐渐确立了作为全国政治中心的地位，自明成祖朱棣迁都北京，600年来，北京作为全中国政治中心的地位就一直持续到今天。在当下，北京作为中华人民共和国的首都，依旧承担着政治中心的职能，但是与之形成对比的是，随着历史上经济重心持续地南移，目前的我国经济中心则是上海。从另一方面看，首都北京在我国同时扮演着文化中心的角色，甚至可以说，北京的文化中心地位是毋庸置疑的，但是，北京的全国文化中心地位究竟是怎样形成的？这里我们就进行一下简要的历史分析。

首先，北京文化中心地位的形成与政治中心的地位有着密不可分的关系。这里我们可以将其分为明清、"中华民国"时期（1912—1949），以及现代几个历史阶段。在明朝开国初期，南京是全国政治中心，在朝廷文化领域，最具有影响力的是以李善长为核心的淮西文人群体，以及以刘伯温为代表的浙东文人群体。这对于当时的科举而言，最大的影响便是北方士子进入统治阶级的可能性被缩小，因此当时的文化中心仍然在南方。但是朱棣迁都北京之后，重用姚广孝、诛杀方孝孺及其他一系列举动，使得南方的文人群体基本被摧毁。南方作为文化中心的时代基本结束，北京成为全国文化中心的时代就此开启。这里不得不提到明清时期的选官、任官制度。科举制的最后一个环节是殿试，殿试，自然要在首都举行，因此北京就成了中国文人重要的"集结地"。同时，考中科举的士子，直接出任地方官员的可能性极小，通常都是在翰林院、国子监等政府文化部门任职，或者成为言官。因此，这些读书人有很多空闲时间，也很少有大量的工作，因此就会经常集会，北京的文化气氛也就由此慢慢形成。"东林党"的产生和政治影响就是由书院集

会、讲学发展而来。其次，便是政府主持的图书编纂行为产生的影响。明代，朱棣安排编纂了《永乐大典》，到了清代，康熙主持了《康熙字典》的编纂，同时还有皇子胤祉主持编纂的《古今图书集成》，而后来乾隆又组织了《四库全书》的编纂和修订。因此，北京汇集了中国相当部分的文人，进一步奠定了成为文化中心的基础。从此以后，北京这个地方，便对中国的读书人群体产生了非同一般的"吸引力"。在民国时代，北京同样体现出了一种类似吸引文人的本能。当然，这就不得不提到北大。在蔡元培出任北大校长期间，提出并践行了"兼容并包"的办学理念，当时许多文化领域的大师、泰斗汇集在北京大学，这也使得新文化运动的思想核心在北大出现并且率先形成力量。同样，新中国成立后，北京成了各种"有识之士"的圣地，北京凭借首都的便利地位，能够最先贯彻中央的文化政策。与此同时，北京的高校数量此时也开始增加，特别是院系调整时期，北京的高校数量便已经是全国第一位的了。由此不难看出，北京的文化中心地位的形成，很大程度上依赖于北京的政治中心地位。

当然，仅仅依靠政治中心的地位，北京也难以形成全国的文化中心。同时存在的因素也有很多，其中包括不少的传统文化教育因素也产生了促进作用。比如，"学而优则仕"是我国文人自古以来的传统观念，宋朝就有"书中自有黄金屋，书中自有颜如玉，书中自有千钟粟"的观点，"金榜题名时"也与"久旱逢甘霖，他乡遇故知，洞房花烛夜"并列，成为人生四大快事之一，而科举制度对于中国古代文人的吸引力毋庸置疑。由于科举制造成的"首都文化行为"，"习得文武艺，沽与帝王家"，进京"赶考"也就使得文化人对于首都的向往，成为一种自然而然的文化现象。文化是人类的一种社会行为，只有有了人，才会有文化活动，才会形成文化现象。从这个层面上说，北京成为全国的文化中心也是一种正常现象。与之形成类比的是，在隋唐时期，特别是盛唐时代（贞观年间直到天宝年间），全国的文人（其中大部分是诗人）都尽自己所能前往首都长安，因此当时的长安成为全国的文化中心。而在两宋时期，江浙成为政权的重心，因此大量文人汇集，两京就成了当时的文化中心。值得关注的是，进入仕途的文人往往成为读书人的偶像，例如明代的徐阶、高拱、张居正，甚至是严嵩，都在一定时期内成为全国读书人的榜样。而在清代，成为内阁大学士的张廷玉和纪昀，都被当世的读书人视为文坛领袖，发挥了首都的引导作用。因此，在以政治影响为主的多方面因素的综合作用下，北京便成了我国的文化中心。

由以上分析可见，"全国文化中心"无疑是一个不断被建构的概念，它并不必然具有与经济活动和日常生活经验相关联的民间习俗、伦理道德作为支撑，甚至每一次重新建构基本上不触动这个层面，而是更多地诉诸制度、法规、宗教、价值观、文学艺术和精神生活等层面。我们今天来讨论北京作为全国文化中心建设这一命题，既不能忽略历史，也不能被历史拖住步伐。所谓"不能忽略历史"，意思是当代建设全国文化中心，应与新中国建立的根本宗旨接续起来，本着尊重历史的精神，保持思想立场、价值观念的一脉相传；所谓"不能被历史拖住步伐"，意思是在当下讨论建设全国文化中心，需要注意到当今国际国内形势发展变化的现实，既不泥"元明清"文化之古，也不泥20世纪50年代以来北京文化建设失误之古。北京作为全国文化中心，经历了不同的历史阶段，而不同阶段的文化中心，又有不同的内涵和性质。因此，今天说北京"建设全国文化中心"，就不是简单地设计成建成这样那样几个"中心"就可以了，那样只是具有一个豪华的躯壳；也不是在原有的所谓老北京区域文化的基础上做简单的传承和增量，那样只是一个区域文化的提升。把北京建设成为当代中国的文化中心，首先是凝练出具有时代意识的国家文化的品格和灵魂，在思想、理念、价值观层面确保新中国政权的新文化正统地位，而要达到这一点，仅仅具备宽阔的胸怀、广阔的视野还远远不够，必须充分吸收 20 世纪以来人类先进文化思想成果，吸收新中国成立以来、特别是改革开放以来全国文化建设的先进成果，吸收中华民族上下五千年积淀下来的优秀文化遗产，在现代文明的背景下，全面提升北京文化建设的层次和水平。

## 二、全国文化中心地位的明确过程

21 世纪最初 10 年间，首都在全国领先的文化地位愈加凸显，北京市主动作为、积极争取，党中央审时度势、顺势而为，逐渐发现并明确了北京的全国文化中心地位。

### （一）中国特色社会主义先进文化之都

2010 年 8 月 23 日，时任中共中央政治局常委、中央书记处书记、国家副主席的习近平同志到北京市中关村国家自主创新示范区、北京金融街、北京商务中心区，围绕贯彻落实科学发展观、加强和改进党的建设进行调研。他强调，要充分发挥政策导向作用，挖掘中关村地区的资源潜力，努力把中关村国家自主创新示范区建成首都经济增长方式转变的强大引擎，建成具有全球影响力的科技创新中心；把北京打造成国际活动聚集之都、世界高端企业总部聚集之都、世界高端人才聚集之都、中国特色社会主义先进文化之都、和谐宜居之都，充分体现人文北京、科技北京、绿色北京的要求。

## （二）北京要发挥十个方面的示范带动作用

2011年9月5日、6日和8日，时任中共中央政治局常委李长春同志深入中关村科技园区、企业、高校、社区和基层文化单位，就提高自主创新能力、加快转变经济发展方式和深化文化体制改革、推动文化大发展大繁荣等进行调研。

李长春强调，北京是全国政治中心、文化中心和国际交往中心，在推动文化改革发展方面肩负着重要使命。他希望北京以深入学习贯彻胡锦涛总书记"七一"重要讲话精神为强大动力，不断增强文化自觉和文化自信，进一步加快文化体制机制改革创新，加快构建公共文化服务体系，加快发展文化产业，加强对文化产品创作生产的引导，多出精品、多出人才、多出经验，充分发挥示范带动作用，为推动社会主义文化大发展大繁荣作出新的更大贡献。

李长春要求，要进一步加快文化改革发展步伐，努力把北京打造成为具有重大国际影响力的文化中心，在十个方面（"十副担子"）为全国发挥示范带动作用。

第一，在体制机制创新方面发挥示范带动作用。要按照胡锦涛总书记"三加快一加强"要求和中宣部部署，进一步推动文化体制改革，继续为全国创造先进经验。要紧紧抓住转企改制这一中心环节，加快推动一般性国有院团和非时政类报刊的转企改制，在全国率先全面完成经营型文化单位转企改制。要积极探索对公共文化服务的事业单位进行改革，通过转换内部机制，增强活力，改善服务，同时对部分事业单位探索实行企业化管理。要在国家允许的领域发展非公资本，进一步完善以公有制为主体、多种所有制共同发展的文化产业格局。要在转企改制的基础上，紧紧抓住打造"文化航母"的重要任务，把改革、改组、改造紧密结合起来。要加快建立现代企业制度和现代产权制度，推进股份制改造，完善法人制度，通过改革、改组、改造，加强管理，推进全市文化资源整合，推进市属文化资源和中央文化资源强强合作，推进跨地区、跨行业、跨所有制的兼并重组，打造一批与北京地位相称的大型文化企业。对那些仍然束缚文化生产力发展的领域，北京可以先行先试，大胆改革。

第二，在构建覆盖城乡的公共文化服务体系方面发挥示范带动作用。公共文化服务体系要体现公益性、均等性、基本性、便民性。公益性，要以公共财政为支撑，以免费服务为原则；均等性，是对城市、农村、富人、穷人都均等的服务；基本性，是指满足群众基本的文化需求；便民性，就是要实现文化服务设施网点化，方便社区群众。

第三，在大力发展文化产业、繁荣社会主义文化市场方面发挥示范带动作用。要在积极探索发展传统文化产业的同时，积极探索发展新兴文化产业。

第四，在文化创新方面发挥示范带动作用。要充分发挥文化教育、科研机构、文化人才和创意企业聚集的优势，把文化创新作为推动文化科学发展的强大引擎，进一步推进文化内容创新、形式创新、业态创新，当好文化创新的排头兵。要坚持社会主义先进文化的前进方向，弘扬主旋律，提倡多样化，贴近实际、贴近生活、贴近群众，从人民群众的实践创造中提炼主题，从人民群众的火热生活中挖掘素材，从人民群众的审美需要中汲取灵感，创造生产更多的思想性、知识性、艺术性、观赏性相统一的现实题材的精品力作。

第五，在创新科技与文化融合方面发挥示范带动作用。文化创新离不开科技创新，文化和科技的融合是当代文化发展的潮流，可以大大增强文化的传播力，大大增强文化作品的感染力，大大促进文化新业态的发展。希望北京市在实施文化创新、科技创新"双轮驱动"发展战略的过程中，用科技创新推动文化创新，把科技创新优势转化为文化发展的强大动力和现实影响力，积极利用高新技术，改造传统文化产业，大力发展文化创意产业，催生新的业态。要积极推动三网融合，加快构建覆盖广泛、技术先进的文化创新体系，打造可管可控、双向交流、绿色安全的播控平台，促进文化产业、信息产业和相关服务业的发展。

第六，在积极探索文化走出去的新途径、新形式方面发挥示范带动作用。要探索用产业、商业的形式推动文化走出去，努力在国际上形成强大的文化竞争力和影响力。

第七，在文化行政管理创新方面发挥示范带动作用。要适应文化体制改革深入推进和文化大发展大繁荣提出的新要求，探索把政府职能从管微观转向管宏观，从管直属单位转向管全社会，从直接管理转向法律、经济、行政多种方式相结合，做好政策调节、市场监管、社会管理和公共服务，坚持依法管理，一手抓繁荣一手抓管理；探索管人、管事、管市场、管导向相结合的文化市场监管机构，建立综合的行政主体和文化执法主体，加强市场管理，改善市场秩序，确保文化安全。

第八，在互联网的建设管理应用和引导方面发挥示范带动作用。要加强互联网的基础性管理，加大网上舆论引导力度。主流媒体要建新型媒体阵地，提升影响力、公信力、控制力。要把行业组织自律和社会监督结合起来，强化企业依法经营，创造网络建设的文化环境。

第九，在构建社会主义核心价值体系、加强思想道德建设方面发挥示范带动作用。要在全社会进一步加强构建社会主义核心价值体系的力度，把社会主义核心价值体系的构建落到实处，不断巩固全党全国各族人民共同奋斗的思想基础。要进一步做好大学生的思想政治工作，加强未成年人思想道德建设，弘扬北京奥运会以来形成的精神财富，不断提高全社会的思想道德水平和社会文明程度，在更高水平建设首善之区。

第十，在加大人才培养力度，建设人才高地方面发挥示范带动作用。要进一步创新人才培养方式，开拓人才培养领域，提高人才培养质量，努力造就一大批文化领域的领军人物，一大批敢于改革、勇于创新、善于开拓的创新型人才，一大批既懂文化工作又懂经营善管理的复合型人才，一大批精通外语、熟悉国际市场规则、善于开拓国际文化市场的人才，一大批掌握现代科技知识、具有研发能力、能够占领科技制高点的科技型人才，构建一支门类齐全、结构合理、梯次分明、素质优良的文化工作者队伍，树立文化工作者的良好形象。

### （三）发挥首都全国文化中心的示范作用

中国共产党第十七届中央委员会第六次全体会议，于2011年10月15日至18日在北京举行，审议通过了《中共中央关于深化文化体制改革推动社会主义文化大发展大繁荣若干重大问题的决定》，明确提出"发挥首都全国文化中心示范作用"。

### （四）发挥好首都全国文化中心的示范作用

2011年10月29日，时任中共中央政治局委员、中央书记处书记、中宣部部长刘云山同志在京深入文艺院团、新闻单位、群众文化场馆和文化创意产业园区，就深入贯彻落实党的十七届六中全会精神，进一步发挥首都全国文化中心示范作用进行调研。

29日下午,围绕"贯彻落实六中全会精神,深化文化体制改革,推动首都文化大发展大繁荣"进行座谈。会上,北京市委主要领导汇报了首都经济社会发展情况和下一步推动文化改革发展的思路,指出北京将抓紧出台贯彻落实六中全会精神的意见,以打造社会主义先进文化之都、建设具有重大国际影响力的文化中心为目标,发挥首都作为全国文化中心的示范作用,提高文化自觉,增强文化自信,推动六大改革创新,实施六大发展战略,搭建六大发展服务平台,统筹处理六大关系,制定出台"1+X"政策体系,加快首都文化改革发展步伐,不断巩固提升首都文化中心地位。

刘云山在座谈会上讲话强调,贯彻落实党的十七届六中全会精神,是一项重要的政治任务,是一个需要不断深化实践的过程。要树立高度的文化自觉和文化自信,紧紧抓住难得机遇,紧密结合实际,以时不我待、奋发有为的精神,创造性地落实全会各项部署,努力开创文化改革发展的新局面。

刘云山强调,要深入贯彻党的十七届六中全会精神,发挥好首都全国文化中心的示范作用。刘云山对北京市落实十七届六中全会精神给予高度肯定。他说,六中全会的召开,是对全党全社会文化自觉、文化自信的有力提升,是对各级党委政府加强文化建设、推动文化改革发展的巨大促进,是对广大干部群众投身文化建设、参与文化创造的深入动员。以这次全会为标志,我国文化建设进入一个新的阶段,站在一个新的历史起点上,迎来一个繁荣发展的黄金期。

刘云山指出,全会提出要发挥首都全国文化中心示范作用,这是在新的历史阶段,推动社会主义文化大发展大繁荣的重要举措,是立足我国经济社会发展全局对首都文化建设作出的战略定位。要坚持高起点、高标准,立足全局、面向全国,把首都建设成文化精品创作中心、文化创意培育中心、文化人才集聚中心、文化信息传播中心、文化要素配置中心、文化交流展示中心。要增强首善意识，深入推进社会主义核心价值体系建设，不断提升公民素质和文明程度，发挥好首都文化中心的表率引领作用。要保持发展强势，坚持两手抓、两加强，在加快文化事业、文化产业发展上实现新跨越，发挥好首都文化中心的辐射带动作用。要勇于创新创造，大力推进文化体制改革，推进文化与科技的融合，发挥好首都文化中心的提升驱动作用。要树立世界眼光，深化对外文化合作交流，发挥好首都文化中心的桥梁纽带作用。要打造人文高地，培养文化名家、培育文化品牌、创作文化精品，发挥好首都文化中心的荟萃集聚作用。

### （五）坚持和强化首都的核心功能

2014年2月25—26日，中共中央总书记、国家主席、中央军委主席习近平到北京市考察工作。25日，总书记就全面深化改革、推动首都更好发展特别是破解特大城市发展难题进行考察调研；26日，他主持召开座谈会，听取北京市工作汇报，并发表重要讲话。总书记强调，建设和管理好首都，是国家治理体系和治理能力现代化的重要内容。北京要立足优势、深化改革、勇于开拓，以创新的思维、扎实的举措、深入的作风，进一步做好城市发展和管理工作，在建设首善之区上不断取得新的成绩。

习近平总书记指出，建设好首都，推动北京持续健康发展，需要付出长期艰苦的努力。北京地位高、体量大、实力强、变化快、素质好，是其主要特点和优势，同时不断发展的北京又面临令人揪心的很多问题。把各方面优势发挥出来，把各种问题治理好，要处理好国家战略要求和自身发展的关系，在服务国家大局中提高发展水平。

习近平总书记就推进北京发展和管理工作提出五点要求：一是要明确城市战略定位，坚持和强化首都全国政治中心、文化中心、国际交往中心、科技创新中心的核心功能，深入实施人文北京、科技北京、绿色北京战略，努力把北京建设成为国际一流的和谐宜居之都。二是要调整疏解非首都核心功能，优化三次产业结构，优化产业特别是工业项目选择，突出高端化、服务化、集聚化、融合化、低碳化，有效控制人口规模，增强区域人口均衡分布，促进区域均衡发展。三是要提升城市建设特别是基础设施建设质量，形成适度超前、相互衔接、满足未来需求的功能体系，遏制城市"摊大饼"式发展，以创造历史、追求艺术的高度负责精神，打造首都建设的精品力作。四是要健全城市管理体制，提高城市管理水平，尤其要加强市政设施运行管理、交通管理、环境管理、应急管理，推进城市管理目标、方法、模式现代化。五是要加大大气污染治理力度，应对雾霾污染、改善空气质量的首要任务是控制 PM2.5，要从压减燃煤、严格控车、调整产业、强化管理、联防联控、依法治理等方面采取重大举措，聚焦重点领域，严格指标考核，加强环境执法监管，认真进行责任追究。

# 附录 《中共北京市委关于新时代繁荣兴盛首都文化的意见》《北京市推进全国文化中心建设中长期规划(2019年—2035年)》正式发布[①]

——北京市委宣传部有关负责人答记者问

在坚持中国特色社会主义文化发展道路，建设社会主义文化强国的大浪潮中，首都北京贯彻中央要求、紧跟时代发展，在抗击疫情取得阶段性重要进展的同时，出台《中共北京市委关于新时代繁荣兴盛首都文化的意见》（以下简称《意见》）和《北京市推进全国文化中心建设中长期规划（2019年—2035年）》（以下简称《规划》），充分彰显文化的力量、精神的力量、道德的力量，弘扬以爱国主义为核心的民族精神和以改革开放为核心的时代精神，广泛凝聚人民精神力量，加快推动全国文化中心建设，做好首都文化这篇大文章，为建设社会主义先进文化贡献力量。近日，就《意见》《规划》有关内容，北京市委宣传部有关负责人答记者问。

**问：首都北京适应新形势新任务出台《意见》《规划》，对新时代首都文化建设具有十分重要的意义。能否简要介绍一下文件和规划起草的主要考虑。**

市委宣传部负责人：文化与每个人密切相关，从某种程度上说，我们无时无刻不存在于文化样态中，无时无刻不接触着

---

[①] 参见《北京日报》，2020年4月10日，第1版。

附录 《中共北京市委关于新时代繁荣兴盛首都文化的意见》《北京市推进全国文化中心建设中长期规划(2019年—2035年)》正式发布

文化产品,无时无刻不接受着文化的熏陶。可以说,文化的繁荣发展,关系着每个人的获得感、幸福感。首都文化资源富集、人才荟萃,在社会主义文化强国建设中有着重要的地位,理应发挥好示范引领作用。

第一,贯彻中央要求,推动习近平新时代中国特色社会主义思想在京华大地落地生根。党的十八大以来,习近平总书记就社会主义文化建设发表了一系列重要论述,从实现中华民族伟大复兴的历史高度和建设社会主义文化强国的现实高度,深化了对社会主义文化建设规律的认识,为我们推进全国文化中心建设指明方向。习近平总书记十分关心首都建设发展,多次视察北京并发表重要讲话,提出"建设一个什么样的首都,怎样建设首都"这一时代课题,并对首都文化建设作出重要指示,强化了首都全国文化中心定位。比如,在历史文化名城保护方面,指出北京历史文化是中华文明的一张"金名片",是中华文明源远流长的伟大见证;强调老城不能再拆了等。贯彻落实习近平总书记关于社会主义文化建设的重要论述和对北京重要讲话精神,坚持和完善繁荣发展社会主义先进文化的制度,需要我们着眼长远,完善全国文化中心建设的总体框架和工作机制。

第二,紧跟时代发展,努力做好首都文化这篇大文章。上一个关于首都文化建设的意见,是2011年市委贯彻党的十七届六中全会精神制定的,发展目标定位在2020年。首个全国文化中心建设五年规划是2016年发布的《"十三五"时期加强全国文化中心建设规划》,发展目标也是定位在2020年。近年来,中央对文化建设的部署、人民对文化建设的需求、文化建设自身的形势和任务也发生了很大变化。首都文化迎来难得发展机遇,发挥全国文化中心示范引领作用的任务更加艰巨,人民群众对美好精神文化生活的需求更加高涨,文化建设作为重要引擎和增长极支撑经济社会高质量发展的需求更加迫切，维护意识形态安全和文化安全的任务更加繁重。有必要出台《意见》《规划》，对未来一个时期首都文化作出顶层设计。

第三，坚持守正创新，以新的思路和措施开创首都文化发展新篇章。党的十八大以来，特别是十二届党代会以来，市委贯彻落实习近平总书记对北京重要讲话精神，围绕全国文化中心建设"一核一城三带两区"的总体框架和古都文化、红色文化、京味文化、创新文化"四个文化"建设，进行了很多有益探索，形成了很多宝贵经验。比如，推进老城保护，腾退出的文物古迹日益成为群众流连忘返地；加强红色文化建设，2019年建设的香山革命纪念地成为全国网红打卡地。这些在全国文化中心建设中被实践证明行之有效的举措、方法、政策等，有必要及时吸收到首都文化建设的顶层设计中，体现在市委文件和市级重大规划中，进一步加强全国文化中心建设总体谋划，进一步指导推动新时代首都文化建设。

**问：这次《意见》《规划》同时作为首都文化建设的顶层设计发布出台在北京尚属首次，有哪些考虑？**

市委宣传部负责人：《意见》《规划》以姊妹篇方式，把中央对社会主义文化建设的新要求，把十二届市委对全国文化中心建设的总体谋划、实践成果、规律性认识予以系统表述，既独立成篇，又相互呼应，构成一个有机整体。《意见》按照"四个文化"（古都文化、红色文化、京味文化、创新文化）基本格局来展开，侧重思想性和宏观层面，系统梳理近年来关于"四个文化"的理论研究和实践成果，提出新时代繁荣兴盛"四个文化"的基本思路和主要举措；《规划》按照"一核一城三带两区"（一核是指以社会主义核心价值观为引领，建设社会主义先进文化之都，一城是指北京老城，三带是指大运河文化带、长城文化带、西山永定河文化带，两区是指建设公共文化服务体系示范区和文化产业发展引领区）总体框架谋篇布局，侧重实操性和中微观层面，细化了工作重点和政策措施，安排部署了一批重大项目和重要文化民生工程，比如，北京大运河国家文化公园和长城国家文化公园建设，大运河游船通航工程，三山五园地区重点文物腾退保护修缮工程，琉璃河西周燕都遗址保护工程、南海子文化遗产保护提升工程，城市副中心剧院、图书馆、博物馆，环球影城主题公园建设等。

**问：我们注意到，这两份文件都是面向中长期的顶层设计，时间跨度大，这在首都文化建设出台的文件中也是首次，请问有哪些考虑？**

市委宣传部负责人：进入新时代，即将站在两个一百年交汇期，我们加强了长周期科学谋划，以未来16年发展为时间跨度，延伸到30年。在《规划》编制过程中，我们不仅把握历史延续性，也注重时代开创性，既立足当前工作，又着眼长远趋势，所以，长周期的《意见》《规划》既绘制出全国文化中心建设现在的画像，更勾勒出全国文化中心建设未来的美好图景，为未来一段时间全国文化中心建设确定方向，明确任务、规划、路径。

此外，《规划》是"四个中心"规划体系的重要组成。落实新版城市总规要求，立足首都城市战略定位，《规划》注重做好与政治中心、国际交往中心和科技创新中心相关规划的衔接。同步推进、一体谋划全国文化中心建设"一城三带两区"各专项规划。《北京市长城文化带保护发展规划(2018年—2035年)》《北京市西山永定河文化带保护发展规划(2018年—2035年)》《北京市大运河文化带保护传承实施规划》《北京市公共文化服务体系示范区建设中长期规划(2019年—

2035年)》和《北京市文化产业发展引领区建设中长期规划(2019年—2035年)》已印发实施。

**问：党的十九届四中全会公报《中共中央关于坚持和完善中国特色社会主义制度　推进国家治理体系和治理能力现代化若干重大问题的决定》提出"健全人民文化权益保障制度"，《意见》《规划》对此是如何部署的？**

市委宣传部负责人：《意见》《规划》分别用重要篇幅作出部署：一是为人民提供更多更好的精神食粮。铸就新时代社会主义文艺高峰，坚持思想精深、艺术精湛、制作精良相统一，创作更多讴歌党、讴歌祖国、讴歌人民、讴歌英雄的精品力作。实施文化精品创作生产工程、艺术名家名作推介工程、中国当代文学艺术创作工程、记录新时代精品视听工程等，推出代表首都水准的优秀作品，在国家各类评奖中始终走在前列。以重大革命题材、重大历史题材、重大现实题材和青少年题材、北京题材等为重点，提高文艺创作生产的组织化程度。活跃网络文艺创作，推动网络文艺健康有序发展。加强文艺评论，改进文艺评奖，引领创作方向。二是建设现代公共文化服务体系。建成供给丰富、便捷高效的现代公共文化服务体系，提升公共文化服务水平，完善全覆盖、高品质的市、区、街道（乡镇）、社区（村）四级公共文化服务体系。构建群众身边的公共文化设施网络，健全区域性公共文化设施体系。优化博物馆、文化馆、图书馆、美术馆、影剧院、实体书店等文化设施的布局，融合贯通新时代文明实践中心、区级融媒体中心、区级政务服务中心。充分满足人民群众日益增长的公共文化需求，办好各类品牌性文化活动和市民系列文化活动，构建首都文化服务品牌体系。三是满足群众多样化精神文化需求。建设

附录 《中共北京市委关于新时代繁荣兴盛首都文化的意见》《北京市推进全国文化中心建设中长期规划（2019年—2035年）》正式发布

满足群众高品质文化消费需求的创新创意中心，构建具有综合竞争力的现代文化市场体系，推进"文化+"融合发展，深化文化领域供给侧结构性改革，提升北京在设计、版权、影视、演艺、音乐、网络游戏、网络视听、图书、旅游、会展、艺术品交易等领域的国际竞争力，提升北京文化产品和服务的国际竞争力，提升文化产业对首都经济社会发展的贡献度。培育新型文化业态，促进文化消费，整体提升城市文化软实力。

**问：文化是民族生存和发展的重要力量，习近平总书记多次强调文化自信的重要意义，《意见》《规划》作为首都文化建设的重要文献，请简要介绍两份文件如何贯彻落实总书记关于文化自信的要求。**

市委宣传部负责人：习近平总书记强调文化自信是更基本、更深沉、更持久的力量，文化自信，是更基础、更广泛、更深厚的自信。北京作为首都，是党的重大理论创新的策源地、哲学社会科学前沿思想的发端地、各种观点思潮激荡的交汇地，我们以高度的文化自信和使命担当坚决承担起首都责任，在《意见》中提出"建设社会主义意识形态思想高地""打造马克思主义研究传播中心"。同时，充分利用北京丰富的红色文化资源，从红色基因、红色资源、红色传统视角规划红色文化建设，提出"突出革命文物集中连片主题保护"；首次提出"发挥首都通过重大活动激发爱国热情的独特优势"，将通过新中国成立70周年庆祝活动激发群众热情的经验常态化、机制化。《规划》将"坚持以社会主义核心价值观引领首都文化建设"放在分论起首章，充分阐述要筑牢社会主义意识形态高地、建设社会主义核心价值观首善之区、思想道德建设引领区、全国精神文明建设示范区，营造弘扬主流价值的良好氛围，将社会主义核心价值观贯穿首都经济社会发展全过程各领域。

此外，习近平总书记指出，城市是一个民族文化和情感记忆的载体，历史文化是城市魅力之关键。总书记在视察北京时强调老城不能再拆了。我们在《意见》《规划》中认真贯彻落实要求，既注重谋划空间布局，又注重谋划功能布局，精心保护好北京历史文化遗产和城市风貌。《意见》提出新时代传承发展古都文化，要坚持城市保护和有机更新相衔接、内涵挖掘和活化利用相统一、保护传统和融入时代相协调，不断强化"首都风范、古都风韵、时代风貌"的城市特色，擦亮北京历史文化金名片。《规划》提出大力推动北京中轴线申报世界文化遗产，强化独特壮美的空间秩序，打造国家文化遗产保护的标杆。依托大运河文化带、长城文化带、西山永定河文化带建设构建历史文脉和生态环境交融的整体空间结构。

**问：一分部署，九分落实。《意见》《规划》发布后如何确保落实落地，成为指导首都文化建设的重要依据。**

市委宣传部负责人：我们将会同市发展改革委等相关部门加强对两份文件的落地实施保障。总的来说，一是切实加强党的领导。全国文化中心是党中央赋予北京的城市战略定位之一，落实好《规划》必须加强党的全面领导。北京市在这方面已形成一套行之有效的机制。自 2017 年成立市推动全国文化中心领导小组以来，领导小组及办公室通过高位推动、统筹协调、专题调度，切实解决了一批跨部门、跨领域的重点难点问题，为全国文化中心建设提供了坚强保障。

全国文化中心的建设更有赖于全社会的共同参与。今后，将通过积极盘活壮大文艺资源、构建有利于出精品的平台机制，进一步激发各类文化单位和广大文化工作者创造、创意、

附录 《中共北京市委关于新时代繁荣兴盛首都文化的意见》《北京市推进全国文化中心建设中长期规划(2019年—2035年)》正式发布

创新活力；还将通过完善政府购买和志愿服务，健全更加广泛的社会参与机制，凝聚广大市民的力量，形成群策群力、共建共享的生动局面。

二是加强文化协同创新。辐射带动是北京作为全国文化中心的重要功能。一方面，北京要当好龙头，积极推动全国文化联动发展。比如，争取更多像国家美术馆新馆、国家工艺美术馆等国家"文化重器"落户北京，切实发挥全国文化中心的示范作用。依托北京丰富的博物馆、剧场、公共空间、会馆、名人故居等资源，为全国各地优秀文化成果提供在京展示展演、交流互动的平台，促进全国文化建设水平整体提升。另一方面，北京要发挥好"一核"的作用，推进京津冀文化协同发展，营造京畿特色、多元活力的跨区域文化体系。比如，三条文化带建设就是联通京津冀文化发展的重要抓手。沿大运河，整体塑造沿线风貌，打造水上旅游精品线路；沿长城，统筹做好沿线生态保护、环境提升和城乡建设；沿永定河，以生态涵养和文化驱动为主题，联手打造全国流域治理的"永定河样本"。

三是完善规划实施机制。健全的实施机制是保障规划落地的重要基础。为把规划落实好，全市将编制实施系列行动计划、年度计划，按照量化、细化、具体化、项目化要求，拉出重大工程、重大建设项目、重大政策和重大改革举措清单并逐一落实。比如，围绕"一核一城三带两区"总体框架，相关专项规划和行动计划已经基本编制完成。下一步市发展改革委将继续加大政府投资支持力度，保障重大文化项目实施，2020年拟安排投资约9亿元，比过去三年年均投资增长了将近一倍。

还要坚持用改革的办法推动全国文化中心建设。比如，规划提出建立文化融入机制，强化文化在城市规划建设运行管理中的作用，加强重要功能区、重要城市空间、街区空间改造中的文化设计,逐步提升公共基础设施、城市环境的艺术品位,切实提高城市文化品质。在全市推进的城市公共空间改造提升试点项目中,设计环节就特别强调把文化品质作为一项重要标准,在城市更新中融入特色风貌元素,体现人文关怀气息。目前第三批试点已经完成征集遴选,初步确定了32个项目,打算2020年抓紧推动。

四是推动规划落到基层。为打通规划落地"最后一公里",要特别强调基层基础作用,通过推进新时代文明实践中心、区级融媒体中心与政务服务中心贯通发展,通过切实加强基层文化队伍建设,打造有机融合的基层工作平台。还要加大力度,加强市民身边的公共文化设施建设。

五是还要坚持强化规划监督考评。建立量化的评价指标体系和常态化的评估体检机制,健全全方位协同监督工作机制,及时发现规划实施遇到的问题,提出有针对性的解决方案,更好推动规划目标实现。

# 北京市文化创意产业促进中心的职能定位[①]

北京市文化创意产业促进中心，经市委市政府批准，于2006年11月设立，是北京市文化创意产业领导小组及其办公室专门从事推动北京市文化创意产业发展的常设机构，其主要职责是：负责提供决策咨询，开展政策调研；负责文创项目管理，文创集聚区规划管理，文创企业管理与服务；负责建设和运营全市文创综合信息平台、文创资源服务平台，提供信息服务；负责推进市场体系建设、国际交流与合作等。

该机构为中共北京市委宣传部下属的正处级规范管理事业单位，编制20人，内设办公室、产业发展部、项目评审部、信息服务部四个部门。宗旨是：以人为本，激发创意，创造经典，壮大产业。

2013年，随着形势的变化，该机构的职能被进一步明确为以下八个方面的具体工作。

1 把握全局，科学分析北京市文化创意产业结构和布局，深入了解掌握本市乃至全国一流创意人才，以及较大较强文化创意企业发展情况，为市委市政府把握文化创意产业发展方向、做出决策提供科学依据，参与文化创意产业规划及产业定位的制定和相关落实工作。

2 参与制定和落实促进北京市文化创意产业的相关政策和地

---

① 成立北京市文化创意产业促进中心，是建构北京市文化创意产业促进体系的一个重要举措，也是其发端。该机构批复成立于2006年，专司推动文化创意产业发展之职，在政府和社会之间架设起一座桥梁，代行政府自身无法直接实现的部分职能，助推文化创意产业快速发展。应该说，市委市政府设立该机构的初衷是好的，是无可非议的，但由于顶层设计忽视了该机构的"实际"应然层级，导致其后来在现行体制下的运转举步维艰、处处受限。随着新一轮事业单位改革，该机构也将随之并入其他机构而完成自身使命。

方性法规，配合做好文化创意产业专项资金的管理工作，并以此为支点引导、带动更多社会资本进入本市文化创意产业领域。

3　以人为本，强化对从事文化创意产业一流人才的发现、引进、破格使用和专门培训服务，构建人力资源开发及人才培训教育机制；努力营造创意人才聚集中心。

4　促进社会资源的整合，创建一批具有全国领军地位及国际影响力的文化创意产业品牌和经典之作的产生。

5　推进文化创意产业知识产权保护；建立公共技术服务、文化创意产权交易平台，建立文化创意产业发展的中介服务平台。

6　指导创建行业自律组织、学术研究机构、信息传播体系，发布有关文化创意产业信息；协调建立北京市文化创意产业统计监测体系。

7　协调区（县）政府、相关部门推进本地区、本行业文化创意产业发展；跟踪国内外文化创意产业最新动态，组织开展文化创意产业展览和国际交流活动，协助创意个人及企业加强与国外政府和组织的联系，推进文化交流和文化产品出口。

8　承担政府和文化创意产业领导小组成员单位委托的其他工作，不断完善中心的管理服务职能。

# 北京市国有文化资产监督管理办公室正式成立①

（中国经济网北京6月19日讯）6月18日，北京市国有文化资产监督管理办公室（以下简称"市文资办"）成立暨文化创新发展合作签约仪式在北京奥运大厦举行。

成立市文资办，是北京市创新文化管理体制机制的一项重大举措。党的十七届六中全会明确提出要"发挥首都全国文化中心示范作用"；市委十届十次全会通过的《关于发挥文化中心作用加快建设中国特色社会主义先进文化之都的意见》明确提出："创新文化管理体制，按照管人管事管资产管导向相结合的要求，组建国有文化资产监督管理机构，统筹规划和实施文化改革发展相关工作，负责文化投资、资本运作、国有文化企事业单位资产管理及文化创意产业园区、重大文化项目、重点文化工程的规划立项和组织实施。"市文资办的正式成立，是市委市政府贯彻落实党的十七届六中全会精神、推进首都文化大发展大繁荣的重大举措，是落实中央对北京市要求、推进文化体制改革的最新成果。随着首都文化体制改革不断深化，越来越多的经营性文化企事业单位转企改制走向市场，按照文化的属性和特点，代表政府履行国有文化资产监管职能，确保国有文化资产保值增值，显得尤为紧要。在此背景下，市文资办的成立可以说是"应运而生""顺势而发"。

① 2012年6月18日，筹划已久的北京市国有文化资产监管机构——北京市国有文化资产监督管理办公室终于宣布成立。本人参与的"1＋X"政策起草小组在"1"的政策文本中首次提及该机构，时名为"北京市国有文化资产监督管理委员会"，在向中央编办申请时其职能被确定为"四管"，即管人、管事、管资产、管导向。后来，该机构的实际运转状况表明，所谓的"四管"定位是不准确不合理，因而根本无法实现的。如今，在北京市的机构调整中，取而代之的是北京市国有文化资产管理中心（简称"市文资中心"），文资办实现了华丽转身，发挥着不可替代的作用。

据市文资办负责人介绍，市文资办成立后，将在市委市政府的领导下，推进六项工作：一是建章立制，完善各项制度，理顺国有文化资产监管体制机制；二是按照市政府授权和"管人管事管资产管导向"原则，履行政府出资人监管职能，确保国有文化资产保值增值；三是推进所监管文化企事业单位改革重组，建立现代企业制度，打造"文化航母"；四是促进文化产业发展，落实文化创新、科技创新"双轮驱动"战略，整合中央和市属资源，培育文化新业态，推动文化与科技、金融等领域融合发展，做强做大文化产业；五是发挥文化创新发展专项资金作用，推动文化领域重点项目和重点企业落地，健全文化投融资服务体系，放大政府资金效应，为首都文化产业发展提供资金支持；六是与各兄弟部门密切合作，为推动首都成为全国文化精品创作中心、文化创意培育中心、文化人才集聚教育中心、文化要素配置中心、文化信息传播中心和文化交流展示中心做出积极努力。

在成立仪式上，市文资办与国家开发银行北京市分行、中国银行北京市分行、中国农业银行北京市分行、中国工商银行北京市分行、中国建设银行北京市分行、北京银行、华夏银行、北京农商银行、中信银行和民生银行等10家银行签订文化金融创新发展合作协议，为北京文化产业发展提供足够的授信额度。10家银行承诺做好文化企业融资专项对接服务工作，开通"首都优质文化企业绿色审批通道"，为首都文化企业发展提供一揽子金融服务。

市文资办还与万达集团有限公司、中国数字文化集团有限公司、中国华录集团有限公司、北京奇虎科技有限公司、盛唐时代文化传媒集团、东蓝数码有限公司、趣游科技集团有限公司、北京万豪天际文化传播有限公司、北京小马奔腾传媒有限公司、北京华章股权投资管理有限公司、中国国际文化传播中心等 11 家企业签订文化创意发展合作协议，一批重大文化项目将在北京落地。

本次合作有几个亮点值得关注。

一是大手笔。主要体现在合作额度上，市文资办与 10 家银行签订文化创新发展合作协议，每年为北京文化产业提供 1 000 亿元人民币授信额度并确保资金落实。同时，市文资办与 11 家企业签署合作协议，总投资额约 608.7 亿元人民币。

二是高规格。瞄准文化发展前沿地带，打造精品文化项目。万达集团有限公司将投资 200 亿元人民币，在北京建设文化旅游城项目，打造具有全球影响力的中国文化品牌。

三是大型企业落地。万达集团将在北京成立"万达文化产业集团公司"，涉及电影放映制作、大型舞台演艺、连锁文化娱乐、字画收藏等 6 个行业，2012 年文化产业收入达到 200 亿元人民币，成为中国最大的文化企业；预计 2016 年文化产业收入达到 400 亿元人民币，成为世界级文化企业。

四是强强联合。支持中央和北京市文化资源强强联合，支持中国数字文化集团建设北京国际文化城，按照"北京风格、中国特色、世界影响"的标准打造文化地标。

五是新业态项目众多。为促进文化与科技、旅游等产业融合发展，市文资办支持趣游科技集团有限公司投资 20 亿元人民币在北京建设基于"轻"游戏产业的产业园孵化基地，努力打造中国最大的网游运营平台，推动中国网络游戏产品走出去；支持东蓝数码股份有限公司募集资金 4 亿元在北京开展智慧旅游产品开发、应用推广以及其他相关文化产品和服务经营活动；支持中国华录集团有限公司在京累计投资不低于 10 亿元，为首都提供影视剧投资与拍摄、高清新媒体影视编辑制作、数字出版与发行、演出与会展活动、文化进出口等文化产品及服务，满足首都群众文化生活需求；支持奇虎科技有限公司投入3亿元人民币开发文化创意产业项目；支持北京万豪天际文化传播有限公司投资约2.7亿元人民币用于创作动画精品，建设全国最大规模的儿童节目摄影棚群及实景拍摄基地；支持北京小马奔腾文化传媒股份有限公司投资6亿元人民币在北京建设数字文化产业基地；支持盛唐时代文化传媒集团在北京投资约45亿元人民币建设中国电影传媒大厦等项目；支持北京华章股权投资管理有限公司发起设立文化产业基金，首期募集资金10亿元。

卷三
效果审视篇

# 北京市文化创意产业十年探索取得的成效[①]

## 一、文创产业发展历史脉络

文化创意产业被誉为21世纪最有前途的产业之一。一直以来，北京市委市政府高度重视文化建设，把文化产业作为战略性新兴产业纳入国民经济和社会发展总体规划之中。2005年年底，率先作出大力发展文化创意产业的重大战略决策。北京文化创意产业一直以"跑步前进"的态势快速成长，从2005年年底至2014年年底，北京文化创意产业以每年高达17%以上的平均增速发展。经过"十一五""十二五"时期的大力推动和快速发展，近十年间，北京文化创意产业由起步期逐步进入繁荣期，已成为仅次于金融业的第二大支柱产业，成为北京经济社会发展新亮点。

## （一）起步期（2005年—2010年）

2005年年底，中共北京市委九届十一次全会做出大力发展文化创意产业的战略决策，把文化产业作为战略性新兴产业纳入国民经济和社会发展总体规划。对发展文化创意产业作出全面系统的思想动员和协调推进，吹响了打造"创意产业之都"的号角。

2006年4月，北京市成立文化创意产业领导小组。以此

---

[①] 本文及卷三的主要内容来自北京市文化创意产业促进中心委托专业文创研究机构北京嘉乐世纪公司所作的研究。这些内容是基于北京文创产业发展实际和市文促中心提供的数据而形成的，对认识北京文创产业十几年来的发展是颇有帮助的，因此在征得市文促中心书面授权后，收录于此。需要指出的是，这里虽对原文中的数据错误、内容重复、表述不准确等问题尽可能地作了修改完善，但并没有从根本上改变原文的面貌。在此，向市文促中心、嘉乐世纪公司及王鹏同志致以衷心的感谢。

为新的起点，北京进入全面主动、大开大合地推进文化创意产业的新时期。同年颁布了文化创意产业分类标准，确定文化创意产业涵盖9大类：文化艺术，新闻出版，广播、电视、电影，软件、网络及计算机服务，广告会展，艺术品交易，设计服务，旅游、休闲娱乐，其他辅助服务。同年12月，公布了怀柔影视基地、798艺术区、潘家园古玩艺术品交易园区等10个首批文化创意产业集聚区。2008年北京奥运会的胜利举办进一步催热了文化创意产业的发展，同时吸引了对北京文化创意公司的更多关注。2009年，北京市文化创意产业便实现增加值1 497.8亿元，占GDP的12.6%，提前实现了"十一五"创意产业占GDP的12%的目标。2010年，习近平同志在京调研时提出努力把北京打造成国际活动聚集之都、世界高端企业总部聚集之都、世界高端人才聚集之都、中国特色社会主义先进文化之都、和谐宜居之都，充分体现"人文北京、科技北京、绿色北京"的要求。北京文化创意产业顺应时代发展要求，积极承担起为实施文化创新、科技创新双轮驱动战略和建设全国先进文化之都提供有力支撑的重要使命。2010年末，北京文化创意产业增加值已达1 697.7亿元，占GDP比重为12.03%。

## （二）繁荣期（2011年—2015年）

2011年，党的十七届六中全会审议通过的《中共中央关于深化文化体制改革 推动社会主义文化大发展大繁荣若干重大问题的决定》，总结了党领导文化建设的成就和经验，确立了建设社会主义文化强国的宏伟目标，提出了新形势下推进文化体制改革的指导思想、重要方针、目标任务和政策举措。党的十八大、十八届三中全会上，国家就全面深化文化体制改革、推动文化大发展大繁荣、建设社会主义文化强国又作出重要部署。北京市围绕"政治中心、文化中心、国际交往中心、科技创新中心"城市定位，深入实施人文北京、科技北京、绿色北京战略，北京文化创意产业繁荣发展翻开了新篇章。2011年，北京文化创意产业实现收入9 012.2亿元，同比增长21.09%，实现增加值1 990亿元，占全市GDP比重为12.24%，行业从业人员更是快速增至140.9万人，同比增长14.69%，北京文化创意产业已经从起步期转入繁荣发展期。

## 二、文创产业整体发展情况

### （一）产业规模持续扩大，文创大军不断壮大

自1996年以来，北京市出台并实施了一系列加快文化创意产业发展的政策及措施，文化创意产业得以快速发展。截至2014年末，全市规模以上文化创意产业法人单位实现收入超1.3万亿元，产业增加值由2006年的823亿元增至2014年的约2 826.3亿元，占全市GDP比重由2006年的10.14%增至2014年的13.2%，年均增长率达16.5%，超过同期地区生产总值年增速（12.8%）3.7个百分点，增长潜力强劲，文化创意产业已成为北京市仅次于金融业的第二大支柱产业。

文化创意产业属于智力密集型产业，产值增加必然带动就业增加。截至2014年年末，北京文化创意产业从业人员平均人数达191.6万人，较2006年（89.5万人）增加73.3万人，年均增长9.98%，占全市第三产业就业人数（894.4万人）的21.42%，占全市就业人数（1 156.7万人）的16.56%。北京文化创意产业就业实现稳步增长，就业机会的扩大与经济增长同步推进，就业形势持续向好，较大程度解决人口就业问题，有效优化北京市的就业结构。

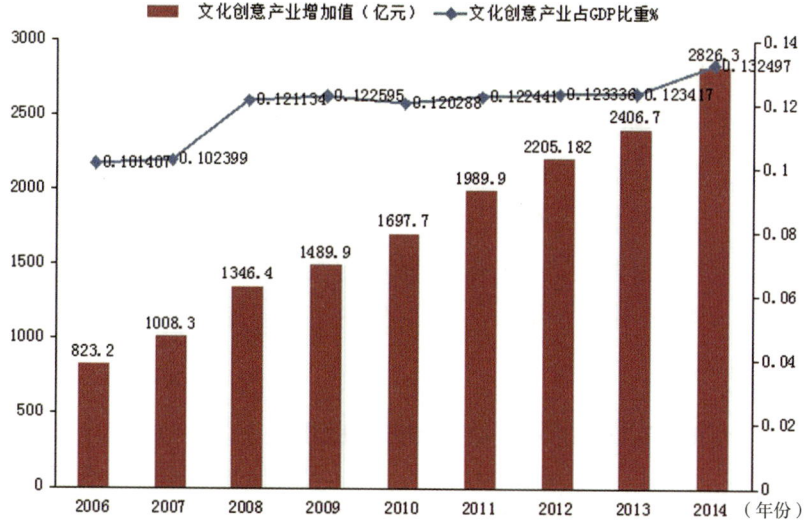

数据来源：北京市统计局《北京市统计年鉴 2014》。

图 3.1　2006—2014 年北京文化创意产业规模变化情况

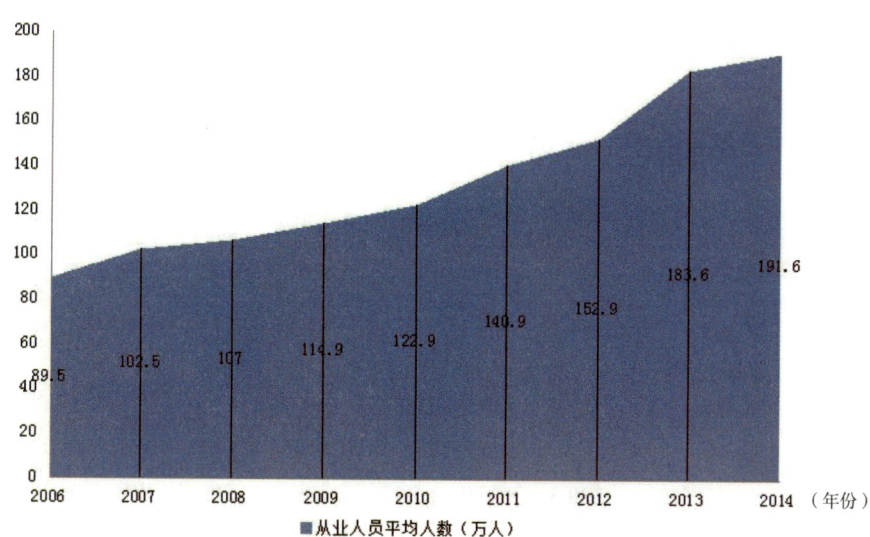

数据来源：北京市统计局《北京市统计年鉴 2014》。

图 3.2　2006—2014 年北京文化创意产业从业人员平均人数变化情况

## (二)行业发展各具特色,产业融合步伐加快

从文化创意产业九个行业收入来看,各行业发展势头良好,基本呈现逐年增长态势;从产业内部结构的变化来看,软件、网络及计算机产业在整体文化创意产业中已形成绝对龙头地位优势。2006—2014年,软件网络计算机服务、艺术品交易和广告会展三个行业均呈现不同程度的增长,而文化艺术、新闻出版、广播电影类的传统文化创意产业内部比重逐渐降低。

表3.1 2006—2014年北京文化创意产业九大行业收入变化情况

单位:亿元

| 细分产业 | 2006年 | 2007年 | 2008年 | 2009年 | 2010年 | 2011年 | 2012年 | 2013年 | 2014年 |
| --- | --- | --- | --- | --- | --- | --- | --- | --- | --- |
| 文化创意产业 | 3 615 | 4 616 | 5 440 | 5 986 | 7 442 | 9 012 | 10 314 | 12 377.4 | 13 982 |
| 文化艺术 | 69.3 | 81.3 | 124.7 | 144.5 | 139 | 217 | 237.0 | 349.5 | 410.1 |
| 新闻出版 | 426.2 | 474.5 | 543.7 | 565.8 | 620.3 | 755.6 | 883.0 | 973.7 | 1 034.8 |
| 广播、电视、电影 | 243.4 | 295.1 | 404.3 | 437.3 | 491.1 | 553.5 | 680.3 | 771.9 | 859.4 |
| 软件、网络及计算机服务 | 1 183.4 | 1 620.7 | 2 059.0 | 2 297.0 | 2 816.3 | 3 342.5 | 3 888.1 | 4 587.7 | 5 380 |
| 广告会展 | 390.8 | 492.9 | 738.8 | 777.0 | 971.7 | 1 154.9 | 1 256.8 | 1 646.4 | 1 835 |
| 艺术品交易 | 59.4 | 102.7 | 126.5 | 131.2 | 354.0 | 492.2 | 705.6 | 1 056.2 | 1 094.5 |
| 设计服务 | 328.4 | 417.0 | 244.2 | 245.3 | 343.9 | 369.9 | 443.0 | 536.3 | 576.1 |
| 旅游、休闲娱乐 | 300.1 | 374.0 | 417.5 | 440.7 | 458.4 | 706.6 | 849.0 | 984.3 | 1 054.7 |
| 其他辅助服务 | 613.8 | 743.4 | 780.3 | 946.9 | 1 247.6 | 1 420.0 | 1 370.8 | 1 471.4 | 1 737.5 |

数据来源:北京市统计局《北京市统计年鉴2007—2015》。

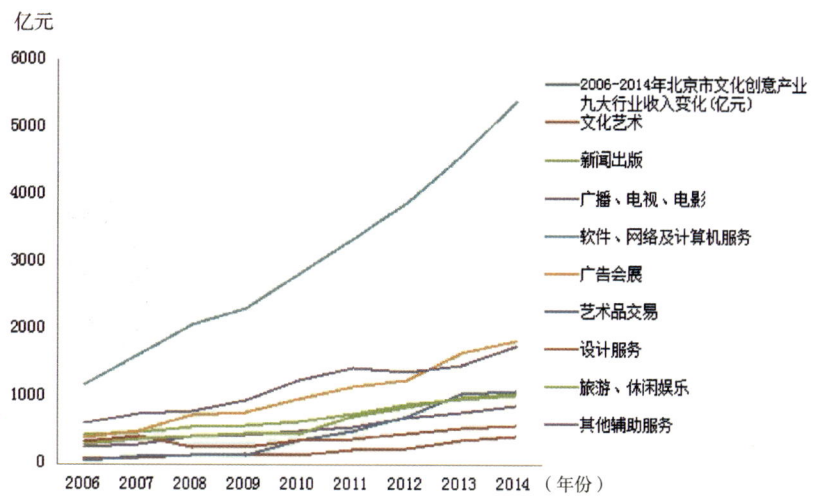

图 3.3　2006—2014 年北京文化创意产业九大行业收入变化情况

表 3.2　2006—2014 年北京文化创意产业内部结构的变化情况

单位：%

| 细分产业 | 2006年 | 2007年 | 2008年 | 2009年 | 2010年 | 2011年 | 2012年 | 2013年 | 2014年 | 趋势 |
|---|---|---|---|---|---|---|---|---|---|---|
| 文化艺术 | 1.92 | 1.76 | 2.29 | 2.41 | 1.87 | 2.41 | 2.30 | 2.82 | 2.93 | — |
| 新闻出版 | 11.79 | 10.28 | 9.99 | 9.45 | 8.34 | 8.38 | 8.56 | 7.87 | 7.40 | ↓ |
| 广播电视电影 | 6.73 | 6.39 | 7.43 | 7.31 | 6.60 | 6.14 | 6.60 | 6.24 | 6.15 | ↓ |
| 软件网络计算机服务 | 32.74 | 35.11 | 37.85 | 38.37 | 37.84 | 37.09 | 37.70 | 37.07 | 38.48 | ↑ |
| 广告会展 | 10.81 | 10.68 | 13.58 | 12.98 | 13.06 | 12.82 | 12.19 | 13.30 | 13.12 | ↑ |
| 艺术品交易 | 1.64 | 2.23 | 2.32 | 2.19 | 4.76 | 5.46 | 6.84 | 8.53 | 7.83 | ↑ |
| 设计服务 | 9.08 | 9.03 | 4.50 | 4.10 | 4.62 | 4.10 | 4.30 | 4.33 | 4.12 | ↓ |
| 旅游休闲娱乐 | 8.30 | 8.10 | 7.67 | 7.36 | 6.16 | 7.84 | 8.23 | 7.95 | 7.54 | ↓ |
| 其他辅助服务 | 16.98 | 16.10 | 14.34 | 15.82 | 16.76 | 15.76 | 13.29 | 11.89 | 12.43 | ↓ |

数据来源：北京市统计局《北京市统计年鉴 2007—2015》。

310 | 文化创意产业行与知

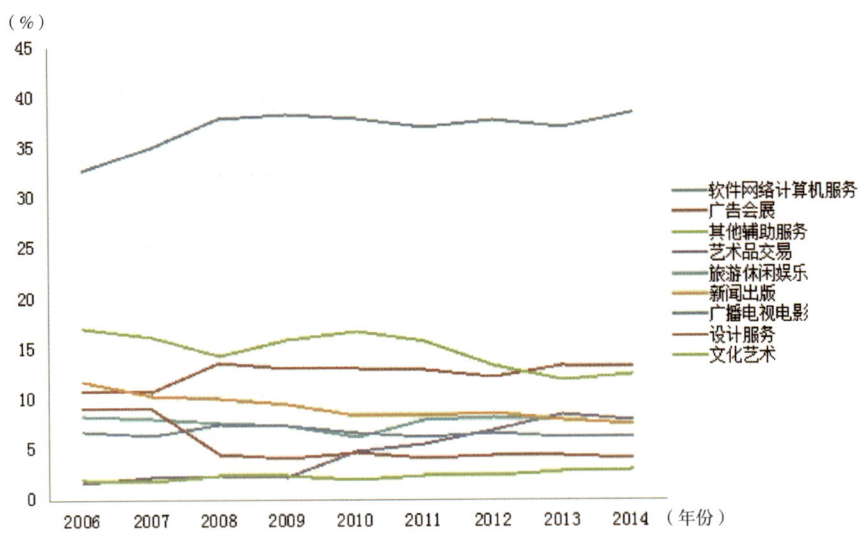

图 3.4　2006—2014 年北京文化创意产业内部结构变化情况

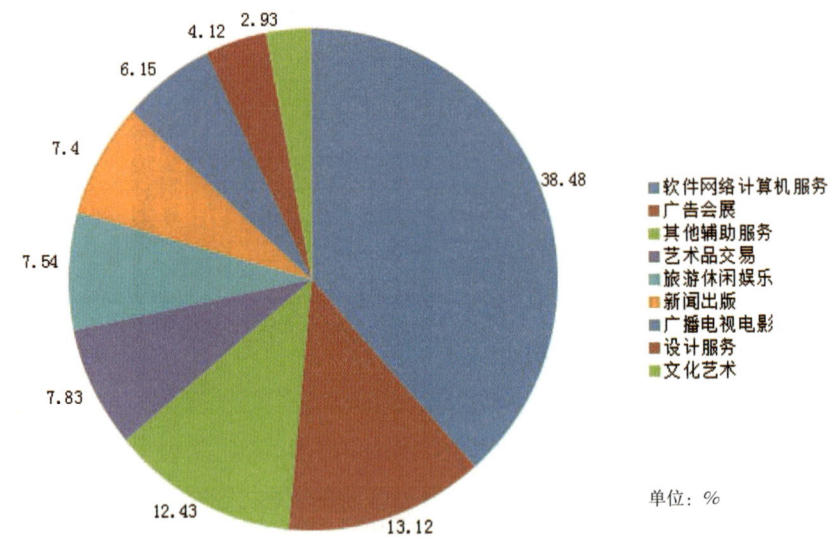

图 3.5　2014 年北京文化创意产业内部结构情况

总体来说，北京文化创意产业各行业经过几年的创业、整合和发展，逐渐形成了自己的优势行业和发展规模，形成了较为稳定的产业格局。已经初步形成了以软件网络和计算机服务业为主，文化艺术、广播影视、新闻出版、设计服务、广告会展和艺术品交易等行业国内领先的文化创意产业结构体系，涌现出一大批龙头企业和专业化、精细化、特色化的中小企业。尤其是软件网络计算机服务产业的持续快速发展，体现了北京文化与科技的融合步伐正在加快，产业结构正在不断优化，融合发展趋势明显。

### （三）集聚区星罗棋布，示范带动功能增强

自 2006 年起，北京市共分四批认定了 30 个市级文化创意产业集聚区，涵盖了北京 16 个区县及文化创意产业 9 大领域。截至 2013 年年底，30 个市级集聚区内的 742 家规模以上文化创意产业法人单位，共实现收入 1 407.8 亿元，占全市规模以上文化创意产业总收入的 11.4%；从业人员达到 14.8 万人，占全市比重为 8.1%。其中，CBD 国际传媒产业集聚区、中关村创意产业先导基地等集聚效应凸显，798 艺术区等品牌影响力正在日益扩大。通过集聚区建设，北京文化创意产业已经初步形成了分行业的空间集聚。各集聚区产业辐射带动效应日益显现，形成了一批有影响力的文化创意产业集群，有力地推动了全市文化创意产业的发展。

### （四）龙头企业领跑全国，国企民企并肩发展

2014 年第六届中国"文创企业 30 强"中，北京文创企业共占据 11 席，超过 1/3 份额，继续领跑全国。在评价指标上，除保留主营收入、税前利润、净资产、纳税总额等指标外，突

出强调了企业获奖和出口评价指标，体现了对文化企业要确保把社会效益放在首位、实现社会效益和经济效益相统一的导向要求，体现了对推动文化企业走出去的鼓励支持。从 2008 年第一届至 2014 年第六届中国"文创企业 30 强"，北京文创企业的入围数量一直占据绝对优势。其中，包括连续六年登上"全国文创企业 30 强"榜单的保利文化集团股份有限公司这样的老牌劲旅，也包含首次入选的北京北广传媒集团有限公司这样的新秀。2008—2014 年的统计数据显示，北京地区入围中国文创企业 30 强的文创企业多数为传统文创行业的国有企业。其中，文化艺术行业的文创企业入围共 19 次，占入围总数的 35.8%，其中国有企业占到 19 个席位；广播影视行业的文创企业入围共 18 次，占入围总数的 34.0%，其中国有企业占到 16 个席位；出版发行行业的文创企业入围共 10 次，占入围总数的 18.9%，其中国有企业占据全部席位；而文化新业态的文创企业入围共 6 次，占入围总数的 11.3%，其中民营企业占据全部席位。

表 3.3　2008—2014 年全国文创企业 30 强中北京企业入围情况

| 序号 | 企业名称 | 行业 | 性质 | 入围次数 |
| --- | --- | --- | --- | --- |
| 1 | 中国对外文化集团公司 | 文化艺术 | 国有 | 6 |
| 2 | 中国国际电视总公司 | 广播影视 | 国有 | 6 |
| 3 | 中国出版集团公司 | 出版发行 | 国有 | 6 |
| 4 | 中国电影集团公司 | 广播影视 | 国有 | 6 |
| 5 | 保利文化集团公司 | 文化艺术 | 国有 | 6 |
| 6 | 中国教育出版传媒集团公司 | 出版发行 | 国有 | 4 |
| 7 | 完美世界（北京）网络技术公司 | 文化新业态 | 民营 | 4 |

(续表)

| 序号 | 企业名称 | 行业 | 性质 | 入围次数 |
|---|---|---|---|---|
| 8 | 北京歌华有线电视网络股份公司 | 广播影视 | 国有 | 3 |
| 9 | 北京演艺集团公司 | 文化艺术 | 国有 | 3 |
| 10 | 中国东方演艺集团公司 | 文化艺术 | 国有 | 2 |
| 11 | 北京畅游时代数码技术公司 | 文化新业态 | 民营 | 2 |
| 12 | 北京万达文创产业集团 | 广播影视 | 民营 | 2 |
| 13 | 北京儿童艺术剧院股份有限公司 | 文化艺术 | 国有 | 1 |
| 14 | 天创国际演艺制作交流有限公司 | 文化艺术 | 国有 | 1 |
| 15 | 北京北广传媒集团有限公司 | 广播影视 | 国有 | 1 |

数据来源：《光明日报》，嘉乐世纪公司整理。

## （五）文化消费持续增长，文化贸易不断扩大

过去几年中，北京市城镇居民教育文化娱乐服务消费不断增加，到2014年，北京市城镇居民人均教育文化娱乐服务支出已达4 170元，较2006年增长1 655元，年均增长速度达6.5%。

同时，文化贸易也一直保持着较快增长态势。文化贸易额从2006年的12.65亿美元提高到2013年的35.33亿美元，8年间增长了两倍，年均增长率为13.7%。2013年全市核心文化产品进出口总额为9.1亿美元，核心文化服务进出口总额为26.2亿美元。60家企业、37个项目被列为2013—2014年度国家文化出口重点企业（项目）。北京市国家文化出口重点企业和项目数位居全国之首，形成了一批具有国际影响力的外向型文化企业。

314 | 文化创意产业行与知

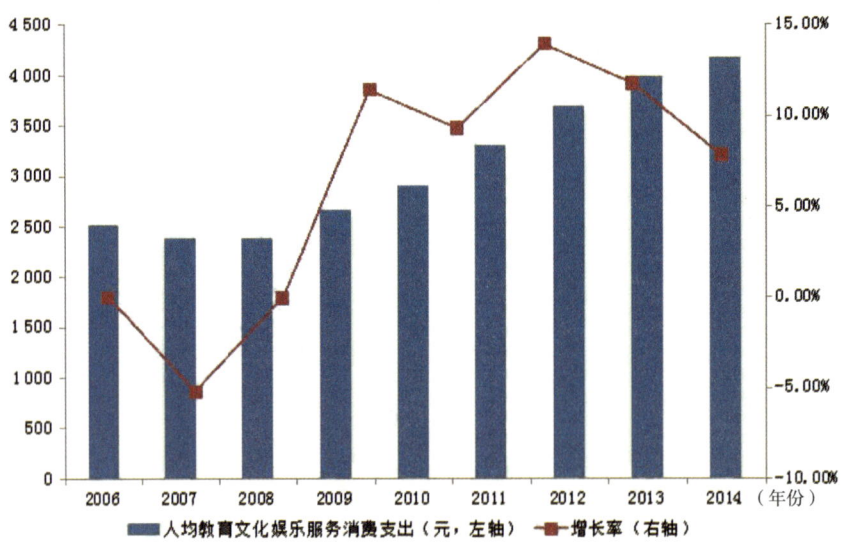

图 3.6 2006—2014 年北京市城镇居民文化娱乐服务和产品消费变化情况

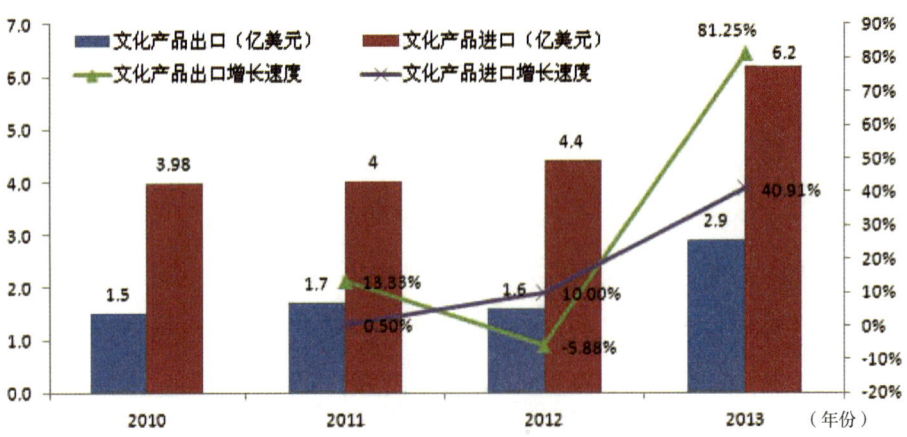

图 3.7 2010—2013 年北京市核心文化产品进出口情况

## 三、文创产业各行业发展情况

### （一）文化艺术

近年来，北京文化艺术业发展较快，2014年，文化艺术产业资产总额由2006年213.0亿元增加到1 284.4亿元，年均增速达25.2%，占文化创意产业资产总额的4.9%。行业收入及从业人员数量均有较大幅度增长。2014年，文化艺术业收入合计由2006年69.3亿元增长至410.1亿元，年均增速达24.9%，占当年文化创意产业总收入的2.9%；就业人数由2006年5.4万人增加至11.2万人，年均增速9.5%，占当年文化创意产业从业人员总数的5.8%。

表3.4 2006—2014年北京文化艺术业行业发展指标变化情况

|  | 2006年 | 2007年 | 2008年 | 2009年 | 2010年 | 2011年 | 2012年 | 2013年 | 2014年 |
|---|---|---|---|---|---|---|---|---|---|
| 资产总计（亿元） | 213.0 | 261.4 | 299.2 | 348.1 | 340.1 | 470.8 | 551.2 | 1 054.9 | 1 284.4 |
| 收入合计（亿元） | 69.3 | 81.3 | 124.7 | 144.5 | 139 | 217 | 237.0 | 349.5 | 410.1 |
| 从业人员平均人数（万人） | 5.4 | 4.8 | 4.8 | 5.2 | 5.3 | 7.4 | 7.2 | 10.9 | 11.2 |

数据来源：北京市统计局《北京市统计年鉴2007—2015》。

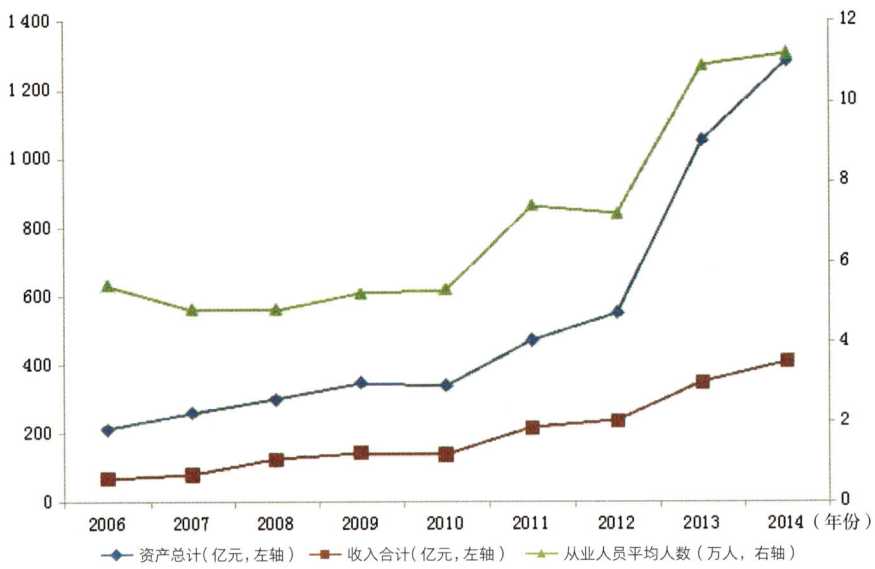

**图 3.8　2006—2014 年北京文化艺术业行业发展指标变化情况**

　　2014 年的北京演出市场，演出场次、观众人数、票房收入略有增加。2014 年全市 130 家营业性演出场所演出场次共计 24 595 场，比去年同期（23 155 场）增长 6.2%；观众人数共计 1 012 万人次，与去年同期（1 014 万人次）基本持平；演出票房共计 14.95 亿元，比去年同期（14.42 亿元）上升 3.7%。在京注册的演出机构、文艺表演团体（含中央直属）在全国各省市组织参与各类演出活动共计 5 076 场，观众人数 588 万人次，票房收入 10 亿元。市属 11 个文艺院团发展势头良好，演出场次和演出收入年均增长速度分别达 4.21% 和 13.66%，高于整体专业艺术剧团。

表 3.5　2013 年与 2014 年北京专业艺术剧团演出场次、收入对比

| 年　份 | 演出场次<br>（场次） | 观众人数<br>（万人次） | 票房收入<br>（亿元） |
| --- | --- | --- | --- |
| 2013 年 | 23 155 | 1 014 | 14.42 |
| 2014 年 | 24 595 | 1 012 | 14.95 |

数据来源：北京市统计局《北京市统计年鉴 2014—2015》。

## （二）新闻出版

2014 年，新闻出版业资产增至 2 257.3 亿元，2006—2014 年，年均增长 15.0%，占北京文化创意产业资产总额的 8.5%。截至 2014 年底，新闻出版业从业人员平均人数达 15.7 万人，2006—2014 年，年均增速 0.7%，占北京文化创意产业从业人员总数的 8.2%；收入合计达 1 034.8 亿元，2006—2014 年，年均增速 11.7%，占北京文化创意产业收入总额的 7.4%。

表 3.6　2006—2014 年北京新闻出版业行业发展指标变化情况

|  | 2006 年 | 2007 年 | 2008 年 | 2009 年 | 2010 年 | 2011 年 | 2012 年 | 2013 年 | 2014 年 |
| --- | --- | --- | --- | --- | --- | --- | --- | --- | --- |
| 资产总计<br>（亿元） | 740.1 | 805.1 | 928.0 | 970.7 | 1 065.9 | 1 260.4 | 1 514.6 | 1 866.8 | 2 257.3 |
| 收入合计<br>（亿元） | 426.2 | 474.5 | 543.7 | 565.8 | 620.3 | 755.6 | 883.0 | 973.7 | 1 034.8 |
| 从业人员<br>平均人数<br>（万人） | 14.8 | 16.7 | 16.0 | 15.6 | 14.9 | 15.1 | 15.6 | 15.9 | 15.7 |

数据来源：北京市统计局《北京市统计年鉴 2007—2015》。

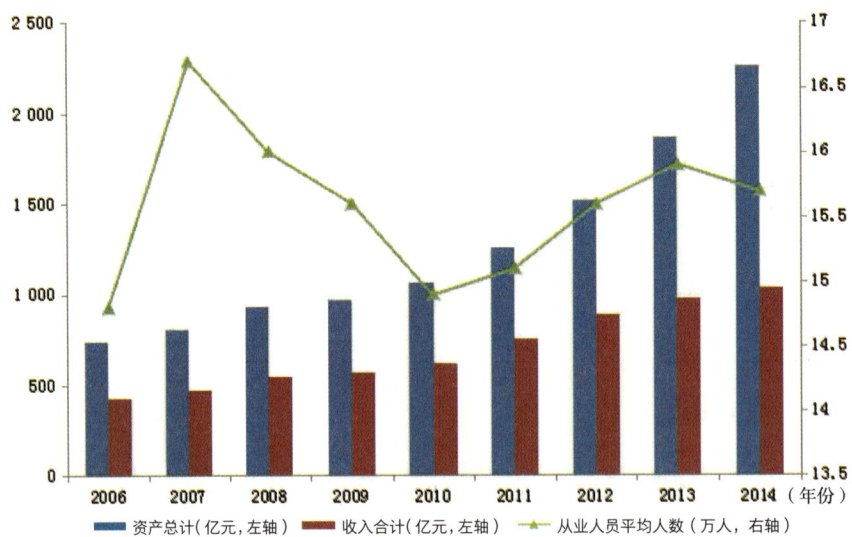

图3.9 2006—2014年北京新闻出版业行业发展指标变化情况

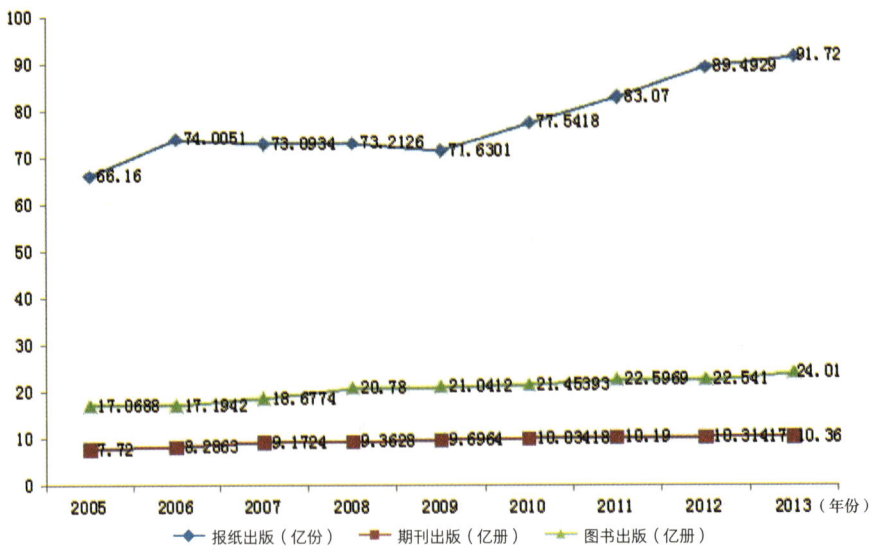

图3.10 2005—2013年北京新闻出版业各项细分领域发展情况对比

截至 2013 年年底，北京市新闻出版业各项细分领域指标稳中有升，总计出版报纸 91.72 亿份、期刊 10.36 亿册、图书 24.01 亿册，分别较 2012 年增长 2.49%、0.44% 和 6.52%。2005—2013 年，年均增长率分别达 4.17%、3.75% 和 4.36%。

## （三）广播影视

改革开放以来，北京市广播、电视、电影行业发展迅速，行业资产总额由 2006 年的 679.4 亿元增加至 2014 年的 2 433.1 亿元，年均增长率达 17.3%。2014 年，北京广播、电视、电影业收入和从业人员进一步实现稳定增长，年均增速分别达到 17.1% 和 9.1%，占到北京市文化创意产业总体水平的 6.1% 和 3.8%。电影、电视剧制作数量位居全国前列。

表 3.7　2006—2014 年北京广播、电视、电影业发展指标

| | 2006年 | 2007年 | 2008年 | 2009年 | 2010年 | 2011年 | 2012年 | 2013年 | 2014年 |
| --- | --- | --- | --- | --- | --- | --- | --- | --- | --- |
| 资产总计（亿元） | 679.4 | 792.2 | 935.8 | 1 085.2 | 1 235.8 | 1 326.0 | 1 570.7 | 2 091.6 | 2 433.1 |
| 收入合计（亿元） | 243.4 | 295.1 | 404.3 | 437.3 | 491.1 | 553.5 | 680.3 | 771.9 | 859.4 |
| 从业人员平均人数（万人） | 3.6 | 4.6 | 4.6 | 4.8 | 4.4 | 5.5 | 6.0 | 7 | 7.2 |

数据来源：北京市统计局《北京市统计年鉴 2007—2015》。

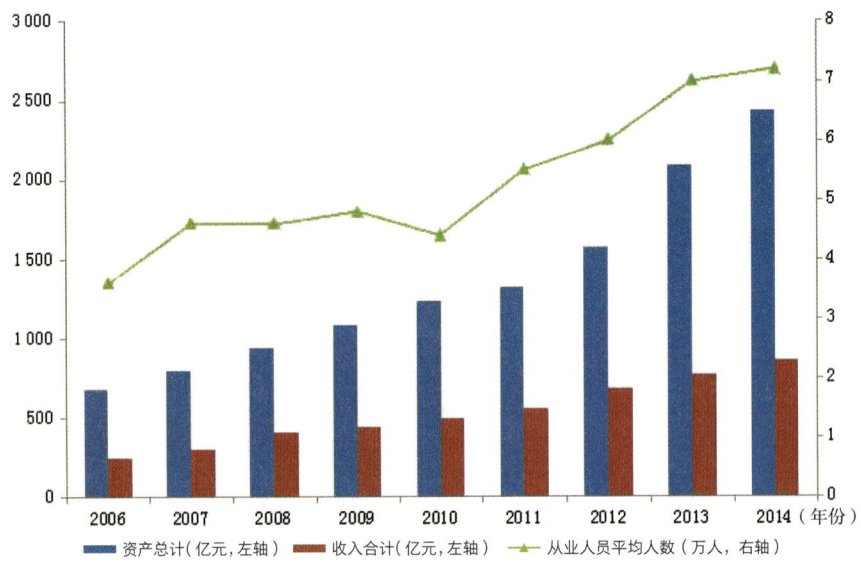

**图 3.11　2006—2014 年北京广播、电视、电影业发展指标变化情况**

　　北京广播、电视、电影业发展各细分项目指标持续增长，尤其是广告收入和电影票房收入增长较快。2014 年，电影放映场次达 162.5 万场次、电影观众 5 184.6 万人次、电影票房收入 22.82 亿元、电视节目套数 26 套、有线电视入户率 106.85%、广播节目套数 25 套、广告收入 1 753 933 万元。2006—2014 年间，年均增长率分别达 24.58%、19.81%、28.76%、0.49%、5.29%、4.94% 和 28.22%。

表 3.8  2006—2014 年北京广播、电视、电影业活动情况

| | 2006年 | 2007年 | 2008年 | 2009年 | 2010年 | 2011年 | 2012年 | 2013年 | 2014年 |
|---|---|---|---|---|---|---|---|---|---|
| 电影放映场次（万场次） | 28 | 38 | 46.8 | 62.4 | 74.29 | 97.42 | 119.99 | 137.82 | 162.5 |
| 电影观众人次（万人次） | 1 221 | 1 711 | 1 767.3 | 2 451.5 | 2 923.3 | 3 235.9 | 3 954.6 | 4 288.5 | 5 184.6 |
| 电影票房收入（亿元） | 3.02 | 3.7 | 5.37 | 8.19 | 11.814 | 13.518 | 16.23 | 18.6 | 22.82 |
| 电视节目套数（套） | 25 | 25 | 24 | 26 | 26 | 25 | 26 | 26 | 26 |
| 有线电视入户率 % | 70.75 | 74.43 | 81.00 | 85.90 | 91.68 | 95.90 | 99.13 | 103.00 | 106.85 |
| 广播节目套数（套） | 17 | 17 | 17 | 18 | 18 | 18 | 25 | 25 | 25 |
| 广告收入（万元） | 240 146 | 317 437 | 385 231 | 453 932 | 613 672 | 796 113 | 1 081 857 | 1 689 443 | 1 753 933 |

数据来源：北京市统计局《北京市统计年鉴 2007—2015》。

## （四）广告会展

北京作为国内广告会展业起步最早、发展最快的城市之一，其广告会展业已初具规模，并已形成了较为完整的产业体系，尤其是 2014 年北京怀柔雁栖湖国际会议中心、雁栖小镇等一大批高端服务配套设施的落成，更增强了广告会展业发展的硬件设施条件，使北京成为国内最重要的会展中心城市。根据北京统计局数据，2014 年北京广告会展产业资产总额由 2006 年 428.1 亿元增至 1 922.5 亿元，占文化创意产业资产总额的 7.3%，年均增长率达 20.7%。目前，广告会展业已发展成为仅次于软件、网络及计算机业第二大文化创意细分行业。

表 3.9　2006—2014 年北京广告会展业发展指标变化情况

|  | 2006年 | 2007年 | 2008年 | 2009年 | 2010年 | 2011年 | 2012年 | 2013年 | 2014年 |
| --- | --- | --- | --- | --- | --- | --- | --- | --- | --- |
| 资产总计（亿元） | 428.1 | 519.1 | 663.2 | 705.3 | 847.6 | 1 002.2 | 1 050.0 | 1 717.1 | 1 922.5 |
| 收入合计（亿元） | 390.8 | 492.9 | 738.8 | 777.0 | 971.7 | 1 154.9 | 1 256.8 | 1 646.4 | 1 835 |
| 从业人员平均人数（万人） | 8.7 | 10.0 | 9.3 | 9.4 | 10.1 | 11.5 | 12.5 | 17.5 | 17.3 |

数据来源：北京市统计局《北京市统计年鉴 2007—2015》。

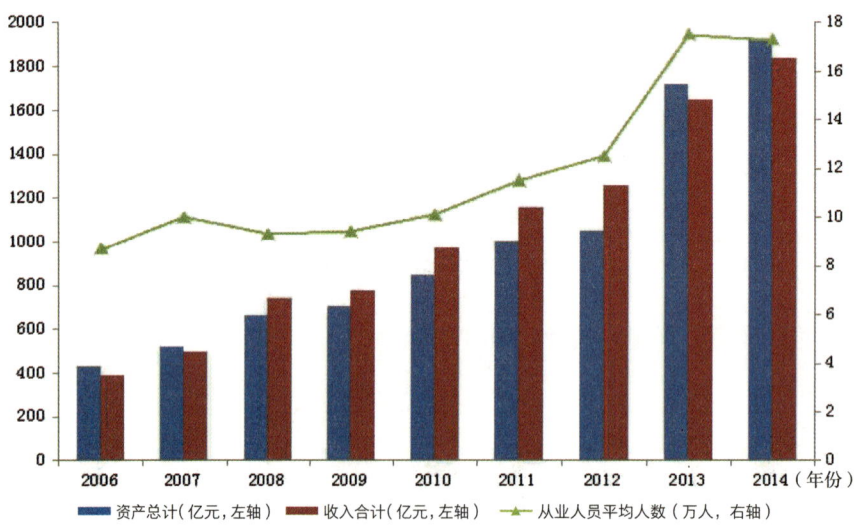

图 3.12　2006—2014 年北京广告会展业发展指标变化情况

截至 2014 年，北京市共有接待场所会议室 5 593 个，接待场所会议室使用面积 81.7 万平方米，可容纳 48.8 万人使用。2014 年，全市接待会议个数由 2006 年 19.16 万个增加至 23.1 万个，接待展览个数由 2006 年 932 个减至 733 个。

表 3.10　2006—2014 年北京会展业活动情况

| | 2006年 | 2007年 | 2008年 | 2009年 | 2010年 | 2011年 | 2012年 | 2013年 | 2014年 |
|---|---|---|---|---|---|---|---|---|---|
| 接待场所会议室个数（个） | 4 015 | 4 425 | 5 403 | 5 718 | 5 668 | 5 780 | 5 580 | 5 604 | 5 593 |
| 接待场所会议室使用面积（万平方米） | — | — | 75 | 83.08 | 79.5 | 81.7 | 80.7 | 82.2 | 81.7 |
| 接待场所会议室容纳人数（万人） | — | — | 45.3 | 50.02 | 48.1 | 49.3 | 47.9 | 48.4 | 48.8 |
| 接待会议个数（万个） | 19.16 | 21.1 | 20.99 | 22.41 | 25.9 | 28.5 | 31.3 | 23.7 | 23.1 |
| 其中：国际会议 | 0.62 | 0.74 | 0.57 | 0.51 | 0.66 | 0.79 | 0.8 | 0.6 | 0.7 |
| 接待展览个数（个） | 932 | 961 | 1 310 | 1 216 | 1 039 | 1 380 | 956 | 769 | 733 |
| 其中：国际展览 | 247 | 246 | 439 | 248 | 291 | 324 | 269 | 193 | 196 |

数据来源：北京市统计局《北京市统计年鉴 2007—2015》。

## （五）设计服务

2014 年，设计服务业产业资产总额达 1 053.6 亿元，较 2006 年的 713.8 亿元，年均增长达 5.0%，占北京市文化创意产业总体的 4.0%。同时，行业收入、从业人员均实现较明显增长。2014 年，北京设计服务业从业人员平均人数达 16.7 万人，2006—2014 年，年均增长率达 9.5%；收入合计达 576.1 亿元，2006—2014 年，年均增长率达 7.3%。

表 3.11　2006—2014 年北京设计服务业发展指标变化情况

|  | 2006年 | 2007年 | 2008年 | 2009年 | 2010年 | 2011年 | 2012年 | 2013年 | 2014年 |
|---|---|---|---|---|---|---|---|---|---|
| 资产总计（亿元） | 713.8 | 874.8 | 738.5 | 1 042.6 | 1 084.8 | 920.0 | 1 163.7 | 948.1 | 1 053.6 |
| 收入合计（亿元） | 328.4 | 417.0 | 244.8 | 245.3 | 343.9 | 369.9 | 443.0 | 536.3 | 576.1 |
| 从业人员平均人数（万人） | 8.1 | 8.5 | 7.8 | 10.0 | 10.9 | 10.1 | 11.9 | 15.6 | 16.7 |

数据来源：北京市统计局《北京市统计年鉴 2007—2015》。

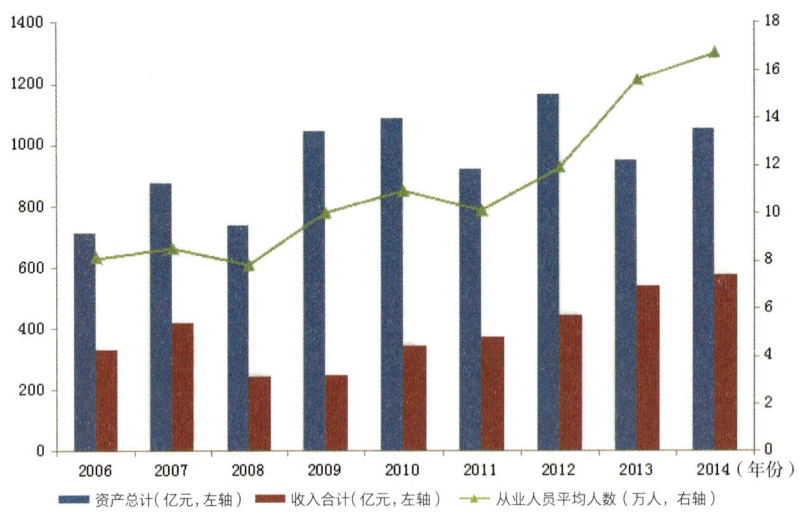

图 3.13　2006—2014 年北京设计服务业发展指标变化情况

## （六）艺术品交易

2014 年，北京艺术品交易业资产总额达 892.8 亿元，2006—2014 年间，年均增长率达 27.2%，占北京市文化创意产业资产总额的 3.4%。2014 年，北京艺术品交易业收入合计有所增长，达 1 094.5 亿元，较 2013 年增长 3.6%。从业人员总数略有下降，达 2.7 万人，较 2013 年下降 3.6%。

表 3.12  2006—2014 年北京艺术品交易业发展指标变化情况

|  | 2006年 | 2007年 | 2008年 | 2009年 | 2010年 | 2011年 | 2012年 | 2013年 | 2014年 |
|---|---|---|---|---|---|---|---|---|---|
| 资产总计（亿元） | 130.1 | 141.6 | 158.4 | 208.0 | 344.1 | 464.4 | 817.5 | 790.6 | 892.8 |
| 收入合计（亿元） | 59.4 | 102.7 | 126.5 | 131.2 | 354.0 | 492.2 | 705.6 | 1 056.2 | 1 094.5 |
| 从业人员平均人数（万人） | 1.0 | 1.4 | 1.7 | 1.9 | 2.2 | 2.5 | 2.8 | 2.8 | 2.7 |

数据来源：北京市统计局《北京市统计年鉴 2007—2015》。

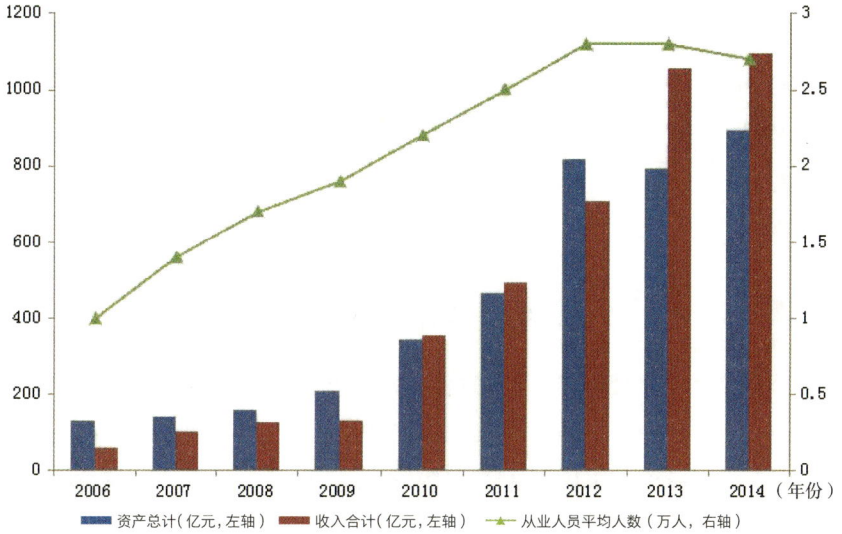

图 3.14  2006—2014 年北京艺术品交易业发展指标变化情况

随着拍卖市场近十年的快速崛起，北京已发展成为全国首屈一指的艺术品交易中心。从近几年北京艺术品交易产品的类别来看，古代文物艺术品交易占相当大的比重，这主要源自国人对传统文化的追捧。近年来，北京文物艺术品交易总额已占到全国总额的 80% 以上，作为全国文化中心，北京拍卖行业发展势头迅猛，已进入世界四大艺术品拍卖交易中心城市。截至 2013 年年底，北京现有文物拍卖机构 131 家，占全国总体具有文物拍卖资质的拍卖企业总数超三分之一。2013 年北京市举办文物艺术品拍卖场次 260 次，较 2012 年增加 45 场；实现文物拍卖标的数 185 191 件（套），较 2012 年增长 8.52%。

表 3.13　2011—2013 年北京市文物艺术品拍卖规模变化情况

|  | 2011 年 | 2012 年 | 2013 年 |
| --- | --- | --- | --- |
| 文物拍卖机构数量（个） | 103 | 115 | 131 |
| 文物艺术品拍卖场次（场） | 239 | 215 | 260 |
| 文物拍卖标的数（件，套） | 221 624 | 170 659 | 185 191 |
| 文物拍卖成交金额（亿元） | 514.8 | 240.35 | 256.78 |

数据来源：北京市统计局《北京市统计年鉴 2007—2015》。

## （七）软件、网络及计算机服务业

2014 年，北京软件、网络及计算机服务业资产总额达到 11 143.7 亿元，较 2013 年增长 24.7%，占文化创意产业资产总额的 42.1%，继续保持行业龙头地位。软件、网络及计算机服务业不仅保持了最高的比重，而且也是重点就业吸纳行业。2014 年，北京软件、网络及计算机服务业从业人员平均人数量增至 90.8 万人，较 2013 年增长 6.9%；行业收入合计也保持高速稳定增长，2006—2014 年，年均增长率达 20.8%，占全市文化创意产业总收入的 38.5%。

表 3.14  2006—2014 年北京软件、网络及计算机服务业发展指标变化情况

|  | 2006 年 | 2007 年 | 2008 年 | 2009 年 | 2010 年 | 2011 年 | 2012 年 | 2013 年 | 2014 年 |
|---|---|---|---|---|---|---|---|---|---|
| 资产总计（亿元） | 2 084.2 | 2 517.2 | 3 216.1 | 3 631.0 | 4 447.7 | 5 436.5 | 6 529.0 | 8 935.6 | 11 143.7 |
| 收入合计（亿元） | 1 183.4 | 1 620.7 | 2 059.0 | 2 297.0 | 2 816.3 | 3 342.5 | 3 888.1 | 4 587.7 | 5 380 |
| 从业人员平均人数（万人） | 28.3 | 34.8 | 39.8 | 45.1 | 51.6 | 61.3 | 69.8 | 84.8 | 90.8 |

数据来源：北京市统计局《北京市统计年鉴 2007—2015》。

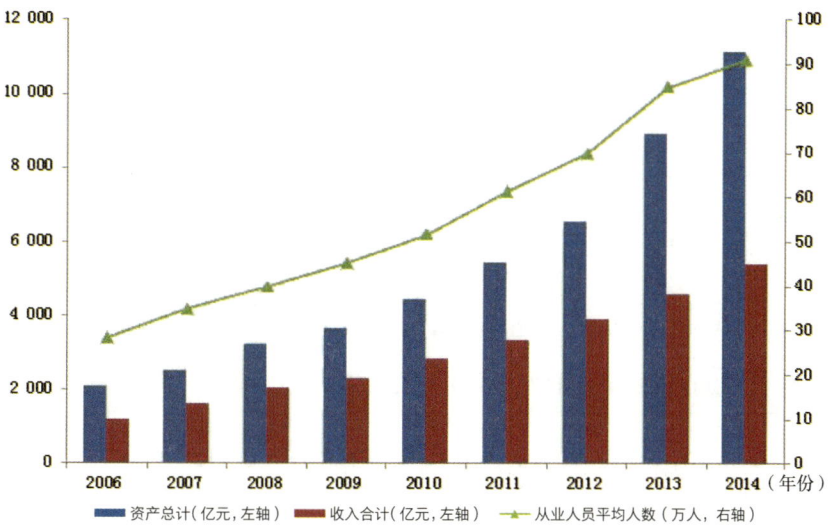

图 3.15  2006—2014 年北京软件、网络及计算机服务业发展指标变化情况

软件及计算机业是北京文化创意产业的一个重要领域,目前主要集中在海淀、朝阳、石景山、东城等科技企业较为集中的市内各区。其中,海淀区 2013 年信息传输、计算机服务和软件业生产总值达 989.7 亿元,占全区总体生产总值 25.8%,居各行业之首。

## (八)旅游、休闲娱乐

2014 年,北京旅游、休闲娱乐业产业资产总额达 1 678.8 亿元,比 2013 年增长 6.11%,占文化创意产业资产总额的 6.3%。2014 年,全市旅游、休闲娱乐业总收入和从业人员均实现稳定增长。其中,收入合计达 1 054.7 亿元,2006—2014 年,年均增长率达 17.0%;从业人员平均数万人,2006—2014 年间,年均增长率达 3.7%。

表 3.15　2006—2014 年北京旅游、休闲娱乐业发展指标变化情况

|  | 2006年 | 2007年 | 2008年 | 2009年 | 2010年 | 2011年 | 2012年 | 2013年 | 2014年 |
| --- | --- | --- | --- | --- | --- | --- | --- | --- | --- |
| 资产总计(亿元) | 569.3 | 639.0 | 623.0 | 553.0 | 577.5 | 713.9 | 934.5 | 1 380.7 | 1 678.8 |
| 收入合计(亿元) | 300.1 | 374.0 | 417.5 | 440.7 | 458.4 | 706.6 | 849.0 | 984.3 | 1 054.7 |
| 从业人员平均人数(万人) | 9.7 | 10.3 | 10.0 | 10.3 | 9.9 | 10.6 | 11.1 | 12.7 | 13 |

数据来源:北京市统计局《北京市统计年鉴 2007—2015》。

2014 年,北京旅游总人数达到 2.61 亿人次,同比增长 3.8%;旅游总收入 4 280.1 亿元,同比增长 8%。统计显示,全市共接待国内旅游总人数 2.57 亿人次,同比增长 4%;国内旅游总收入 3 997 亿元,同比增长 9%。其中,接待国内其他

省市来京旅游者 1.56 亿人次，同比增长 5.8%，共创造旅游收入 3 628.9 亿元，同比增长 8.9%；接待本市居民旅游人数 1.01 亿人次，同比增长 1.2%，旅游消费 368.1 亿元，同比增长 10.2%。在入境游方面，2014 年全市共接待入境旅游者 427.5 万人次，同比下降 5.0%。其中，接待外国人 365.5 万人次，同比减少 5.7%；香港同胞 34.2 万人次，同比减少 3.4%；澳门同胞 2.2 万人次，同比增长 23.5%；台湾同胞 25.6 万人次，同比增长 1%。入境旅游者中，亚洲游客数量最多，达到 192.4 万人次，其次为欧洲和美洲游客。同时，2014 年实现旅游外汇收入 46.08 亿美元，同比下降 3.9%。

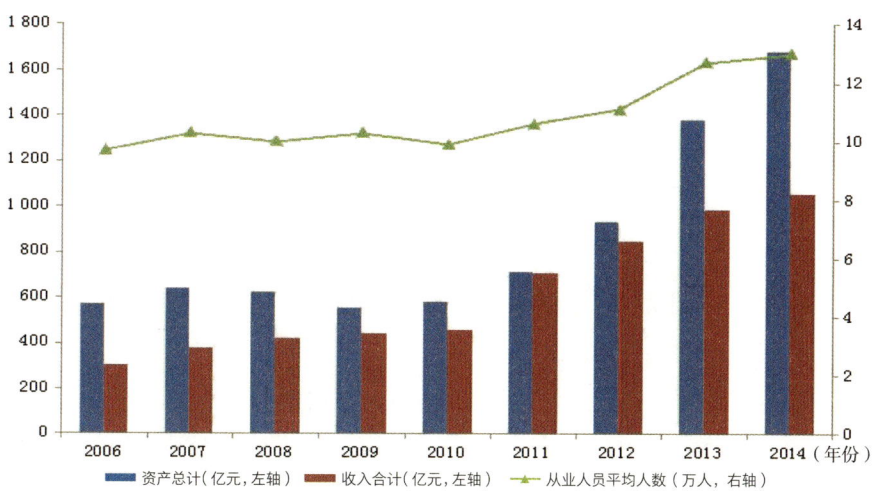

图 3.16　2006—2014 年北京旅游、休闲娱乐业发展指标变化情况

表 3.16　2006—2014 年北京市旅游业旅游人数变化情况

| 年　份 | 来京旅游人数（万人次） | | |
|---|---|---|---|
| | 总人数 | 入境旅游人数 | 国内旅游人数 |
| 2006 年 | 13 590.3 | 390.3 | 13 200.0 |
| 2007 年 | 14 715.5 | 435.5 | 14 280.0 |
| 2008 年 | 14 560.0 | 379.0 | 14 181.0 |
| 2009 年 | 16 669.5 | 412.5 | 16 257.0 |
| 2010 年 | 18 390.1 | 490.1 | 17 900.0 |
| 2011 年 | 21 404.4 | 520.4 | 20 884.0 |
| 2012 年 | 23 134.6 | 500.9 | 22 633.7 |
| 2013 年 | 25 189.0 | 450.1 | 24 738.8 |
| 2014 年 | 26 127.5 | 427.5 | 25 700.0 |

数据来源：北京市统计局《北京市统计年鉴 2007—2015》。

经过多年发展，当前北京市已经形成了空间布局合理、差异化发展、特色鲜明的旅游休闲娱乐行业格局。其中，东城、西城以传统文化旅游为主，朝阳、顺义以商务会展旅游为主，海淀、丰台、石景山、通州以现代娱乐休闲旅游为主，门头沟、房山、大兴、昌平、平谷、怀柔、密云及延庆则以生态度假旅游为主。

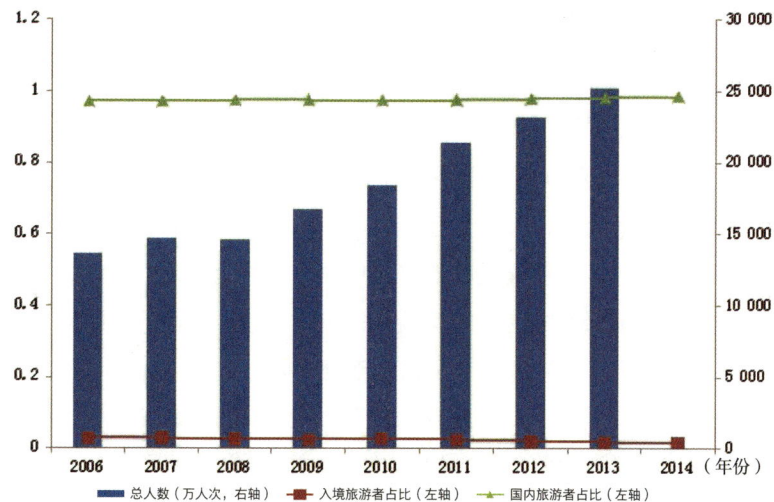

图 3.17　2006—2014 年北京市旅游业旅游人数变化情况

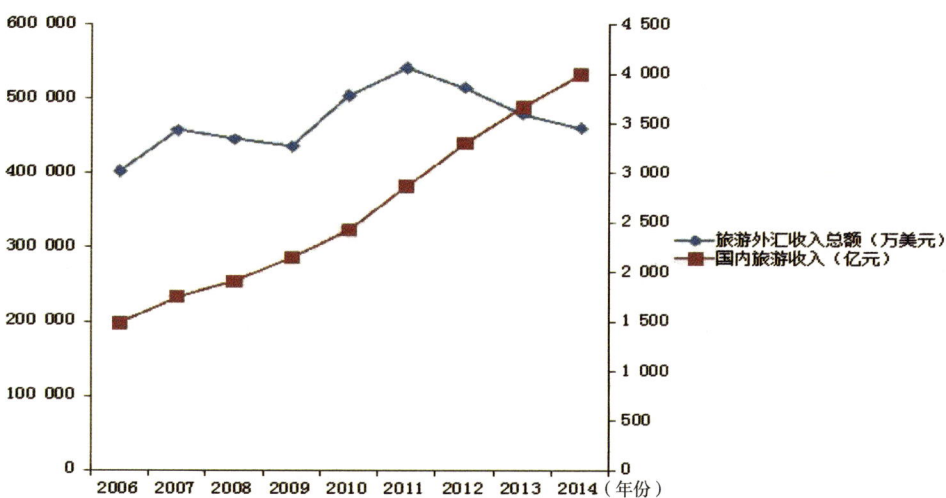

图 3.18　2006—2014 年北京旅游外汇收入和国内旅游收入变化趋势

## 四、文创产业集聚区发展情况

### （一）集聚区发展现况

北京自 2006 年起分四批次先后共认定了 30 个市级文化创意产业集聚区，涵盖了全市 16 个区县及文化创意产业 9 大领域，形成了初具规模的产业集聚区。截至 2013 年年底，30 家市级集聚区内的 742 家规模以上文化创意产业法人单位，共实现收入 1 407.8 亿元，占全市规模以上文化创意产业总收入的 14%；从业人员达到 14.8 万人，占全市比重 14.1%。其中，CBD 国际传媒产业集聚区、中关村创意产业先导基地等集聚效应凸显，798 艺术区等品牌影响力日益扩大。通过集聚区建设，北京市文化创意产业已经初步形成了分行业的空间集聚。

表 3.17　北京各批次文化创意产业集聚区地区分布及主要涉及行业

| 所属区县 | 集聚区名称 | 批次 | 主要涉及行业 |
| --- | --- | --- | --- |
| 西城 | 琉璃厂历史文化创意产业园区 | 2 | 艺术品交易 |
| | 前门传统文化产业集聚区 | 2 | 文化艺术 |
| 东城 | 中关村科技园区雍和园 | 1 | 软件、网络及计算机服务 |
| 海淀 | 中关村创意产业先导基地 | 1 | 软件、网络及计算机服务 |
| | 中关村软件园 | 1 | 软件、网络及计算机服务 |
| | 清华科技园 | 2 | 软件、网络及计算机服务 |

（续表）

| 所属区县 | 集聚区名称 | 批次 | 主要涉及行业 |
|---|---|---|---|
| 朝阳 | 北京798艺术区 | 1 | 文化艺术 |
| | 北京潘家园古玩艺术品交易园区 | 1 | 艺术品交易 |
| | 北京CBD国际传媒产业集聚区 | 2 | 广播、电视、电影 |
| | 惠通时代广场 | 2 | 新闻出版 |
| | 北京时尚设计广场 | 2 | 设计服务 |
| | 北京欢乐谷生态文化园 | 2 | 旅游、休闲娱乐 |
| | 北京奥林匹克公园 | 3 | 旅游、休闲娱乐 |
| | 北京音乐创意产业园 | 4 | 文化艺术 |
| 丰台 | 北京大红门服装服饰创意产业集聚区 | 2 | 设计服务 |
| | 卢沟桥文化创意产业集聚区 | 4 | 旅游、休闲娱乐 |
| 石景山 | 北京数字娱乐产业示范基地 | 1 | 设计服务 |
| | 北京DRC工业设计创意产业基地 | 1 | 软件、网络及计算机服务 |
| | 中国动漫游戏城 | 3 | 软件、网络及计算机服务 |
| 大兴 | 国家新媒体产业基地 | 1 | 新闻出版 |
| 通州 | 宋庄原创艺术与卡通产业集聚区 | 1 | 文化艺术 |
| | 北京出版发行物流中心 | 2 | 新闻出版 |
| 顺义 | 顺义国展产业园 | 2 | 广告会展 |
| 昌平 | 十三陵明文化创意产业集聚区 | 4 | 旅游、休闲娱乐 |
| 延庆 | 八达岭长城文化旅游产业集聚区 | 4 | 旅游、休闲娱乐 |
| 门头沟 | 斋堂古村落古道文化旅游产业集聚区 | 4 | 旅游、休闲娱乐 |
| 怀柔 | 中国（怀柔）影视基地 | 1 | 广播、电视、电影 |
| 平谷 | 中国乐谷-首都音乐文化创意产业集聚区 | 4 | 文化艺术 |
| 密云 | 北京古北口国际旅游休闲谷产业集聚区 | 4 | 旅游、休闲娱乐 |
| 房山 | 北京（房山）历史文化旅游集聚区 | 2 | 旅游、休闲娱乐 |

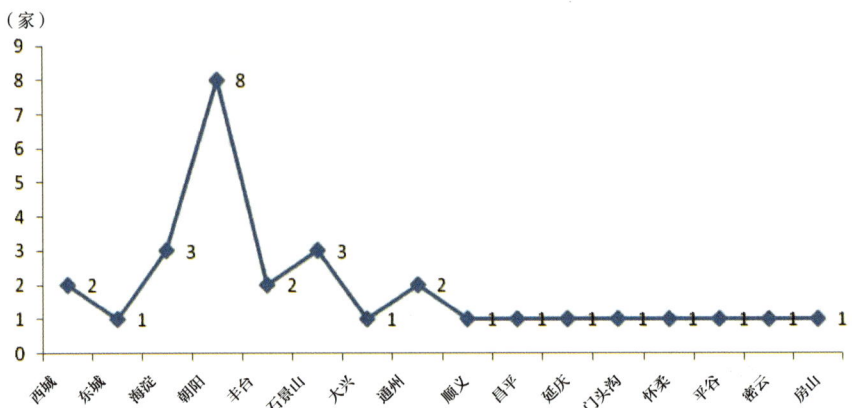

图 3.19　北京 30 家市级文化创意产业集聚区地区分布情况

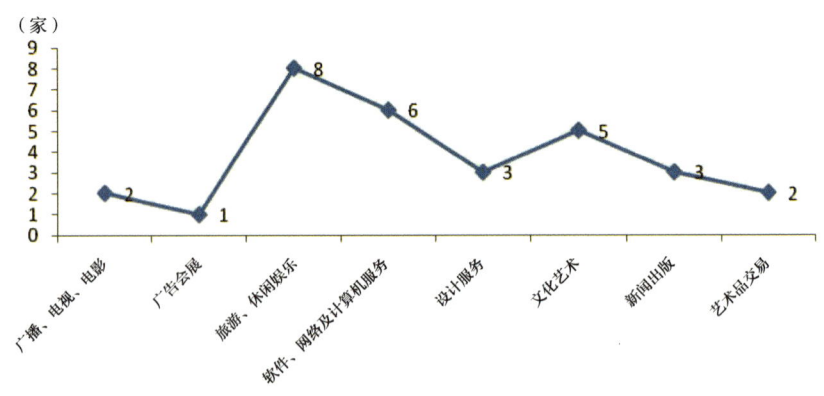

图 3.20　北京 30 家市级文化创意产业集聚区行业分布情况

　　四个批次集聚区的认定对北京文化创意产业集聚区发展具有重要战略意义。第一批认定的集聚区，不仅规范了集聚区的建设、发展标准，而且明确了政府支持的重点。期间为带动文化创意企业形成集聚规模，促进北京创意产业更好的发展，北京出台了文化创意产业集聚区认定和管理办法，提出了北京市集聚区应"具有科学的规划、鲜明的产业特色和定位、相当的产业规模、先进的产业形态、合理规范的管理机构和运营机制、较完善的基础设施和公共服务支撑体系及良好的产业发展前景"的认定条件，此次认定条件的提出为以后的工作提供了理论指导。第二批集聚区的认定肯定了首批集聚区的集聚和辐射带动作用，其在分布上提高了区县的覆盖率，并向南城（原宣武区、原崇文区、丰台区）和新城（顺义）倾斜。第三批与第四批认定时间间隔不长，此次认定覆盖了北京市的全部区县，保证了各个区县的协调发展。

## （二）集聚区发展特点

文化创意产业集聚区的建设和提升，成为北京市发展文化创意产业的主要模式，从经济地理的视角来看，北京的文化创意产业经历了高新产业园区、文化创意基地和文化创意集聚区三个阶段，并已表现出其特有的文化创意集聚区发展特点。

### 1 集聚特点

（1）地理集聚。文化创意产业的集聚源于特定的地理区位，或靠近特殊的创意群体、或靠近目标消费群体、或靠近交易市场，这种特定的地理区位促进了创意产业集聚的形成和发展。例如，中关村创意产业先导基地即是利用原有的海淀图书城，在其中加入创意元素和高科技手段，打造了一个全新的主题文化广场，并向周边文化创意产业带辐射。目前，已发展成拥有软件、游戏、动漫、音乐、出版等领域两百余家创意企业的多元化产业基地。

（2）产业关联。在多层次产业集聚中，上下游企业间存在着原材料供应、成品或半成品生产和成品销售的投入产出联系的复合型产业群体的集聚特点。这种集聚区的形成主要体现在文化创意产业中的影视行业。例如，中央电视台和北京电视台新址的建设带动近几千家上下游企业，如电视制作、广告代理、出版、印刷、广告、动漫、网游等相关文化创意类公司的迁入、集聚，同时带动 CBD 周边地带的相关类型文化创意企业发展，广泛辐射带动了包括了节目制作、大型活动策划、广告传媒、教育培训、影视经纪人等各类相关行业的发展，并快速形成以影视、传媒服务为主要特色、庞大的文化创意产业链条。

（3）产业同类。同一产业群体集聚的最大特点就是集聚企业生产或经营的产品大致相同，面对共同的市场和用户，企业仅以提供差异化的产品来避免同质竞争。例如中关村软件园区在不足三百平方公里的区域内，集聚着近两万家软件型企业，并以中小企业为主。这些中小企业大多经营软件、电子信息等产品，彼此之间存在激烈的竞争。

## 2 分布特点

（1）首都功能核心区和城市功能拓展区成为主要集聚区域。北京市 16 个区县，资源禀赋不同，功能定位不同，文化创意产业发展方向不同，发展水平不同。从地区分布上看，30 个市级集聚区中以朝阳区最为集中（共有 8 个），涉及原创艺术、艺术品交易、广播影视、新闻出版、设计服务、旅游休闲等多类功能，大部分属消费型行业。

（2）涵盖远郊，实现均衡协调发展。北京市政府在审批第三、第四批集聚区时，注重了各区县文化创意产业发展的平衡性，11个远郊区县均实现至少建有一个特色文化创意产业集聚区的目标，既保证了各区县的协调发展，也在不同程度上带动了当地相关产业的成长。

目前，远郊区县的创意产业集聚区的类型主要集中在生态涵养旅游娱乐相关行业，将文化创意产业与历史古迹、自然风光相结合，不仅提高了旅游收入，更重要的是提高了旅游附加值，给北京旅游业指引了新的发展方向。

（3）龙头企业成为文创产业集聚的核动力。龙头企业成为文创产业集聚的核动力。如北京CBD国际传媒产业集聚区，随着中央电视台、北京广播电视台、凤凰卫视等影响力强、覆盖面广、专业化程度高的领先传媒平台入驻CBD之后，形成了强大的辐射效应，对配套企业起到带动作用，其产业链上下游企业已经在东方梅地亚中心、大成国际中心、万达广场、惠通时代广场、尚8产业园等处形成了初步的聚集形态。还有中国(怀柔)影视产业示范区，由中影集团旗下的二十多家公司，遍布影视制片、拍摄制作、交易发行、营销策划、影视旅游和后衍生品等影视全产业链。同时，在中影集团的品牌影响下，又吸引了相关配套企业在此集聚。同时，北京也是全国知名学府、科研机构的聚集地，特别是具有很强的知识溢出效应、国内首屈一指的高校清华、北大，成为当前北京文化创意迸发的集聚地。同时，高校、科研机构与集聚区形成相互依托的互促关系，前者可将文化创意想法付诸实践，检验其合理性和可行性，后者则可受益于高素质创意人才的输入，对于文化创意的产生起到至关重要的作用。在北京现有的30个已认定的文化创意产业集聚区中，有14个集聚区是与高校紧密相邻的，特别是研发设计类的文化创意产业集聚区的分布与高校等科研教育机构呈现出了很强的相关性。

## （三）集聚区发展模式

北京市现有认定的 30 个文化创意产业集聚区，除在其涉及行业、类型功能上存在差异外，各集聚区在其形成和发展的过程中也表现出一定特点。

### 1 资源聚集自发形成模式

资源聚集自发形成模式是企业或者创意产业从业人员包括艺术家由于对某块地域的环境具有相当的认同感，自发聚集于某地从而形成集聚效应。如，宋庄原创艺术与卡通产业集聚区和潘家园古玩艺术品交易园区等。宋庄原创艺术与卡通产业集聚区原始景观是随着艺术家的陆续聚集而形成的。1995 年，圆明园画家村被迫解散，大批艺术家陆续迁移、聚拢到宋庄，成为声名远播的"画家村"。随着宋庄艺术经济的不断发展，不断完成业态升级，在文化创意产业的推动下，逐渐由"画家村"向文化创意产业集聚区转变。

宋庄原创艺术和卡通产业集聚区之所以得以发展，源于其具备了几个关键条件：一是具有适宜特定产业发展的环境，如宋庄恬静秀美的环境为画家等艺术家的创作活动创造了良好的艺术氛围；二是具有旺盛的人气；三是集聚成本低廉，如低廉的房屋租金，这对于许多艺术家来说非常具有吸引力。但是，这种"资源集聚自发形成"的文化创意产业集聚区在形成过程中往往具有某种程度上的无序性，需要有关政府部门规范市场交易秩序，引导市场主体有序集聚，并给市场主体创造良好的外部生存环境。

### 2 原有资源改造利用模式

原有资源改造利用模式是创意产业市场主体通过对原有资源如闲置厂房、旧仓库等经过简单改造和装修直接利用，作为创作、经营活动场所而逐渐聚集形成的过程。驰名国内乃至世界的 798 艺术区是最典型的例子。798 艺术区的起始源于 718 联合厂基础上组建的七星集团将部分闲置厂房出租给一些艺术机构及艺术家，这些艺术机构及艺术家成为最早进驻该区域的艺术创作群体。2002 年，廉价的租金吸引大批艺术家工作室和当代艺术机构进驻，2005 年，北京市又将艺术区内"包豪斯"风格建筑列为文物保护对象，并于 2006 年成为北京市首批十个文化创意产业集聚区之一。如今，已提升为国内最大、最具国际影响力的艺术区，成为现代北京城市的标志，承担并举办了"北京大山子国际艺术节""798 艺术双年展"等具有国际影响力的活动。目前，798 艺术区已发展成为画廊、艺术中心、艺术家工作室、设计公司和时尚店铺等各种空间的集聚区。

原有资源改造利用模式最突出的特点就是成本低廉且集聚速度快，其发展基础是具有成本低廉的可供利用的旧有资源。当然，知名机构或艺术家的示范带动效应也是该模式成功的重要条件。

### 3 依托城市景观提升模式

依托原有资源提升模式是指一些区域已经具备了发展创意产业的主要条件，通过在原有资源中加入新的要素或依托原有资源拓展新的产业领域，提升原有资源的利用价值，打造新的产业链条，形成创意产业的集群效应。这种模式在北京创意产业集聚区建设中相对较多，如中关村科技园区雍和园、北京数字娱乐产业示范基地、国家新媒体产业基地和中关村创意产业先导基地。

北京数字娱乐产业示范基地位于石景山区，是在现有游乐园、国际雕塑公园等资源中加入了数字创意的要素，大力发展以网络游戏、动漫制作、数字影视为主导的创意产业。目前，集聚区引入了华录、汉铭无线、搜狐网游等业内实力企业，推出了以"魔法精灵""小马过河"等为代表的数字娱乐精品。中关村创意产业先导基地利用原来的海淀图书城，在其中加入创意元素和高科技手段，打造了一个全新的主题文化广场，并向周边创意产业带辐射。

依托原有资源提升模式的一个基本条件是，在集聚区里面原本就有一些标志性的资源，如数字娱乐产业示范基地的石景山游乐园、国家新媒体产业基地的星光集团、中关村科技园雍和园的歌华有线、中关村创意产业先导基地的海淀图书城等。集聚区建设要取得成功则需要依托这些标志性资源，拓展与之相关的、具有广阔市场前景的新兴创意产业，改造提升原有产业，形成新兴主导行业，以推动集聚区的建设与发展。

### 4　全新规划建设模式

全新规划建设模式是政府相关部门新划出一个区域进行规划，集中发展某类型创意产业，并集中大量投资建设基础设施，为企业搭建良好的公共服务平台，实行招商引资特殊优惠政策，吸引行业内重点龙头企业入驻，最终形成集聚区。北京市工业设计创意产业基地、中国（怀柔）影视基地和中关村软件园就属于全新规划建设模式。

全新规划建设创意产业集聚区需要注意以下问题：一是要依托现有的产业基础和区域资源环境特点来规划聚集区产业发展方向。如，中关村软件园的发展离不开海淀区良好的软件产业基础以及丰富的软件研发人才资源。影视基地一定要选择环境较好的地方作为外景拍摄现场，而怀柔影视基地选择落户环境优美、交通便利的怀柔区杨宋镇就非常相宜；另外，北方地区最大的外景拍摄地飞腾影视城、百汇演艺、中视腾飞等演员培训学校，这些资源也为影视基地的发展奠定了良好的基础。

二是要注重发挥市场机制的作用，根据市场需求，加强宏观规划引导。如北京工业设计创意产业基地在政府宏观引导的基础上，充分发挥市场对资源的配置作用，针对成长型的中小型设计机构、设计师的实际需求建立设计专业孵化器，为其提供共性技术平台、信息数据库等各种服务；在基地运作上，由政府与企业共同成立基地运营管理企业，实行独立运营，从机制上保障了基地按照市场化运行规律来开发建设。

## 五、文创企业发展情况

### （一）北京文创企业规模

截至2014年年底，北京全市文化创意产业企业达17.1万户，同比增长15.8%；注册资本4 338.5亿元，同比增长39.4%。规模以上法人单位实现收入11 029亿元，同比增长9.5%，且产业规模仍在持续扩大，全市正以平均每天超77家文创企业作为"新生力量"加入进来。在整体经济发展进入新常态，增速换挡的形势下，文化创意产业逆势上扬，表现出较强的抗衰性。

### （二）北京文创企业发展特点

**1 小微文化企业占据主体**

在北京文创企业的发展大盘中，小微企业量大面广，对筑牢文化创意产业发展的根基具有不可替代的作用。根据北京市第三次全国经济普查主要数据公报统计，截至2013年年底，北京共有小微文化创意企业14.1万家，占全市文化创意企业总量的96.6%；从业人员占全市的47.1%；资产总额占全市的

42.8%。2014 年，全市又新增文化及相关产业企业 2.9 万家，同比增长 53.1%，其中大部分为小微企业。

## 2 民营企业发挥主力军作用

从本次调查结果来看，70.69% 的受访企业为民营（含个体）企业，15.17% 为国有企业，合资及外资企业较少，所占比例分别为 3.45% 及 3.10%，这主要是由我国外商投资政策所决定的。根据北京 2014 年新出台《北京市文化创意产业提升规划（2014—2020 年）》中明确，重点扶持及重点突破发展的文化艺术、广播影视、新闻出版、广告会展、艺术品交易、设计服务六大文化创意行业中，文化艺术、广播影视、新闻出版均属于《外商投资产业指导目录》中规定的限制类或者禁止类项目。目前，外商可以投资的文化创意产业领域主要包括：广告、会展、出版物分销、演出经纪机构、演出场所、动漫与网络游戏、建筑设计、电影院的建设和经营等。

按登记注册类型看，全市内资文化创意产业法人单位收入合计为 9 606.4 亿元，占全市文化创意产业法人单位的 77.6%；从业人员 152.9 万人，占 83.3%。港澳台商投资文化创意产业法人单位收入合计为 942.6 亿元，占全市文化创意产业法人单位的 7.6%；从业人员 10.9 万人，占 5.9%。外商投资文化创意产业法人单位收入合计为 1 828.4 亿元，占全市文化创意产业法人单位的 14.8%；从业人员 19.8 万人，占 10.8%。

表 3.18 按登记注册类型分组的文化创意产业主要经济指标数据

|  | 单位数（个） | 从业人员（万人） | 资产总计（亿元） | 收入合计（亿元） | 利润总额（亿元） |
| --- | --- | --- | --- | --- | --- |
| 合　计 | 146 174 | 183.6 | 20 594.7 | 12 377.4 | 776.3 |
| 内　资 | 142 917 | 152.9 | 17 031.6 | 9 606.4 | 521.1 |
| 港澳台商投资 | 1 297 | 10.9 | 1 383.5 | 942.6 | 135.3 |
| 外商投资 | 1 960 | 19.8 | 2 179.6 | 1 828.4 | 119.9 |

数据来源：北京市第三次全国经济普查主要数据公报（第四号）。

### 3　创意研发为主营业务

北京的文化创意产业统计口径与国家的有所区别，北京市将软件和计算机服务也纳入了文化创意产业统计范围。在调研中，北京文化创意企业经营活动最多的是计算机软件服务，占到样本数的五分之一，设计创意和动漫网游企业分别为 18% 和 16%。这三个行业占到调研企业半数以上，主要业务技术含量高，创意研发是主营业务，处于产业链前端。这是北京创意人才资源丰富和环境宽松的表现，但是对融资来说，业务处于产业链前端，风险相对较高，融资难度也会相对较大。

### 4　多数企业发展较稳定

本次问卷调查结果显示，超一半企业为创办 5 年以上的企业，创办 1 年以下的文化创意企业仅占 9.62%。2013 年，我国工商部门曾对 2000 年以来新设企业的营业状态展开企业生存周期的调研，分析结果指出，我国文化类企业平均寿命为 5.67 年，生存危险期在企业创立后第 2 年。从此次北京市文化创意企业的调研结果来看，北京文化创意企业创立年限在 3 年以下的占 25.77%。总体来看，行业内企业发展较为稳定，企业成长及经营状况较好。

### 5 文创航母企业开始涌现

2011年北京市颁布的《关于发挥文化中心作用加快建设中国特色社会主义先进文化之都的意见》，已经勾勒出了"引领中国，影响世界的首都文化航母"雏形：未来将充分发挥市场机制作用，着力培育500家骨干文创企业、100家文化上市企业、50家百亿级文创企业集团、3—5家千亿级文创企业集团，率先建成现代文创产业体系。总体来看，北京市文化创意产业从宏观战略高度清晰勾勒了未来发展格局和发展路径。

### 6 文创企业精品创作活跃

强化文创企业精品创作能力，打造世界级文化产品品牌。大力发展文化与科技融合的新业态，鼓励创新商业模式，强化精品创作能力，形成全产业链的核心竞争优势。一是扩大全市文化创意企业原创性强的优势。发挥科技创新和文化创新的主体作用，使企业真正成为研究开发投入的主体、技术创新活动的主体和创新成果应用的主体，全面提升企业的自主创新能力。二是建立内容为王的文创企业经营模式。通过深化文化体制改革，进一步打破条块分割的文化传媒渠道与市场垄断，增强从事文化内容制作单位在文化产业市场化交易中的议价能力，让创作者能够获得足够的收益。

## 六、十年发展中存在的不足

### （一）各行业发展不够平衡

北京文创产业虽然整体发展呈现较好态势，但内部各行业之间发展不平衡的问题仍比较突出,亟待进行结构调整与升级。产业内部行业发展不平衡主要表现在两个方面:一方面是产业内部各行业之间发展不平衡。在文化创意产业九个行业中,软件、网络及计算机服务业、广告会展业实现收入占全市文化创意产业比重达到52%,其他七个行业仅占48%;另一方面是部分领域还处于产业化起步阶段,部分新兴行业的发展落后于国内其他地区。以网络游戏为例,北京作为全国网络游戏起步较早、并且具有良好资源优势的地区,而广东游戏产值占全国市场的60%以上。

## (二)文化市场体系有待完善

目前北京市文化管理分散在文化、文物、旅游、新闻出版、广播电视等数个部门,各部门相互之间沟通协调不够,对文化资源和文化市场统筹不够。部门和行业分割依然严重,市场配置资源的基础性作用未得到充分发挥,发展文化创意产业的资金、信息、人力等受行政关系、专业划分的限制,对提高资源配置的效率产生不利影响。

## (三)集聚区发展参差不齐

经过近几年的发展,北京文化创意产业集聚区从入驻企业的增速、收入的增速、拉动就业的增速来看,显示出了集聚效应的巨大优势,但仍暴露出了一系列问题:一是缺乏专业的品牌管理机构和人才队伍。集聚区品牌定位、园区规划、形象设计、运营管理等方面缺乏专门的机构和人才进行打造。二是北京大部分市级集聚区仍没有形成完整的产业链条。集聚区企业间在开发、生产和营销等环节上缺乏密切的协同和合作,企业自身的产品和服务难以融入客户企业的价值链运行当中,产品的有效差异性小，提高产业链的整体竞争能力差，难以获得较高的利润回报和竞争位势。三是参与国际化交流的深度和广度不足。与国际知名文化产业园区对外交流所带来的品牌影响力相比，明显不足，与北京市作为世界城市的城市影响力与竞争力不相匹配。

### （四）文创企业国际竞争力较弱

北京虽然已涌现出一批全国知名的文创企业，但整体数量、规模、经济效益、知名度等方面，都与发达国家和地区存在很大差距，缺乏具有较强竞争力的大型跨国企业集团，难以带动整个行业的发展和国际化整体水平的提升。以影视传媒业为例，美国有以时代华纳为代表的 25 家跨国影视传媒企业，其中 6 家企业年销售额在 15 亿美元以上，业务范围涉及报纸、杂志、地面电视、广播、有线电视网络、多频道节目供应、视频分配等多个领域，而北京影视行业规模较小，目前仅有歌华等少数具有影响力的传媒集团，还没有形成跨媒体、跨地区、跨行业的大型传媒集团。

## 七、十年发展经验的总结

从 2005 年至今，北京文化创意产业一直保持了迅猛发展势头，并形成了以 30 个市级集聚区为载体、带动区县集聚区发展的文化创意产业空间发展模式。目前，北京的文化创意产业的发展在国内位居前列，并且发展势头良好。

### （一）重视政策推动产业发展

近年来，北京市委市政府高度重视文化创意产业发展及其对首都经济的引领作用，逐步形成了一套较完善的政策体系，包括完善文创产业组织架构、设立文化创意产业发展专项基金、制定"1+X"文化创意产业政策体系等。文化创意产业逐步成为北京经济发展的重要支柱，成为最活跃、最具增长潜质的产业。

## （二）尊重市场机制的基础地位

北京重视对市场自组织形成的文化产业集聚区的引导、规范和服务。从潘家园古玩艺术品交易市场、798艺术区、宋庄画家村、南锣鼓巷等的发展史看，起初都是不起眼的自发性质的集聚，慢慢形成规模和影响，在保留还是拆迁的问题上，政府管理部门充分尊重市场自发行为的合理性，采取了疏导的办法，避免了对抗，消除了对立，增进了互信，将其纳入规范的法制化管理轨道，并加大财政支持力度，积极改善服务环境，引导其健康繁荣有序发展。

## （三）立足优势发展文创特色产业

北京立足自身产业特点和潜能，文化创意产业以软件网络计算机服务、新闻出版、设计服务和影视广播等四大优势行业为支撑；同时，大力推进文化艺术、旅游休闲娱乐、广告会展、艺术品交易等行业的发展，动漫游戏、数字出版、数字新媒体等新业态发展迅猛，成为新亮点。例如，北京出版集团是全市最大的综合性出版机构，出版物获奖率达25%，图书零售市场占有率和产品动销率在全国均处于第一集团行列。北京演艺集团曾连续三年荣获"全国文化企业30强"称号，子企业中国杂技团拥有50多年历史，多次在国内外大赛中获得金奖，品牌价值巨大。北京日报报业集团在全国47家报刊总体经济规模综合评价中位列四强。总体上，形成多业并举的产业格局。

### (四)打造特色鲜明的文创集聚区

以市场机制为基础、政府规划为引导,一批特色鲜明的产业聚集区逐步形成,成为北京文化创意产业发展的重要空间载体。其中,中关村创意产业先导基地聚集了新浪、百度、腾讯、华旗资讯、联众、光线传媒等百余家创意企业;北京数字娱乐产业示范基地被国家科技部命名为"国家数字媒体产业化基地";798艺术区方圆一平方公里内,现集聚了一百多家文化机构,包括出版、建筑设计、服装设计、室内家居设计、音乐演出、影视播放、艺术家工作室等,被美国《时代周刊》评为全球22个城市艺术中心之一。潘家园古玩艺术品交易区、长安街沿线文艺演出聚集区、琉璃厂文化产业园区、北京欢乐谷主题公园等区域的产业聚集效应也逐步显现。这些聚集区的品牌价值和产业聚集效应推动了北京文化创意产业的快速发展和整体竞争力的提升。

### (五)重视实施国际化发展战略

北京十分重视产品的市场开拓和出口导向,产品出口规模日益扩大,尤其是软件、图书、影视等行业的产品出口量居全国前列。北京文创产业的国际化途径日趋多样,初步形成了自主知识产权产品出口、合资合作、加工出口、外包出口以及海外建立分支机构等多种国际化方式。

# 基于多维横向比较的北京市文创产业发展评析

## 一、基于文创产业发展能力视角的北京文创产业发展评析

### (一) 数据来源介绍

主要参考数据源自"中国省市文化产业发展指数",该指数是由中国人民大学文化创意产业研究中心建立的一套反映各省市文化产业发展的监测指标体系和指数测算方法,用以测度中国文化产业发展的现状,观察各地区文化产业发展的进展。中国省市文化产业发展指数定在每年北京文博会期间发布,自2010年发布伊始,2015年已经是第六次发布,该指数已经成为反映我国文化发展水平的"温度计"和"晴雨表",成为省市文化产业发展规划的决策依据。

中国省市文化产业发展指数整套指标体系从涉及文化产业的投入、驱动、产出三个环节出发,构建了产业生产力、产业影响力和产业驱动力三大一级指标,文化资源、文化资本、人力资源、经济影响、社会影响、市场环境、公共环境、创新环境等八个二级指标,并具体选取46个测度变量进行实证研究,对指标进行了具体解释。产业影响力反映区域文化产业产出情况,包括经济影响和社会影响;产业驱动力反映区域文化产业

发展环境，对整个产业起到支撑的作用，包括市场环境、公共环境、创新环境。中国省市文化产业发展指数的客观数据主要采用国家统计部门公布的数据，调研数据委托专业市场调研公司获得。

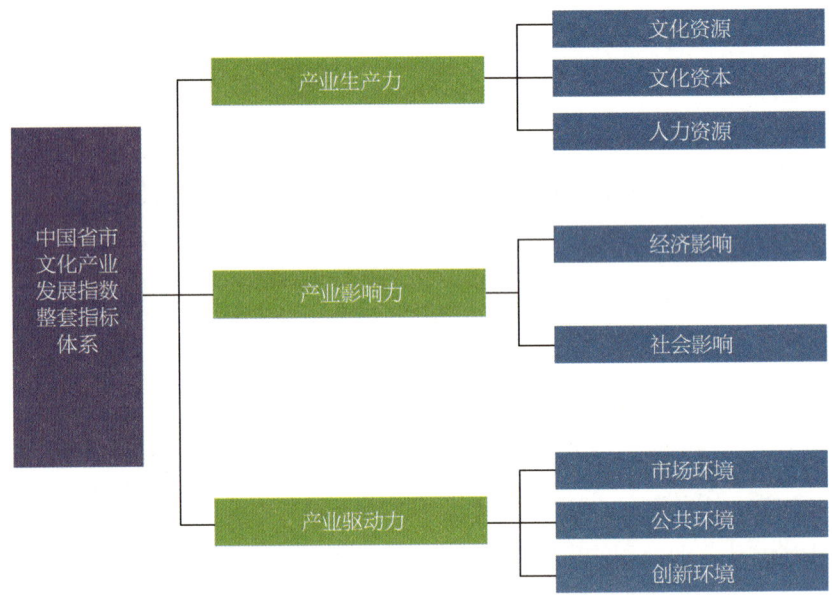

图 3.21　中国省市文化产业发展指数整套指标体系框架

## （二）中国省市文化产业发展整体概况

中国省市文化产业发展指数（2015）结果表明，我国各省市文化产业总体保持持续稳步增长，各省市综合指数排序与 2014 年相比有小幅变动，上海、北京、江苏名列前三名，福建、四川进入全国前十名。生产力指数方面，各省市排名与 2014 年相比整体上变化浮动较小。驱动力指数方面，和 2014 年相比，上海、福建、海南、吉林、四川等省份上升幅度较大。影响力指数方面,东部地区文化产业经济影响和社会影响比较明显,前十名的省市中,就有 8 个来自东部沿海发达地区。

表 3.19 中国省市文化产业发展指数(2015)得分及排名情况

| 排名 | 综合指数 | | 生产力指数 | | 影响力指数 | | 驱动力指数 | |
| --- | --- | --- | --- | --- | --- | --- | --- | --- |
| 1 | 上海 | 81.44 | 山东 | 82.14 | 北京 | 88.23 | 北京 | 82.47 |
| 2 | 北京 | 81.41 | 江苏 | 81.29 | 上海 | 87.67 | 上海 | 82.30 |
| 3 | 江苏 | 79.76 | 广东 | 80.37 | 浙江 | 83.56 | 福建 | 80.85 |
| 4 | 浙江 | 79.54 | 浙江 | 77.82 | 广东 | 82.03 | 辽宁 | 80.70 |
| 5 | 广东 | 79.49 | 四川 | 76.45 | 江苏 | 81.72 | 青海 | 80.20 |
| 6 | 山东 | 78.12 | 河北 | 75.04 | 山东 | 80.27 | 贵州 | 78.48 |
| 7 | 福建 | 76.24 | 江西 | 74.99 | 福建 | 75.97 | 海南 | 78.11 |
| 8 | 四川 | 75.86 | 河南 | 74.82 | 四川 | 74.81 | 浙江 | 77.25 |
| 9 | 湖南 | 75.1 | 上海 | 74.34 | 湖南 | 74.44 | 吉林 | 77.11 |
| 10 | 河北 | 75.2 | 湖南 | 74.10 | 河北 | 74.20 | 湖南 | 76.99 |

数据来源:中国经济网,嘉乐世纪公司整理。

## (三)北京市与其他省市文化产业发展比较评析

### 1 综合指数数值同比下降,排名退居第二

2015 年全国省市文化产业指数的均值达到了 73.65,比 2014 年的 73.61 略有上升。全国各省市综合指数排名与 2014 年相比有一定幅度变动,全国前五名的省市依次是上海、北京、江苏、浙江、广东,平均得分为 80.33。都位于东部地区。其中,2015 年上海的经济效益和社会效益有了大幅提升,使

得上海综合指数（81.44）首次以微弱优势超过北京（81.41），位居榜首。北京综合指数（81.41）较去年下降 0.69。

表 3.20　2013—2015 年中国部分省市文化产业发展指数得分及排名情况

| 排名 | 2013 年 | | 2014 年 | | 2015 年 | |
| --- | --- | --- | --- | --- | --- | --- |
| 1 | 北京 | 79.5 | 北京 | 82.1 | 上海 | 81.44 |
| 2 | 广东 | 78.1 | 江苏 | 81.1 | 北京 | 81.41 |
| 3 | 上海 | 78 | 浙江 | 79.7 | 江苏 | 79.76 |
| 4 | 浙江 | 77.7 | 广东 | 79.6 | 浙江 | 79.54 |
| 5 | 江苏 | 77.5 | 上海 | 78.8 | 广东 | 79.49 |

数据来源：中国经济网，嘉乐世纪公司整理。

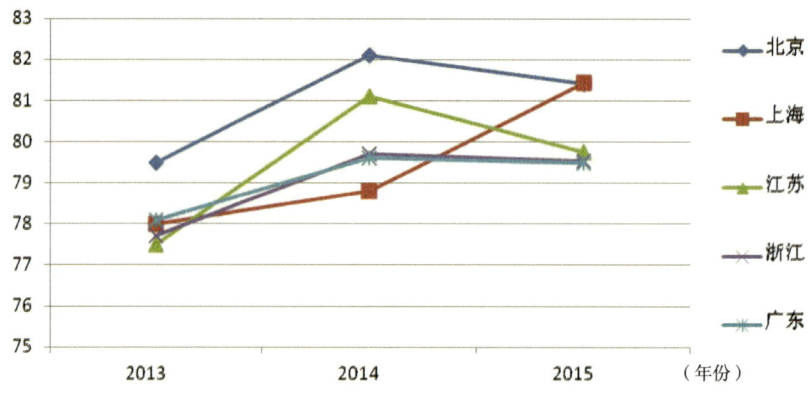

图 3.22　2013—2015 年部分省市文化产业发展指数得分折线图

## 2 生产力指数数值同比下降,排名退出前十名

在文创产业生产力指数方面,各省市生产力指数排名与2014年相比整体上变化浮动较小,北京除外,全国前五名的省市依次是山东、江苏、广东、浙江、四川,均来自东部地区。2015年北京文创产业生产力指数仅为73.53,比去年下降5.57。说明北京市在文化产业资源、人力、资本方面的投入力度有所下降。

表3.21 2013—2015年部分省市文化产业生产力指数得分及排名情况

| 排名 | 2013年 | | 2014年 | | 2015年 | |
| --- | --- | --- | --- | --- | --- | --- |
| 1 | 广东 | 83.9 | 广东 | 83.9 | 山东 | 82.14 |
| 2 | 山东 | 80.3 | 江苏 | 80.8 | 江苏 | 81.29 |
| 3 | 北京 | 79 | 山东 | 80.8 | 广东 | 80.37 |
| 4 | 江苏 | 78.8 | 北京 | 79.1 | 浙江 | 77.82 |
| 5 | 浙江 | 77.8 | 浙江 | 78.3 | 四川 | 76.45 |

数据来源:中国经济网,嘉乐世纪公司整理。

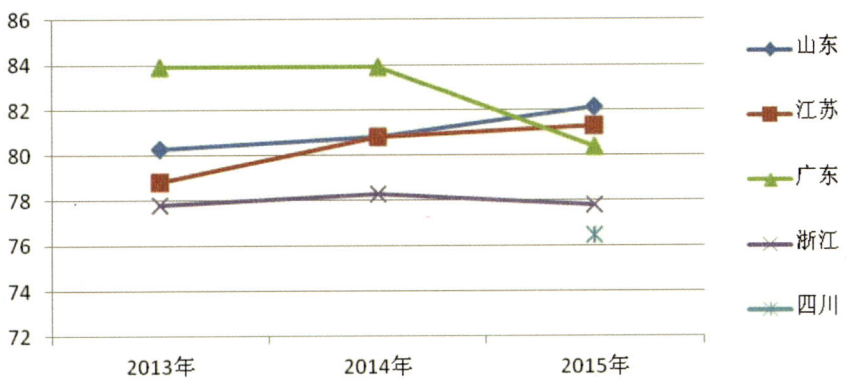

图3.23 2013—2015年部分省市文化产业生产力指数得分折线图

## 3 影响力指数数值同比上升，排名升至第一

在文创产业影响力指数方面，东部地区文化产业的经济影响和社会影响比较明显。位居全国前五名的省市有：北京、上海、浙江、广东、江苏，五省市的影响力指数平均得分为84.64。其中，北京影响力指数增长率最高，达到5.54%，上海和广东分别为3.51%和2.92%，而浙江和江苏均有所下降（分别为-0.05%和-3.40%）。

表3.22 2013—2015年部分省市文化产业影响力指数得分及排名情况

| 排名 | 2013年 | | 2014年 | | 2015年 | |
| --- | --- | --- | --- | --- | --- | --- |
| 1 | 上海 | 83.4 | 上海 | 84.7 | 北京 | 88.23 |
| 2 | 北京 | 80.5 | 江苏 | 84.6 | 上海 | 87.67 |
| 3 | 浙江 | 80.3 | 北京 | 83.6 | 浙江 | 83.56 |
| 4 | 江苏 | 78.2 | 浙江 | 83.6 | 广东 | 82.03 |
| 5 | 广东 | 78 | 广东 | 79.7 | 江苏 | 81.72 |

数据来源：中国经济网，嘉乐世纪公司整理。

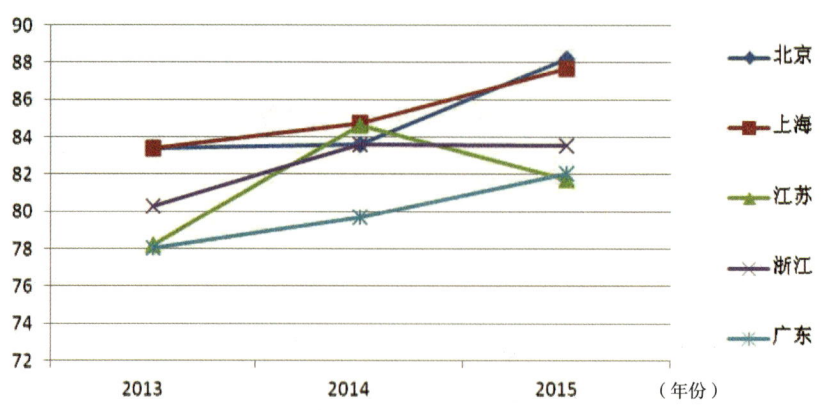

图3.24 2013—2015年部分省市文化产业影响力指数得分折线图

## 4 驱动力指数数值同比下降,排名稳居第一

在文创产业驱动力指数方面,全国前五名的省市为北京、上海、福建、辽宁和青海。和 2014 年相比,从排名看,比如上海和福建上升幅度较大,至少上升 5 个名次。从数值看,和 2014 年相比整体提升较大,驱动力指数平均值由 2014 年的 73.85 上升到 74.80。从增速看,福建和上海分列增长率第二、三位,说明这些地方政府发展文化产业的决心比较大,措施比较得力。

表 3.23　2013—2015 年部分省市文化产业驱动力指数得分及排名情况

| 排名 | 2013 年 | | 2014 年 | | 2015 年 | |
| --- | --- | --- | --- | --- | --- | --- |
| 1 | 天津 | 81.5 | 北京 | 83.5 | 北京 | 82.47 |
| 2 | 北京 | 78.8 | 辽宁 | 81.5 | 上海 | 82.3 |
| 3 | 四川 | 77.6 | 青海 | 80.3 | 福建 | 80.85 |
| 4 | 福建 | 76.8 | 宁夏 | 80.1 | 辽宁 | 80.7 |
| 5 | 山西 | 76.5 | 西藏 | 78.9 | 青海 | 80.2 |

数据来源:中国经济网,嘉乐世纪公司整理。

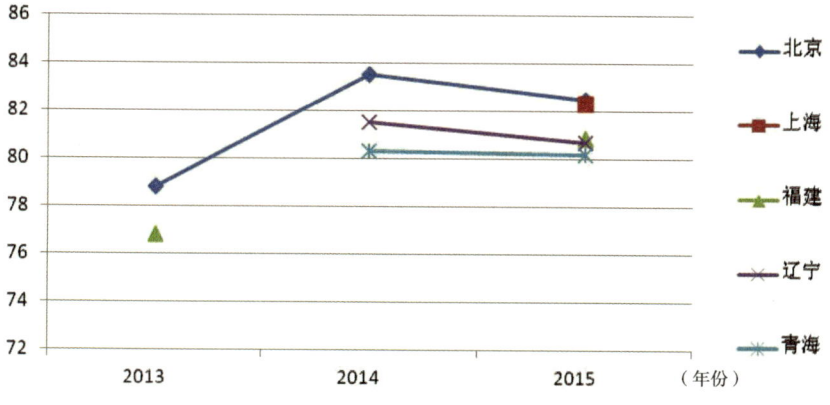

图 3.25　2013—2015 年部分省市文化产业驱动力指数得分折线图

## （四）启示：多举措提升北京文创产业发展能力

综合以上的指数分析，北京市文创产业发展能力的提升重点应放在生产力方面，需在文化产业资源、人力、资本方面加大投入力度。另外，基于新形势下提出的新要求，即转变政府职能，发挥市场在资源配置中的决定性作用，建议北京市文创产业驱动力应注重文化市场体系的打造。

### 1 做好区域文化资源整合，提高生产力

围绕"一带一路"和京津冀协同发展战略，做好区域文化资源整合。一是以文化资源整合为背景的"一带一路"战略作为国家战略，得到沿线沿路国家的积极呼应，这是以文化为纽带整合国家对外经济战略的成果，也是我国文化走出去的重大平台。要把文化走出去纳入"一带一路"战略，实施"一带一路"文化产业重点工程，落实好"一带一路"书香工程、影视工程等重大项目。加大对文化出口重点企业的支持力度，组织实施文化产业合作工程，拓展"一带一路"影视、出版、文化艺术、文化旅游等文化产业项目。二是京津冀协同发展是国家战略，也是北京疏解非首都功能，构建"高精尖"经济结构的重大战略机遇。坚持市场作用和政府作用相结合，加快转变政府职能，创新有利于协同联动发展的体制机制；坚持当前发展和长远发展相衔接，搞好顶层规划设计。按照资源互享、政策互惠、功能互补、融合互动原则，理顺产业发展链条，统筹产业承接平台和功能园区建设；探索建立京津冀文创产业合作综合改革试验区，促进文化基础设施、知识、资本、人才等资源对接交流。

### 2 加强文化金融融合发展，提高资本投入

文化金融融合发展是一个长期过程。要发挥市场的作用，

实现资源的有序流动和高效配置，避免只顾及大而短平快项目。北京市重点从平台和渠道建设两个方面着力。一是打造文化金融服务创新平台。作为新生事物的文化金融服务，必须牢牢建立在合理科学的制度安排基础上，同时还必须着力推进组织架构建设，打造以制度和组织架构为依托的文化金融服务创新平台。制度设计是一个系统工程，北京市应重点推进以政策支持为导向、版权交易为中心的制度体系建设，在创新文化金融服务的过程中不断规范和完善包括版权、资源、人才在内的公共服务体系和相关服务市场。组织架构建设包括各级各类文化金融服务相关单位，涉及政府、企业、银行、保险公司、协会、中介等组织，以及诸如文化产权交易所、文化保税区、文化金融合作试验区等新兴单位，从而为文化金融服务创新提供组织平台保障。二是拓宽文化金融投融资渠道，形成开放性、国际化投融资体系。具体包括：第一，构建多元化文化金融投融资格局，逐步建立起以市场为基础，政府、企业、金融机构、外资和民间资金共同组成的层次性多元化融资机制；第二，顺应全球产业调整的趋势，用开放的视野，通过技术贸易、直接投资、间接投资等多种方式开拓利用外资渠道。

### 3 提升文化创意人才培育，扩大人力资源

从服务创新的能动主体来看，人才在文化创意产业发展中始终占据根本和核心的地位。文化创意人才包括艺术文化创意人才和经营管理人才，不仅要针对影视、流行音乐、设计、数位内容、艺术等各个领域培育及扶植相关专业人才，而且要更加重视培养能够扮演"触媒"角色的文创中介人才，包括兼具文化内涵、创意思考及产业经营能力的跨界人才，以便将丰富的创意及设计转化为商品，协助创意者与文化产业接轨。目前北京文创人才总体供给仍显不足，人才结构性短缺问题也很突

出。文创产业的高端领军人才、新兴行业的专业化人才、既懂文化创意又懂经营管理的复合型人才较为缺乏。改变这一局面需要政府、学校和企业三方合作发力。一是国际化、理性化、专业化，对于文化创意企业来说，这是未来发展所必须具备的条件，无论是致力于国内的发展还是走出去，都需要开阔的视野，而文创人才的国际化培养是其中一环。通过搭建"文创业高端人才国际开发中心"的开放平台，整合国内外专业机构与产业资源，以产学合作、开设专业课程、引入国际大师、办理工作坊及座谈会等方式，培育具跨界整合能力的复合型人才，提升其所需的专业技能与知识，如行销、研发、财务、谈判、知识产权、无形资产评价、品牌经营等，并建立文创人才培育信息整合平台。此外，举办国际化、专业化的创意和设计竞赛活动，为文化创意人才提供一个向外界联系的场域。二是实施"校内导师+行业导师"的双导师制，解决人才脱节问题。在师资上，坚决摒弃"学院派"至上的做法，积极引入业界精英，切实将理论与实践相结合。鼓励学生积极参与产业实践和实习，直接对接产业一线，让学生在市场中体会理论了解产业，然后进一步提升理论素养，加强理论指导实践的能动性。鼓励大专院校相关系所开设实习课程，推荐学生进入文创企业实习，使学生具备相关职业能力、提前与职场接轨，并为文创企业注入创新活力，协助有潜力的人才顺利进入文化创意产业。三是完善政府奖励、用人单位奖励和社会奖励互为补充的多层次文化创意人才奖励体系，对各类创意和设计人才的创作活动、学习深造、国际交流等进行奖励和资助，可为文化创意人才提供最原始的资金支持。

**4 注重文化市场体系打造，进一步提升驱动力**

虽然北京市文创产业驱动力指数稳居第一，也表明政府促进文创产业发展的举措取得了显著成效，但是在新形势下如何发挥市场在资源配置中的决定作用变得更为迫切。北京市应注重从文化市场体系的打造着力，进一步提升文创产业发展驱动力。具体举措包括三个方面：第一，培育合格市场主体。一方面，针对市国有文化企业，进一步深化文化体制改革，打造文化航母。坚持监管和服务并举，推动国有文化企业建立现代企业制度。并鼓励引导国有文化企业进入资本市场，通过兼并、重组、收购、上市等形式做大做强；另一方面，针对非公文化企业，营造良好发展环境，加大对非公文化企业扶持力度。积极发挥政府调控、监管等方面作用，创造公平竞争环境，让市场在资源配置中起决定作用。第二，挖掘国内外文化消费市场。一是加大宣传力度，培养文化消费理念；二是完善文化服务，引领文化消费需求；三是制定促进政策，激励文化消费行为。可借鉴上海市的做法，上海市通过制定文化消费优惠政策，包括税收、标准、品牌等来鼓励和满足消费者文化消费的条件；四是发展文化贸易，提升产品国际竞争力。如用好京交会、京台展会、京港洽谈会、文博会、国际设计周等营销平台，推动资金、人才、技术等要素进军国际市场，提高中国、北京文化产品的国际市场占有率。第三，加强核心要素市场的建设和培育。一是培育文化资本市场。创新投融资体制，扩大吸引社会资本进入文化领域的渠道，发挥文创基金投资引导功能，规范基金运行。支持企业利用短融资债、发行企业债、中期票据等直接融资手段，扩大文化资本市场。二是逐步完善文化产权市场。健全产权交易服务体系，完善交易规则，培育资产评估、法律、会计、拍卖等中介服务等要素，引导其发挥能动作用。三是大力培育文化人才市场。研制首都文创人才战略规划，统筹指导全市文化人才培养工作。组建人才评估委员会，通过文创人才职业技能鉴定，拓展人才使用渠道，提升人才使用效益。

## 二、基于城市文创产业竞争力视角的北京文创产业发展评析

### （一）数据来源介绍

主要的参考数据源自《两岸城市文化创意产业竞争力研究报告》。台湾亚太文化创意产业协会曾于2011年和2013年独立编制并发布《两岸城市文化创意产业竞争力调查报告》。《两岸城市文化创意产业竞争力研究报告2015》，是首次由两岸文化创意产业智库合作研究共同发布的成果。大陆方研究机构为清华大学国家文化产业研究中心，台湾方为亚太文化创意产业协会。本次研究采用了全新的指标体系，分为"城市实力、文创实力和社会评价"三个维度。其中，城市实力由经济实力、人口要素、文化资源、社会秩序、移动指数构成，比较的是城市的总体竞争力。文创实力由文创收益、产业实力、研发创意、市场占有、网购指数构成，比较的是文创产业的行业发展水平。社会评价由版权专利、引领示范、辐射包容、信心指数、城市关注度构成，比较的是关注度、吸引力和示范性等评价指标。

数据的来源主要有四个方面：第一类是通过权威部门，如国家统计局、国家文化部、国家文物局、地方文化主管部门等机构获得，部分难以获得的数据通过信息公开申请获得；第二类是通过公开的报告中抽取，如各城市的重大规划、年度工作总结等；第三类是通过公开的信息采集源获得，如中宏数据库、国务院发展研究中心文化产业数据库等；第四类数据通过第三方数据机构获得，主要包括阿里研究院、CNNIC、腾讯、百度等。此外，对于部分客观数据难以获得的数据，采用了大数据的方法，利用百度指数、腾讯指数、淘宝指数进行分析。

## (二)两岸城市文创产业竞争力整体概括

《两岸城市文化创意产业竞争力报告 2015》对两岸 36 个城市(包括大陆的 4 个直辖市、21 个省会城市和 5 个计划单列市,以及台湾地区的 6 个城市:台北、高雄、新北、台南、台中和桃园)的文化创意产业发展水平进行了科学评估,北京、上海、深圳、广州、杭州、台北、天津、成都、重庆、西安 10 个城市位居"文化创意产业综合竞争力"前十位。其中"文化实力"单项评估结果显示,大陆位居前十的城市是北京、上海、杭州、广州、深圳、西安、长沙、武汉、成都、天津。台湾地区的排名是台北、高雄、新北、台南、台中、桃园。

表 3.24 2015 年"文化创意产业综合竞争力"前十位的城市及文化实力排名情况

| 排名 | 2015 年 | | |
| --- | --- | --- | --- |
| | 综合实力 | 文化实力(大陆) | 文化实力(台湾) |
| 1 | 北京 | 北京 | 台北 |
| 2 | 上海 | 上海 | 高雄 |
| 3 | 深圳 | 杭州 | 新北 |
| 4 | 广州 | 广州 | 台南 |
| 5 | 杭州 | 深圳 | 台中 |
| 6 | 台北 | 西安 | 桃园 |
| 7 | 天津 | 长沙 | —— |
| 8 | 成都 | 武汉 | —— |
| 9 | 重庆 | 成都 | —— |
| 10 | 西安 | 天津 | —— |

数据来源:中国经济网,嘉乐世纪公司整理。

## （三）北京市与其他城市文创产业竞争力比较评析

参考《两岸城市文化创意产业竞争力报告2015》的排名情况，结合北京市文化创意产业发展实际，重点对比上海和台北两个城市的做法，以为北京市提升文化创意产业竞争力提供经验借鉴。

### 1 紧扣产业融合发展，提升竞争力

上海始终紧扣"融合发展"主线发展文化创意产业。2015年初，上海将贯彻落实国务院《关于推进文化创意和设计服务与相关产业融合发展的若干意见》10号文的实施意见作为上海市政府1号文下发，将"融合发展"提升至上海文化创意产业发展的一个关键词。上海特别强调"创意产业化"和"产业创意化"并重，一方面支持文化创意和设计服务企业打造自身"专精特新"优势，学会跨界思维，打通产业环节，促进创意产业化；另一方面支持文化创意和设计服务企业将文化、理念、创意向相关产业渗透，融于研发、设计、营销等价值链环节，提升相关产业的附加值。上海还积极支持"小而专"的文化创意和设计服务企业做成"大而强"的产业，将竞争力体现在内容原创力、品牌影响力和产业融合力的强大上。相比之下，北京市在促进文化创意产业融合发展方面仍停留在宏观层面，出台了《北京市关于推进文化创意和设计服务与相关产业融合发展行动计划（2015—2020年）》《北京技术创新行动计划（2014—2017年）》等政策，在中微观层面仍待加强。可适当借鉴上海市的相关经验。

### 2 促进区域协同发展，提升竞争力

上海市主动与江浙联手促进文化市场要素跨区域流动，鼓励文化集团跨区域经营，为上海文化企业赴江浙主要城市布

点、江浙文化企业进驻上海发展创造条件。突破文化资源分割和市场壁垒，探索建立统一开放的文化产品、技术、产权、人才等要素市场，推动各类文化市场要素有序流动，发挥市场在文化资源配置中的基础性作用。共同发展文化市场经纪代理、评估鉴定、技术交易、推介咨询等中介服务，培育文化产品生产、营销和服务的各类中介机构和文化经纪人。同时联手扩大长三角地区文化消费市场，实现文化消费快速增长。同样，京津冀文化协同发展关键也是市场的协同，是要素的流动。相比之下，目前京津冀协同发展仍处于起步阶段，北京市在引动京津冀协同发展战略方面仍有很多工作要做，可以适当借鉴上海市的相关经验。

### 3 灵活市场运作模式，提升竞争力

台北文化创意产业的市场化运作模式呈现灵活多样化。主要包括政府与社会力量联合运作模式和文化创意产业区与相关领域的互动运作模式。政府与社会力量联合运作：台湾地区文化创意产业园区大多以政府推动，联合社会力量参与运作的模式进行。如，华山文化创意产业园区，园区由台北旧酒厂转型而来，并在"文建会"的积极推动下促进了社会力量的参与，在台湾文创发展股份有限公司取得园区经营管理权利的同时，"文建会"继续推动落实既定政策；文化创意产业区与相关领域的互动发展的运作模式：台北文化创意产业以园区为主，形成了文创园区与相关领域通力协作、互动发展的运作模式。空间布局上，通过园区与园区、园区与社区、园区与生活区、园区与艺文区、园区与市集区、园区与校区的关联互动，从而形成了规模化、集群型的发展模式；产业内容与营销方面，台湾文化创意产业的众多子产业之间也形成了良性互动、共促发展的运作方式，同时借力多样化的媒体、网络平台、广告公司等营销机构推动文化创意产业的市场化运作，引领激发产业的创

意与创新能量，提升文化消费力。形成了文化、创意、产业三者相结合的综合体系。相比之下，北京市文创产业的市场化程度仍不高，政府与社会的互动仍不够顺畅，文创园区与相关领域的互动不够紧密，可以适当借鉴台北市的相关经验。

**4 做好闲置空间再利用，提升竞争力**

空间的释出为文化产业的启动和聚集创造了基本条件，台北市在这方面已取得明显成效。总结其做法主要包括两大类型：其一是"活化"和再利用传统历史建筑和古迹空间。如：1908年所建的台湾三级古迹西门红楼再利用为红楼剧场；建于1906年，日踞时期为日本宪兵分队所，后为台北市"警察局"办公场所的巴洛克风格建筑成功转换为牯岭街小剧场；建于1936年的公会堂（后改为中山堂）再利用成为演艺界重要表演场所等，这些空间的释出和再利用既"活化"了传统空间，这为台北市文化艺术活动的蓬勃发展打下了坚实基础，为台北市文化创意产业的兴起创造了必不可少的氛围和基础条件。其二是"活化"和再利用由于工、商业转移而产生的闲置厂房和商业用地。这为文化产业的集聚、创意人才的聚集和文化产业园区的建设创造了空间条件。典型的案例包括"台北国际艺术村""华山1914创意文化园区""松山烟厂文化园区""士林纸厂劳动文化园区"和"台北啤酒文化园区"。目前，北京正处于疏解非首都功能的关键时期，面临着空间的释出及再利用的问题，可以适当借鉴台北市的相关经验。

### （四）启示：吸取众家之长提升北京文创产业竞争力

**1 推动实施"文化创意+"战略**

推动实施"文化创意+"战略，落实《北京市关于推进文化创意和设计服务与相关产业融合发展的行动计划（2015—

2020年）》，培育壮大文化创意向实体经济渗透的有利态势，鼓励各类企业借助文化创意提升产品、服务的文化美誉度和经济附加值，推动构建文化创意产业发展的新常态。鼓励文化创意与制造业融合，工业设计向高端综合设计服务转变，助力实现"中国制造2025"发展目标；强化文化对信息产业的内容支撑、创意和设计提升，发展互联网数字内容产业；鼓励文化创意与旅游业融合，提升旅游产品开发和旅游服务设计的人性化、科学化水平，满足广大群众个性化旅游需求；鼓励文化创意与农业融合，提高农业领域的创意和设计水平，挖掘特色农业发展潜力。

### 2 引领京津冀协同发展战略

深化京津冀协同发展规划纲要，探索建立首都引领京津冀文化协同发展体制机制，有效促进不同隶属关系、不同所有制、不同层级文化资源间的战略合作。实施文化总部经济战略，出台促进文化企业优化重组的专项政策，激励文创资源整合优化、资产加速扩张、业务多极拓展、品牌效益提升。

### 3 实施多元化的市场运作模式

政府要加强扶持、引导，营造全社会关心、支持、参与文化产业发展的浓厚氛围。打破原有的行业界限，按照合理空间布局和文化特色优势，使文化创意园区、文化产业园区和文化创意生活圈形成优势互补，实现文化与金融、科技、旅游、商贸、教育等的联动发展；利用多元化的市场运作模式，联合社会力量参与运作，举办各类展会，发挥文化创意园区、产业园区和生活圈的辐射作用，开展与相关领域的通力协作和互动发展，实现文化、创意、产业三者有机结合，进而形成规模化、集群型的多元发展模式。

### 4 规划腾退空间转型发展文创产业

把握非首都功能疏解契机，规划腾退空间转型发展文化创意产业路径。特别是依托国家文化产业创新实验区、国家对外文化贸易基地等平台，积极引进国内外大型骨干文化企业、重大文化创意产业项目，引导顶尖文化资源在首都集聚交汇。

## 三、基于文化品牌视角的北京文创产业发展评析

### （一）数据来源介绍

主要的参考数据源自《中国文化品牌发展报告》。该报告是由中南大学中国文化产业品牌研究中心发布，自 2006 年开始，每年编撰出版一部，同时，每年发布一次"中国文化品牌排行榜"，并举办一次"中国文化品牌高峰论坛"。至 2015 年，已连续推出了 10 年，共发布年度文化品牌 343 个。

### （二）中国文化品牌发展的新特点概述

《中国文化品牌发展报告（2015）》遴选和发布了 31 个在各门类具有引领意义的年度文化品牌，分别是：《智取威虎山》、香港寰亚、中国电视剧制作中心、《快乐大本营》、红太阳演艺集团、江西省出版集团、《南方日报》、浏阳河文化产业园、《新周刊》、安徽新华发行集团、中央人民广播电台、思美传媒、老凤祥、嘉兰图、中国国际电视总公司、中国对外文化集团、北京北广传媒集团、江苏广电有线信息网络、阿里巴巴、同方知网、北京畅游、时代华奥、《熊出没》、中关村科技园、《ERA—时空之旅》、横店影视城、思格贝、上海书展、中

贸圣佳、澳门历史城区、台湾华山文化园区。总结近年中国文化品牌表现出的新特点，主要包括三个方面：文化创意产业并购势头猛、文化众筹已成为行业热点和"互联网+"为电影业提速。

### 1 文化创意产业并购势头猛

自 2013 年文化创意产业并购迎来小高峰，2014 年成为并购井喷年，全年共发生并购案例 159 起，涉及金额总规模达千亿元，同比增长将近 300%。影视传媒、移动互联网、旅游和游戏动漫成为并购发生的几个重点区域，共发生了 55 起并购案例，涉及金额占并购总金额的 45%。如，华策影视 2014 年度总耗资 5.07 亿元，以不等份额入股四家影视传媒公司——合润传媒（20%）、高格影视（5%）、天映传媒（40%）和一家韩国电影公司（15%），成为启动并购涉及金额最多的公司。文化创意产业的井喷式并购整合了行业内部的资金、人力资源等资本，使公司经营的产业链更加完善，有助于提升市场竞争力。

### 2 文化众筹已成为行业热点

截至 2014 年 12 月，全国共有众筹平台 128 家，其中文化众筹平台占据了整体市场的 65%。如，2014 年 3 月，阿里巴巴推出了全新应用软件——娱乐宝，注册后的会员只需投资 100 元即可参与对当前热门影视的投资，推出的项目电影有《小时代 4》《狼图腾》等，预期年化收益率为 7%，在 3 月 31 日至 4 月 3 日短短四天内，娱乐宝筹集了来自 30 万注册用户的 7300 万元资金。文化众筹为小微文化企业解决高风险、高成本的传统融资问题提供了一条便捷有效的道路，但其本身还处于发展初期，近九成平台处于亏损状态。

### 3 "互联网+"为电影业提速

2014年,中国电影市场持续上年的发展势头,进入黄金时代,单片票房过亿元成为常态,全年总票房达296亿元,同比增长36.15%,在全球电影市场中仅次于美国,排名第二。在电影市场成绩优异的背后,是逐渐引起业界重视的互联网思维。"互联网+"是指互联网渗透进传统产业的生产模式,具体在电影产业中,已经显而易见地影响到集资、制作、宣传、营销等各个环节。如电影的宣传开始逐渐借力于基于互联网思维的宣传平台。社交媒体如微博、微信、博客等以其便捷性、交互性、分享性、及时性等特点,成为电影进行宣传的重要平台。最终通过社交媒体的整合营销获得高票房。

## (三)北京市与其他省市文化品牌发展比较评析

### 1 加强企业实力,打造知名品牌

与发达省市相比,北京文创企业实力仍较弱。以出版发行行业为例,江苏、湖南、安徽和山东等地出版集团已达"双百亿"规模,而北京出版集团与发行集团合计总资产仅为50亿元、营业收入仅为20亿元。同时,企业盈利模式较为单一,品牌造血能力不强,尤其缺乏具有行业主导权的核心文化业务和具有国际影响力的文化品牌。北京出版集团以图书出版为主要收入来源,占营业收入近90%。北京发行集团以图书、音像制品发行为主要收入来源,约占营业收入的95%。虽然北京已涌现出一批全国知名的文化企业,但企业的知名度都不高,尤其是缺乏在国际上有一定影响力的品牌。而世界领先的文化企业都具有较高的品牌价值,如迪斯尼品牌家喻户晓。虽然北京拥有众多文化企业,但拥有版权的原创产品不多,文化原创力、版权开发能力与市场转化能力不强,以文化内容支撑的品牌较少,知名品牌更少。

## 2 加快双轮驱动,深化文化科技融合

在当前文化创意产业成为各国竞先发展的战略性产业、全球新一轮信息革命蓬勃兴起的大背景下,文化与科技融合态势日益突出,成为全球产业发展的重要趋势。北京具有无可比拟的文化和科技资源优势,但丰富的文化资源挖掘还不充分,缺乏更有效的展示、传播路径,也没有转化为强大的文化生产力;雄厚的科技资源优势虽得到了一定程度的挖掘,但是附加值还不高,北京文化科技资源优势并未充分发挥出来。北京市应加快双轮驱动,深化文化科技融合。如:深圳华强文化科技集团,坚持文化科技"双轮驱动",构建起"创、研、产、销"有机衔接的文化科技产业链。一方面,集团拥有大量知识产权,有效提升了自主创新能力,其研发成果"环幕4D影院系统"出口美、加等40多个国家;另一方面,集团注重文化内容的创意设计,《熊出没》等原创动漫形象和动漫系列片,长期位居"中国动漫指数"榜首,荣获"五个一工程"优秀动画片奖、国家动漫品牌等多项殊荣。目前,华强文化科技集团已成为国内外市场颇具竞争力的中国文化产业品牌,连续五届被评为"全国文化企业30强"。

## 3 拓宽视野,实施国际化运作手段

目前,北京大型骨干文化企业的并购多基于本地资源,外部市场资源开发利用有所欠缺。经典案例是松辽汽车借助A股身份实现"蛇吞象"。在当前壳资源仍是A股稀缺资源的情况下,松辽汽车这起并购案例把A股精髓运用到了极致。公司以不到300万元的净资产做到40亿元的并购规模。但从国内看,北京仍缺乏像上海百视通和东方明珠两家上市文化企业合

并这样的大手笔运作。从全球看，北京骨干文化企业参与国际并购的案例仍较少。

## （四）启示：认准形势做大做强文化品牌

### 1　集团整合，做大文化品牌

从发达国家成功的经验看，构建有持续成长性和核心竞争力的文化品牌，要依靠产业集团乃至产业集群来运作。这就需要培育市场主体，加强多领域的互动和跨界整合，利用市场的力量通过竞争实现优胜劣汰，整合优势资源组建产业集团、发展产业集群来增强抗击市场风险的能力，先做大，再做强，实现资源优势整合和高效利用。具体举措如：以上市公司为平台，实现集团整合。上市公司不仅仅是企业的融资平台，还是企业兼并重组，实现横向规模化专业化经营和纵向延伸产业链的重要手段。从目前状况看，北京市所属文化企业集团中的上市平台公司过少，亟须加速市属文化企业集团的上市培育及辅导工作。在此基础上，鼓励有实力的国有骨干文化企业把转企改制与资源整合、结构调整结合起来，打破区域限制和行业壁垒，以资本为纽带实行跨地区、跨行业、跨所有制兼并重组，培育文化创意产业领域战略引导者。

### 2　大数据应用，做细文化品牌

在文创领域推广"互联网＋"，积极推动文化资源数字化、互联网化，大力培育电子书包、网络图书馆、电视互联网、文化大数据等一批极具市场前景的融合新业态。具体举措如：依托大数据的精准全面和频繁交互等特征，改变粗放的营销模式，更加精准细致地定位市场。应用大数据，解决文化产品供需脱节的矛盾。通过大数据技术，对大规模人群的喜好数据进行分析，明确目标受众的品味和需求，创造出适销对路的文化产品；应用大数据，设计出与消费者沟通的有效模式，找出品牌建设的亮点和不足；应用大数据，为文化品牌开拓细分的受众市场，挖掘新的品牌价值。

**3 国际视野，提升文化品牌**

建设文化品牌要有国际化视野，坚持国际化标准，适应国际化的规范，拓展国际化市场。善于"借船出海"，实施"走出去"战略，让民族文化品牌与世界著名文化品牌进行对话和竞争，在这个过程中强筋壮骨，让民族文化品牌成为世界品牌。具体举措如：完善营销网络体系建设，细化"走出去"政策。出台专项文化贸易政策，明确营销网络体系建设管理机构，确定组成营销网络体系的内容及架构，鼓励进行营销网络建设的相关机构或企业，建立健全营销网络体系评价机制与手段，通过营销网络体系的建设，促进北京市文化创意产业的发展。

## 四、基于对标城市的北京文创产业发展评析

### （一）对标城市的选择

**1 对标城市选择原则**

学习国内外先进文化创意产业发达城市的成功发展经验是践行科学发展观的内在要求，也是北京作为全国文化、经济、政治中心，为发挥首都全国文化中心示范作用，提高文化创意产业规模化、集约化、专业化水平，率先建成现代文化产业体系，推动经济转型升级发展的必然要求，是积极参与国际竞争与合作，以及建设国际化城市的现实要求。为了更好地学习借鉴国内外先进城市实践经验，首先必须明确标杆城市的选择依

据，进而确定标杆城市，深入了解并学习各个标杆城市的发展路径与模式。

城市特点相近性原则。每个城市的资源禀赋、区位特征、传统文化等内在的基本特点是城市文化创意产业发展的重要基础，因地制宜地制定出能充分发挥自身优势、适合自身长期发展的规划和发展战略，无疑是引导城市文化创意产业快速、健康及可持续发展的根本之道。资源禀赋、产业结构、区域优势等基本特点相似的城市，在发展模式、战略创新等方面也具有一定的相似性，其发展的实践经验对于后起城市具有重要的启示和借鉴意义。因此，在选择学习追赶的标杆城市时，具有相近的城市特点是很重要的一个依据。

城市定位相近性原则。党的十八大、十八届三中全会就全面深化文化体制改革、推动文化大发展大繁荣、建设社会主义文化强国作出重要部署。北京正围绕"政治中心、文化中心、国际交往中心、科技创新中心"定位，深入实施人文北京、科技北京、绿色北京战略。站在新的起点，北京在国家正式确立其战略定位后，则宜将学习的主要对象明确为定位相近的先进城市，并将单纯的学习转化为选择、学习、对比、赶超的系列行为。也就是说，在伦敦、巴黎、纽约、东京、新加坡、首尔等众多文化创意先进城市中，北京所瞄准的标杆要基于自身定位而有所取舍。

产业发展先进性原则。在选择对标城市作业中，所选对标城市应具有较高的学习价值，更应是力争把此转化成为一种标杆超越和标杆自塑参照对象，尤其是国外标杆城市的选择，对推进北京成为国际化文化创意先进城市具有重要意义。在这里，先进性主要是指所选标杆城市在国内或国际中的产业地位、作用和影响，其文化创意产业发展应具有较高国际地位和知名度，以便我们通过学习进一步深化和细化文化创意产业发展建设的各项标准和要求，进而进一步推动、提升推进北京市文化创意产业的发展。

## 2 国内外对标城市选择

目前，国内文化创意产业发展较先进的城市主要有深圳、上海、北京，先后于2008年、2010年及2012年经世界教科文组织认定为全球创意城市网络"设计之都"，在城市文化创意定位上较为一致。同时，2014年，深圳、上海、北京文化创意产业增加值分别占全市GDP的9.8%、12%和13.1%，在产值规模上均为国内文化创意产业发展较先进城市。

表3.25 国内对标城市选择标准

| 城 市 | 北 京 | 上 海 | 深 圳 |
| --- | --- | --- | --- |
| 城市定位 | 政治中心、文化中心、国际交往中心、科技创新中心 | 国际文化大都市和"设计之都" | 一区四市（综合配套改革试验区、全国经济中心城市、国家创新型城市、中国特色社会主义示范市、国际化城市） |
| 产业发展总目标 | 政治中心、文化中心、国际文化中心、创新中心 | 国际文化大都市、设计之都 | 创意设计之都 |
| 2014年文化创意产业增加值占全市GDP的比重 | 13.1% | 12% | 9.8% |

由于人文地理以及经济文化等各方面的突出优势，城市成为创意阶层和创意企业更青睐的集聚地，而其中"世界城市"更具有无与伦比的文化艺术与科技创新吸引力。英国社会

学家弗里德曼（Friedman）1986年按照"世界城市"（world city）的标准对全球一些主要城市进行了划分，他把纽约、芝加哥、洛杉矶、伦敦、巴黎、东京作为第一等级的核心城市。作为"世界城市"，他们不仅可以承担基础设施的高额固定资产投入，也可以促进使命、渠道、管理以及生产等文化创意活动软环境的培育。他们的竞争力不仅体现在经济上，更体现在社会、文化等领域的综合竞争力上。因此，他们已逐渐成为新的文化思想和新知识的孵化地，本次研究以美国纽约、英国伦敦，以及日本东京作为本文考察不同发达程度的世界文化创意城市的代表，探究其作为世界城市的文化创意产业发展途径和方式。

## （二）国内外对标城市经验借鉴

### 1 文创产业集聚区发展经验借鉴

借鉴纽约经验，一是依托区域资源，发挥集聚区的辐射效应。同所在地区经济发展紧密结合是纽约集聚区的显著特点。如今的纽约SOHO已不单单作为艺术区闻名于世，更成为一个集居住、商业和艺术为一身的完善社区，被誉为"艺术家的天堂"。今日的SOHO，遍布特色酒吧、高档时装店、艺术画廊，是时尚青年及游客重要的时间商业区和旅游区。SOHO的独特及成功之处在于它不是艺术区，艺术却无处不在，是商业与艺术充分融合的区域，与周边资源有机地融为一体，商业资本与艺术相互发挥辐射效应，赋予彼此更高的价值。北京大型文创产业集聚区正在迅速发展，未来一定要因地因时制宜，管理和经营也要符合产业和市场发展的规律，使其对区域经济和总体经济发展做出最大限度的贡献。二是提供专业化与多元化的服务。纽约的集聚区给创业企业提供研发、经营的场地，提供系统的培训咨询服务，提供政策、融资、法律和企业管理等中介服务，以此降低创新创业成本和风险，提高其成活率和成功率，帮助创新创意尽快形成产品走入市场，为社会培育成功的企业和企业家。北京的文化创意产业园区还处在成长时期，集聚区的定位应该是为企业、个人创意创业提供支持和服务。借鉴伦敦经验，打造各具特色的文化创意产业集聚区。在伦敦文化创意产业发展的过程中，伦敦东区、西区、SOHO 区都大力加强文化创意产业园区建设，并且各个区形成鲜明特色的创业园。北京文化创意产业集聚区，未来应采取切实可行的有效措施推动其特色化发展。

## 2 龙头文创企业培育经验借鉴

借鉴上海经验，以培育龙头骨干企业作为带动文化产业发展的组织基础。上海市注重培育龙头企业，并发挥骨干文化企业的领军作用。在文化"走出去"战略中，培育了上海东方汇文国际文化服务贸易有限公司、上海城市舞蹈公司；在推动骨干文化企业跨地区、跨行业发展中，培育了上海东方明珠股份有限公司；在完善产业链、转变营利模式方面，上海新华发行集团和上海炫动卡通卫视传媒娱乐有限公司发挥了示范作用；在形成核心竞争力方面，东方网、上海文广新闻传媒集团提供了有益经验；在培育民营骨干文化企业发展过程中，产生了盛大、九城、久游等知名网游企业。借鉴东京经验，注重文化创新和产品延伸。第一，文化创新。文化创新是文化创意产业的先导。东京文化创意产业不仅重视本国传统文化的继承和展示，同时注重吸收外来文化。在引进外国文化产业项目时应注意选题的新颖性、设备的先进性，并与本国文化市场相结合，以使引进的文化创意产业项目能够持续发展。这是东京文化创意产业始终充满活力的重要原因。第二，产品延伸。在东京文化创意产业中，无论是电影、动漫、游戏还是音乐都是相互联系的。媒体的综合性与多元化使之相互影响与促进，从而推动东京文化创意产业的发展。东京的动画片大多来源于连环漫画，一部连环漫画出版后，通过后期开发，可以制作出许多衍生品，其中最具代表性的是手冢治虫大师的动画片《铁臂阿童木》，1952年首先在《少年》杂志上连载，之后不断在报纸杂志上出现。1957年，东京电视台推出了木偶剧，1959年富士电视台出品了人版电视剧，2009年制作成了电影。

### 3 文创产业促进体系建设经验借鉴

借鉴上海经验，一是设计灵活机动的部门合作管理模式。上海在发展创意产业中，不设定单一的管理部门，不搞"一刀切"。凡是哪个部门能够推动工作，就由哪个部门主要负责；凡是涉及哪个部门的职责范围，就把责任分解到有关部门。这种灵活机动的管理发展方式，充分发挥了各职能部门的作用，不仅宣传文化部门抓文化产业，经委、科技局也成为文化创意产业发展的责任主体，发改委、国土局、规划局、人事局、国资委、税务局、工商局、市政局等部门也参与到创意文化产业发展的相关工作中。二是以完善的文化孵化和文化生产中心促进文化蓬勃发展。近两年来，一大批上海出品的优秀节目和扎根上海的文艺人才在多项国内外比赛和评选中获奖，这股态势被许多人解读为上海的文化原创实力正在崛起。2012年，上影出品和联合出品的影片在各类奖项评选中其获得55个奖项。获奖如此丰厚，实际上是上海文艺界厚积薄发的结果。在政策扶持和市场驱动的合力作用之下，上海文化发展的土壤正日益丰厚。海派电视剧的异军突起，在很大程度上得益于上海文化发展基金会的资助。这个由政府部门主导的基金会每年评审通过六七百个项目。特别是2011年，基金会与上海银行签署了一项总体授信额度达到 10 亿元的合作协议，打破了金融业对文化产业的信贷扶持大多流向硬件建设的传统格局，同时也扭转了以往主旋律文艺项目单纯依靠政府投入和国有宣传文化系统自有资金的局面。

借鉴纽约经验，注重知识产权保护。纽约的文化创业产业重视原创、重视知识产权的保护，以及一切经济活动中知识产权所产生的效益被最大限度地开发和利用，以纽约百老汇的音乐剧为例，早年盛演的音乐剧如《悲惨世界》《猫》等都是欧洲作家的作品，渐渐由美国作家创作的作品所代替。风靡一时的《狮子王》《美女与野兽》等，几乎已经将欧洲音乐剧从纽约市场挤出去。发达的市场经济迫使作家和经营商十分注重受众的需要，通力合作打造品牌。这个过程也是艺术作品发展成为文化创意产业的过程，许多比较好的原创作品被再创作、再开发，不断延伸出新的艺术表达形式，形成品牌效应，形成价值链与产业链，这是北京文化创意产业发展需要借鉴学习的精髓。

借鉴伦敦经验，营造良好的创意氛围。创意氛围是发展文化创意产业的外部保证。伦敦发展署通过教育培训推介支持公民的创意生活，并为公民提供很多接触创意的机会，如：免费开放博物馆和数字化的数据档案等。此外，伦敦创意工作组组织设立的伦敦电影节、时装节、设计节、游戏节四大文化节日，为文化创意产业创造了浓浓的创意氛围，是伦敦文化创意产业发展模式的亮点之一。伦敦政府还非常重视保持伦敦文化的多元化发展。伦敦囊括了来自世界各地的时尚、艺术、音乐等，涵盖了 300 多种语言，其中包括 100 多种非洲语言，人口在 1 万人以上的少数族群社区有 50 多个，真正成了多元文化的汇聚之地，多元文化的交流、互动为伦敦增添了创意氛围，巩固了伦敦全球文化创意中心的地位。

北京在大力发展文化创意产业时，应当以包容的态度对待外来文化，使得具有不同文化背景和生活习惯的人们在本市能够和谐相处，共同推动本地文化创意产业的发展。此外，北京还应当着力营造包括酒吧、咖啡店、小剧场、书店等在内的小规模的人文街区环境，进一步增强本市对文化创意人才或文化创意阶层的吸引力。

# 北京市文创产业促进体系建设及其评析

## 一、北京市文创产业促进体系建设情况

文化创意产业的发展离不开政府的政策扶持、投融资机构的支持和产业相关服务机构的辅助,这三要素是助推文化创意产业由小到大、提质增效,由低端走向高端发展的关键。

### (一)北京市文创产业促进机构建设情况

2006年4月,成立了北京市文化创意产业领导小组,同年11月,按照市委、市政府决策,经市编办批准,成立北京市文化创意产业促进中心,成为北京市文化创意产业领导小组及办公室专门从事推动文化创意产业发展的常设机构。经过几年的发展,各区县也根据文化创意产业快速发展的形势和实际工作需要,纷纷仿照市级层面做法成立文化创意产业管理或促进机构,目前已基本形成了市区两级紧密互动、协调推进的工作格局。

**1 北京市文化改革和发展领导小组**

2006年4月,北京市成立了以市委书记任组长,市委副书记、市长任常务副组长,市委宣传部部长和主管副市长任副组长的北京市文化创意产业领导小组,领导小组成员单位包含

市委宣传部、市文化局、市文物局、市新闻出版局、市广电局、市发改委等21家相关委办局。领导小组办公室设在市委宣传部，由市委宣传部部长任办公室主任，主管副市长任副主任。

2010年领导小组成员单位增至27家。2013年北京市文化创意产业领导小组改为"文化改革和发展领导小组"，成员单位增至28家。市文化创意产业领导小组是本市文化创意产业发展的高层次议事协调机构，负责领导协调全市文化创意产业发展，研究审议文化创意产业的发展战略、重要政策、重大投资和重点项目。

### 2 北京市国有文化资产监督管理办公室

该机构成立于2012年6月，负责统筹规划和实施首都文化改革发展相关工作，负责文化投资、资本运作、国有文化企事业单位资产管理及文化创意产业园区、重大文化项目、重点文化工作的规划立项和组织实施。根据市政府授权，积极履行国有文化资产出资人职责，确保国有文化资产保值增值；落实北京市文化创意与科技创新双轮驱动战略，努力为北京文化产业做大做强服务。（关于该机构的职能详见卷二部分有关内容）

### 3 北京市文化创意产业促进中心

于2006年11月设立，经市编办批准（京编办事〔2006〕111号），为市委宣传部所属正处级事业单位，编制20人，作为北京市文化创意产业领导小组及办公室专门从事推动北京市文化创意产业发展的常设机构，主要职责是受北京市文化创意产业领导小组办公室委托，负责为领导小组及办公室提供决策咨询、组织项目论证、提供信息服务、开展专题调研；负责文创项目管理，文创集聚区规划管理，文创企业管理与服务；负责建设和运营全市文创综合信息平台、文创资源服务平台；负责推进市场体系建设、国际交流与合作等。（关于该机构的职能亦可详见卷二部分有关内容）

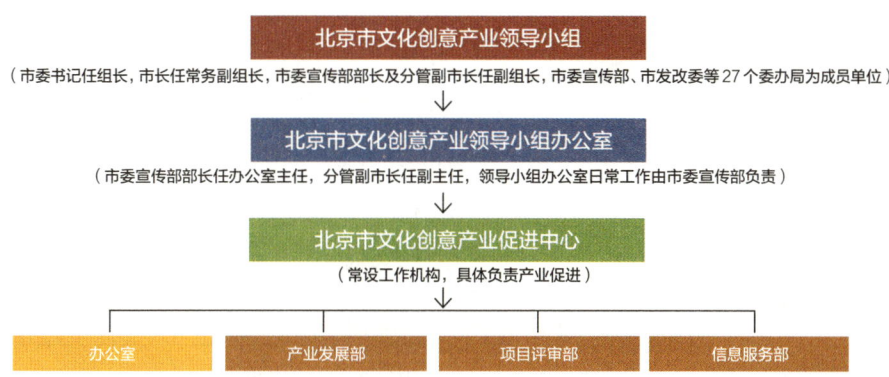

图 3.26 北京市文化创意产业市级层面三级促进机构

## 4 各区文化创意产业促进机构

北京市各区参照市级组织领导体系，也相应设立了区文化创意产业领导和促进机构。经过几年的发展，各区越来越重视本区域文化创意产业发展的促进和管理工作，成立了文化创意产业领导小组和文化创意产业促进中心，这些专门工作机构为服务和发展文化创意产业发挥了积极作用。为推进本区域的文创产业发展，各区纷纷出台文创产业的优惠政策，打造良好的招商引资环境，吸引文化创意企业入区落户。

表 3.26　北京市各区文化创意产业促进机构一览表

| 行政区 | 机构名称 |
| --- | --- |
| 东城区 | 东城区文化发展促进中心 |
| 西城区 | 西城区文化创意产业领导小组办公室 |
| 朝阳区 | 朝阳区文化创意产业领导小组办公室 |
| 海淀区 | 海淀区文化发展促进中心 |
| 丰台区 | 丰台区文化创意产业促进中心 |
| 石景山区 | 石景山区文化创意产业领导小组办公室 |
| 门头沟区 | 门头沟区文化创意产业促进中心 |
| 房山区 | （房山）历史文化旅游集聚区规划建设管理办公室 |
| 通州区 | 通州区文委文促中心 |
| 顺义区 | 顺义区委宣传部文化创意产业服务中心 |
| 昌平区 | 昌平区文化创意产业促进中心 |
| 大兴区 | 大兴新媒体产业基地管理委员会 |
| 平谷区 | 平谷区文化创意产业办公室 |
| 怀柔区 | 怀柔区文化产业发展促进中心 |
| 密云区 | 密云区文化创意产业领导小组办公室 |
| 延庆区 | 延庆区文化创意产业促进中心 |
| 亦庄开发区 | 北京经济技术开发区投资促进局文化创意产业部 |

北京市建立了党委统一领导、党政齐抓共管、宣传部门组织协调、有关部门分工负责、社会力量积极参与的文化创意产业工作格局。

## (二) 北京市文创产业促进平台搭建情况

2006年以来，为引导和推动文化创意产业发展，北京市已搭建了融资贷款平台、版权服务平台、展示交易平台等重要平台，为文化创意产业发展提供了资源整合条件，为文化创意企业间资源共享、降低创意成本和风险提供了条件，较大提升了文化创意企业的可持续发展能力。

### 1 文创产业投融资平台

（1）以银行为依托的融资平台。北京市较早地开始推动文化与金融对接，2007年北京银行与中共北京市委宣传部签订了全面战略合作协议，推出了文化创意产业担保贷款。2008年，北京银行以版权质押方式为华谊兄弟提供1亿元电视剧项目打包贷款，用于拍摄张纪中导演的《兵圣》、胡玫导演的《望族》、康洪雷导演的《我的团长我的团》等华谊兄弟制作的14部电视剧。2010年3月，为落实《文化产业振兴规划》，加快文化产业发展，提升相关金融服务，中宣部、中国人民银行、财政部、文化部等九部委联合发布了《关于金融支持文化产业振兴和发展繁荣的指导意见》，首次从国家政策层面提出加大金融支持文化产业的力度，推动金融业与文化产业全面对接，促进文化产业大发展大繁荣。在文化金融融合发展的大背景下，各银行针对文化创意产业纷纷推出特色金融产品，成为促进文化与金融资本对接，健全文化创意产业投融资服务体系的重要环节。目前，全市已有中国农行、中国建行、中国交行、民生银行及北京银行出台了针对文化创意企业的特色金融产品。

表 3.27　各银行针对文化创意产业推出的特色金融产品

| 银行名称 | 产品名称 | 适用对象 | 主要贷款条件 | 产品优势 |
| --- | --- | --- | --- | --- |
| 中国农行 | 知识产权质押贷款（广东分行） | 拥有自主知识产权的科技成长型中小企业客户 | 商标注册证、专利证书等证明知识产权权属关系、效力状况及使用情况的证书或文件 | 可以利用企业的知识产权当质押 |
| 中国建行 | 影视贷 | 经工商行政管理机关核准登记，主营业务应含电视剧拍摄制作 | 与电视台订立的《电视剧播放许可合同》所产生的应收账款作为质押 | 专门面对影视业的小企业 |
| 中国交行 | "展业通"品牌下的文创企业贷款（北京分行） | 符合北京市创意产业政策扶持方向的创意产业中小企业 | 贷款用于已进入或即将进入具体实施阶段的融资项目的制作经营；质物（版权）价值须全额用于贷款质押担保 | 自有版权作为担保物，或以多种担保方式组合申请贷款；可获得政府贴息支持 |
| 民生银行 | 小微企业互助合作基金 | 小微企业包括个体工商户、小微私营企业、小微私营企业主 | 借款人必须为与我行合作的互助合作基金组织成员，需基金管理人同意；有固定住所和生产经营场所 | 运用基金有限责任担保来防范系统风险 |
| 北京银行 | 文化创意行业特色系列产品 | 所有文化创意企业 | 无特别要求 | 不同行业的文化创意企业的融资需求 |

信息来源：张清瑶等，《北京市文化创意产业金融支持情况调查研究报告》，时代金融，NO.2，2015。

（2）政府主导的文创产业投融资服务体系。北京市已经组建了包括投融资平台、基金管理公司、担保公司、小贷公司、统贷平台、信息化服务平台及政银企合作平台等在内的综合文化产业投融资服务体系。市文资办注资 50 亿元成立了北京文化投资发展集团，代表政府进行股权投资，这也符合十八届三中全会的要求，建立混合所有制经济，同时将其打造成为北京的文化投融资大平台。在文投集团下面成立了投资基金管理公司，为政府 8 个亿的引导基金，募集社会资本 135 亿元成立了 14 个专项子基金。从投资角度来讲，既可以用文投集团进行股权投资，也可以用基金和分支基金进行股权投资。与此同时，成立了两家文化创意的小额贷款公司及北京文化科技融资担保公司，分别注资 5 个亿，文资办代表政府分别出资 1 个亿，其余的全为社会资本，主要面向中小微文创企业，为这些中小微企业在融资过程中提供担保。

**表 3.28　北京市文创产业投融资服务体系一览表**

| 序号 | 类型 | 名称 | 政府注资金额 | 用途 |
| --- | --- | --- | --- | --- |
| 1 | 投融资平台 | 北京市文化投资发展集团 | 50 亿元 | 作为首都文化投融资平台和重大项目实施主体，以股权投资的方式，对重点文创企业进行投资。 |
| 2 | 基金管理公司 | 北京市文化创意产业基金管理公司 | 5 000 万元 | 采用母基金结合子基金的方式，发起设立北京市文创产业投资基金，即：财政资金投入 8 亿元资金，与其他资本共同设立 15 至 20 亿元的母基金，再针对文创产业不同的行业，设立 10 至 15 支子基金，募集资金规模达到 100 亿元以上。 |
| 3 | 担保公司 | 北京市文化科技融资担保公司 | 3.5 亿元（吸引社会资本 11.5 亿元） | 对首都文创企业贷款进行融资担保和再担保，让具有潜力的首都文创企业发展无后顾之忧。 |
| 4 | 小贷公司 | 两家文化小额贷款公司 | 1.5 亿元（带动社会资本 2.5 亿元） | 通过成立文化小额贷款公司，解决首都中小微文创企业融资需求，促进中小微文创企业发展壮大。 |

(续表)

| 序号 | 类型 | 名称 | 政府注资金额 | 用途 |
|---|---|---|---|---|
| 5 | 统贷平台 | 与国家开发银行、中国建设银行等银行合作建设针对中小文创企业融资的统贷平台 | 5 000万元 | 政府出资金作为蓄水池,与银行共同遴选有发展前景的文化创意企业,进行打包统贷,实行绿色通道、低利率,发挥政府和银行两方面的优势,为文化创意企业解决融资难的问题。 |
| 6 | 孵化基地 | 北京文化创新工场管理有限公司 | 3 000万元 | 建立文化项目和文化创意的孵化基地,促进文化与资本对接。 |
| 7 | 信息化服务平台 | 北京市文创产业投融资服务平台系统 | — | 通过投融资服务平台系统为首都文创企业与银行、投资公司、基金公司、担保公司等提供投融资对接平台。 |
| 8 | "政银企"合作平台 | "政银企"合作机制 | — | 利用国家开发银行等12家银行的1200亿元授信额度,促进文创产业发展。 |

数据来源:根据市文资办资料整理所得。

## 2 文创产业交易平台

北京市文化创意产业交易平台的建设始于2007年前后,发展十分迅速,先后在文艺演出、版权贸易、设计创意、艺术品交易等领域建立并发展起来了一批交易平台,包括东方雍和国际版权交易中心、北京国际版权交易中心、中国设计交易市场、中国工艺艺术品交易所等多个常态交易场所,以及北京(国际)文化创意产业博览会、北京国际设计周、北京国际电影节等颇具国际影响力的文化交易活动。

（1）北京产权交易所文化产权交易中心。北京产权交易所文化产权交易中心是在国家文化部和北京市政府的支持下，于2007年11月在北京产权交易所设立。该平台是由北京市文化创意产业领导小组选定、北京产权交易所承建，为文化创意企业提供以投融资服务为核心的综合性公共服务平台，获得了2007年度北京市文化创意产业发展专项资金的支持，专门服务于文化创意企业，为文化创意企业提供以投融资服务为核心的全方位服务，并负责筹备国家文化部和北京市政府共同支持的"中国文化产权交易所"组建工作。

北京产权交易所文化产权交易中心主要为文化创意企业提供文化权益交易服务，交易品种以非标准化的文化权益为主，主要包括文化创意企业产权和文化创意产品两种类型；其次是为文化创意企业提供相关综合配套服务，如信息发布及检索、交易咨询、中介服务、金融服务、产品评价及公共服务。

（2）北京东方雍和国际版权交易中心。北京东方雍和国际版权交易中心是国内第一个国家级版权交易公开市场，经国家版权局、北京市政府批准设立，北京东方雍和国际版权交易中心有限公司是经新闻出版总署批准，中国版权保护中心、北京产权交易所、北京市东城区人民政府三方共建的国有企业，致力于以版权交易为核心，以文化金融为引擎，构建国家级、综合性文化产业要素市场，打造文化经济价值转化平台。

目前，该中心已逐步确立了以版权为核心，以运用为导向，以科技为手段，以金融为杠杆，坚守独立第四方定位，打造系列"聚合－认证－分享"的"交易所＋电子商务"业务平台，服务于文化资产运营和文化资本运作的发展模式。主要提供服务包括：著作权价值评估、文创企业信用评级、著作权交易保证保险、著作权质押贷款"版银宝"、文化基金信托综合服务"文资通"。

（3）中国人民大学国家版权贸易基地。中国人民大学国家版权贸易基地于2007年8月6日由国家版权局批准建设，是我国第一家"国家版权贸易基地"。基地是以推进国内版权交易与国际版权贸易为目的，提供版权相关产业与版权贸易专业服务，国家级版权相关产业要素市场与版权贸易的高端服务平台。目前基地设于中国人民大学文化科技园内，具有"集聚、辐射、交流、展示交易、孵化、培训、代理"七大功能。

基地依托园区功能，聚集了一批版权企业、机构、国内外版权项目及人才，文化创意企业可获得作品版权代理、版权保护、交易、信息发布等一条龙服务；版权项目可获有策划、包装、融资以及孵化服务。

（4）中国工艺艺术品交易所。中国工艺艺术品交易所有限公司（以下简称中国艺交所）是为落实中央关于文化大发展大繁荣的战略部署，由国务院国资委所属中央企业——中国工艺（集团）公司联合中国文联所属中联国际文化发展有限公司、北京工美集团有限责任公司，于2010年12月发起成立的。目前，是国内唯一一家获证监会牵头的"清理整顿各类交易场所部际联席会议"批准入市的"中国"字号艺术品现货商品交易所。

中国艺交所通过现代化的电子信息交易平台，组织开展文化艺术品交易活动及相关服务，主要为文化创意企业知识产权、股权、版权等提供交易、登记、托管等平台服务，以及会展、项目推介和投融资服务。

### 3  第三方促进机构平台

近年来，北京市积极支持行业协会、联盟等建设，发挥社会组织推动产业发展作用，使文化企业有自己的文化联盟和产业阵线，有助于推进区域性文化乃至全国性各类文化产业的发展。文创产业协会、联盟介于政府和市场之间，使得政府对产业的扶持政策更容易落地，便于相关政策的跟踪考察，也使得分散的企业更容易集合起来协同发展。

（1）北京知识产权研究院。北京市知识产权局、北京工业大学签署战略合作框架协议，合作共建北京知识产权研究院，力争建成有国内外影响力的知识产权研究交流平台、北京市政府决策的重要智库。北京知识产权研究院除了专门从事知识产权理论和应用研究，培养覆盖专利创造、保护、运用等多层次、复合型的专利人才，研究院还将搭建知识产权转化平台。双方将在北工大试点推动高校专利转化工作。

（2）北京微电影产业协会。北京微电影产业协会，是由金山投资集团、中影经纪、中国艺术职业教育学会、陕西卫视、华夏城市网络电视股份有限公司、中国医药教育协会、北京国际版权交易中心、北京众先知时代国际广告传媒有限公司、北京富凯文化传媒有限公司、北京红房子文化传媒有限公司、北京缘成中视传媒广告有限公司、北京柏美亚洲文化发展中心有限公司、鸿天傲国际公关传播机构等单位自愿联合发起，经北京市民政局核准登记的非营利社会团体。2014年4月27日，在北京钓鱼台大酒店举行了北京微电影产业协会第一届会员代表大会暨成立大会。

（3）北京演出行业协会。北京演出行业协会，是经北京市民政局、北京市文化局批准成立的非营利性组织。成立于2002年12月，现有会员单位226个。成员包括北京行政区域内有合法经营权的演出经营机构、演出场所、艺术表演团体及北京地区演出界的知名演员。协会设有办公室、对外宣传部、人才培训部、演出经营部。协会积极做好行业自律、依法维权、服务会员、促进国内外文化交流等工作。为政府与演出行业、行业与社会之间架起了一座沟通与联系的桥梁，对繁荣和发展北京演出市场发挥了重要的作用。

（4）北京国际文化创意产业联盟。北京国际文化创意产业联盟由北京歌华文化创意产业中心、中国制造（英国）创意管理机构等10家中外机构联合发起组建，旨在促进北京文化创意产业的发展，规模化引进国际创意产业资源，开展文化创意产业方向的跨地域、跨行业合作。

（5）北京动漫游戏产业联盟。北京动漫游戏产业联盟由北京行政区域内从事动漫游戏产业的企事业单位参加，是以实现推动全市动漫游戏产业发展为目标的非营利性社会团体。联盟在推进北京动漫游戏产业发展中发挥规范管理和协调服务作用，为首都文化创意产业快速发展做出积极贡献。

## （三）北京市文创专项资金资助情况

2006—2010年，北京市文化产业专项资金五年投入25亿元，以直接补贴、贷款贴息、奖励、担保补助等方式，支持了近600个项目，带动了更大数额的社会资金投入。此外，还有高达5亿元的文化创意产业集聚区基础设施专项资金。

就近些年北京市文化创意产业专项资金申报情况来看，除2006年因为刚出台政策，各方面条件还不成熟，申报的项目仅有47个外，从2007年开始，北京市申报专项资金的项目总数就有了井喷式的增长，到2010年全年申报项目总数超过962件，与2006年相比增长超20倍，各类申报项目的投资总额已经累计突破1 000亿元，达到1 187.42亿元。同时，申请专项资金的额度也累计达到145.82亿元，超过了2006—

2009 年四年共 20 亿元的资助规模。这些均显示出文化创意企业对项目申报的重视，也反映出文化创意产业专项资金的申报已经日趋规范。

表 3.29　2006—2010 年项目评审情况汇总

| 年　份 | 申报项目总数 | 项目数量增长率 | 通过形式审查/初审项目 | 通过项目投资总额（亿元） | 申请专项资金额度（亿元） |
| --- | --- | --- | --- | --- | --- |
| 2006 年 | 47 | — | — | — | — |
| 2007 年 | 386 | 721.28% | 285 | 180 | 42 |
| 2008 年 | 656 | 69.65% | 273 | 218.68 | 32.2 |
| 2009 年 | 821 | 25.15% | 357 | 463.33 | 23.04 |
| 2010 年 | 962 | 17.17% | 398 | 324.41 | 48.58 |
| 合　计 | 2 872 | — | 1 313 | 1 187.42 | 145.82 |

数据来源：北京市文化创意产业促进中心。

从申请项目的支持方式来看，2007 年主要是项目补贴。同样从 2008 年开始到 2010 年，对贷款贴息的支持项目不断提高，已经接近 70 项，同时奖励数量也在增加。但是从奖励金额上，项目补贴方式仍然是企业最为看重，也是整个专项资金最为核心的地方。

表 3.30　2007—2010 年申请支持方式项目数量统计

| 支持方式 | 2007 年 | 2008 年 | 2009 年 | 2010 年 | 四年合计 |
| --- | --- | --- | --- | --- | --- |
| 项目补贴 | 280 | 228 | 258 | 217 | 983 |
| 贷款贴息 | 0 | 22 | 46 | 69 | 137 |
| 奖　励 | 0 | 22 | 53 | 110 | 185 |
| 合　计 | 280 | 272 | 357 | 396 | 1 305 |

数据来源：北京市文化创意产业促进中心。

从行业类别来看，在连续四年的数量统计中，八大产业门类中，广播影视节目制作和交易、设计创意、动漫游戏研发制作、出版发行和版权贸易，以及文化旅游五大门类获得资助项目数排名前五，而文艺演出、广告和会展，以及古玩和艺术品交易则偏少。从历年各个领域的变化情况来看，各个产业门类的分配比例基本稳定，并没有出现某些年份某个产业领域大增大减的情况，从侧面也反映出文化创意产业资金支持方向的相对稳定性。

表 3.31　2007—2010 年各行业参评项目数量情况

| 行业类别 | 2007 年 | 2008 年 | 2009 年 | 2010 年 | 四年合计 |
| --- | --- | --- | --- | --- | --- |
| 文艺演出 | 15 | 23 | 33 | 31 | 102 |
| 出版发行和版权贸易 | 36 | 40 | 54 | 41 | 171 |
| 广播影视节目制作和交易 | 50 | 56 | 77 | 118 | 301 |
| 动漫游戏研发制作 | 67 | 44 | 46 | 39 | 196 |
| 广告和会展 | 11 | 19 | 27 | 28 | 85 |
| 古玩和艺术品交易 | 11 | 15 | 12 | 27 | 65 |
| 设计创意 | 54 | 43 | 73 | 59 | 229 |
| 文化旅游 | 36 | 32 | 35 | 53 | 156 |
| 合　计 | 280 | 272 | 357 | 396 | 1 305 |

数据来源：北京市文化创意产业促进中心。

在 2012—2015 年四年中，北京市每年统筹 100 亿元资金，用于支持北京文化创意产业发展。100 亿元资金由存量和增量两部分构成，分别占比约 60% 和 40%。其中，存量资金包括每年体育产业发展专项资金 5 亿元、旅游产业发展专项资金 5 亿元、文化固定资产投资 5 亿元、文物及历史文化保护区专项资金 10 亿元等。存量资金仍按照原有渠道征集项目并使用，增量部分由市文资办等单位统筹管理使用。支持方式包括专项奖励、贷款贴息、风险补偿、专项补贴等引导金融机构扶持重点文化产业园区等具有示范性、导向性的文化产业项目，支持国有经营性文化事业单位转企改制，提升金融机构服务中小文化创意企业的积极性。2012 年北京市政府利用 9 亿元，面向社会公开征集并支持优秀企业项目 338 个，直接带动社会资本投入 200 亿元，杠杆撬动率达到 1∶22。

## 二、北京市文创产业促进体系经验总结

### （一）以改革为动力，统筹文化事业和文化产业发展

改革的核心是改善服务，更好地满足人民群众日益增长的精神文化需求。北京市在改革中重视关注现实和潜在的需求，以需求为导向，改善政府提供公共文化服务的方式、质量和水平，积极创造有利于社会投资文化经济、创造多样化的文化产品和服务的环境和条件。以公共文化服务为例，北京市持续加大投入，改善公共文化服务设施，提供基本文化服务，保障公民基本文化权益。以文化创意产业为例，北京市改革财政投入方式，建立起集补贴、贴息、担保费补助、奖励、股权投资等在内的激励机制，努力吸引、带动和扩大社会投资，形成财政资金的杠杆效应。公共文化服务体系的建立和完善，为产业振兴奠定了坚实基础，文化投融资服务体系的构建，为产业振兴注入了资本的力量。

### (二)完善组织体系,加大文创产业发展的领导力度

文化创意产业概念一经提出,即为国内许多地区采用,不少地区开始把发展文化创意产业作为提升产业结构、提高国际综合竞争力的主要手段,并结合各自的具体情况制定了发展文化创意产业的战略,成立专门机构进行统一指导、落实和推进。北京在全国最先建立了促进文化创意产业发展的领导机构,北京各区县也参照市级组织领导体系,相应地设立了区县文化创意产业领导机构和文创办或文促中心,并不断完善工作机制,加大与市级文化创意产业领导机构的协调沟通,进一步明确各部门的职责,完善工作机制,形成领导、主管、成员统一协调的文化创意产业领导体系,使之运作中分工明确,权利到位,责任到人。

### (三)健全服务体系,搭建政府与企业的桥梁

北京市文创产业促进体系发展经验表明,产业的健康持续发展离不开"四有":有人才,有资金,有产业,有服务保障。文化创意产业服务体系的打造要最大限度地发挥市场的作用,借助平台公司进行企业化建设与运营。在企业对搭建文化创意产业公共服务平台希望得到哪些方面服务的排名中,产业政策解读排在第一位,说明政府在政策出台后,政策的传播和解读尚未完全做到企业周知,在这方面需要进一步加大力度。其次是优惠政策申报,大量文创企业属于中小微企业,融资难困扰着企业的发展,需要政府在金融资本进入、融资渠道开拓上下更大功夫。另外是公共环境及配套,要发挥集聚区效应,政府应搭建平台,尤其对交易平台服务的需求较高。

## （四）发挥政府投资带动作用，撬动社会资本投资

政府拥有承担发展公益文化的责任，政府的资助必不可少，资助方式却各有不同。有的资助方式产生高效率，有的资助方式没有效率。现在普遍认同，政府直接拨款资助的方式是低效的。北京市政府资助文化创意产业的经验是，必须充分发挥市场机制对文化资源和文化资本的基础配置作用，制定和完善相应法规和政策吸引和支持产业资本、金融资本进入文化创意产业，实现投资主体的多元化。如，政府建立文化产业发展专项基金，在鼓励社会资本投资开发的同时，对文化产业发展与运营给予资金支持，并对基金投入主体、投资规模和运作方式进行规范和引导。

## （五）实施投资、出口、消费和创意"四轮驱动"

北京市持续加大投入，制定出台促进文化产业发展的文化经济政策。近年文创产业投入力度大增，部分缓解了产业投入不足的问题。北京从弥补文化市场失灵、加快文化产业发展角度，在多个方面加大对产业发展薄弱环节的扶持：首先是面向社会、不分所有制广泛征集文化创意产业项目，以财政补贴、贷款贴息、担保补助、绩效奖励等方式，鼓励和引导社会资本投资文化创意产业；其次是建立文化与金融对接工作机制，着力研究解决文化项目贷款存在的系统性问题，扩大文化创意产业贷款的规模。第三是制定文化产品和服务的政策，采取出口奖励、会展补助等方式，引导和促进北京地区文化产品和服务的出口。第四是探索降低票价、发放文化消费券、免费开放博物馆等方式，启动文化消费。第五是支持文化创新，重点扶持内容原创，推动制度创新，以优秀的创意取代一般的模仿和复制，以实现高效率和水平的制度替代低效率和水平的制度。

## 三、进一步完善北京文创产业促进体系的建议

### (一)转变政府主导模式,加强宏观管理能力

加快政府主导模式向市场配置模式转变,提高文化宏观管理能力。进一步理顺政府、市场和社会之间的关系,充分发挥市场在资源配置中的决定性作用与更好发挥政府作用有机结合起来。明确政府政策调节、市场监管、社会管理和公共服务职能,变"微观管理"为"宏观管理",加快实现由"办文化"向"管文化"转变,使政府能集中精力进行文化事业、文化产业的宏观管理,建立以文化事业和文化创意产业发展规划为指导的宏观调控体系,完善奖惩、监督、保障等机制,完善国有文化资产管理体制,切实加强对国有文化资产的监管。改进管理方式,创新管理方法,进一步提高宏观管理水平。

### (二)密切市级部门协作,构建全市一盘棋的促进机制

在市文化改革和发展领导小组的统一领导下,由市委宣传部抓总,市文资办联手市文促中心,会同市发展改革委、市科委、市经济信息化委、市商务委、市文化局、市旅游委、市新闻出版广电局、市文物局、市财政局、市地税局、市工商局、市金融局、市知识产权局等行业委办局做好全市文创产业工作的顶层设计、统筹协调、整体推进、督促落实,构建全市一盘棋的文创产业促进机制。聘请园区、产业、政策等各领域有关专家,组成专家委员会,为促进工作提供决策支持。市文资办和市文促中心会同市级各相关行业主管部门,共同研究制定促进文化创意产业发展的有关创新政策。

## （三）健全市区联动机制，充分调动区县积极性

一是建立市区联动机制。加强市区互动，在规划制定、项目布局等方面强化统筹和分类指导。市级规划在前期研究和制定过程中应充分征求区县意见，强化项目统筹，并及时指导区县根据市级规划确定的发展目标、发展思路和主要任务制定本区县的规划和行动计划，避免出现上下脱节甚至相互矛盾。二是建立区县结对互促机制。发挥城区在产业、信息、人才、资金等方面的优势，结对帮扶密云、平谷、门头沟、房山等区县，在产业发展、公共服务、生态建设和城市功能疏解等领域开展"一对一"互助合作。区县双方可探索实施完全托管、实体管理等多种产业基地共建模式，在园区管理、公共服务、资源共享、人才交流等方面深化合作。在土地流转、财政税收、投资收益等方面，加强各区县之间的共享分配机制，促进生产要素在符合产业规划前提下，在各行政区域之间的自由流动配置。三是在文化领域进一步简政放权，尽量将审批权下放到区县，市级审批项目努力实现"一站式"服务。

## （四）促进平台建设，满足文创企业的发展需求

目前北京文化创意产业在交易、评估、创业服务等关键环节还比较薄弱，相关平台服务力度不够，普遍存在服务功能单一、专业化程度不高等问题，尚不能满足文创企业的发展需求。未来，需要重点从以下两方面促进平台建设发展：一方面，通过直接注资的形式，完善现有平台的服务功能，如在艺术品交易平台建设方面，除了交易拍卖环节，还应该积极拓展制作、鉴定、估值等关联业务，形成立体化平台服务模式；另一方面，对于评估、创业服务等新兴平台类企业，可以通过控股方式，以股权投资、项目合作、技术支持等形式，引入社会

资本共同参与平台建设。鉴于文化创业服务平台在加快文化资源产业化中所起的重要支撑作用,政府还应在用地、人才、税收、资金等方面给予相关政策优惠,大力支持文化创业服务平台建设。

### (五)完善行业组织服务体系,发挥第三方机构作用

一是支持行业协会参与更多的行业服务管理。加大政府引导力度,在行业管理、政策制定、新兴服务拓展等方面为行业协会提供更多发展空间。如,通过政府购买服务的方式委托行业协会开展行业统计分析、非强制性行业标准制定、行业政策制定、行业性相关研究和规划等基础性行业管理工作,并支付相应费用。二是大力扶持新兴行业组织发展。重点针对产业联盟、市场联盟、文化产业商会,以及一些公益性专业团体等文化类新兴行业组织,从资金、项目、用地、政府采购等方面加大支持力度,如对搭建信息共享平台和共性技术服务平台给予专项补贴,鼓励新兴行业组织积极拓展各类服务功能,提升在专业行业领域中的带动力和影响力。

### (六)创新投入方式,充分带动社会投资

完善细化各种资助手段,综合运用财政、税收、政府采购等多种调控方式和财政无偿资助、贷款贴息、抵押担保、后期奖励等多种具体扶持方式,有针对性、创新性、切实地为文创企业提供各项优惠政策。同时,不能仅仅依靠财政投入,还要充分鼓励和调动各种社会资金和各方积极力量,逐步形成多种经济成分、多种经营方式、多层次、多渠道、多体制办文化的新格局。通过制定有利于文化创意产业发展的产业政策和财税政策,鼓励和吸引各种社会资金投入文创产业,真正实现文创产业投资主体的多元化、社会化。

# 北京市文化创意产业政策体系效果评析

## 一、北京市文创产业促进政策发展分析

### （一）政策体系梳理

截至 2014 年年底，梳理出的北京市文化创意产业现行的相关促进政策共计 43 项，政策类别涵盖综合政策、行业政策、规划类政策、财税政策、投融资政策、贸易政策、人才政策、集聚区政策和知识产权政策，由此可以说北京已经形成了一套较为完善的政策体系。

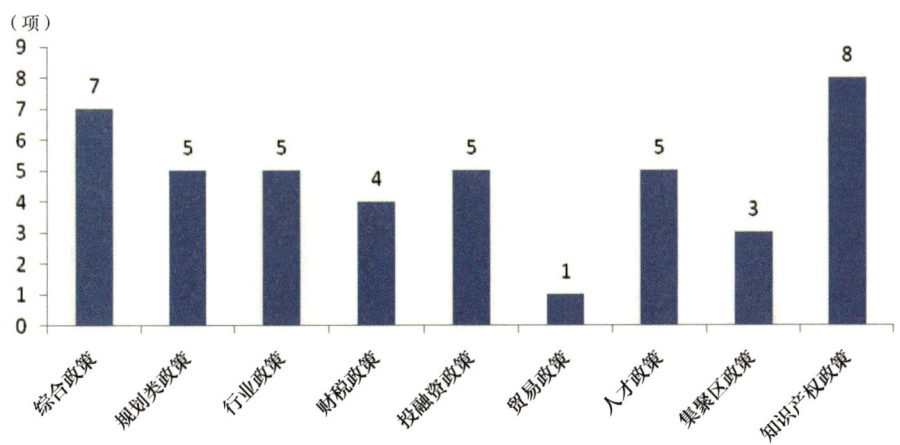

表 3.32　北京市文化创意产业现行相关政策

| 类别 | 政策名称 | 出台年份 |
|---|---|---|
| 综合政策 | 中共北京市委关于发挥文化中心作用加快建设中国特色社会主义先进文化之都的意见 | 2011 |
| | 关于大力推动首都功能核心区文化发展的意见 | 2010 |
| | 中共北京市委、北京市人民政府关于进一步促进服务业发展的意见 | 2007 |
| | 北京市保护利用工业资源发展文化创意产业指导意见 | 2007 |
| | 北京市关于推进工业旅游发展的指导意见 | 2008 |
| | 北京市文化创意产业分类标准 | 2006 |
| | 北京市促进文化创意产业发展的若干政策 | 2006 |
| 规划政策 | 北京市文化创意产业功能区建设发展规划（2014—2020年） | 2014 |
| | 北京市文化创意产业提升规划（2014—2020年） | 2014 |
| | 北京市"十二五"时期会展业发展规划 | 2011 |
| | 北京市"十二五"时期旅游业发展规划 | 2011 |
| 行业政策 | 北京市关于支持影视动画产业发展的实施办法（试行） | 2009 |
| | 北京市关于支持网络游戏产业发展的实施办法（试行） | 2009 |
| | 关于促进北京市广告业发展的意见 | 2011 |
| | 北京市人民政府关于贯彻落实国务院加快发展旅游业文件的意见 | 2010 |
| | 北京市人民政府关于全面推进北京市旅游产业发展的意见 | 2008 |
| 财税政策 | 北京市原创动漫形象作品专项扶持资金管理办法 | 2013 |
| | 北京旅游商品扶持资金管理办法（试行） | 2012 |
| | 北京市文化创意产业发展专项资金管理办法实施细则 | 2010 |
| | 北京市文化创新发展专项资金管理办法（试行） | 2006 |

（续表）

| 类别 | 政策名称 | 出台年份 |
| --- | --- | --- |
| 投融资政策 | 进一步鼓励和引导民间资本投资文化创意产业若干政策 | 2013 |
| | 关于金融促进首都文化创意产业发展的意见 | 2012 |
| | 北京市文化创意产业贷款贴息管理办法（试行） | 2008 |
| | 北京市文化创意产业创业投资引导基金管理暂行办法 | 2009 |
| | 北京市文化创意产业担保资金管理办法（试行） | 2009 |
| 贸易政策 | 北京海关支持文化创意企业发展的若干措施 | 2006 |
| 人才政策 | 北京市引进海外高层次人才专项计划 | 年度发布 |
| | 北京市"十二五"时期人才发展规划纲要 | 2011 |
| | 关于加快建设中关村人才特区行动计划（2011—2015） | 2011 |
| | 首都中长期人才发展规划纲要 | 2010 |
| | 关于进一步鼓励海外高层次留学人才来京创业工作的意见 | 2007 |
| 集聚区政策 | 北京市文化创意产业集聚区基础设施专项资金管理办法 | 2007 |
| | 北京市文化创意产业集聚区认定和管理办法 | 2006 |
| | 北京市数字娱乐产业基地优惠政策 | 2007 |
| 知识产权政策 | 北京市专利保护和促进条例 | 2013 |
| | 北京展览知识产权规定 | 2011 |
| | 北京市"十二五"时期知识产权（专利）事业发展规划 | 2011 |
| | 北京市专利商用化促进办法 | 2010 |
| | 北京市人民政府关于实施首都知识产权战略的意见 | 2009 |
| | 北京市展会知识产权保护办法 | 2008 |
| | 北京市文化创意产业知识产权保护与促进意见 | 2008 |
| | 北京市发明专利奖励办法 | 2007 |

资料来源：嘉乐世纪公司整理。

## （二）财税政策

在促进文化创意产业发展的财政补贴方面，北京市制订了《北京市促进文化创意发展的若干政策》，通过设立专项资金、贷款贴息、项目补贴等方式来扶持文化创意企业。目前，北京的财政投入主要投放并作用在支持文化创意产业的人才培养、企业研发和创新、公共平台建设、营销网络体系建设等方面。北京文化创意产业的税收优惠政策方面，主要通过影响下述四类活动：文化创意人才的培养、文化创意技术研究与开发、文化创意的生产，以及文化创意产品和服务的营销与消费等四个环节，降低各个环节的投资成本和投资风险，增加投资的预期收益，进而实现对文化创意产业的扶持。

就财政政策总体来看，北京市财政投入的方式比较单调，主要是直接补贴，间接性、引导性的补贴方式不多，缺乏对财政投入方式的综合性运用。综合运用直接性与间接性、及时性与长久性、规范性与引导性相结合的财政投入政策是未来需要破解的课题。北京文化创意产业的财政投入政策实施后，偏重于投入的总额和投入带动的金额，忽视投入的效果和实际产出，缺乏对财政投入的后期管理，不少财政资金投入到文化创意企业或机构后，既没有监管财政资金的使用是否符合要求，更没有评估财政资金是否达到预期效果，出现了财政资金投入后的政策"空白"。

此外，在税收政策上，北京市虽然已经出台了包括企业所得税、营业税、个人所得税、折旧、税前抵扣等在内的一系列税收优惠政策，但总体来看，除税收优惠政策体系不全之外，力度不大、导向不强也是突出问题。目前，北京文化创意产业税收优惠的力度不大。例如，在《北京市促进文化创意产业发展的若干政策》的第五条中提到"在中关村科技园区内新办文化创意企业，被认定为高新技术企业的，企业所得税自获利年度起 2 年内免征，2 年后减按 15% 税率征收"，也就是说，文创企业要在中关村园区设立，还要被认定为高新企业才可以享受税收优惠，而优惠的幅度也仅与普通高新技术企业相同。导向不强是指政策对中小文化创意企业未予以足够重视。在文化创意产业发展过程中，富有生机和市场活力的中小企业多以小规模纳税人的角色出现，而目前的税收优惠政策更是倾向于大企业、大集团，使得中小文化创意企业在购进固定资产等方面享受不到增值税抵扣方面的优惠。

### （三）投融资政策

自从北京市提出大力发展文化创意产业的战略目标以来，在建立和提升文化创意企业融资环境方面开展了大量工作、出台了大量政策。相关投融资政策主要体现在贷款贴息、融资担保、引导基金、民间投资、上市融资等方面。

表 3.33　北京市现行文化创意产业投融资政策

| 序号 | 政策名称 | 出台年份 |
| --- | --- | --- |
| 1 | 进一步鼓励和引导民间资本投资文化创意产业若干政策 | 2013 |
| 2 | 关于金融促进首都文化创意产业发展的意见 | 2012 |
| 3 | 北京市文化创意产业贷款贴息管理办法（试行） | 2008 |
| 4 | 北京市文化创意产业创业投资引导基金管理暂行办法 | 2009 |
| 5 | 北京市文化创意产业担保资金管理办法（试行） | 2009 |

数据来源：嘉乐世纪整理。

《关于金融促进首都文化创意产业发展的意见》提出，北京将以现有各类文化创意产业集聚区为基础，加快聚集金融机构和中介机构，拓展文化金融综合试验区的辐射范围，形成文化金融机构聚集效应。

《北京市文化创意产业创业投资引导基金管理暂行办法》提出，北京市文化创意产业创业投资引导基金（以下简称"引导基金"）主要用于引导创业投资机构投资于符合文化创意产业重点支持方向的处于创业早期的文化创意企业，引导基金本身不直接从事创业投资业务。引导基金资金来源于市文化创意产业发展专项资金、引导基金的投资收益及引导基金的闲置资金存放银行或购买国债所得的利息收益等。引导基金初始规模为3亿元，连续安排3年，每年从市文化创意产业发展专项资金中安排1亿元。

《北京市文化创意产业担保资金管理办法（试行）》提出，北京市文化创意产业担保资金主要采取对合作担保机构的再担保费进行补贴、对担保业务进行补助等方式，引导担保机构为符合北京文化创意产业发展总体规划和相关政策的项目提供担保服务。担保资金来源于北京市文化创意产业发展专项资金。

《关于进一步鼓励和引导民间资本投资文化创意产业若干政策》统筹100亿元文化创新发展专项资金，采取奖励、贴息、参与文化创意产业基金设立、采购文化产品与服务等方式，支持民营文化创意企业发展。

## （四）贸易政策

目前，北京文化创意产业的贸易政策主要集中在鼓励出口和营销网络两个方面。北京海关也出台了相关政策，目的是为文化创意企业进出口提供更多便利，包括"加快通关"等服务。《北京海关支持文化创意企业发展的若干措施》（京关办〔2006〕467号）还提出了一些具体措施，如加强通关服务，促进北京文化演出事业发展；做好沟通协调，服务首都会展经济；支持、推动北京影视产业、音像制品产业发展；支持无物质介质类文化创意产品进出口贸易发展；强化法律意识，加强知识产权海关边境保护；加强协调，支持古玩及艺术品交易市场的发展和支持旅游、文化产业的发展等。这些贸易政策为北京市在中国文化"走出去"战略中发挥龙头作用起到了很大的促进作用。

北京市的这些文化贸易政策方向和目标都较为明确，以鼓励出口为主，政策内容由点到面，较为全面。但是，政策多以引导性、方向性为主，与其他贸易政策相仿，并未体现文化创意产业的特点。

## （五）人才政策

在人才引进方面，北京市当前政策更多侧重于科技人才人引进，并没有出台文化创意人才引进专项政策，对于文化创意人才引进主要是参照北京市综合人才引进政策，如《北京市吸引高级人才奖励管理规定》《北京海外人才聚集工程》。但从北京市总体引进人才的偏好来看，北京吸引人才的重点主要是专家学者，以及各个领域有重大贡献的创新创业人才，这与当前北京文化创意产业人才需求方向及特点衔接不够紧密。

在人才培养方面，近几年北京市针对文化创意人才在行业发展上的不平衡，在人才培养方面投入较大。一方面通过建设文化创意产业人才培养基地，支持高等院校、职业院校与文化创意企业联合建设文化创意产业人才培养基地，加快培养、培训文化创意研发设计、经营管理、营销经纪人才；另一方面，北京市实施"四个一批"人才培养工程，通过健全机制，创新方式，拓展领域，提高质量，努力构建一支德才兼备、锐意创新、结构合理、规模宏大的首都文化人才队伍。同时，统筹组织实施创新型人才、复合型人才、外向型人才、科技型人才及宣传文化人才的培养、培训和素质提升计划。此外，北京市还积极扩大人才培养途径，致力于打破院校、基地等传统渠道，在《中共北京市委关于发挥文化中心作用加快建设中国特色社会主义先进文化之都的意见》中进一步提出，鼓励艺术院校与社区结对建立艺术实践基地，支持艺术类院校毕业生参与社区文化建设，拓宽人才培养途径。

在人才保障方面，北京市并未出台专项政策。目前在文化创意人才保障政策方面可参照的政策包括2009年的《关于实施北京海外人才聚集工程的意见》和2010年的《北京市鼓励海外高层次人才来京创业和工作暂行办法》，政策提出对高层次人才提供住房福利，并提出按不同层次发放住房和租房补贴，建设人才公寓，提供定向租赁住房。但是，上述两项政策均为综合性人才政策，对于文化创意产业人才未突出明确或具有优先、倾斜。

在人才激励方面，北京市现有相关政策主要集中于对奖励、表彰及税收减免两个方面。相关奖励及表彰办法具体参照北京市现有《北京市吸引高级人才奖励管理规定》予以奖励。在文化创意相关奖项上，北京市政府设立文化创意奖，对为发展文化创意产业做出突出贡献的集体和个人给予表彰和奖励，所得奖金免征个人所得税。文化创意企业以股权、期权等形式给予其高级管理人员的奖励，按现行税收政策规定在计征个人所得税时给予优惠。在文化创意人才相关职业资格认证、职称认定方面，并没有相关政策规定出台。

## （六）知识产权政策

自 2006 年以来，北京市委市政府高度重视知识产权工作，创造性地贯彻落实《国家知识产权战略纲要》，发布了《北京市人民政府关于实施首都知识产权战略的意见》，明确了知识产权在首都经济社会发展中的战略地位，提出了大力发展知识产权产业。开展了《北京市专利保护和促进条例》的修订工作，出台了《北京市展会知识产权保护办法》，制定了《北京市文化创意产业知识产权保护与促进意见》《北京市发明专利奖励办法》《北京市专利商用化促进办法》《北京市"十二五"时期知识产权（专利）事业发展规划》等一系列政策，不断地完善北京市的知识产权法规政策体系，营造鼓励创新和保护知识产权的制度环境。近十年来，市知识产权局成为市政府直属机构，知识产权工作体系也不断完善，区县知识产权工作部门相继建立并不断加强，干部队伍不断壮大。目前来看，北京市知识产权政策主要体现在知识产权管理、运用和保护等方面。

## （七）集聚区政策

目前已基本建立起较为完善的文化创意产业园区政策体系，内容包括园区认定政策、园区资金扶持政策、园区基础建设政策三大方面。

### 1 园区认定和管理政策

北京文化创意产业布局经历了从自发形成到规范发展的过程，集聚区的规范化发展主要建立在市级集聚区认定标准统一化和区级集聚区认定标准的逐步形成上。从 2006 年到现在，北京市认定文化创意产业市级集聚区 30 个，其中，第一批次认定 10 个，第二批次认定 11 个，第三批次认定 2 个，第四批次认定 7 个，构成了功能多样、分工明确的集聚区分布结构。

2006年，北京市出台了国内第一个关于文化创意产业园区的认定管理办法：《北京市文化创意产业集聚区认定和管理办法（试行）》，该办法在文创园区的认定条件、认定程序、管理办法等方面建立了统一标准，不仅对全市文化创意产业集聚区的差异化发展和特色产业园区的形成起了推动作用，还为其他城市建立集聚区认定标准提供了范本与借鉴。

在此基础上，北京各个区县也相继编制了适应本区文化创意产业集聚区的认定和管理办法，并根据这些办法认定了具有区县特色的区级文化创意产业集聚区。2007年，朝阳区公布了《朝阳区文化创意产业集聚区（基地）认定管理办法》，这是北京市第一个区县级的文化创意产业集聚认定管理办法。2009年东城区和昌平区分别公布了《东城区文化创意产业示范基地认定和管理办法（试行）》和《昌平区文化创意产业集聚区认定和管理办法（试行）》。2010年海淀和顺义也分别公布了《海淀区文化创意产业集聚区认定和管理办法（试行）》《顺义区文化创意产业集聚区认定和管理办法（试行）》。

### 2 园区资金政策

北京市政府为了保障文化创意产业集聚区的健康发展，设立了集聚区基础设施的专项财政拨款，分3年投入规模为5亿元的专项资金。各区县也根据自己实际情况设立了相应专项资金。如2005年12月，石景山区除执行国家、北京市相关优惠政策外，结合本区实际情况，根据《北京市进一步促进高新技术产业发展若干规定的通知》《关于贯彻国务院鼓励软件产业和集成电路产业发展若干政策的实施意见》，以及其他涉及优惠政策的相关文件，颁布了《北京市数字娱乐产业基地优惠政策》，对从事数字内容软件的研发、生产、销售及其衍生产业的企业，只要在北京数字娱乐示范基地注册投资，均有可能享受企业孵化资金、技术创新资金、自主创新奖励等政策优惠。

**3 园区基础设施政策**

《北京市促进文化创意产业发展的若干政策》从工业用地方面对文化创意产业的新发展指明了方向。政策鼓励对现有产业集聚区和传统工业用地资源进行盘活，在促进工业转型的同时提升产业结构，优化文化创意产业资源的配置，将传统工业用地拿来进行文化创意产业经营。2007年，北京市发布了《北京市保护利用工业资源发展文化创意产业指导意见》，2008年发布《北京市关于推进工业旅游发展的指导意见》，部署了工业遗产开发利用工作。政府提倡要利用和保护工业资源，开发工业旅游以提升工业资源的利用效率。

2007年8月，为进一步落实《北京市促进文化创意产业发展的若干政策》，加强对文化创意产业集聚区内基础设施专项资金的管理，北京市发展和改革委员会起草了《北京市文化创意产业集聚区基础设施专项资金管理办法（试行）》，以市文化创意产业集聚区法人单位作为项目建设单位，以不少于项目总投资30%的资金比例进行直接投资，并规定投资资金用于支持经北京市认定的文化创意产业集聚区内的环境整治，基础设施（主要包括水、电、气、热、通讯、非主干路等设施），产业服务平台和共性技术平台建设等公共设施工程项目（以下简称"集聚区建设项目"）。

## 二、评价方法与评价内容

### （一）问卷设计与调查方法

通过对北京市文化创意产业现行政策的系统梳理和分析，

与专家及北京市文促中心相关部门合作，设计了《北京市文化创意产业政策成效评估专项调研问卷》，通过调查问卷的分析进一步研究北京市现行文化创意产业政策实施效果及文化创意企业对政策的期盼，为进一步分析现行政策问题和提出相关政策建议提供依据。

问卷调查是此次研究的基本工具，此次研究主要使用统计分析软件对问卷调查的数据进行统计并予以描述性分析。

本次分析所获取的问卷样本由两部分组成，一部分是基于已有问卷调查成果，即《北京市文化创意产业政策提升专项课题》项目中的调研数据。总计使用有效问卷296份。其中，基于已有问卷182份，补充问卷114份。涵盖了北京市文化创意产业的九大重点行业和北京市的16个区县。

### （二）数据分析与评价方法

此次研究使用了统计分析软件对问卷调查的数据进行统计分析。在评价方法上，我们对文化创意产业政策认知度及满意度建立了评价体系。本文在构建评价体系时，通过查阅国内外对文化创意产业政策的相关研究文献，并对相关业内专家进行咨询后，从文化创意产业政策中的财税政策、金融扶持政策、知识产权保护政策、对外文化贸易政策、人才政策五个方面进行构建，建立文化创意产业政策认知度及满意度评价体系，如表3所示。同时，项目对北京市文化创意产业集聚区相关政策研究也有涉及。

表 3.34　文化创意产业政策认知度及满意度评价体系

| 政策类型 | 政策所涉内容 |
| --- | --- |
| 财税政策 | 房屋补贴 |
|  | 税收优惠 |
|  | 项目补贴 |
|  | 项目奖励 |
|  | 政府采购 |
|  | 产业引导基金 |
| 投融资政策 | 银行贷款 |
|  | 贷款贴息 |
|  | 民间借贷 |
|  | 金融债券 |
|  | 上市融资 |
|  | 文化保险 |
|  | 融资担保 |
| 知识产权政策 | 企业商标、域名注册 |
|  | 企业专利申请 |
|  | 版权/著作权 |
| 文化贸易政策 | 出口退税 |
|  | 内容产品出口奖励/补贴 |
|  | 收购海外文创实体相应补贴 |
| 人才政策 | 人才引进政策 |
|  | 人才培养政策 |
|  | 人才保障政策 |
|  | 人才激励政策 |

## 三、文化创意产业政策效果评价

### （一）财税政策

**1 政策认知度水平一般，满意度、受益率较低**

通过对文化创意产业财税政策认知度及满意度调研数据整理计算，不难看出北京市文创企业对本市现行文化创意产业财税政策认知度总体一般。在此次调研的 296 份问卷中，对各类财税政策表示"了解"的占 48.1%，其中享受过各类财税政策的仅占 12.06%，总体政策受益覆盖率偏低，平均不满意率超过三分之二。

表 3.35 财税政策认知度、满意度及受惠情况

| 政策内容 | 不了解 | 了解 | 已受益 | 不满意 | 满意 |
| --- | --- | --- | --- | --- | --- |
| 房屋补贴 | 56.34% | 43.66% | 7.46% | 69.23% | 30.77% |
| 税收优惠 | 46.67% | 53.33% | 17.04% | 67.33% | 32.67% |
| 项目补贴 | 46.64% | 53.36% | 20.15% | 61.19% | 38.81% |
| 项目奖励 | 47.15% | 52.85% | 15.97% | 66.34% | 33.66% |
| 政府采购 | 56.27% | 43.73% | 4.18% | 70.50% | 29.50% |
| 产业引导基金 | 58.33% | 41.67% | 7.58% | 68.21% | 31.79% |
| 平　均 | 51.90% | 48.10% | 12.06% | 67.13% | 32.87% |

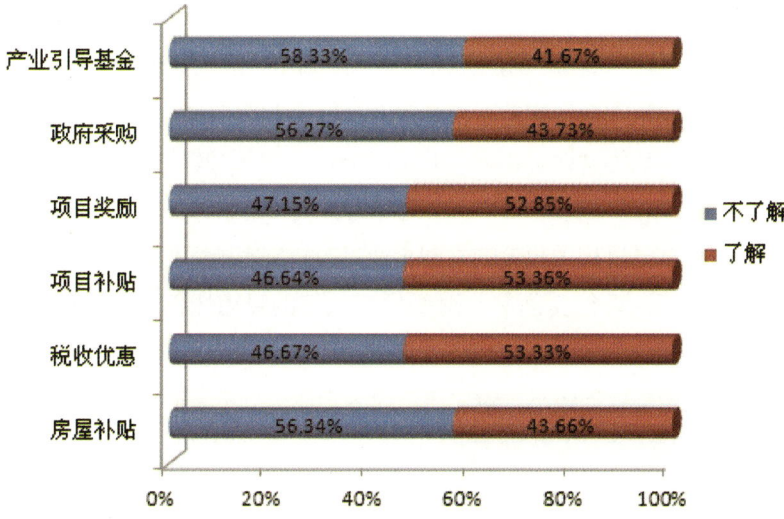

图 3.28　北京市文化创意产业财税优惠政策认知度

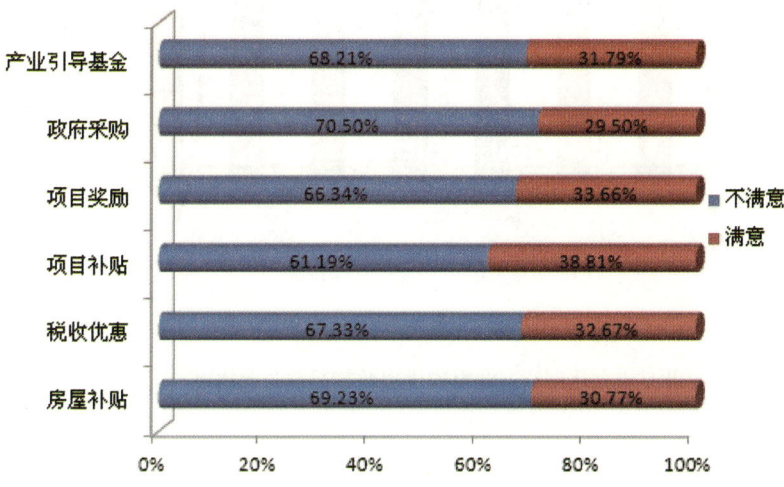

图 3.29　北京市文化创意产业财税优惠政策满意度

## 2 受益企业减负效果较好，但总体产业影响不大

在享受过文创产业相关财税政策的被调研企业中，大部分企业认为现行相关财税政策对减轻企业负担具有一定效果。其中，认为"明显减轻"的占21%，"有所减轻"占76%，"没有减轻"的仅占3%。由此来看，现行财税政策的实施对北京市享受过相关政策的文创企业具有较好影响。但是，此次调研发现，现行文创产业财税优惠政策的受惠比例仅占12.06%，受益企业群体占比较小，这说明北京市现行文创产业财税政策优惠覆盖面较小，对总体产业内企业影响不是很大。

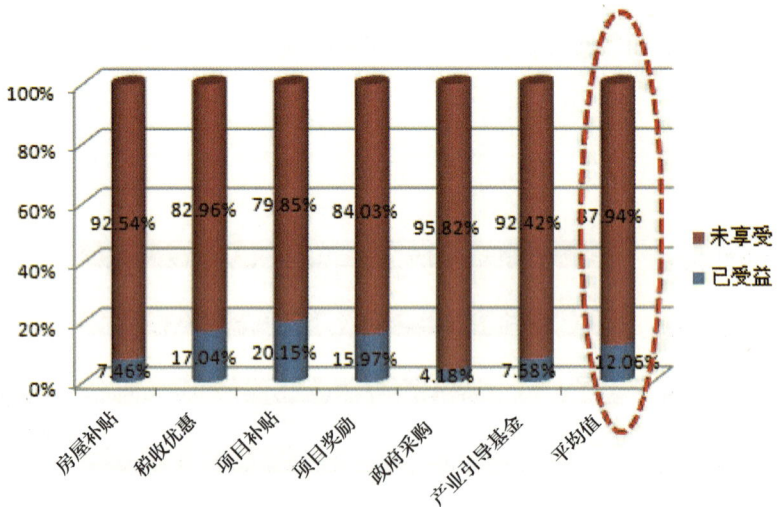

图 3.30 北京市文化创意产业财税优惠政策受益企业比重

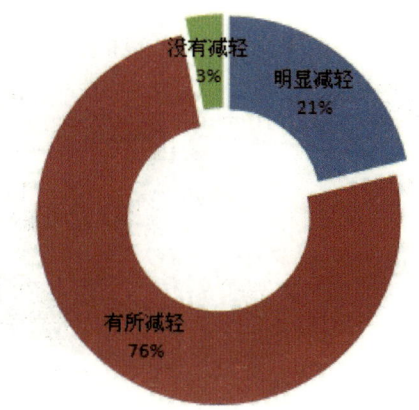

图 3.31 财税政策对减轻企业负担的实施效果

## 3 活力行业成为受益主体，年轻企业受益率较低

另外，我们对享受过"财税政策"的企业所在行业分布及具体财税政策类别及企业成立年限分别进行了交叉分析。从行业分布结果来看，影视广播、文化艺术行业内企业获得的财税优惠政策比重最大，其次是软件网络计算机服务。这三个行业目前是北京市文化创意产业中具有活力的行业，行业内的各种项目相对较多，企业获得"项目补贴""项目奖励"的机会也较多。从具体受惠"财税政策"类别来看，"项目补贴"类财税政策受益最多，其次是税收优惠和项目奖励。从企业成立年限分布来看，受惠过"财税政策"的企业主要集中于成立超过5年的企业，成立年限低于5年受益企业仅占24%，其中成立3年以下，正处于起步和成长初期、年轻企业的受惠比重仅为10%。也就是说，现行文创产业"财税政策"的优惠主要是给予一定规模的成熟企业。

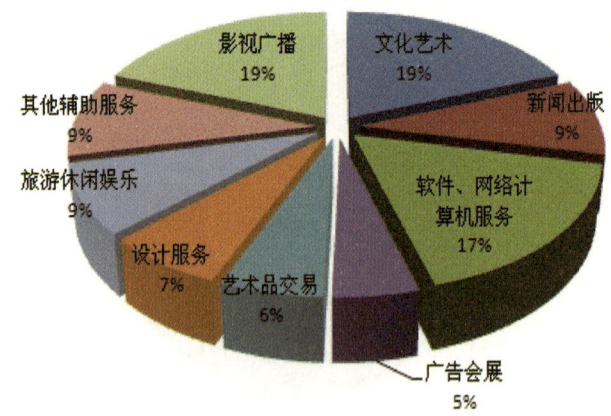

图 3.32 享受过"财税政策"企业所在行业分布

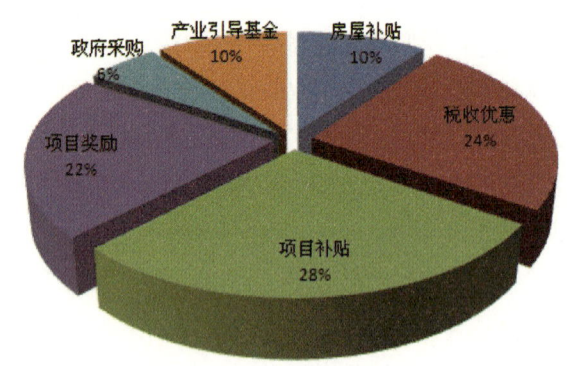

图 3.33 享受过"财税政策"具体类别分布

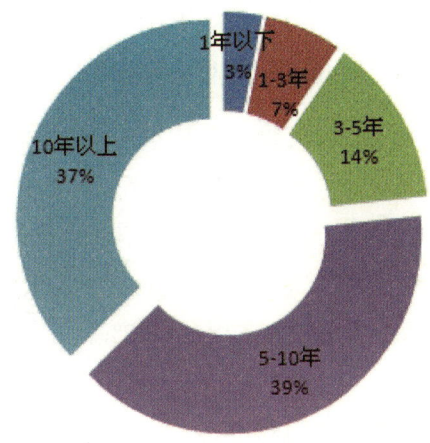

图 3.34 享受过"财税政策"的公司成立年限分布

## 4 政策受惠领域与当前企业需求方向存在偏差

在对被调研企业对财税政策需求方向的调研结果中发现，对现行财税政策中"房屋补贴"类优惠政策的受惠比重与企业期盼略有偏差，实际受惠比重略显不足。这说明，北京现行"财税政策"结构与当前文创企业对相关政策需求方向仍需进一步契合。

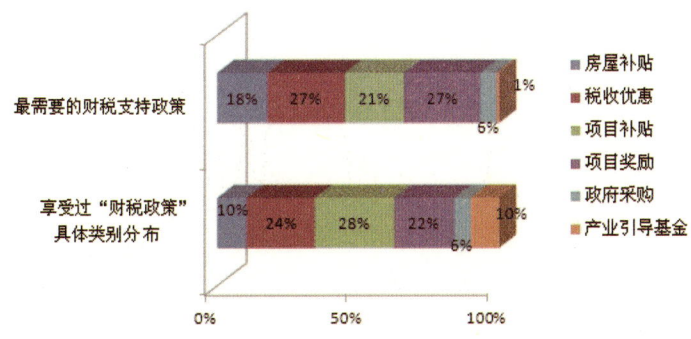

图 3.35 文创企业"财税政策"受益实际情况与需求对比

## （二）投融资政策

### 1 融资工具使用、认知双低，银行贷款成为主要融资渠道

通过对文化创意产业投融资政策认知度及满意度调研数据整理计算，不难看出北京文创企业对市场现有的投融资工具使用及认知情况均呈现较低水平。在此次调研的296份问卷中，对各类投融资政策表示"使用过"的企业平均仅占12.77%，其中享受过相关财政补贴支持的仅占6.92%。

表3.36 北京市文化创意产业投融资工具使用与认知情况

| 投融资工具 | 是否用过 | | 是否享受过 | | 满意度 | |
|---|---|---|---|---|---|---|
| | 使用过 | 未使用过 | 受益过 | 未受益 | 不满意 | 满意 |
| 银行贷款 | 36.70% | 63.30% | 17.92% | 82.08% | 72.30% | 27.70% |
| 民间借贷 | 8.71% | 91.29% | 3.52% | 96.48% | 84.21% | 15.79% |
| 金融债券 | 6.06% | 93.94% | 3.17% | 96.83% | 85.86% | 14.14% |
| 上市融资 | 8.37% | 91.63% | 5.78% | 94.22% | 83.51% | 16.49% |
| 文化保险 | 7.60% | 92.40% | 4.93% | 95.07% | 86.24% | 13.76% |
| 融资担保 | 9.20% | 90.80% | 6.22% | 93.78% | 83.16% | 16.84% |
| 平均值 | 12.77% | 87.23% | 6.92% | 93.08% | 82.55% | 17.45% |

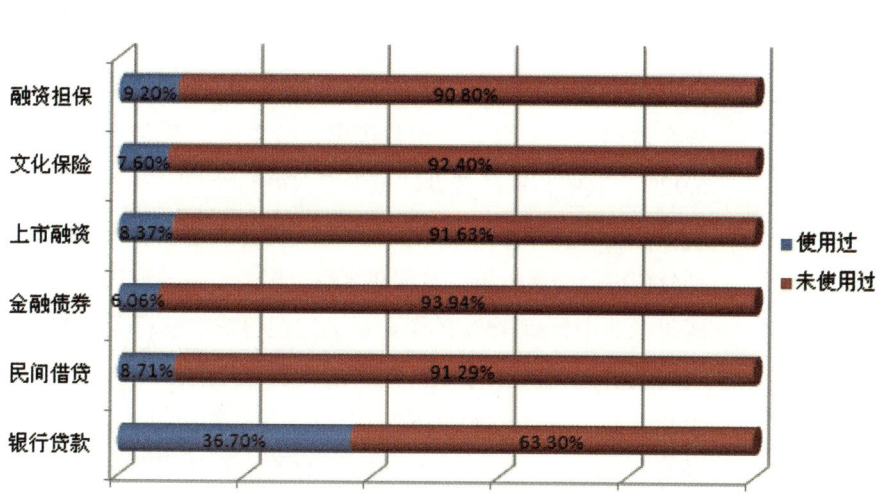

图 3.36 北京市文化创意产业投融资工具认知度及使用情况

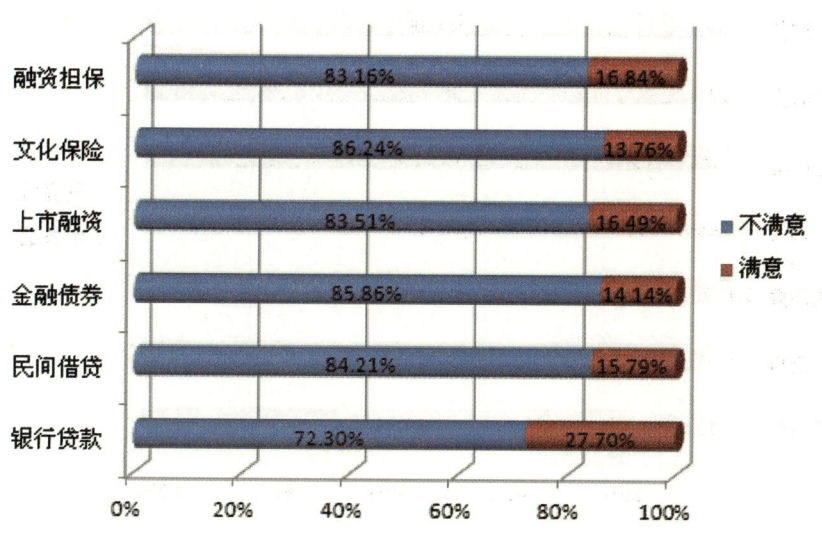

图 3.37 北京市文化创意产业投融资政策满意度情况

## 2 政策受益率低，缺少银行贴息外的多元化融资引导政策

在享受过文创产业相关投融资政策的被调研企业中，大部分企业均表示未享受过相关优惠政策支持，平均受益率仅为6.92%。其中，银行贷款贴息优惠政策的受益率相对较高，为17.92%。同时，我们对享受过"投融资政策"的具体政策类别分布进行交叉分析，发现在享受过相关"投融资政策"的被调研企业中，有45%的企业是通过银行贷款贴息受益的，其次为融资担保及上市融资补助或奖励，分别占15%及14%。由此来看，北京市对文化创意企业融资政策依旧以银行贷款贴息为主，而在产业内企业融资工具的多元化使用方面缺少引导性政策。

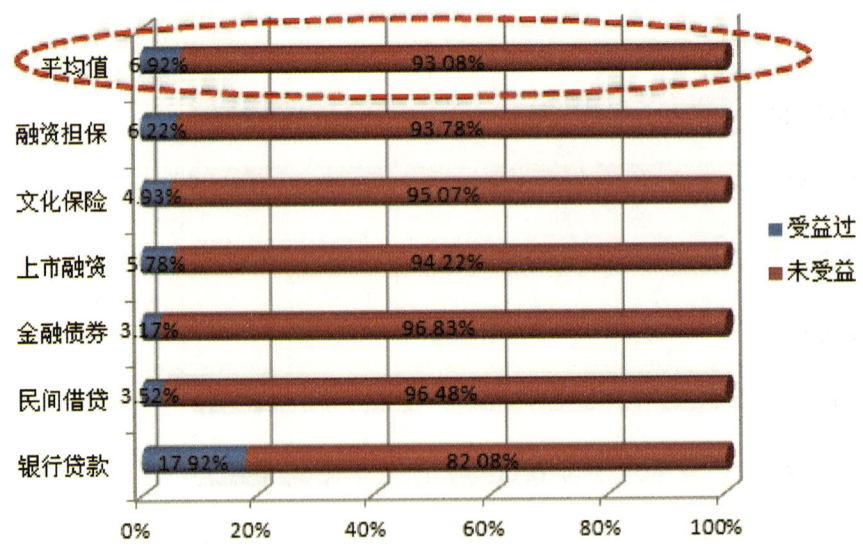

图 3.38 北京市文化创意产业投融资政策受益情况

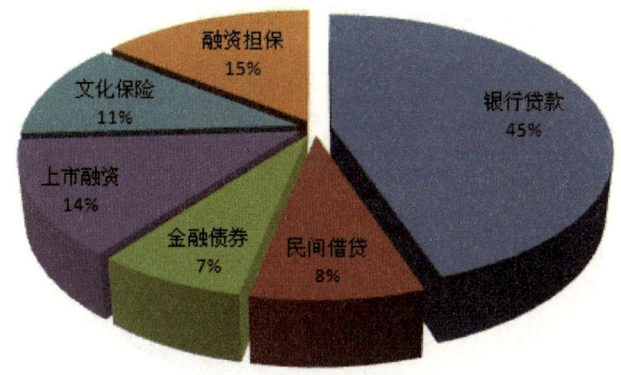

图 3.39 享受过"投融资政策"的具体政策类别分布情况

### 3 稳定成熟型民营企业成为银行贷款贴息的主要受益群体

通过对受益过"银行贷款"政策的企业进行交叉分析发现,民营及个体企业成为目前"银行贷款"政策主要的受益主体,占 65%,其次为国有企业,占 21%。同时,在受益过"银行贷款"政策的企业中,79% 为成立 5 年以上的稳定型企业,其中 49% 为成立 10 年以上的成熟型文创企业。由此可见,当前北京市文化创意产业内具有一批较强实力及规模的企业;但也反映出规模较小且成立年限较短、正处于成长初期的文创企业存在银行贷款难问题。

422 | 文化创意产业行与知

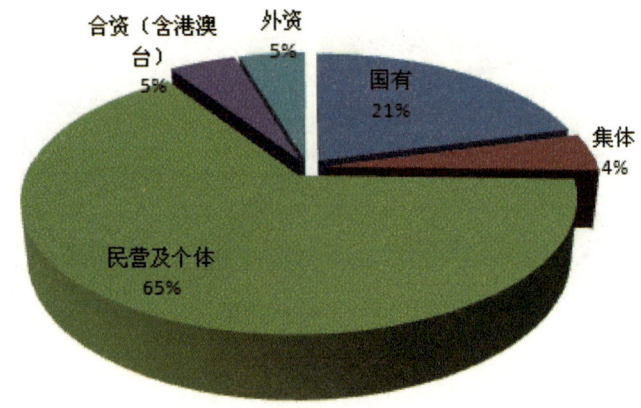

图 3.40 受益过"银行贷款"政策的企业性质情况

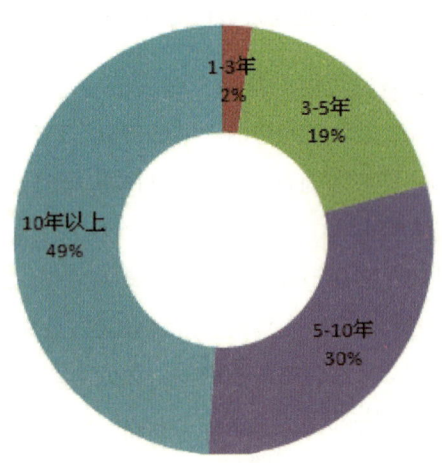

图 3.41 受益过"银行贷款"政策的企业成立年限情况

## 4 文创企业融资环境有所改善,企业发展促进效应显著

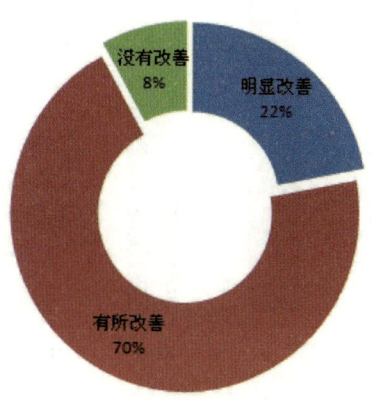

**图 3.42　企业对北京文化创意企业融资环境评价情况**

在北京市文化创意企业融资环境评价的调研中,大部分企业认为现行相关投融资政策对北京文化创意企业融资环境改善提升具有一定效果。其中,认为"明显改善"的占22%,"有所改善"的占70%,"没有改善"的占8%。同时,在对融资环境改善对企业促进效果的评价调研中发现,认为当前文创产业融资环境的改善对企业发展具有"很大"促进效应的占30.61%,具有"较大"促进效应的占35.71%。由此来看,现行投融资政策的实施对北京市文创企业融资环境改善具有较好影响,且对企业发展具有明显促进效应。

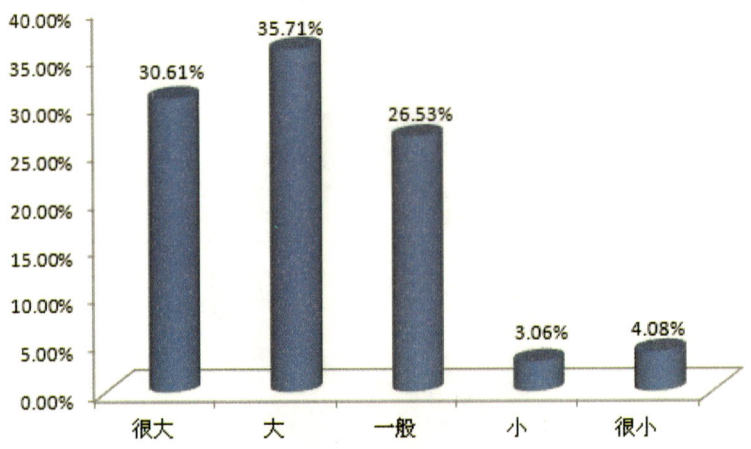

图 3.43　融资环境改善对企业促进效果的评价情况

## (三) 贸易政策

### 1　文创企业对外贸易业务活动较少，政策总体认知及满意度较低

通过对文化创意产业贸易政策认知度及满意度调研数据整理计算，不难看出北京文创企业对市场现有的投融资工具使用及认知情况均呈现较低水平。在此次调研的 296 份问卷中，对各类贸易政策表示"了解"的企业平均占 29.76%，表示"满意"的企业平均仅占 15.47%，而受惠过相关贸易政策的比重仅为 1.91%。这主要是由于当前文化"走出去"刚刚起步，大部分文创企业尚未开展对外贸易业务。从调研来看，拥有文化出口贸易的企业占比较小，仅占被调研企业总数的 22%。

表 3.37　贸易政策认知度、满意度及企业受惠情况

| 贸易政策 | 不了解 | 了解 | 已受益 | 不满意 | 满意 |
| --- | --- | --- | --- | --- | --- |
| 出口退税 | 64.47% | 35.53% | 3.07% | 82.17% | 17.83% |
| 内容产品出口奖励/补贴 | 70.35% | 29.65% | 2.65% | 84.42% | 15.58% |
| 收购海外文创实体相应补贴 | 75.89% | 24.11% | 0.00% | 87.01% | 12.99% |
| 平均值 | 70.24% | 29.76% | 1.91% | 84.53% | 15.47% |

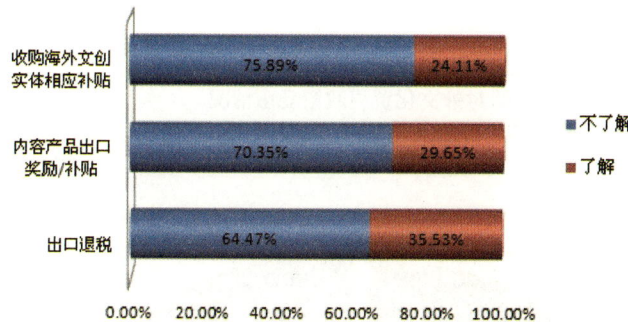

图 3.44　文创企业的对外文化贸易政策认知度情况

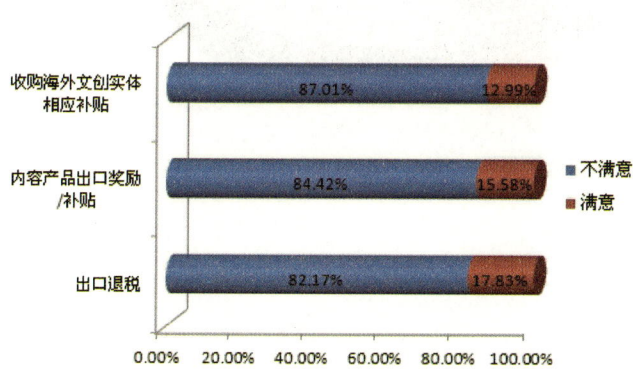

图 3.45　文创企业的对外文化贸易政策满意度情况

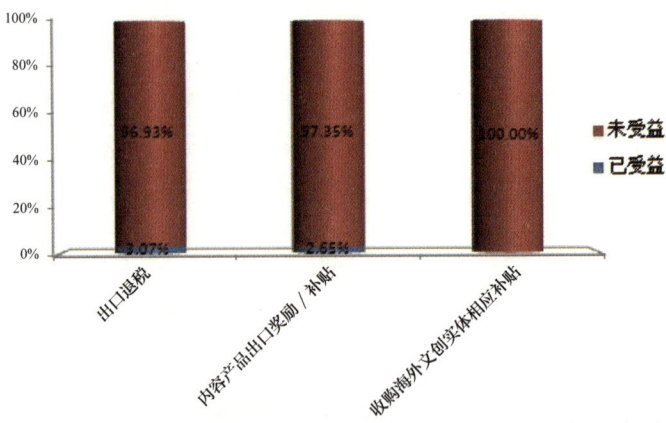

图 3.46 文创企业的对外文化贸易政策受惠情况

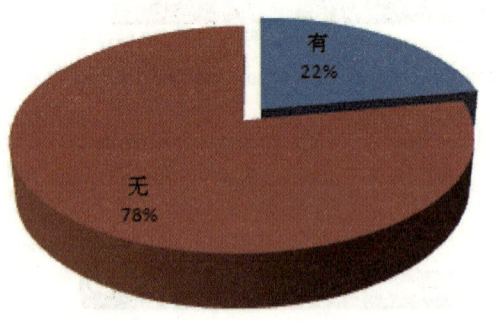

图 3.47 文创企业是否开展对外贸易业务情况

## 2 民营企业成为文化"走出去"主体，广播影视贸易步伐领先其他行业

通过对受益过"文化贸易"政策的企业进行交叉分析，我们发现民营及个体企业成为"文化贸易"政策主要的受益主体，占 50%；同时，在受益过"文化贸易"政策的企业中，以广播影视行业为主。可见，过去文化"走出去"主要以政府、事业单位为主的局面已逐渐变为以资本或企业为主体，且广播影视作品"走出去"步伐较快于其他文创行业。

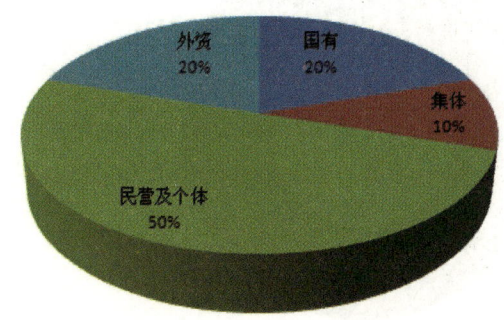

图 3.48　受益过"文化贸易"政策的文创企业性质情况

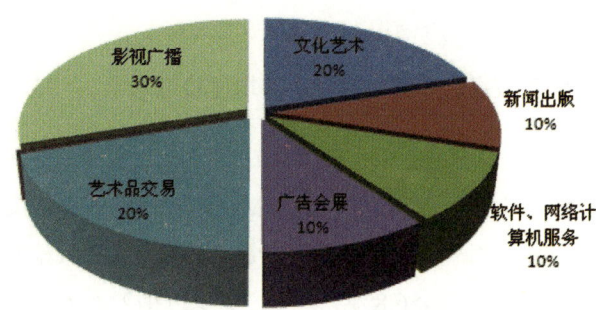

图 3.49　受益过"文化贸易"政策的文创企业所属行业分布情况

### 3 文化企业海外步伐日益坚定，文化贸易政策促进效果良好

在此次项目补充问卷中，我们就84家文创企业对当前文化贸易政策在企业国际市场开拓方面的促进效果进行了调研。其中98%的企业均表示"有较好"或"有一定"效果，认为"没效果"的企业仅占2%。由此来看，北京文创企业对现行文化贸易政策的认可度较高，文化贸易政策对企业海外市场开拓促进效果良好。

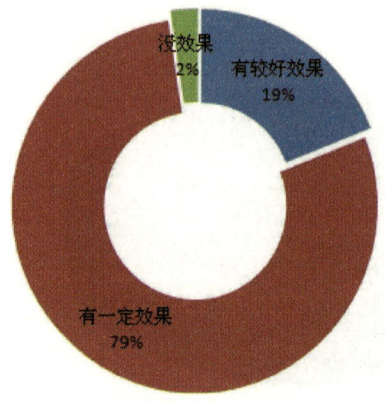

图 3.50　对文化贸易政策加快企业海外市场开拓的评价情况

## （四）人才政策

### 1 政策认知度较高，满意度及受惠率均显较低水平

通过对文化创意产业人才政策认知度及满意度调研数据的整理，不难看出北京文创企业对现行文化创意产业人才政策认知度较好，在此次调研的296份问卷中，对各类人才政策表示"了解"的平均比重为56.8%，其中，享受过相关人才政策的平均占比仅9.15%，总体政策受益覆盖率偏低。

表 3.38 对人才政策认知、满意度及受惠情况

| 政策类别 | 不了解 | 了解 | 已受益 | 不满意 | 满意 |
| --- | --- | --- | --- | --- | --- |
| 人才引进 | 37.11% | 62.89% | 16.49% | 70.27% | 29.73% |
| 人才培养 | 44.21% | 55.79% | 9.47% | 76.06% | 23.94% |
| 人才保障 | 46.81% | 53.19% | 4.26% | 78.57% | 21.43% |
| 人才激励 | 44.68% | 55.32% | 6.38% | 75.71% | 24.29% |
| 平均值 | 43.20% | 56.80% | 9.15% | 75.15% | 24.85% |

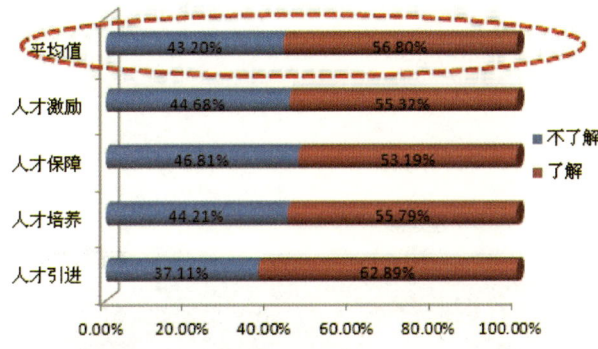

图 3.51 现行文创人才政策认知情况

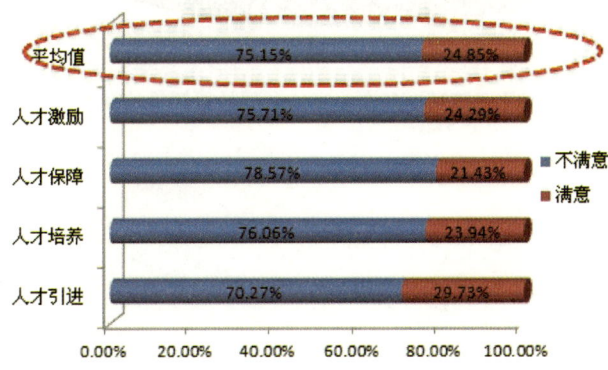

图 3.52 现行文创人才政策满意度情况

## 2 政策受益率较低，存在"重引进轻管理"问题

对当前人才政策实施效果的调研结果显示，大部分文创企业认为现行相关人才政策对提升企业竞争力具有良好效果。其中，认为"有较好效果"的占26%，"有一定效果"的占65%，"没效果"的占9%。由此来看，现行人才政策的实施对促进北京文创企业发展具有较好影响。但不容忽视的是，现行文创产业各类人才政策的平均受惠比例仅占9.15%。其中，人才引进相关政策受益相对较高，占16.49%，而人才保障及人才激励类政策受惠比重则分别仅为4.26%和6.38%。这一方面说明北京市现行文创产业人才政策优惠覆盖率总体依然较小，另一方面也说明了当前人才政策存在重"引进"、轻"管理"的偏向。

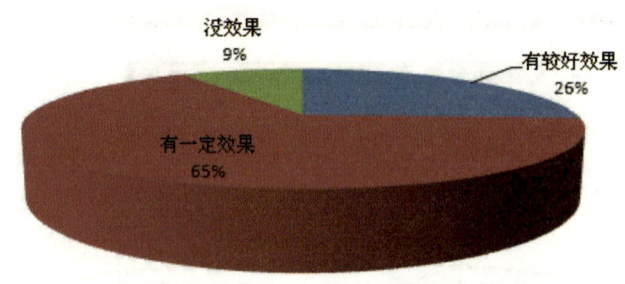

**图3.53 当前人才政策对提升企业竞争力的效果评价情况**

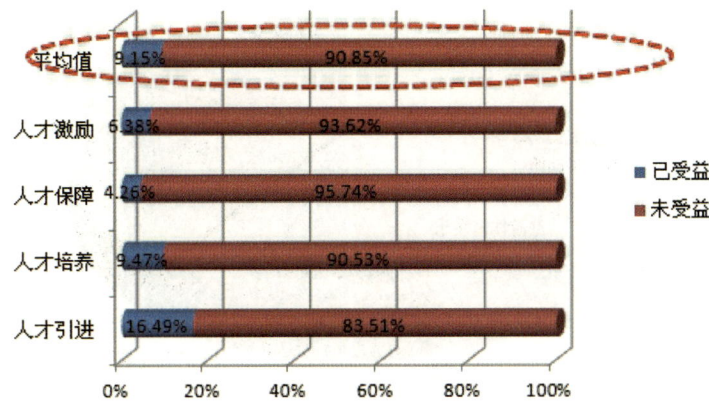

图 3.54 当前人才政策受益情况

## 3 繁荣产业受惠较高，龙头企业最先受益

我们对享受过"人才政策"的企业所在行业分布、企业性质及企业成立年限分别进行了交叉分析。从企业所在行业分布来看，广播影视及软件、网络计算机服务业企业受益最多，分别占 27% 和 23%。这两个行业均是目前北京文化创意产业中发展较为繁荣的行业，具有科技高端性特点，行业吸纳就业相对较多，对高端人才需求也较多。从企业成立年限分布来看，受惠过"人才政策"的企业主要集中于成立超过 10 年的规模型企业，占 55%，其次为发展较为稳定的成立年限在 5—10 年的成熟企业，占 30%；而成立 5 年以下，正处于起步和成长初期的年轻企业的受惠比重仅为 15%。也就是说，现行文创产业的"人才政策"的优惠大部分是给予了具有一定规模的、对高端科技技术人才需求较多的成熟的龙头企业。

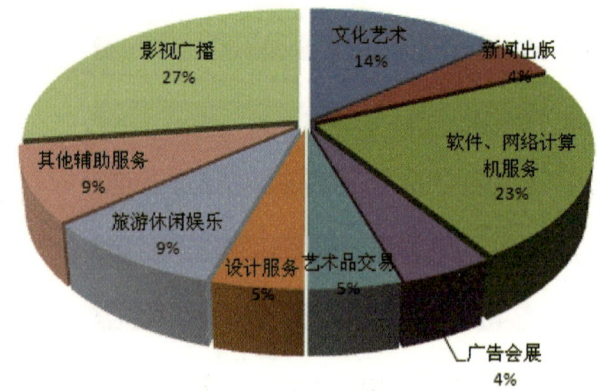

图 3.55 享受过"人才政策"企业所在行业分布情况

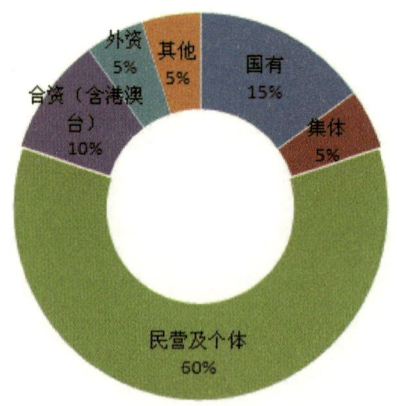

图 3.56 享受过"人才政策"企业的性质分布情况

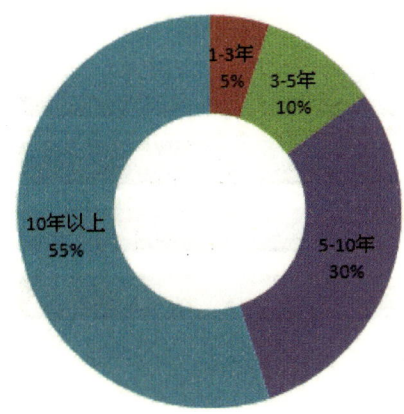

图 3.57 享受过"人才政策"企业的成立年限

## (五)知识产权政策

### 1 政策认知水平相对较好,政策满意度相对略低

通过对文化创意产业知识产权政策认知度及满意度调研数据整理计算,我们发现,当前北京文创企业对知识产权政策的关注度总体较好,对政策的了解度相对处于较高水平。在此次调研的 296 份问卷中,对各类知识产权政策表示"了解"的平均比重为 54.45%,但其中享受过相关知识产权政策的平均占比仅为 7.79%,总体政策受益覆盖率偏低;对各类知识产权政策表示"满意"的平均比重为 21.46%,满意度相对略低。

表 3.39 对知识产权政策认知、满意度及受惠情况

| 政策类别 | 不了解 | 了解 | 已受益 | 不满意 | 满意 |
| --- | --- | --- | --- | --- | --- |
| 企业商标、域名注册 | 46.99% | 53.01% | 6.43% | 79.58% | 20.42% |
| 企业专利申请 | 44.63% | 55.37% | 8.68% | 77.42% | 22.58% |
| 版权/著作权 | 45.04% | 54.96% | 8.26% | 78.61% | 21.39% |
| 平均值 | 45.55% | 54.45% | 7.79% | 78.54% | 21.46% |

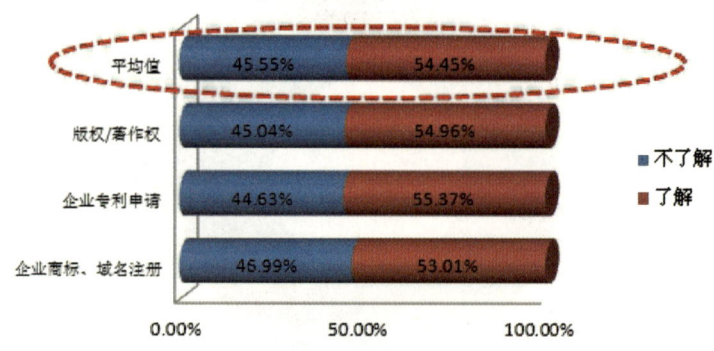

图 3.58 文创企业对知识产权政策的认知情况

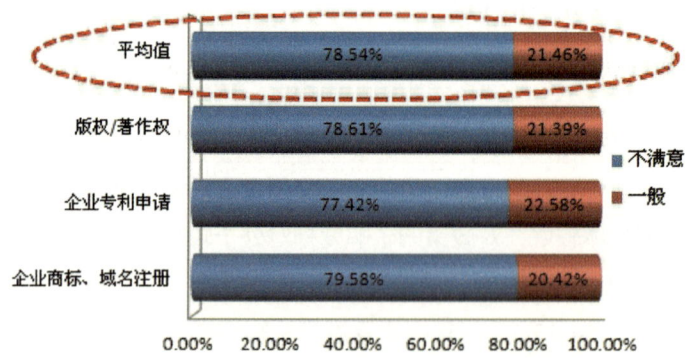

图 3.59 文创企业对知识产权政策的满意度情况

## 2 艺术、新闻类企业受益较高，政策偏重创新能力扶持

通过对受益过"知识产权"政策的企业进行交叉分析，我们发现文化艺术产业是当前知识产权政策主要受益企业，占总体的 23%，其次是新闻出版行业，占 20%。从现行知识产权政策受益的知识产权形式来看，对著作权的扶持力度相对较

高，受益比重为 40%。由此来看，北京市现行知识产权相关政策较侧重于体现企业创新能力方面的知识产权扶持。

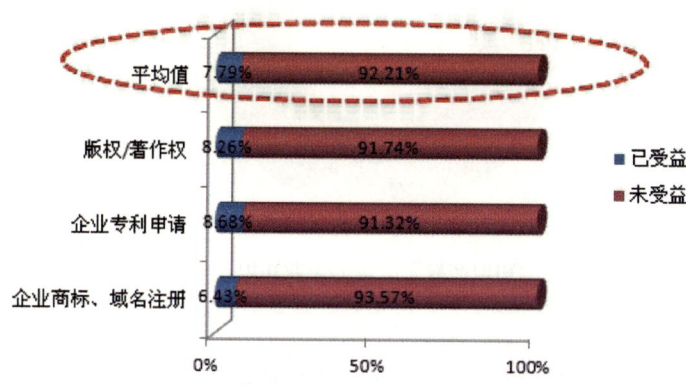

图 3.60　知识产权政策受惠情况

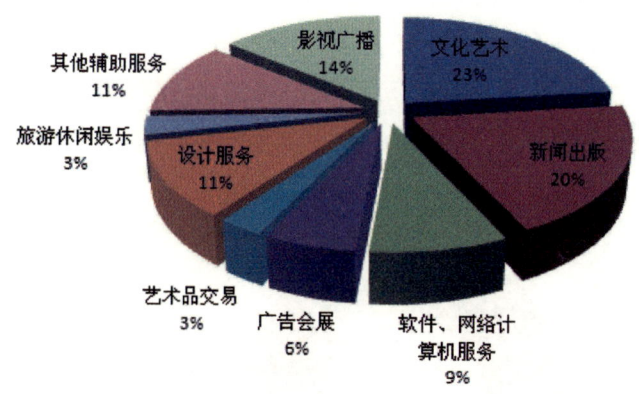

图 3.61　受益过"知识产权"政策的企业所属行业情况

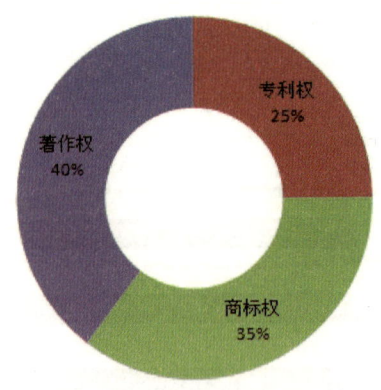

图 3.62 受益过"知识产权"政策的企业知识产权主要形式

### 3 知识产权环境有所改善，知识产权保护意识提升

在此次调研的 296 家文创企业当中，拥有自主品牌的企业占 62%，其知识产权主要形式以商标权为主，占 34.86%。在对知识产权保护环境改善情况的调研结果显示，认为当前北京知识产权保护环境"明显改善"的占 13%，"有所改善"的占 83%。由此来看，文创企业对当前北京市知识产权保护环境认可度较高，且企业知识产权保护意识总体较高。

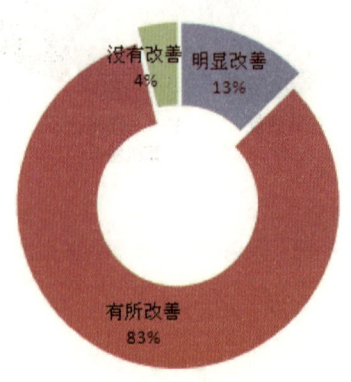

图 3.63 北京市知识产权保护环境改善情况

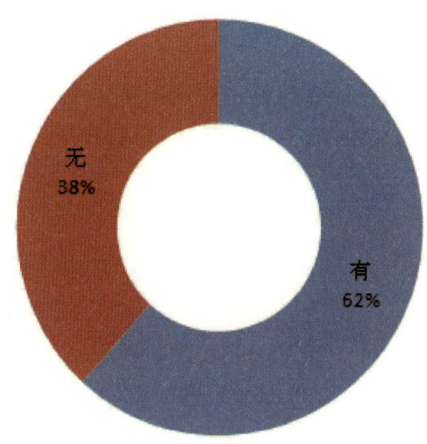

图 3.64 自主品牌拥有情况

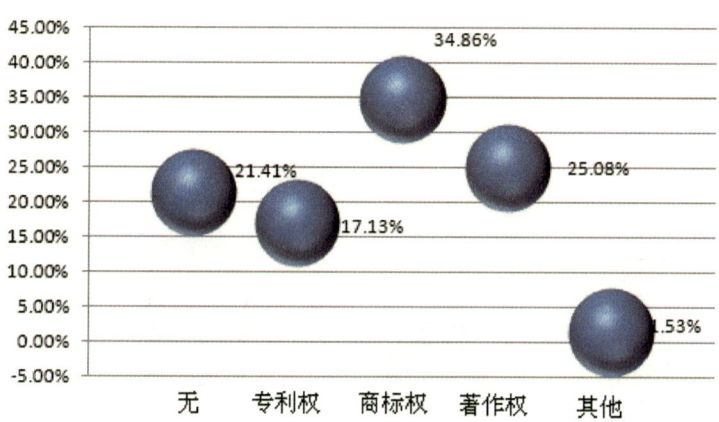

图 3.65 北京文创企业知识产权的主要形式

## （六）集聚区政策

### 1 政策受益面较窄，事后补偿依然是主要扶持办法

通过对文化创意产业集聚区政策受益及满意度调研数据整理计算，不难看出北京文创企业的"集聚区政策"受益率一般，仅为35.60%，由此来看，北京市给予园内企业的政策扶持力度还不够，政策受益面较窄，现有园区政策未能发挥理想作用。同时，我们对受益过"集聚区政策"的企业进行交叉分析发现，当前集聚区内企业受益最多的主要以公共服务平台为主，占35.78%，其次为集聚区财税政策，占比为28.44%。可见，当前北京文创类集聚区公共服务平台建设较好，但财税补贴的"输血"式"事后补偿"政策手段依然是当前北京文化创意产业园区主要采取的扶持手段。这些扶持方式往往存在政策资金投入滞后的问题，在企业发展过程中，往往最需要资金的事前、事中阶段则存在资金缺位问题。

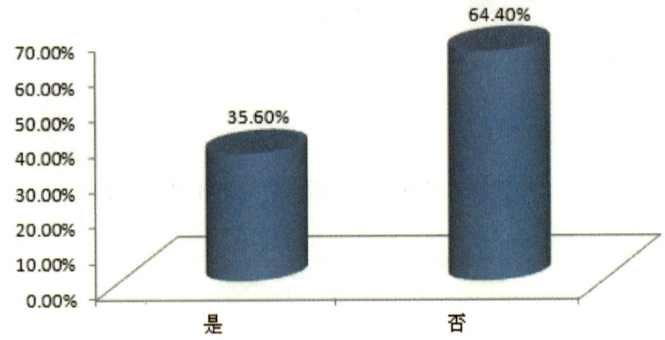

图 3.66　集聚区政策受益情况

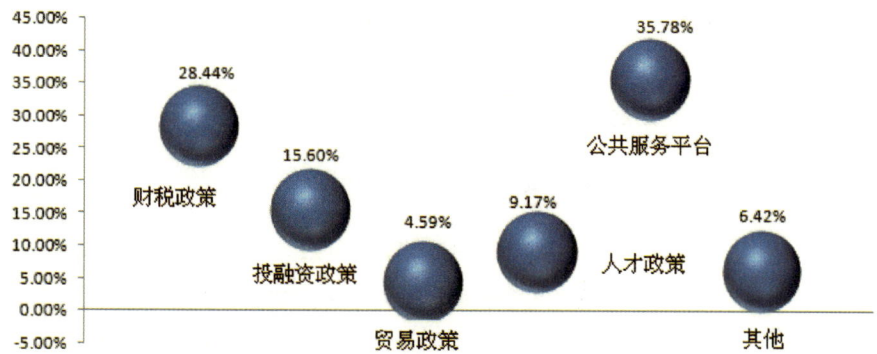

图 3.67 受益过"集聚区政策"的主要政策类别

## 2 现行集聚区政策存在实施细则缺失及配套政策短板

在对集聚区政策"不满意"的原因调查结果显示,表示与北京市政策力度相比较小的园内企业占 25%,无配套政策的占 36%,不能同时享受北京市出台政策的占 11%,缺乏实施细则的占 28%。调研中对园区政策不满意的主要原因体现在无配套政策。由此可见,园区优惠政策过于笼统,有的政策无实施办法,导致扶持效果不佳。

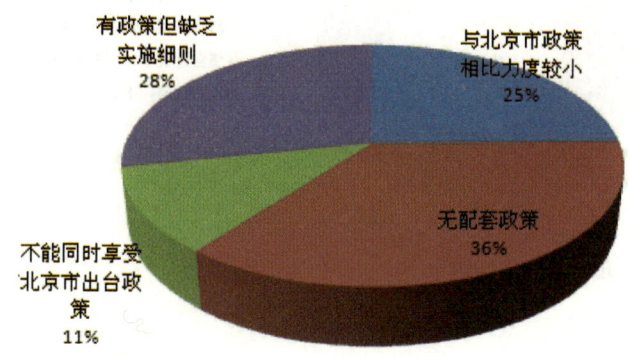

图 3.68 文创企业对集聚区政策"不满意"的主要原因

# 四、文化创意产业政策现存问题

## （一）财税政策

### 1 财税政策审批程序复杂，受惠面较窄

目前，北京市财税补贴力度正逐年增加，但申请程序较为复杂。在此次问卷调研结果中，有47%的受访企业表示，财政补贴申请程序复杂，需办理多重审批手续。同时，有36%的受访企业表示，申请条件过严，很难具备申请资格。另外，在对"财税政策"的期盼调研中，有54%的受访企业表示希望能够放宽受惠范围。我们对选择建议"放宽受惠范围"的企业进行交叉分析后发现，其中有64%为小微文创企业。由此可见，当前文创产业企业财税扶持政策也缺乏科学性，没有充分考虑到大部分中小型文化创意企业。

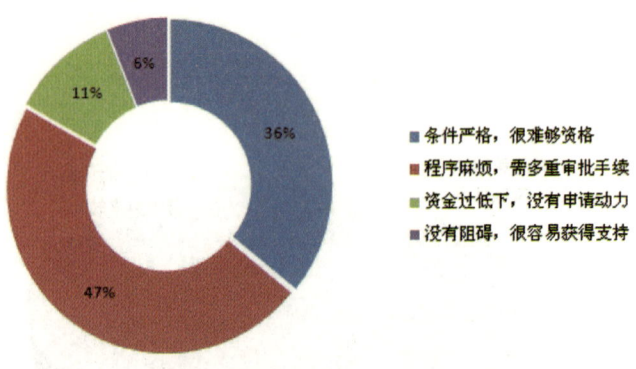

图 3.69　现行财税支持政策申请中存在的主要问题

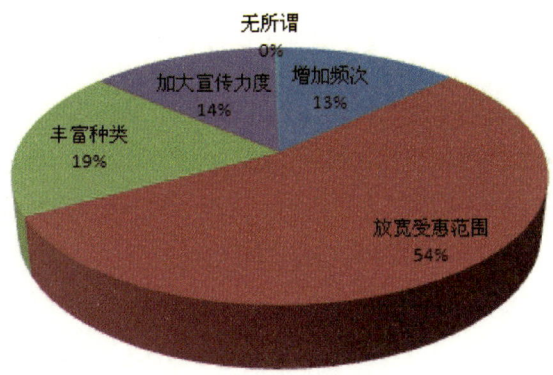

图 3.70　财税优惠政策需要调整及完善的方面

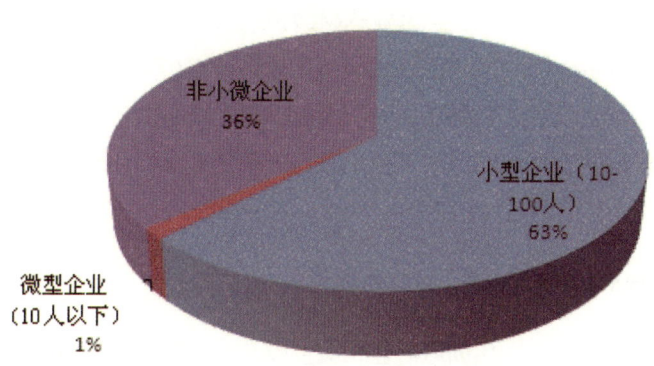

图 3.71　建议"放宽财税受惠范围"的企业规模情况

## 2　扶持资金来源扁平，扶持模式单一

随着北京文化创意产业的不断发展，并已成为仅次于金融业的第二大产业，同时在国家大力发展文化创意产业的浪潮中，北京市对于文化创意产业的扶持力度，特别是财政补贴扶

持力度正在逐年加大。但是,单一依靠各级政府财政投入,无论在资金额度上,还是资金管理上均存在不科学、不全面、不系统的突出问题。

自 2006 年起,北京市第一次设立了文化创意产业发展专项资金,每年投入 5 亿元人民币,又于 2012 年提出设立文化创新资金,2012—2015 年每年 100 亿元的规模。各个区县也同时设立了专项资金,每年几千万元投入,用以支持文化创意产业发展。但是,单一依靠财政预算拨款,缺乏社会资本和其他类型资金的介入,使政策扶持资金单一化、扁平化,限制了财政支持的规模和作用。在财政资金作用模式上也主要以单调的直接、间接性补贴为主要手段,缺乏引导型扶持政策。

另外,北京文化创意产业的财政投入政策实施后,往往缺乏政策资金作用效果评估办法及监管体系,不少财政资金投入到文化创意企业或机构后,既没有监管财政资金的使用是否符合要求,更没有评估财政资金是否达到预期效果,出现了财政资金投入后的政策"空白"。

### 3 税收政策衔接不紧,针对性较弱

就当前北京文化创意产业相关税收政策来看,其发展的历程较短,税收优惠政策基本始于 2007 年,但目前仅采用了少数几种税收优惠手段和工具,尚未形成统一完整的税收优惠政策体系。同时,国家在进行"营改增"之后,文化创意产业税收的制度衔接不够紧密。在此次调研的文创企业中,表示"营改增"后企业税收负担减轻的仅占 47.87%,不足一半,表示"增加"和"基本不变"的分别占 14.89% 和 37.23%。政策实施效果不明显的主要原因是文化创意产业大多数是策划、知识产权、人力资本、品牌价值等无形资产的投入,以及作者稿

费、版权购买等支出，这些往往不能进行进项税抵扣。由此可见，在国家税收政策调整的大环境下，北京市针对文创产业的税收制度调整衔接不够紧密。

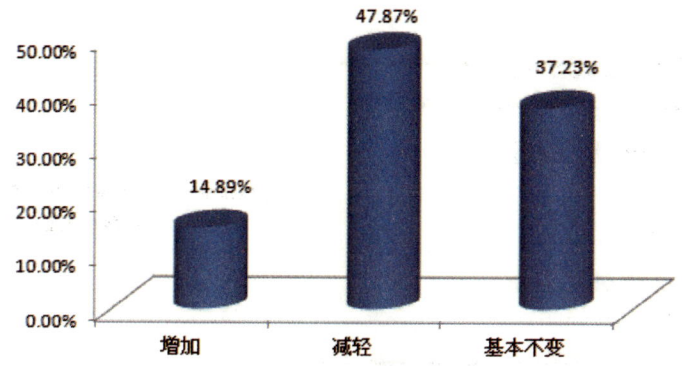

图3.72 "营改增"之后企业税收负担变化情况

## （二）投融资政策

### 1 投融资渠道狭窄，政策方向亟待优化

此次调研结果显示，当前文化创意企业融资工具主要以银行贷款为主，占37.6%，这也是当前文化创意产业促进政策中最常用的促进手段，然而企业在选择未来倾向的融资工具时，这一数据仅占21.81%，比重减少了15.79%；而未来政策资金或产业基金、发行股票的使用占比则有较明显增加，分别较当前使用占比增加12.84%和10.74%。由此来看，当前文化创意企业投融资政策侧重方向与文化创意企业的选择倾向略有偏差，投融资政策在为文创企业提供融资支持的同时，更应具备培养、引导文化企业灵活使用多样投融资工具的作用。在支持

力度及支持方向上需进一步优化调整。同时，北京市也缺乏专门支持文化企业上市与建立文化产权交易所这样的培育企业投融资市场的政策。总体来说，除了商业贷款、银行贷款以外的融资方式十分有限。

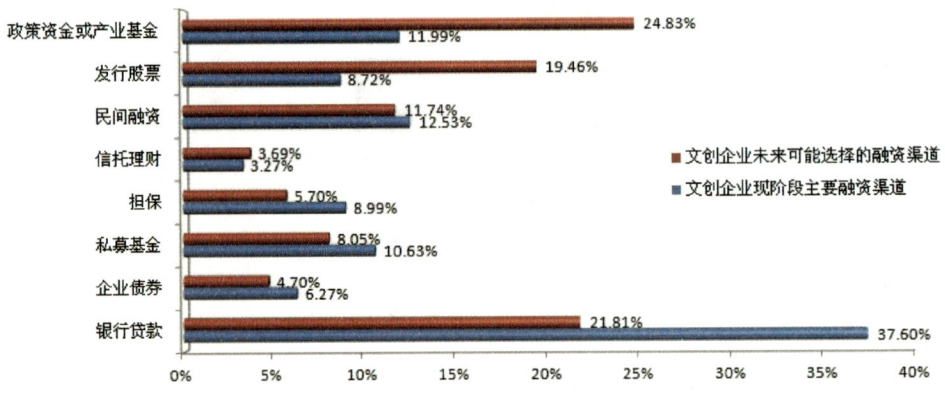

**图 3.73　文创企业现阶段投融资渠道与未来可能选择的融资渠道分布对比**

### 2　缺乏无形资产评估，文创企业发展受阻

由于文化创意产业的无形资产比重较大，有形资产比重相对较小，企业很难从银行获得抵押贷款，加上缺乏专业评估机构对知识产权进行评估定价，知识产权质押贷款很难真正推广，使得文创企业融资渠道不畅。在当前北京文化创意企业融资活动中，无形资产评估难已成为融资过程中最常见问题。此次项目调研结果显示，无形资产难以评估在诸多融资难题中成为占比最高难题之一，占 23.42%，其次是文化融资渠道不畅占 21.52%。当前，北京市并没有出台针对文创企业的无形资产抵押融资等相关专项政策支持，也未构建起科学规范的无形

资产评估管理体系,这成为金融支持北京文创产业发展的最大阻碍。

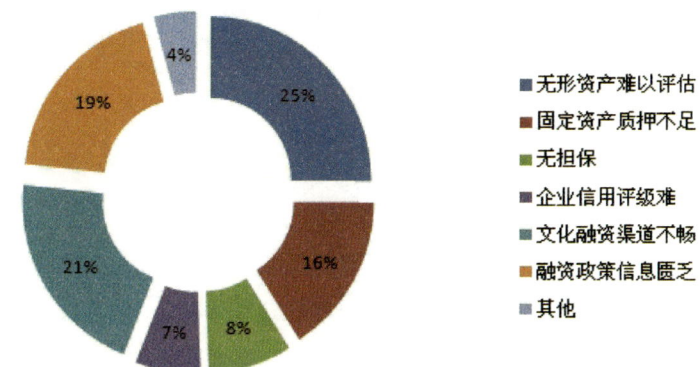

图3.74 公司融资过程中最常遇见的难题

## (三)贸易政策

### 1 文化贸易配套业务欠缺阻碍文化贸易发展

此次调研发现,当前文化创意企业对外贸易过程中的主要问题表现在缺少专业经纪及具有国际视野的第三方机构,分别占受访企业的31.27%和27.55%。由此来看,北京市在文化贸易配套业务市场的鼓励与培育方面也有所欠缺。

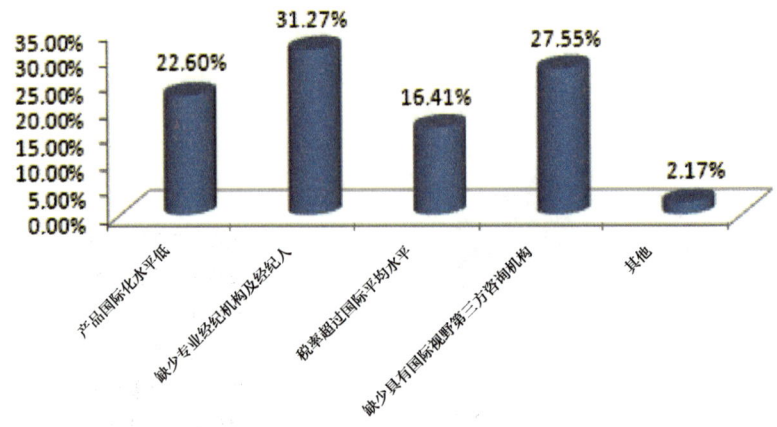

**图 3.75 企业在文化贸易过程中遇到的常见问题**

## 2 鼓励出口的相关贸易政策不够具体

北京文化创意产业贸易扶持政策主要体现在《北京市促进文化创意产业发展的若干政策》和北京海关出台的《支持北京市文化创意产业发展的若干措施》两个政策文本中。贸易政策方向及目标较为明确,以鼓励出口为主要手段。但是,政策内容以引导为主要作用,对外文化贸易相关政策实施办法不够具体,可操作性及可执行性不强。同时,北京作为文创产业的领航城市,缺乏对文创产品"走出去"的具体政策保障,政策支持办法仍局限在各种补贴、出口退税方面,其他手段并未在相关政策中体现,使得政策缺乏可操作性。

## (四)人才政策

### 1 文创人才专项政策缺位,人才引进办法吸引力不足

目前北京仍将文化创意人才纳入整个高层次人才系统中一

起享受优惠待遇,并没有制定针对文创人才的专项政策。这与北京文化创意产业发展态势及在国内的地位不符。此外,北京还没有市级人才专项资金计划,只有区县级奖励数额不等的人才专项资金计划。即使出台的《关于进一步鼓励海外高层次留学人才来京参加工作的意见》设立了高级人才奖励专项资金,用于支持和鼓励海外高层次留学人才来京从事创意工作,也没有规定具体奖励数额。在针对现行文创人才政策的感受调研结果中,表示"政策吸引力不足"及"缺乏专项政策"的分别占25.76%和24.24%。

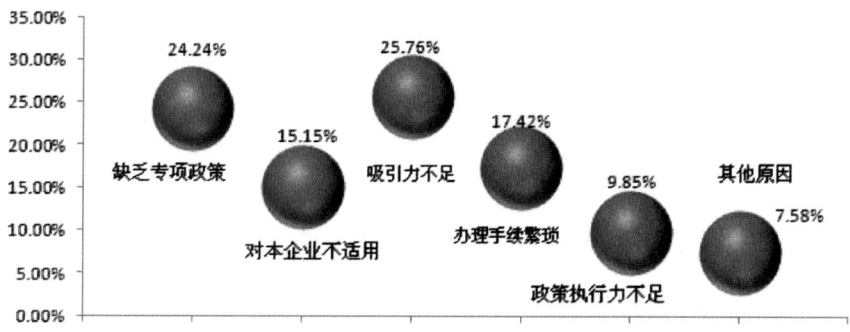

图 3.76 现行文创产业人才政策存在的主要问题

## 2 人才激励政策力度薄弱,人才保障政策存在断层

目前,北京人才激励的主要做法是给予那些对文化创意产业有贡献的人才相应的荣誉称号及资金奖励,奖励数额基本上集中于万元。如《北京市吸引高级人才奖励管理规定实施办法》中对受奖励人一次性给予1万元奖励。在北京物价、房价普遍上涨,生活成本指数不断攀升的情况下,这种奖励的吸引力越来越小是显而易见的。此外,此次调研中发现,文创人才激励

政策平均受惠比重仅为 6.38%，低于文创人才政策平均受益率（9.15%）。北京相关文创人才激励政策的申请条件较为苛刻，使得相关政策受惠面较窄。

同时，北京在文创人才保障政策方面存在断层。北京的政策只注意对文化创意产业人才本身的吸引，缺乏对整个家庭的正常生活，包括配偶及子女的户口、子女入学等配套措施。另外，对解决住房、户口和子女教育问题上的限制过多，存在一定的政策断层，影响人才引进的效果。

### （五）知识产权政策

#### 1 缺乏知识产权创新政策

知识产权创新在文化创意产业发展中占有重要地位，知识产权创新政策既可以促进文化创意产品的生产与研究，也有助于对企业知识产权的保护。目前，北京知识产权政策中缺乏创新支持政策，不利于文化创意产业的可持续发展。

#### 2 知识产权保护政策缺位

此次调研中我们发现，当前文创产业"维权成本过高"已成为较高共识的突出问题，占 22.80%；其次是"知识产权意识淡薄"，占 21.87%。可见，知识产权保护在政策及法律层面均存在不足。北京虽于 2013 年出台了《北京市专利保护和促进条例》，但对于著作权、互联网转播（转载）权、出版权等相关权利并没有相关政策或法律层面上的支持，仅在《北京市促进文化创意产业发展的若干政策》中第十二条提出了"鼓励文化创意产业自主创新形成的成果及时申请、注册相关权利。文化创意企业申请专利的费用，可从市专利申请资助资金中给予支持。本市设立数字著作权登记中心，鼓励文化创意企业登记著作权,对属于本市文化创意产业发展重点领域的作品的著作权登记,政府给予资助",但具体政策实施办法并没有明确,这有可能导致部分政策在执行中可操作性差,权威性不够。

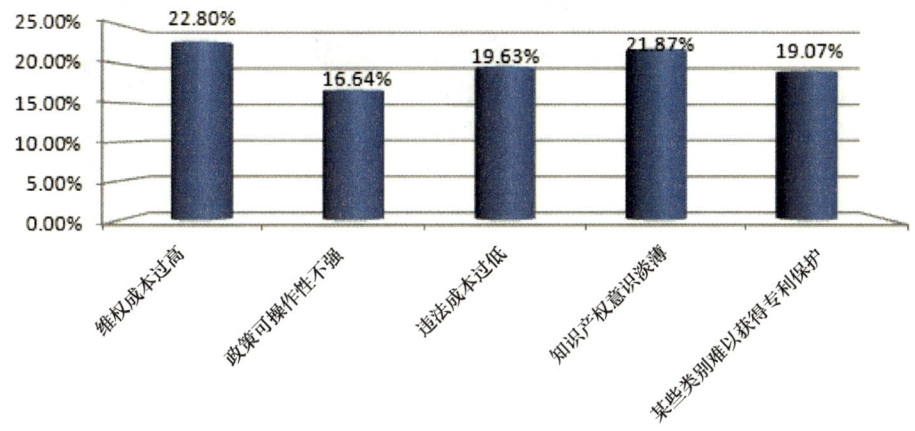

图 3.77 文化创意产业知识产权环境存在的主要问题

## (六)集聚区政策

### 1 集聚区政策较为宏观,有待进一步细化和补充

目前,北京对集聚区的扶持分散在各类财税、金融、人才政策中,涉及内容也是宏观指引性的。调研显示,园区公共服务平台及财税政策是当前对集聚区的主要扶持手段,受惠比重分别占35.78%和28.44%,投融资、人才和贸易政策仅占15.6%、9.17%和4.59%。

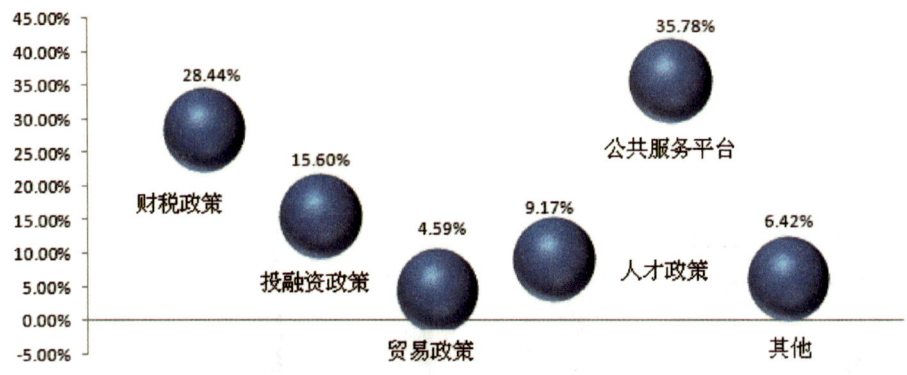

图 3.78 受益过"集聚区政策"的主要政策类别

相对于其他城市,北京的园区政策无论从认定管理细则还是扶持措施,都较为宏观,甚至存在一些漏洞。以产业集聚区认定标准为例,北京仅规定要有鲜明产业特色与定位,并且集聚一定数量的文化企业,这样的认定条件设置未免过于笼统。相比之下,重庆、深圳、上海等城市都明确规定了集聚区内入驻的文化企业数量、占全部入驻企业的比例、年文化创意产业收入占总收入的比例,以及主导产业门类企业所占比例。对于集聚区的基础设施条件,北京也并没有明确规定,而重庆、深圳等城市对园区内规划建筑面积及公共服务平台的数量都有明确规定。杭州市则专门出台了《杭州市鼓励文化创意产业园发展的有关扶持政策》,共 27 条,具体细化了针对文创园区的各项扶持政策。由此可见,北京市对集聚区认定的条件还有待进一步细化和补充。

## 2 园区政策吸引力较小,扶持方面需进一步完善

文化创意产业园区政策对推动文化创意产业发展起巨大推动作用,同时也对文化创意企业具有产业集聚效应。为了更好

地服务于文化创意企业，吸引文化创意企业入驻园区，园区往往会出台一些针对园区内文化创意企业的优惠扶持政策，然而一些政策在执行过程中往往达不到令企业满意的效果。此次调研结果显示，在受访集聚区内企业中，享受过相关集聚区受惠政策的比重仅为35.6%；同时，存在政策缺乏实施细则及配套措施、与北京市政策重复或力度相对较小等突出问题。此次研究中发现，对当前园区政策不满意的主要原因包括园区配套政策缺位、缺乏实施细则及较北京市同类政策力度较小，分别占受访企业的36%、28%和25%。同时，调查中发现，集聚区租金成本过高、园区政策不足等原因已成为影响企业入驻集聚区的主要原因，分别占19.3%和14.47%。由此可见，北京文化创意产业园区给予园内企业的政策扶持力度还很不够，园区政策扶持方向还需进一步完善。

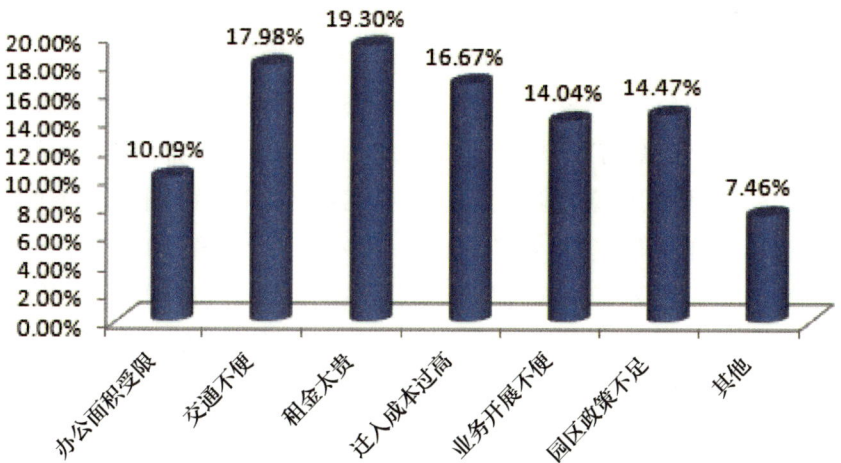

图3.79 影响企业入驻集聚区的主要原因

## 五、北京市文化创意产业政策创新和完善建议

### （一）通过政策创新获取新的政策红利

北京作为全国文化中心，也是全国文创产业发展的风向标，需要把握准文化创意产业政策取向，并做好打破瓶颈政策的探索性工作。主要包括：土地政策、人才政策、文化创新创业政策、文化无形资产评估、文化信用评价、文创产业标准化、文创产业新指导目录、文化消费政策和文化集聚区示范区相关政策等。

**1 土地政策**

随着京津冀协同发展步伐的加快和非首都功能疏解的深入，北京文化创意产业发展的规模效应和产业链拉升效应不断凸显，与此同时，产业用地对北京文化创意产业的持续提升的制约性日趋增强。针对新产业新业态的发展需求，国家出台了具有针对性的用地政策。2015年国土资源部联合各相关部委出台了《关于支持新产业新业态发展促进大众创业万众创新用地的意见》，从加大新供用地保障力度、鼓励盘活利用现有用地、引导新产业集聚发展、完善新产业用地监管制度四个方面作了规定。针对文化创意产业发展对土地资源的需求，国务院、文化部、国土资源部等相关部委和一些地方政府相继出台了一些文化创意产业土地优惠政策，在土地供应、土地利用、土地规划、土地管理、土地金融和税收等方面对文化创意产业发展给予支持，文化创意产业土地政策环境不断优化。为保障北京文化创意产业对发展空间的需求，北京市应贯彻落实好国家层面的相关土地政策，结合《北京市文化创意产业提升规划（2014—2020年）》的落实，从保障产业配套用地需求，支持

利用工业厂房、仓储用房、礼堂、剧场、影院、老旧商业设施等存量房地资源转型兴办文化创意企业；支持以划拨方式取得土地的单位利用存量房产、原有土地兴办文化创意和设计服务等方面，出台适合文化创意产业发展，且符合北京特色的相关政策。

## 2 人才政策

随着文创产业发展对人才的需求愈发强烈，全国各城市不断丰富人才引进的扶持手段，加大扶持力度，努力将扶持政策与人才最关注的要素相贴合，从而达到吸引人才留住人才的目的。例如，上海市主要从专项资金政策、住房政策、户籍政策、其他扶持措施等方面着力，设置了上海领军人才队伍建设专项资金（无明确金额）；实施了人才安居工程，集中建设一批人才公寓，以低于市场价格的租金优惠租赁给区域内引进人才；深化了户籍制度改革，建立居住证、居转户、直接进沪人才引进政策体系，发挥户籍和居住证吸引人才的积极作用。当前北京文化创意产业发展面临着人口疏解与高端创意人才和复合型人才短缺的问题，北京应围绕加大人才培养力度、创新人才吸引机制、做好人才指导和服务等方面，出台更精准的人才政策，强化人才队伍系统支撑。

## 3 文化创新创业政策

一直以来，我国在鼓励创新创业上的政策举措从未间断，如以天使投资、创业园区等多种形式予以鼓励，然而，却一直缺少国家层面针对全民参与创新创业的制度安排，致使不同地方鼓励创新创业的步伐参差不齐，差距明显。经济新常态下，为加快实施创新驱动发展战略，需要营造良好的创新创业生态环境，真正推动大众创业、万众创新。北京市应围绕建立健全的创新创业融资体系，在创造鼓励和有利于创新创业的社会文化环境及完善创新创业中介服务体系等方面着力，出台相关文化创新创业政策。

#### 4 无形文化资产评估

随着知识产权等无形资产在我国日益得到重视，企业间知识产权的竞争愈演愈烈。在文化创意产业发展过程中，无形资产评估、质押贷款及相关产业要素的界定及操作至关重要。北京的银行、政府、企业应从不同层面针对相关的法律问题，借鉴国际评估行业的立法经验，制订和完善无形资产评估领域的法律法规，保障无形资产评估有关各方的合法权益。就评估对象权属界定、评估机构选择、评估对象范围确定、评估方法确定及评估结果使用等方面，提出相应的解决路径和有力的保障措施。

#### 5 文创产业标准化

标准化对于文化创意产业的发展具有重要意义。文创产业标准是文化设施设备质量与安全的保障，是文化服务质量的保障，是规范文化市场的重要手段，也是促进文创产业升级的必要条件。北京市政府部门应采取切实可行的措施，为标准化工作创造良好环境。主要应从加大经费支持力度、健全文化行业标准化管理组织、完善文化行业标准化管理制度等方面着力。

### （二）完善文化创意产业政策体系

#### 1 研究并出台北京市文化创意企业财政补贴资金监督管理办法

随着经济和文化产业的发展，北京不断加大对文化创意产业专项资金的投入，支持文化创意产业的项目数量、企业数量都将有较明显增加。这就要求简化文化创意产业财政补贴政策申报程序，并加强补贴申报监督管理。从完善申报标准、申报流程和评审规则入手，合理确定财政资金的投向；加强对专项资金的监管，建立资金监管责任制，对项目资金拨付和使用、项目进展、竣工验收及效益状况实行全过程监督与考核，形成监督制约长效机制。对未按规定用途使用专项资金等违反财经法规行为和资金闲置等问题应及时进行纠正。项目完成后，及时组织验收，加强对项目效果的后期评估，提高资金的使用效率。

## 2 研究并出台公正、透明的北京市文化创意产业政府采购管理办法

结合北京文化创意产业发展的现状和政府采购特点，考虑从制定政府采购文化创意产品服务目录入手，建立健全北京文化创意产业政府采购支持体系。在采购目录中单独列出需要政府采购支持的文化创意产品、服务或项目。各级政府机关、事业单位和团体组织在编制部门预算时，将文化创意产品的需求列出。各级财政部门在审批预算时，优先考虑和安排文化创意产品采购的预算。在能满足实际需求的条件下，优先采购本地文化创意产品或服务。同时，对社会外部具有积极效应、公共性，具有自主创意品牌和高层创意技术的产品，应予以优先采购。对于坚持环保节能理念、符合产业扶持政策的文化创意产品和服务，应该优先采购。

## 3 制定北京市文化创意人才队伍建设中长期规划

根据《北京市文化创意产业功能区建设发展规划（2014—2020年）》，针对目前北京文化创意人才队伍实际情况，从提升北京文化创意产业发展的角度出发，制定北京文化创意人才队伍建设中长期专项规划，明确文化创意人才引进、培养任

务，引进、培养的指导方向应该是当前北京文化创意人才队伍建设的要务。

### 4 研究并搭建北京市人才认定、评估（聘）体系

一是出台《北京市文化创意人才认定办法》。制定文化创意人才认定办法，分级别明确各类文化创意人才认定标准及认定条件，实施公开、公正的人才认定，并明确各级别人才可享受的相关优惠政策。为文化创意产业科学用人、留人提供更准确的依据，并逐步实现对文化创意人才质量进行监测。二是建立专业职称（务）评聘管理办法。打破传统所有制、地域、岗位等的职称评价限制，把创新才能、工作业绩和贡献大小作为考评的价值取向。转变或取消专业技术职称（务）的指标控制，由单位根据实际工作需要，自主确定专业技术职务的结构比例和岗位设置。逐步建立公开、公平、公正的个人申报、社会评价的社会化职称评审考核体系。

### 5 科学制定文化创意产业土地供应计划和土地利用规划

根据北京市资源现状和土地利用规划的原则，科学制定文化产业土地供应计划和土地利用规划。借助相应的规划政策，引导调控文化创意产业等经济活动，发挥政府管理对市场的矫正作用，实现高效、合理利用土地。建议文化建设用地要纳入区县各级政府土地利用总体规划和城乡总体规划编制之中，加强和改进土地规划计划调控，在政策许可范围内，年度土地供应要适当增加文化创意产业发展用地。要支持各区县结合实际情况，在符合当地城乡规划和土地利用总体规划前提下，制定出台文化创意产业土地利用专项规划。要按照方便群众文化生活的原则，确保文化建设用地规模，在年度土地利用计划中优先保证国家级文化产业示范（试验）园区、示范基地和市文化产业示范园区、示范基

地等文化产业集聚区用地。优先安排国家级和市级重大文化创意产业项目用地。重大基础设施和标志性文化工程、高新技术文化创意产业项目用地也应予以优先安排。

## （三）认真落实国家新出台的文化经济政策

### 1 针对不同知识产权类型出台相关保护和促进条例

贯彻落实国家《关于推进文化创意和设计服务与相关产业融合发展的若干意见》中增强创新动力指导意见，进一步完善北京文化创意法制环境。目前，北京市知识产权相关保护和促进条例仅一项，即《北京市专利保护和促进条例》。建议分别针对文化创意产业内相关著作权、专利权、信息网络转播权、展会知识产权等内容进一步完善知识产权保护及促进体系，着重强调当前快速发展的网络环境下著作权保护等法律法规，加强数据保护等问题研究。同时，加强相关知识产权监督执法，根据不同细分产业特点，合理加大对不同知识产权侵权行为惩处力度，并明确惩罚办法及依据。

### 2 建立工业设计中心级别划分及认定标准

贯彻落实《关于推进文化创意和设计服务与相关产业融合发展的若干意见》中推进文化创意和设计服务相关事业单位分类改革的意见，研究制定工业设计中心级别划分及认定标准，鼓励民间资本与相关文化创意和设计服务相关事业单位融合改革，实行股份制改造发展，对改造后股份制企业给予时限内税收减免，并对经认定为不同级别的工业设计中心给予相应奖励性补助。

### 3 设立社区居民文化消费补贴基金，进一步培育文化创意市场需求

贯彻落实《关于推进文化创意和设计服务与相关产业融合发展的若干意见》中培育文化创意市场指导意见，设立社区居民文化消费补贴基金，培育社区文化消费，重点对社区举办传统文化活动项目给予补助，引导文化创意市场消费方向，扩大文化消费规模。

### 4  研究制定北京市文化创意和设计服务高新技术企业认定办法

贯彻落实《国务院关于推进文化创意和设计服务与相关产业融合发展的若干意见》，在现有北京高新技术企业认定办法基础上，针对文化创意产业各细分行业特点，差异化设定认定条件。对经认定为高新技术企业的文化创意和设计服务企业，减按15%的税率征收企业所得税。文化创意和设计服务企业发生的职工教育经费支出，不超过工资薪金总额8%的部分，准予在计算应纳税所得额时扣除。企业发生的符合条件的创意和设计费用，执行税前加计扣除政策。对国家重点鼓励的文化创意和设计服务出口实行营业税免税。

### 5  对传统文化创意产业、广告会展、设计服务产业给予出口免税

为贯彻落实国务院印发的《关于加快发展对外文化贸易的意见》，在对国家重点鼓励的文化产品出口实行增值税零税率的基础上，对文化艺术、广播影视、新闻出版等传统文化创意产业和广告会展及设计服务优势产业贸易出口给予免税。

### 6  给予保险机构文化产品海外保险风险补贴

为贯彻落实国务院印发的《关于加快发展对外文化贸易的意见》中强化金融服务指导意见，鼓励保险机构创新文化出口

险种，扩大承保范围，为北京文化创意企业和文化创意项目出口提供全方位保险服务。开展知识产权侵权险，演艺、会展、动漫游戏、出版物复制发行和广播影视产品完工险和损失险，团体意外伤害保险、特定演职人员人身意外伤害保险等新型险种和业务。对为文化出口承保金额较高的保险机构，给予风险补偿。

## 7 完善风险补偿办法，创新搭建联合抵押贷款，鼓励互联网创业平台建设

贯彻落实《关于大力支持小微文化企业发展的实施意见》，研究出台具体落实措施，着重从小微文化企业融资、小微文化企业服务平台建设、小微文化企业创业载体建设方面进一步完善北京文化创意产业政策体系。首先，在《北京市小微企业担保风险补偿资金管理办法》基础上，完善文化创意小微企业风险补偿具体办法和补偿金额；其次，鼓励金融机构针对小微文化贷款额度小、资金需求频繁的经营特点，依照风险可控的原则，研究推出文化创意小微企业联合抵押贷款产品，推动北京文化创意小微企业同步发展；最后，鼓励互联网虚拟创业载体建设，视载体作用及经营情况给予建设补贴资助。

## 8 完善文化创意产业土地配套政策

重点培育若干特色突出、专业性强的文化创意产业园区，推动文化创意产业由企业集聚向产业集聚转变。

一方面要有效保障中小企业发展空间。鼓励开发区、产业集聚区规划建设多层工业厂房、国家大学科技园、科技企业孵化器，供中小企业进行生产、研发、设计、经营多功能复合利用。标准厂房用地按工业用途管理，国家大学科技园、科技企业孵化器实行只租不售、租金管制、租户审核、转让限制的，

其用地可按科教用途管理。创办三年内租用经营场所的小型微型企业，投资项目属于新产业、新业态的，可给予一定比例的租金补贴。鼓励各区县出台支持政策，在规划许可的前提下，积极盘活商业用房、工业厂房、企业库房、物流设施和家庭住所、租赁房等资源，为创业者提供低成本办公场所和居住条件。

另一方面，要完善土地租赁体系制度建设，推动新兴产业入园进区。引导和扶持文化创意产业的投资开发企业逐步向园区管理运营商转变，通过成立国有控股的园区开发公司，建立规范化、市场化投融资和运营管理体制。允许将园区土地以划拨形式供应给园区开发公司。符合鼓励优先发展产业目录的企业入园进区后，由园区开发公司将土地租赁或授权给企业使用。同时尽快完善配套的土地租赁权益及土地租赁相关制度，包括租赁规则、租赁方式、租赁价格等，以保障租赁双方合法权益，去除租赁土地融资障碍。在签订租赁协议时公开公示相关信息，协议签订后报上级国土部门备案。

## （四）完善现有文化创意产业政策

### 1 完善税收优惠政策体系，提升税收优惠力度

目前北京文化创意产业税收优惠政策涉及企业所得税、个人所得税、房产税、营业税等税种，部分税收政策执行期限已逾期尚未给予新的政策衔接，税收优惠税种十分有限。

（1）坚持分行业设定差异化税收政策。首先，文化创意产业税收优惠政策的优化提升，应体现政府在产业发展中的导向作用；其次，文化创意产业包含范围广，又是交叉行业，各细分行业运营方式与营利模式有明显差异。因此，对不同细分行业的文化创意产业和不同社会效益的文化创意产品应给予差别

化的税收政策。对于传统文化产业，如新闻出版、文化艺术、广播影视服务等给予"零"税或低税率支持。

（2）延长对税收减免优惠年限。考虑文化创意企业生命周期特点，综合考虑文化创意产业不同细分行业企业的生存危险期，将税收减免时间延长至3年，进一步扶持文化创意企业成长和稳定发展，扶持中小型文化创意企业平稳渡过企业成长风险期。

（3）对促进文化产业发展资本给予税收优惠政策。鼓励非文化创意企业对文化产业发展予以赞助，并对赞助的企业实行税收减免政策；鼓励资本多渠道投入，帮助文化企业成长发展，对文化创意产业资本投入方予以税收优惠政策。可实现调动多渠道资本投资文化创意产业的积极性，增加对文化产业的投入。特别需要强调对传统文化、民族文化产业的资本投入及税收优惠政策，更好地实现民族文化产业的战略崛起。

（4）放宽文化创意产品出口退税条件。第一，继续执行对自主知识产权及自主品牌的文化创意产品出口退税政策；第二，强调对民族文化产品（服务）同样给予出口退税政策；第三，对于与专业国际文化贸易经纪机构合作产生的服务费，给予免税，鼓励文化"走出去"，减轻文化创意企业文化出口成本。

## 2 制定文化创意企业上市专项扶持政策

目前北京地区已经上市的文化创意企业50家。财务指标达到上市条件的文化创意企业有120余家。北京市应以中关村代办股份转让系统（新三板）为契机，尽快出台专项扶持政策，支持文化创意企业尽快上市。

（1）建设文化创意企业上市"绿色通道"。建立文化创意企业上市资格信息库，对正在申请上市或具备上市场资格的企业进行跟踪服务，给予相关上市咨询。

（2）为拟上市文创企业给予资金、补贴支持。第一，对于已完成股份制改造的文化创意企业给予土地、税收等方面的政策倾斜；第二，对于已正式与上市保荐机构形成辅导协议并已在证监会备案的拟上市文创企业给予一定数额资金补贴，作为上市前期经费补助，降低企业上市成本；第三，对于收购、重组北京文化创意企业实现上市，并将注册地迁入北京的拟上市企业，可给予相对更大数额资金补贴，以此进一步提升北京文化创意企业的水平和规模。

### 3 细化、健全文化创意人才保障激励制度

（1）制定文化创意人才优先分配制度。积极探索和建立向优秀文化创意人才倾斜的分配制度。逐步形成重实绩、重贡献，按人才价值提供向优秀文创人才倾斜的生活保障优惠政策，如薪资调整、户口调迁、保障性住房优先权等政策。

（2）开通文化创意人才引进个人申报平台。继续坚持现有文化创意人才引进政策的同时，开通文化创意人才引进个人申报平台，拓宽人才引进渠道，提升人才引进效率，转变目前以企业单位为唯一申报渠道的限制，提高对优秀文创人才引进概率，使文化创意人才引进更加人性化。

（3）推动文化创意企业完善人才保障制度。第一，鼓励文创企业通过完善培训体系、加强企业文化建设、建立符合创意工作特点的绩效考核制度、薪酬制度，以及多轨道晋升制度等措施，稳定企业非京籍人才队伍，对文化创意企业内部人才培训项目给予适当补助。第二，依托文化创新发展专项资金，按

文化创意人才级别，给予相应住房补贴或安家费补贴。住房保障补贴应明确补贴办法、补贴年限、申请流程等具体实施办法。第三，对于被认定为中、高级文化创意人才，非京籍文化创意人才，有3—6岁子女且同在北京的，按年给予学龄前入托补助；对于被认定为高级文化创意人才，非京籍文化创意人才，有6—17周岁子女且同在北京的，按年给予子女教育资金补助。

（4）定期组织文化创意创业项目评估工作。定期组织文化创意项目评估工作，对优秀文化创业项目给予政策担保融资，为文化创意人才创业提供融资服务。推动项目顺利发展，激励文化创意人才创业。

### 4 创新土地供给方式，细化土地再利用政策

（1）实施差异化土地供应方式。细化创新供给模式，保障用地需求。一是在文化创意产业用地的出让年限上，可实行弹性供应年期，推行土地年租制或短租制。针对文化创意产业的发展规律，政府可以给予企业一定的自主空间，允许其选择不同出让年限。当文化创意产业用地到期时，政府可根据实际需要决定是否予以续期，并且通过合理的约束条件和经济杠杆进行引导和规范。二是对利用现有存量土地的文化创意产业项目，优先安排供地，并在税费设置上给予优惠。三是在文化创意产业用地的出让方式上，政府不应仅仅局限于"招、拍、挂"模式，对于特殊的文化创意产业用地可以采用划拨方式（比如新兴产业用地园区的生活配套用地）。对于部分研发与生产相结合的企业，应该严格区分供地方式，对生产用地按照工业用地"招、拍、挂"的出让方式，对于研发类用地可以给予协议出让。

（2）明确细化各区县土地再利用政策。一是各区县制订城市总体规划要充分考虑文化创意产业发展的需要，中心城市要逐步迁出或关闭市区污染大、占地多等不适应城市功能定位的工业企业，退出的土地优先用于发展文化创意产业；二是鼓励有计划地开展"三旧（旧城镇、旧厂房、旧村庄）"低效地和闲置地的收购工作。旧工业区改建成文化创意产业园区（基地）的，保持土地性质不变，实行继续按原用途和土地权利类型使用土地的过渡期政策；三是积极鼓励利用存量土地发展文化创意产业，加大对低效利用土地的盘活利用和闲置土地的清理处置力度，确保文化创意产业在内的转型升级项目用地优先供应，在符合控制性详细规划的前提下，现有制造业企业通过提高工业用地容积率、调整用地结构增加服务型制造业务设施和经营场所，其建筑面积比例不超过原总建筑面积15%的，可继续按原用途使用土地，但不得分割转让；四是在符合城市规划、不改变土地批准用途的前提下，鼓励和引导国有文化企业或单位在其原批准用地的范围内提高土地利用率；五是对引进著名文化企业总部、地区总部、采购中心、研发中心等自建、购买或租赁办公用房的，由所在地政府给予补贴，在规划区内选址建设的，在土地供应等方面予以优先支持。

### （五）加大现有政策扶持力度

#### 1 提升、调整政策资金配置机制

（1）加强文化创意项目前期财税资金支持。探讨研究转变或调整目前财税扶持政策中"事后"补贴模式。根据企业规模不同、项目不同，调整并建立可良性循环的政策资金配置机制，解决原有政策资金投入滞后问题，着重加强企业项目前期、中期的资金支持，更加有助于精尖项目的运作，更好扶持

具有较好成长性的、较强创新能力的优秀文化创意企业，以此缓解企业发展及优秀项目建设资金扶持作用不明显问题。

（2）加强引导社会资本投资文化创意产业发展。鼓励和扶持社会机构、企业对文化创意项目的赞助，引导社会资本投入文化创意产业发展。对资金赞助达到较大规模的机构给予适当税收减扣。引导社会资本与文化创意产业相互促进发展。

## 2 加大对拥有自主知识产权的文创企业扶持力度

在文化与产业政策提升和完善过程中，着重加强知识产品立法体系建设是保障文创产业健康发展、鼓励创新的基本前提，因此有必要建立知识产权奖励、优先倾斜机制。

（1）进一步放宽文化创意企业版权登记资助范围。坚持鼓励文化创意企业登记著作权，在对属于本市文化创意产业发展重点领域的著作权登记给予资助基础上，进一步放宽资助范围。

（2）优先扶持具有自主知识产权的文创项目成果转化。对具有自主知识产权的关键、核心技术及具有优秀文化内涵创作的文化项目成果转化，给予优先扶持，促进文化创意企业的成果转化。

（3）对具有自主知识产权的本地文创产品和服务给予优先采购政策。对具有自主知识产权的本地文创产品和服务，政府采购过程中应给予采购优先；对拥有知识产权专利文创产品的商业品转化给予税收减免优惠，有利于提高文创企业申报知识产权的积极性。

## 3 加强出口型文化创意产品服务扶持政策

以文化出口为导向，借势国家文化"走出去"战略，尽快完善北京文化创意产品和服务出口贸易扶持政策。明确和细化文化创意产品和服务出口的资金支持力度和主要措施，要充分利用北京市服务外包发展配套资金、北京市中小企业国际市场开拓资金和北京市对外经济技术合作专项资金，搭建文化创意交流平台，依托北京（国际）文化创意产业博览会、海峡两岸文化创意产业博览会、国际版权博览会等展会及比赛活动，加强北京文化创意产业与国（境）内外地区的交流与合作；鼓励和支持民营企业文化创意产品的出口，对文化企业拓展国际市场给予资金资助，扩大北京文化创意产品出口规模，优化出口产品结构，以提高北京文化创意产业的国际影响力和辐射力。

（1）进一步放宽文化创意产品出口免税范围。在配合落实国务院印发《关于加快发展对外文化贸易的意见》，在对国家重点鼓励的文化产品出口实行增值税零税率的基础上，对传统文创产业贸易出口给予免税，广告会展及设计服务等优势产业贸易出口给予免税。

（2）对文化创意出口贸易突出企业给予优先信贷融资。鼓励金融机构依照"风险可控、商业可持续"原则，对北京文化创意企业文化产品出口贸易给予优先信贷融资的金融机构给予风险补偿。

### 4　扩大文化创意人才规模，提升文化创意人才质量

目前，北京高端专业文化创意人才极为缺乏。为了解决这一问题，需从不同层次、不同角度和不同方位全面培育文创人才。

（1）继续加强高校人才培养政策支持。扶持民办高等院校的发展，着重民办高等院校信誉和教育质量方面的提高。增加、调整文化创意产业发展基金对民办高等院校文化创意类专

业经费补贴，积极支持用于文化创意人才培养、教学的基础设施更新与改善，以及优秀学生奖学金补贴。

（2）鼓励文化创意人才培养合作。鼓励科研机构和企业合作、学校和企业合作、各地方和科研机构、高等院校合作，加强对现有科技人才的继续教育，这样既有利于各科研机构和高等院校特长的发挥，也有利于现有科技人才的知识储备的更新。

（3）放宽文化创意人才引进条件。增加北京优秀文化创意企业员工北京户口配额，根据不同细分行业企业特点，实行人性化配额分布，实现各细分行业人才均衡引进。

## 5 优化文化创意产业服务环境

在深入实施创新驱动发展战略和适应经济发展新常态大背景下，"大众创业、万众创新"局面已初步形成，这需要政府加快职能转变，进一步激发市场活力，以构建"众创空间"为载体，有效整合资源，集成落实政策，完善服务模式，培育创新文化，让创业者的创意与市场需求充分对接，提供统一、开放、公平的市场环境。

（1）搭建文化创意产业官方手机客户端平台。在原有以互联网网站端口为主要发布渠道的基础上，充分考虑发挥互联网手机客户端的信息推广优势，重点建设北京文化创意产业官方互联网手机客户端，及时准确发布相关产业动态及政策信息。

（2）搭建公开、透明、可追踪的审批查询平台。编制《北京市文化创意产业行政审批（服务）手册》，指导在京文化创意企业知晓申请流程，制定有序行政审批流程；同时，搭建行政审批申请跟踪平台，进一步公开项目的审批流程和责任主体，建设公开、公正的政策实施环境。

（3）搭建市级文化创意创新平台。创新建设北京文化创意创新平台，以政府有关部门为核心机构，整合相关行政部门、科研院所、龙头文创企业等资源，采取特事特办、跨层级审批和跨部门联合审批模式，加强服务企业创新的协调和督办。通过资源整合实现扁平化管理和"落地"式服务，减轻企业"负担"，降低企业的时间成本，以灵活手段更加从容地应对市场变化，赢得更大的发展空间。同时，在现有服务平台基础上，根据服务项目不同，补充设立以下三大子平台：

对外文化贸易交流平台。在国家对外文化贸易基地（北京）的基础上，打造对外文化贸易交流平台，进一步提升、完善对外文化贸易服务内容。特别是在引导文创企业对外文化投资及资金、技术和政策支持方面，提供更完善、准确、便捷的服务。

文化创意企业信用服务平台。整合专业知识产权评估机构、专业企业信用评估机构，开展针对文创企业信用担保、信用评级、信用增进等工作内容。

文化创意人才服务平台。建立北京文化创意人才数据库，利用大数据技术将人才引进、培养与市场需求结合起来，尤其是京津冀三地文创人才信息的共享，针对文创人才的落户、社保、子女教育、配偶随迁、居住保障等领域提供政策咨询和服务，促进三地文化人才依据需要跨区域自由流动，破除制度壁垒。

### 6 构建文创项目动态差异化融资体系

根据文化创意企业资产主要以知识产权、创意人才等无形资产或轻资产为主，缺乏银行等金融机构所要求的传统抵押物的特点，构建文创项目动态差异化融资模式。在文创项目投资初期，风险相对较大，价值评估较难，采用知识产权抵押方式获取金融机构融资，从而缓解融资压力。在文创项目投资中期，对于初期市场效果较好的项目，鼓励以创意产品为抵押从金融机构获得资金。在文创项目投资末期，根据文创项目市场效果及其品牌价值的提升，通过知识产权抵押获得金融机构资金，有利于新创意项目及衍生产品的投资，形成良性循环。

## （六）调整优化文化创意产业空间布局

### 1 明确文化创意产业功能区认定、管理与扶持政策

根据《北京市文化创意产业功能区建设发展规划（2014—2020年）》指导内容，进一步明确文化创意产业功能区的认定和管理办法。在功能区认定管理方面，要规范、完善认定标准，保证功能区中文化创意产业的主导地位和基础设施条件，并且有引导性地区分功能区内各集聚区的功能定位。此外，要明确政府职责，加强政府的监督和引导，避免功能区出现重复建设，防止资源浪费。在对功能区的政策扶持方面，需出台专项扶持政策，对财政资金的使用，税收的优惠办法，人才的引进、激励措施等给予明确规定。同时，整合、完善功能区内公共服务平台建设，所涉平台应包括文创产业信息服务平台、金融服务平台、企业信用平台、产业品牌和市场推广平台、文化产品成功展示和交易平台、版权评估中心、人才培训和辅导中心，从而为功能区内文化企业发展营造良好的生态环境。

### 2 建设功能区内统一的信息监控及综合评价体系

目前，各文化创意集聚区在企业发展、积聚区服务综合水平方面没有长效、规范的监控及评价体系，而文化创意产业发展需要科学性、综合性、战略性、前瞻性的研究，并有针对性

地制定并提升北京文化创意功能区总体规划，切实加强功能区对北京文化创意产业发展的综合调控及促进全市文化创意产业协调可持续发展。因此，建议建立长效、统一的信息监控及综合评价体系，共同推动研究并发现功能区建设发展中突出问题，建立与集聚区内企业间的高效、公开信息交流与反馈体系。着重利用互联网信息技术，建立数据平台支撑，对文化创意企业发展中遇到的问题、建议等信息进行定期数据收集，并建立数据库及动态更新机制，最终建立长效、统一的文化创意产业功能区规划建设综合数据库。

## （七）引导形成灵活的市场机制

### 1 放宽市场准入限制，增强社会资本参与度

探索减少过度依赖政府补贴的文化创意企业发展办法，鼓励并引导社会资本参与文化创意产业相关行业的经营。尝试鼓励社会资本以捐赠、控股等方式参与政府投资的社会事业项目的建设、运营，进一步放宽市场准入，实行宽进严管，鼓励社会资本以多元主体、多种方式参与文化创意产业基础设施建设及公共服务。

### 2 努力推进京津冀区域共同文化市场建设

加强对接京津冀三地文化创意政策，破除阻碍区域市场融合壁垒，建设开放性共同市场。引导三地依据区域自有资源禀赋条件，优化提升文化产业结构，推动三地文化创意产业融合、互补性发展。

# 国内外五个对标城市文创产业发展及对北京的启示

## 一、深圳

### (一) 发展背景

深圳是中国第一个经济特区,是中国改革开放后经济发展的缩影,承载着改革开放的诸多荣誉。在中国经济转型时期,文化创意产业的发展同样具有示范性。2005年以后,深圳的文化创意产业成为继高新技术产业、金融业、物流业之后的第四大支柱产业。文化创意产业成为深圳经济新的增长点。

2008年12月7日,深圳被联合国教科文组织全球创意城市网络认定为"设计之都",成为中国首个获此殊荣的城市。2010年深圳认定了首批20家"文化+科技型示范企业"。2011年《深圳文化创意产业振兴发展规划(2011—2015年)》及配套政策颁布,为深圳文化创意产业的发展提出了更为明确的战略思路。截至2013年底,深圳已拥有48家文化产业园区基地,实现产业增加值1 357亿元,占全市GDP的9.3%,同比增长18%,文化创意产业涵盖了创意设计、动漫游戏、文化软件、新媒体和文化信息服务、数字出版等重点领域。

## （二）发展模式

深圳文化创意产业发展特色鲜明，行业发展全国领先，形成了以"文化+科技"为先导，以"文化+创意""文化+金融""文化+旅游"为特色的深圳文化创意产业发展模式。这种"深创"模式要旨在于：变扶持为投资，变管理为服务，变招引为孵化，变园区为创意企业观察家，同时输出价值观培育企业人才，更输出管理方法，服务并成就企业，有效延伸文化创意产业链。

深圳的科技力量优势明显，"文化+科技"模式为文化创意产业的高端发展提供了强有力支撑。印刷、高端工艺美术等一批传统文化制造类企业充分利用高新技术手段，不断强化创意设计环节，推动了传统文化制造业的优化升级。目前，全市共有市级文化创意产业园区 34 家，基地 20 家，其中国家级文化创意园区 1 家，基地 11 家，涵盖了文化创意产业十大重点领域。在政府的有力引导和积极推动下，2014 年深圳市大力发展以"文化+科技"为重点的新兴业态，将创意内容为核心的文化服务业做大做强。深圳文化创意产业采用行业集聚、空间集中的发展策略，沿着"文化+科技"的发展模式，继续探索"文化+创意""文化+金融""文化+旅游"等为特色的发展模式，建设了"设计之都"创意园区、怡景国家动漫画产业基地、大芬油画村、观澜版画原创产业基地等众多具有一定规模和影响力大的文化园区与基地，不断拓展新的发展模式，使创意设计、金融资本、文化旅游等呈现出百花争艳之势。在这种发展模式下，深圳的创意设计、动漫游戏、网络内容、数字电视、数字音乐、文化旅游、高端印刷、黄金珠宝等均占全国较大份额。腾讯、华强文化科技、华侨城、华视传媒、A8 音乐等一大批文化领军企业，都来自深圳、成长于深圳。

目前深圳已布局建设12个国家级文化产业示范基地和50多个市级文化产业园区，这批园区以市场为导向、以民营企业为主体，在创新文化产业新模式中成功地做出了自己的探索。

## （三）发展效果

深圳文化创意产业起步较早，在创意设计、动漫游戏、文化旅游、互联网信息服务、高端印刷等诸多领域全国领先。作为全国首批文化体制改革综合性试点地区之一，深圳一直致力于为文化创意产业发展提供良好环境和政策法规保障，先后出台了《深圳市文化产业发展规划纲要（2007—2020）》《深圳市文化产业发展促进条例》《关于促进创意设计业发展的若干意见》等规划、法规和专项文件，把文化产业作为第四大支柱产业加以扶持，并打造了文博会、文交所和中国文化产业投资基金"三大平台"。

总体上看，深圳文化创意产业继续保持高速发展势头。"十一五"期间，文化产业增加值从2007年的465.5亿元增长到775.62亿元，占深圳市GDP的比重达6.74%。"十二五"期间，2012年深圳文化创意产业增加值突破了1 000亿元，达到1 150亿元。2013年，按照深圳市委市政府的统一部署，全市文化创意产业积极调整发展方向，着力于转型升级，市区两级文化创意产业部门大力推进文化创意产业振兴发展，继续保持了高速发展势头。2014年深圳市文化创意产业继续保持较快增长势头，按照规划，预计2015年增加值将达到2 200亿元。

## （四）对北京的启示

深圳本身无厚重的文化历史积淀，但2013年深圳文化创意产业增加值达到 1 357 亿元，占全市 GDP 的 9.3%。目前深圳正致力于将文化创意产业打造成为第四大战略性新兴产业。其对北京的重要启示主要有以下几点：

第一，将行业发展纳入政府发展规划。充分运用政策资源，整合优势，推进行业中长期发展战略。

第二，整合优势资源。特别是结合文化资源特点，扩大行业展销平台、研发平台、信息平台、教育培训平台等方面的行业平台建设。

第三，推进人才发展战略。通过优惠政策吸引高端人才落户，通过本地科研院校及培训机构力量立足于自主培养。

第四，培育典型企业，扶持相关行业协会。通过龙头舞动，社会联动，以点带面，带动整个产业的发展。

## 二、上海

### （一）发展背景

从 20 世纪 90 年代中期自发地形成了四行仓库、田子坊等一批创意产业集聚区开始，到 90 年代后期八号桥、张江高科技园等一批新型都市产业园兴起，上海文化创意产业发展步伐不断加快。

2004 年 12 月，首届中国创意产业论坛的举行，标志着上海开始着力发展文化创意产业。2005 年，上海首批 18 家创意产业集聚区正式揭牌，上海市创意产业协会成立，一年一度的"上海国际创意产业活动周"启动，《上海市创意产业"十一五"

规划》正式出台，提出打造"创意上海"，建设亚洲最有影响力的文化创意中心的目标。上海文化创意产业覆盖了数字娱乐、工艺美术、博物展示、设计装潢、咨询策划、体验休闲等领域。在市场引导和政策驱动下，发展文化创意产业成为上海推动产业结构调整和升级、推动城市功能和经济发展方式转变的着力点。

## （二）发展模式

上海文化创意产业发展起步早，在长期发展过程中形成了"历史建筑保护+园区建设"的发展模式。

上海是中国工业文明发展的摇篮，在发展过程中逐步形成一批具有不同时期独特风格与艺术特色、具有科学价值的老厂房、老仓库，浓缩了19世纪40年代以来中国工业文明和上海城市发展史。上海对于这些历史建筑并没有简单地一拆了之，而是在保留老建筑历史风貌的基础上进行装修和修饰，并注入新的产业元素，成为富有特色的艺术展示和创作空间，吸引文化创意企业和个人进入，形成各具特色的文化创意产业园区。

田子坊文化创意产业园区是由英国女设计师克莱尔利用20世纪30年代位于市中心的6家典型弄堂工厂重新设计改建而成。1933老场坊这座外方内圆英式建筑造型独特，其前身则是远东第一大屠宰厂。此外，四行仓库、湖丝栈、周家桥创意之门、8号桥，以及创意仓库也都是由老建筑改造而成的文化创意产业园区。

## （三）发展效果

上海拥有文化创意产业发展的政策环境和区位优势，在政策不断推动、发展环境不断优化背景下，上海文化创意产业规模不断扩大，形成了设计、网络信息服务、媒体、咨询服务等为主的优势行业。截至 2010 年底，上海市经认定的文化园区 15 家，创意产业集聚区达 80 家，总建筑面积突破 270 万平方米，入驻企业超过 8 200 家，从业人员约达 15.5 万人。2010 年，上海文化创意产业从业人员为 108.94 万人，实现总产出 5 499.03 亿元，比 2009 年增长 14.2%，实现增加值 1 673.79 亿元，比 2009 年增长 15.6%。

2011 年，上海文化创意产业从业人员 118.02 万人，实现总产出 6 429.18 亿元，比 2010 年增长 16.9%，实现增加值 1 923.75 亿元，比 2010 年增长 13%，高于全市 GDP 增幅 4.8 个百分点，对上海经济增长贡献率达 15.5%。

2012 年，上海文化创意产业从业人员 129.16 万人，实现总产出 7 695.36 亿元，比 2011 年增长 11.3%，实现增加值 2 269.76 亿元，对上海经济增长贡献率达 20.2%。

2013 年，上海文化创意产业从业人员达 130 万人，产业增加值占 GDP 的比重为 11.5%。87 个创意产业集聚区和 52 个文化产业园区形成了"一轴"（延安路城市发展轴）、"两河"（黄浦江和苏州河文化创意产业集聚带）、"多圈"（区域文化创意产业集聚地）的空间布局。

### （四）对北京的启示

第一，重视完善文化消费的需求政策保障。上海市通过制定文化消费优惠政策，包括税收、标准、品牌等来鼓励和满足消费者的文化消费。

第二，灵活机动的部门合作管理模式。上海重视创意产业与高新技术产业间的紧密结合，意味着许多产业相互交叉、融合，在管理上涉及不同管理部门和行业组织。上海在发展创意产业中，不设定单一的管理部门，不搞"一刀切"。不仅宣传文化部门抓文化创意产业，经委、科技局也成为文化创意产业发展的责任主体，发改委、国土局、规划局、人事局、国资委、税务局、工商局、市政局等部门也参与到文化创意产业发展的相关工作中。哪个部门能够推动工作，就由哪个部门主要负责；涉及哪个部门的职责范围，就把责任分解到该部门。这种灵活机动的发展管理方式，充分发挥了各职能部门的作用。

第三，以培育龙头骨干企业作为带动文化产业发展的组织基础。上海市注重培育龙头企业，并发挥骨干文化企业的领军作用。在文化"走出去"战略中，培育了上海东方汇文国际文化服务贸易有限公司、上海城市舞蹈公司；在推动骨干文化企业跨地区、跨行业发展中，培育了上海东方明珠股份有限公司；在完善产业链、转变营利模式方面，上海新华发行集团和上海炫动卡通卫视传媒娱乐有限公司发挥了示范作用；在形成核心竞争力方面，东方网、上海文广新闻传媒集团提供了有益经验；在培育民营骨干文化企业过程中，产生了盛大、九城、久游等知名网游企业。

第四，以完善的文化孵化和生产中心促进文化蓬勃发展。近两年来，一大批上海出品的优秀节目和扎根上海的文艺人才在多项国内外比赛和评选中获奖，这股态势被许多人解读为上海的文化原创实力正在崛起。2012年，上影出品和联合出品的影片在各类评奖中获得55个奖项。获奖如此丰厚，实际上是上海文艺界厚积薄发的结果。在政策扶持和市场驱动合力作用之下，上海文化发展的土壤正日益丰厚。海派电视剧的异军突起，在很大程度上得益于上海文化发展基金会的资助。这个由政府部门主导的基金会每年评审通过六七百个项目。特别是 2011 年基金会与上海银行签署了一项总体授信额度达 10 亿元的合作协议，打破了金融业对文化产业的信贷扶持大多流向硬件建设的传统格局，也扭转了以往主旋律文艺项目单纯依靠政府投入和宣传文化系统自有资金的局面。

## 三、纽约

### （一）发展背景

纽约是文化创意产业集聚区最为繁荣和发达的地区之一，拥有很多闻名于世的文化创意产业集聚区，如百老汇、SOHO 艺术集聚区、美国大都会博物馆、第七大道等。从地图上看，纽约的核心地区曼哈顿岛很像上海的外滩一带，美国最大的 500 家公司中，有三分之一以上把总部设在曼哈顿。7 家大银行中的 6 家以及各大垄断组织的总部都在这里设立中心据点。这里还集中了世界金融、证券、期货及保险等行业的精华。位于曼哈顿岛南部的华尔街是美国财富和经济实力的象征，也是美国垄断资本的大本营和金融寡头的代名词。20 世纪后半叶起，纽约的文化产业在专业化经济和多样化经济，以及产业边界的不断拓展两个方面飞速发展，成为纽约的支柱产业。

纽约有 280 多个音乐舞蹈演出团体，而美国的演出内容经营公司约有 3 000 余家，内容制作和经营注重原创剧目的开发和市场的细分，筹集并投入资金，积极地取得原创剧目的知识产权；相应的行业协会也十分完善，如美国剧院与剧目制作者联合会、美国剧院联合会等等，负责相关行业之间的利益维护和协调工作。这样的联合运作使得百老汇的演出精彩纷呈，如家喻户晓的《音乐之声》《悲惨世界》《猫》《西贡小姐》《狮子王》等等。

纽约依靠自身的国内外地位和综合实力，很自然地成为人才高地，各类人才的大量汇聚又激发城市建构创意资本的能力，进而为其创意产业园区的发展打下基础。同时，纽约开放多元的城市文化能够创造大量机会释放不同群体的创意，因而可以引致文化创意人才的聚集，并为其提供激发创意的永久动力，推动创意产业园区不断发展。

## （二）发展模式

纽约文化创意产业的发展模式为"市场导向型模式"。

纽约作为世界城市，也是最充满活力的大都市之一，高度重视文化创意产业发展，集聚了大量文化创意人才，走在了全球创意经济的前面。在国家层面上，文化创意产业被高度关注，但是，在行政制度上没有文化部门，没有明确的官方文化政策文件。这种宽松的发展环境非常适合文化创意产业的发展。纽约文化创意产业的发展主要以市场为导向，根据市场的供需情况制定发展举措。政府只起辅助作用，不过多干涉市场，只提供优质的管理服务。

文化创意产业的发展初期都离不开资金的扶持，政府层面针对这一情况积极探索解决措施，相继制定了一系列资金保障扶持措施，如小微文化创意产业融资难，解决的渠道有多元化的混合投资、通过金融制度创新筹措资金以及利用国际直接投资等多种渠道。至于文化创意产业生产什么、生产多少、如何生产则完全按照市场规律运营，实行商业化运作。

活跃的市场经济、完善的法律法规，以及严格的文化创意产权保护政策是纽约文化创意产业快速发展的重要因素。完善的市场使纽约拥有文化创意产业繁荣发展的沃土，最终也促进了美国经济的发展。

### （三）发展效果

根据美国国家统计局的 NAICS 产业代码并结合纽约对创意核心的理解，纽约文化创意产业包括：广播、出版、建筑、广告、电影和电视、设计、音乐、视觉艺术、表演艺术等九大类，还包括不在文化创意产业部门的创意雇员。

2009 年，纽约市发布创意产业报告，首次定义了"创意核心产业部门"，即创意内容在产业产出的文化和经济价值中居于中心地位的部门，包括创意过程中各阶段涉及的企业和个人。近年，这一部门成为纽约经济最为依赖的增长领域之一。

根据 Dun & Bradstreet 公司的统计，截至 2012 年 1 月，纽约市五大区共有 33 173 家创意企业，合计雇佣员工 238 127 人，其中曼哈顿区独占鳌头，总计有 20 988 家创意企业在运行，占该区企业总数的 10.97%，就业人数 198 550 人，占该区总就业人数的 9.3%。

### （四）对北京的启示

纽约已成为全球文化创意产业发展规模最大的地区，全球各地都在竭力借鉴学习纽约的产业模式，北京市也不应例外。

第一，注重知识产权保护。纽约文化创业产业重视原创、重视知识产权的保护，一切经济活动中知识产权所产生的效益被最大限度地开发和利用。以纽约百老汇的音乐剧为例，早年盛演的音乐剧如《悲惨世界》《猫》等都是欧洲作家的作品，渐渐由美国作家创作的作品所代替。风靡一时的《狮子王》《美女与野兽》等，几乎已经将欧洲音乐剧从纽约市场挤出去。发达的市场经济迫使作家和经营商十分注重受众的需要，通力合作打造品牌。这个过程也是艺术作品发展成为文化创意产业的过程，许多比较好的原创作品被再创作、再开发，不断延伸出新的艺术表达形式，形成品牌效应，形成价值链与产业链，这是北京文化创意产业发展需要借鉴的精髓。

第二，文化创意产业的发展需要依托区域资源，形成辐射效应。同所在地区经济发展紧密结合是纽约集聚区的显著特点。如今的纽约 SOHO 已不单单作为艺术区闻名于世，更成为一个集居住、商业和艺术于一身的完善社区，被誉为"艺术家的天堂"。今日的 SOHO，特色酒吧、高档时装店、艺术画廊遍布，成为时尚青年及游客青睐的商业区和旅游区。SOHO 的独特及成功之处在于它不是艺术区，艺术却无处不在，是商业与艺术充分融合的区域，与周边资源有机融为一体，商业资本与艺术相互发挥辐射效应，赋予彼此更高的价值。SOHO 多样的商业形态、便利的基础设施及很大的宽容度吸引世界各地的顶级创意人才聚集于此。如今，北京的大型文创产业集聚区正在迅速发展，商业资源及人力资源供应成了集聚区质量及良性发展的保证。集聚区既要担负为企业成长提供资源整合平台的职责，又要具有较高文化素质和专业水平的从业人员。所以，集聚区建设一定要因地因时制宜，管理和经营也要符合产业发展和市场规律，使其对区域经济和总体经济发展做出最大贡献。

第三，致力于提供专业化与多元化的服务。北京的文化创意产业园区还处在成长时期，集聚区的定位应该是为企业、个人创意创业提供支持和服务。集聚区需要给创业企业提供研发、经营的场地，提供系统的培训咨询服务，提供政策、融资、法律和企业管理等中介服务，以此降低创意创业成本和风险，提高其成活率和成功率，帮助创意创业尽快形成产品走入市场，为社会培育成功的企业和企业家。

第四，积极调动社会资金与监督管理，促进文化创意良性可持续发展。林肯中心和百老汇，是美国纽约演艺业的两大"招牌"，但两者运营模式完全不同。林肯中心作为一个庞大的非营利艺术机构，表演场地占地28万平方米，年接待游客超过500万人，对纽约大都会地区的经济贡献达3.4亿美元。林肯中心最大的特点是敢于承担艺术风险，不以单纯的票房赢利为目的，而是追求作品的艺术性、创新性。同时，林肯中心也不拿大量的钱来做广告，而是将资金用于节目创作，用高质、新颖的艺术作品支撑中心的运营。例如，林肯中心投入高达600万美元引进中国题材的动漫剧《猴·西游记》，并与中方共同投资打造出9个章节、时长90分钟的音乐剧，既融合了当代年轻人容易接受的动漫造型特点，又融合了电子音乐、打击乐、中国传统乐器及西方非主流乐器的音乐元素，该剧在大都会歌剧院成功演出27场，深受观众欢迎。

林肯中心能够存在，并且不断斥高额资本创作，主要依赖于政府的捐赠制度。美国政府规定，向非营利机构捐赠可以抵税。如此一来，充分调动了美国人捐赠的积极性。同时捐赠者的严格监督和评价，还有效提高了资金的使用效率。结合北京政策及经济发展特点来看，社会捐赠这一资金模式可能还需要探索相当长一段时间，但较低限额的捐赠及税收优惠的尝试，却可以为北京文化艺术产业发展开拓一条新的资金通道。

## 四、伦敦

### （一）发展背景

21世纪开始，英国伦敦已发展成为全球的文化、艺术、智慧生活中心之一。近两千年的历史文化，使这座城市成为一个有着无与伦比的艺术收藏、历史文物和建筑的世界文化库。同时，伦敦继续前进在当代文化前沿，吸引着全球艺术、时尚、影视、音乐等文化领域最优秀的人才。

伦敦是一个历史悠久的城市，作为英国的政治中心、经济中心、文化中心，汇聚了世界一流的时尚创意人才，具有顶尖的设计师、著名的作家、艺术家等人才资源，世界上许多改变生活方式的重要发明和创意灵感源自伦敦。此外，伦敦是一个多元化、包容性大都市，来自世界各地的居民，多元化的种族、宗教和文化在这里融合。伦敦亦是世界闻名的旅游胜地，拥有数量众多的名胜景点与博物馆等。这些独特的区位优势给伦敦创意产业提供了广阔发展空间，刺激了文化创意产业的发展。

伦敦文化创意产业真正起步于20世纪末英国陷入经济困境之时，当时国内急需寻求改革创新，加之英国政府的强力支持，文化创意产业在英国国内获得了良好的内部发展环境。1998年的经济危机及创意产业在全球范围内的兴起，为伦敦文化创意产业的发展也提供了较好的外部环境。

### （二）发展模式

伦敦文化创意产业模式是典型的政府主导型模式。伦敦文化创意产业的兴起，源于政府的主动干预。

第一，以政策推动文化创意产业发展。伦敦市政府为推动文化创意产业的发展出台了诸多政策。1997年英国政府成立了创意产业小组，并发布了《创意产业勘察报告》，将创意产业发展列为国家发展战略。1999年，伦敦市政府设立了文化战略委员会。2003年，伦敦市政府出台了关于伦敦创意产业的发展战略《伦敦文化资本——市长文化战略草案》，提出了卓越、创新、参与、价值的新世纪文化创意产业发展方针，并提出了一系列创意产业扶持措施。2004年成立了"创意伦敦"工作组，这是一个由伦敦发展署管理的战略团队，以政府和企业合作的方式运作，广泛征集创意公司组织部门的建议，支持和促进文化创意产业的发展。2008年11月，伦敦公布了关于发展文化创意产业的战略草案，即《文化大都市——伦敦市长2009—2012年的文化重点》。在世界文化创意产业发展的大背景下，伦敦采取的这些政策和措施有力地推动了文化创意产业的大发展。

第二，以财政资金支持文化创意产业发展。伦敦发展局每年投入3亿多英镑支持文化创意产业的发展，在资金方面为创意产业的发展提供了许多便利。2004年4月，伦敦市市长启动了由伦敦发展局领导的"创意伦敦"大计划，目标是促使伦敦获得世界首要创意中心的名声和表现。2005年，伦敦市通过设立"创意优势基金"，为伦敦创意产业中有才华的企业家提供资本投入和商业支持，目前基金资产已经达到了1亿英镑。伦敦市政府最近几年已投入近10亿英镑，给伦敦带来了大量博物馆和艺术画廊。伦敦市政府通过设计各种扶持基金为从事文化创意产业的人员提供资助，以激发他们的创意潜力，促进整个伦敦市经济的发展。

第三，以培养文化创意氛围促进文化创意产业发展。伦敦市政府非常注重培养创意氛围，为文化创意产业的发展提供良好的外部环境。伦敦市政府根据该市文化创意产业发展的实际情况确定了创意空间及发展类型,然后按其所需提供相应的软件和硬件设施,并大力宣传吸引相关人才集聚。随着产业区规模不断扩大,更多创意人才和机构被吸引进来,旧城区的功能与面貌发生了根本转变,演变成集生产、居住和时尚消费于一体的高档区。

伦敦发展局通过教育培训推介支持公民的创意生活,给公民提供接触创意的机会,如免费开放博物馆和数字化的数据档案等。此外,伦敦设立了四大文化节日,这也是伦敦文化创意产业发展模式的亮点之一。这四大节日分别是伦敦电影节、时装节、设计节、游戏节。这些节日的设立极大促进了伦敦文化创意产业的发展。

第四,以国家文化合作交流提升文创产业国际化发展。伦敦作为英国的首都,在英国政府的推动下,本着互利共赢的原则,积极推动创意产业的"国际化",开展与其他国家在文化创意产业方面的合作与交流。

第五,以高等院校教育为着力点培育文创人才队伍。文化创意产业需要大量创意人才,伦敦市政府为此做出了很多努力。如:刻意为创意产业提供实习岗位,协同社会团体或组织为毕业生提供继续深造的机会,鼓励更多高等院校设立创意专业等。

## (三)发展效果

自1997年至今,英国经济整体增长了70%,创意产业增长了90%多,其发展速度远高于经济总体增长。伦敦的创意产业总值占英国创意产业总值的比重非常大,早在2000年就达到了24.68%。2001年伦敦的创意产业人均产值约为2 500

英镑,几乎相当于英国全国的两倍。目前,伦敦创意产业凭借着每年210亿英镑的产出值成为仅次于金融服务业的第二大支柱产业。

2012年伦敦创意产业从业人数为69.7万人。当前英国全部约1 100个独立电视制作公司中,近700个(几乎包括所有的大公司)位于伦敦。伦敦还拥有全国85%以上的时尚设计师,40%以上的出版业从业人员。更为重要的是,伦敦已经成为全球的创意中心,被认为是全球三大广告中心城市之一,三分之二的国际广告公司的欧洲总部都设在伦敦。

表3.40 伦敦经济发展及其创意产业经济情况

| 指 标 | 数 值 |
| --- | --- |
| 城市面积(平方公里) | 1 572 |
| 城市总人口(人) | 7 825 200 |
| 2013年GDP(十亿美元) | 731.2 |
| 创意产业增加值(GVA)(十亿英镑) | 21.4 |
| 创意产业就业人数占比(%) | 12 |
| 创意产业就业人数(人) | 697 000 |

表3.41 伦敦创意产业关键指标一览表

| 指 标 | 数 值 |
| --- | --- |
| 国家博物馆数量 | 11 |
| 其他博物馆数量 | 162 |
| 艺术画廊数量 | 857 |
| UNESCO世界遗址 | 4 |

（续表）

| 指　标 | 数　值 |
| --- | --- |
| 公共图书馆数量 | 395 |
| 剧院数量 | 214 |
| 剧院演出场次 | 32 448 |
| 节日／庆典数量 | 254 |
| 国际客流量（人次） | 15 216 000 |
| 年国际客流量占城市人口比重 | 194% |

## （四）对北京的启示

第一，文化创意产业的发展需要政府的全方位推动。伦敦模式最主要的特点就是政府的大力支持。虽然北京市也制定了一系列扶持文化创意产业发展的政策，如，2007年在《北京市"十一五"时期文化创意产业发展规划》中提出了文化创意产业发展的指导思想和工作目标；2012年，出台了《发挥文化中心作用加快建设中国特色社会主义先进文化之都的意见》，推出系列配套政策，但由于政府职能的转变尚未完全到位，市场配置资源的基础性作用未得到充分发挥，部分行业市场化程度不高。如新闻出版、广播影视等领域，非公有制经济发展相对薄弱，渠道垄断、资源垄断等问题比较突出，在一定程度上影响了资源配置的效率和产业发展的活力。

第二，重视创意人才培养。人才是文化创意产业发展的关键，文化创意产业的发展离不开创意阶层的贡献，位居伦敦就业量第二的文化创意产业就很好地证明了伦敦有丰富的创意人才。虽然北京人才济济，但是文化创意企业缺乏高端创意人才、高级经营管理人才、特殊艺术人才等，人才供求不均衡。北京市应创造吸引创意人才的环境，鼓励高等院校、社会机构、企业等机构大力培养创意人才，逐步积累、丰富创意人力资源。

第三，文化创意产业集聚区建设。在伦敦文化创意产业发展过程中，伦敦东区、西区、SOHO 区都大力加强文化创意产业园区建设，并且各个区形成鲜明特色的创业园。通过政府的规划引导和政策扶持，尽管北京的文化创意产业集聚区建设取得了明显成效，形成了一批产业特色鲜明的文化创意产业集聚区，但还存在制度建设相对落后、创意产业准入门槛较高、缺乏促进创意产业化的有效措施、龙头企业的培育和发展不规范、文化创意产业集聚区没有发挥应有的辐射作用等问题。未来，北京应采取切实可行的有效措施，促进文化创意产业集聚区的健康、快速发展。

第四，营造良好的创意氛围。创意氛围是发展文化创意产业的外部保证。伦敦发展署通过教育培训推介支持公民的创意生活，并为公民提供很多接触创意的机会，如免费开放博物馆和数字化的数据档案等。此外，伦敦创意工作组组织设立的伦敦电影节、时装节、设计节、游戏节四大文化节日，为文化创意产业创造了浓浓的创意氛围，是伦敦文化创意产业发展模式的亮点之一。伦敦政府还非常重视保持伦敦文化的多元化发展。伦敦囊括了来自世界各地的时尚、艺术、音乐等方面人才，涵盖了 300 多种语言，其中包括 100 多种非洲语言，人口在 1 万人以上的少数族群社区有 50 多个，真正成了多元文化的汇聚之地，多元文化的交流、互动为伦敦增添了创意氛围，巩固了伦敦的全球文化创意中心的地位。

北京在大力发展文化创意产业时，应当以包容的态度对待外来文化，使得具有不同文化背景和生活习惯的人在本市能够和谐相处，共同推动本地文化创意产业的发展。此外，北京还应当着力营造包括酒吧、咖啡店、小剧场、书店等在内的小规模的人文街区环境，进一步增强对文化创意人才或文化创意阶层的吸引力。

## 五、东京

### （一）发展背景

东京的文化创意产业并没有明确的界定。在东京，文化创意产业更倾向于文化产业和产业服务，也被称为感性产业，主要包括时尚产业、休闲产业、内容产业等。

东京拥有发达的以动漫产业为核心的文化创意产业。1996年日本确立了《21世纪"文化立国"方案》。东京作为日本的政治、经济、文化中心，较早地提出了创意城市与创意产业发展计划并组织实施。

东京集聚和发展文化创意产业，主要致力于推动城市的国际化和文化多样性，并不遗余力地扩大文化创意产业的影响力和参与度，从国际到国内、从艺术界到普通民众、从成名人士到懵懂孩童，努力构建起一个跨区域、跨行业、跨代际的无界创意城市。

### （二）发展模式

东京文化创意产业的发展模式为"产业导向型模式"。

为了加快本国的经济发展，日本在20世纪90年代就把文化创意产业作为国家重点发展的产业，积极提高文化创意产业中的科技含量，日本的动漫游戏、电影、电视，尤其是动漫业取得了卓越的成绩。

但是,由于本土自然资源极度匮乏,与欧美城市不同,东京一直有着强烈的生存危机和发展压力。因此,对于文化创意产业的发展,政府积极联合社会各界广泛参与远景规划和筹集资金。国家层面对文化创意产业给予高度关注,将文化产业培育为国家的支柱产业。为了促进文化创意产业的发展,政府给予了积极的政策保障,制定了详细的文化创意产业发展规划以及文化创意产权保护制度,主要包括《知识产权战略大纲》《内容产业振兴政策》等,为文化创意产业发展营造了良好的社会氛围。如今,日本动漫产业已占世界市场的62%,游戏领域则占世界市场的1/3。东京已经成为世界文化创意产业最发达的地区之一。

东京文化创意产业取得了巨大成功,其中占据主导地位的当属动漫产业。在文化创意产业中,动漫产业占重要地位,影响力最大,对整个文化创意产业的发展具有强大的带动作用。东京文化创意产业在产生了巨大经济效益的同时也向世界传播了日本文化,扩大了其海外知名度。

## (三)发展效果

动漫产业是东京文化创意产业的重要组成部分,形成了多处动漫集聚区,主要集中在地铁沿线,东京动漫产业则基于城市文化创意产业和城市文化发展双重因素的需要而发生与发展,呈现出了多种文化类型和组织形式,发挥着延续与挖掘城市传统文化、推动城市特色文化产业发展以及建设特色文化城市的作用。同时,还成立了卡通中心。

至2006年,日本约有739家卡通制作公司,其中83%以上集中在东京,特别是JR中央线、西武新宿线及西武池袋线等各铁路沿线尤为集中，成为著名的卡通产业集聚地。统计资料显示，在东京，文化创意产业人才占所有工作人口总数的15%。

2010年，日本的文化创意产业规模达12万亿日元，而东京文化创意产业的规模和产值约占全国的6成。

## （四）对北京的启示

我国的文化创意产业起步较晚，深入学习借鉴东京文化创意产业发展的经验，有助于北京文化创意产业更好更快发展。

第一，文化创新。文化创新是文化创意产业的先导。文化创意产业的真正竞争力在于文化内容，文化内容应体现出区域文化底蕴和魅力。东京文化创意产业不仅重视本国传统文化的继承和展示，同时注重吸收外来文化。在引进外国文化产业项目时应注意选题的新颖性、设备的先进性并与本国文化市场相结合，以使引进的文化创意产业项目能够持续发展。这是东京文化创意产业始终充满活力的重要原因。

第二，产品延伸。在东京文化创意产业中，无论是电影、动漫、游戏还是音乐都是相互联系的。媒体的综合性与多元化使之相互影响与促进，从而推动东京文化创意产业的发展。东京的动画片大多来源于连环漫画，一部连环漫画出版后，通过后期开发，可以制作出许多衍生品，其中最具代表性的是手冢治虫大师的动画片《铁臂阿童木》，1952年首先在《少年》杂志上连载，之后不断在报纸杂志上出现。1957年，东京电视台推出了木偶剧，1959年富士电视台出品了人版电视剧，2009年制作成了电影。

第三，与众不同。东京文化创意产业的特色之一就是与众不同。以动画片为例，虽然存在着一些缺点，但是广受喜爱，主要原因在于：一是与其他国家／城市的动画片不同，适合各年龄阶段的观众。二是不像迪士尼动画片有太多的规制，略加的暴力等情节具有新鲜感，更受外国观众的欢迎。三是无国籍化的动画人物使不同国家的观众可以很容易接受。四是现代动画通常是一秒钟使用 24 枚画面的技术来达到影像的逼真，而东京动画片恰恰利用少枚数的动画技术使其更具夸张性，同时也弥补了由于日语不如英语具有普遍性的特点，起到了轻语言重表现的作用。这是北京文化创意产业在发展过程中值得学习的地方。

第四，贴合的政策扶持与法制保障。近 20 年来，为促进文化创意产业的发展，一系列涉及金融、税收、财政以及人才培养等方面的文化产业扶持政策相继出台。同时，通过立法规范文化创意产业发展秩序与保护文化创意产品的知识产权受到高度重视。可以说，贴合需求的政策扶持与法制保障下的创意、技术、营销组成了东京文化创意产业的竞争力。

第五，依靠先进科技并注重人才培养。东京文化创意产业的科技含量非常高，其独特的创意和设计理念因先进科技的支持而得以转化为新颖且具有竞争力的文化产品。文化产业借助技术、资本、人才不断发展壮大。东京的文化创意产业始终密切关注科技的发展与人才的培养，尤其是在人才培养上从娃娃抓起，从教育理念和制度上关注儿童创新意识和能力的培养。为了推动文化创意产业的发展，提升其竞争力，东京文化创意产业高度重视将最新的科技成果在第一时间应用于文化产品的设计之中。

# 2006—2015年北京市文化创意产业发展概况[①]

## 一、产业层面概况

### (一)支柱地位更加稳固

北京市文化创意产业近年保持了持续增长的态势,在北京市产业升级中发挥着越来越重要的作用,并在全国形成示范效应。尤其是在居民消费在传统产业逐渐饱和的背景下,居民文化娱乐消费达到消费总额的15%,北京市文化创意产业的消费潜力逐步释放出来,已成为仅次于金融业的第二产业。

#### 1 主要指标高企

从产业发展规模来看,2006—2015年,北京市文化创意产业的增加值、收入合计、资产总额和从业人员平均数等主要经济指标分别从823.2亿元、3 614.8亿元、6 161.0亿元和89.5万人增长到3 179亿元、15 877.8亿元、31 893.9亿元和202.3万人,分别增长了2.9、3.4、4.2和1.3倍。

文化创意产业属于智力密集型产业,产值增加必然带动就业增加。2015年,北京市拥有文化创意企业约17万家,从业人员122.3万人,较2006年(89.5万人)增加32.8万人,年均增长10.7%,占全市第三产业就业人数(894.4万人)的14.0%,占全市就业总人数(1 156.7万人)的10.7%。北京市

---

[①] 本文从产业和行业两个层面对北京市文化创意产业10年的发展进行了比较系统深入的盘点,以大量的数据作支撑,又有比较分析,有理有据,实属难得。

文化创意产业就业实现稳步增长,就业机会的扩大与经济增长同步推进,就业形势持续向好,有效优化了北京市就业结构。

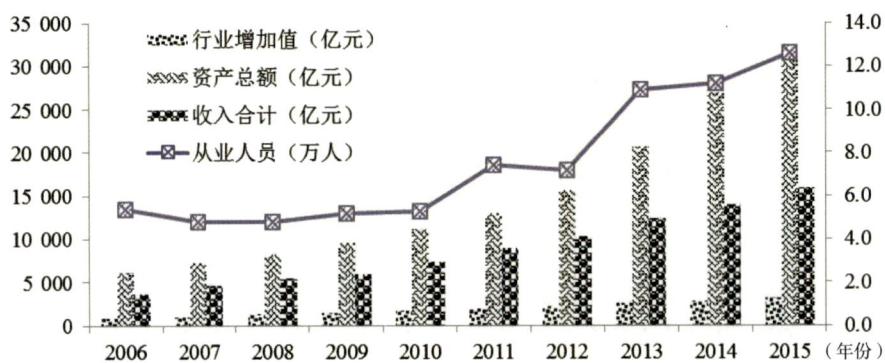

数据来源:行业增加值:2006—2012年来自《2014北京统计年鉴》;2013—2014年来自《2015北京统计年鉴》;2015年来自《2016北京统计年鉴》。资产总额、收入合计和从业人员三个指标的数据除2013年来自《2015统计年鉴外》,其余年份均来自相应年份的第二年统计年鉴数据,如2015年数据来自《2016北京统计年鉴》。以下涉及文创整体行业或者各个行业相应的指标数据均相同,不再逐个累述。

图 3.80 2006—2015 年北京市文化创意产业发展规模变动情况

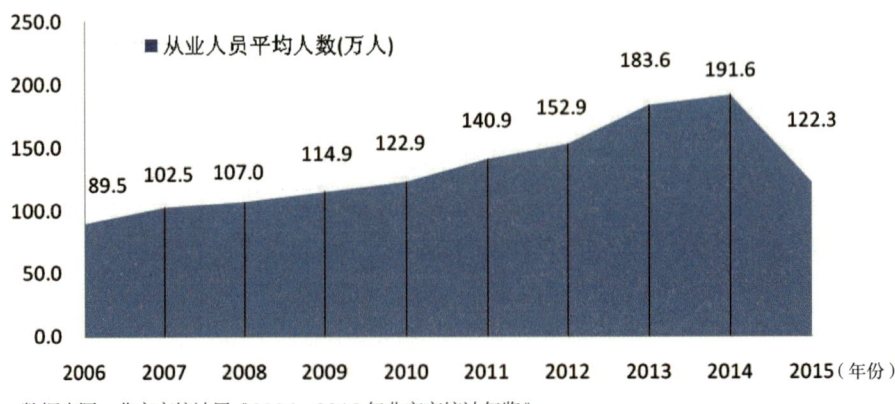

数据来源:北京市统计局《2006—2015年北京市统计年鉴》。

图 3.81 2006—2015 年北京市文化创意产业从业人员平均人数变化情况

## 2 地方优势突出

全国三经普数据显示[①]，2013 年，北京市的文化创意产业法人单位数量为 97 752 家，占全国文化产业法人单位的 10.6%，这一比重仅低于广东省（11.4%）0.8 个百分点。另外，北京市的文创企业数量高达 94 937 家，占全国文创企业总数的 12%，这一比重仅低于广东省文创企业所占比重（12.4%）0.4 个百分点。由此可见，无论是文创产业法人数量还是文创企业数量，北京市均居全国第二位，体现了北京市文创产业突出的发展优势。

从文创企业从业人员来看，北京市的文创产业的年末从业人员占全国文创年末从业人员的比重为 5.4%，仅低于广东、江苏、浙江和山东，居全国第五位。

从文创企业年末资产来看，北京市的文创企业年末资产占全国文创企业年末资产总额的 9.7%，相较广东（14.2%）低 4.5 个百分点、相较江苏（12.5%）低 2.8 个百分点、相较山东（9.9%）低 0.2 个百分点，北京市的文创企业年末资产占比居全国第四位。

从文创企业营业收入来看，北京市的文创企业营业收入占全国文创企业营业收入的比重为 7.7%，这一比重低于广东省（17.7%）10 个百分点、低于江苏（13.3%）5.6 个百分点、低于山东（9.6%）1.9 个百分点，低于上海（9.3%）1.6 个百分点、低于浙江（7.9%）0.2 个百分点。

[①] 由于全国各个省市对文创产业的统计口径及各个行业的划分标志存在异同，以及文创产业相关统计数据获取的有限性，本文在此选用 2013 年的全国第三次经济普查数据，对北京市的文创产业及各个行业的发展情况进行横向的区域比较，分析结果的有效性和对比性同样较强。

表 3.42　2013 年北京市文创企业主要经济指标在全国所占比重及排名情况

| 指　　标 | 绝对数 | 占全国比重（%） | 在全国排名 |
| --- | --- | --- | --- |
| 文创企业数量 | 94 937（家） | 12.1 | 2 |
| 年末从业人员 | 831 283（人） | 5.4 | 5 |
| 年末资产总额 | 20 594.6（亿元） | 9.7 | 4 |
| 营业收入 | 6 408.4（亿元） | 7.7 | 6 |

数据来源：全国第三次经济普查数据。

### 3　传统行业领先全国

全国三经普数据显示，2013 年，北京市的新闻出版发行服务业的营业收入占全国该行业的营业收入比重高达 16.6%，远远高出第二位（广东 10.6%）6 个百分点；广播电影电视服务业的营业收入占全国该行业的营业收入比重为 13%，仅低于第一位浙江（17.7%）4.4 个百分点；文化艺术服务业的营业收入占全国相应行业的营业总收入的比重为 23.7%，远远高出江苏（12.6%）11.1 个百分点，居于全国首位；文化创意和设计服务业的营业收入占全国相应行业营业收入总额的比重为 10%，比江苏（14.7%）低 4.7 个百分点、比广东（13.4%）低 3.4 个百分点，与上海（10.9%）基本持平。其他相应行业的营业收入所占全国该大类营业总收入的比重均超过 10%。由此可看出，北京市的新闻出版发行服务业、广播电影电视服务业、文化艺术服务业，以及文化创意和设计服务业等四个行业的发展优势非常明显，尤其是文化艺术服务业。

表 3.43  2013 年北京市文创企业营业收入中占比高于 10% 的行业情况

| 行　　业 | 所占全国该行业营业收入比重 |
| --- | --- |
| 新闻出版发行服务业 | 北京：16.6%；广东：10.6% |
| 广播电影电视服务业 | 北京：13.0%；浙江：17.7% |
| 文化艺术服务业 | 北京：23.7%；江苏：12.6% |
| 文化创意和设计服务业 | 北京：10.0%；江苏：14.7%；广东：13.4%；上海：10.9%。 |

数据来源：全国第三次经济普查数据。

## （二）支撑"高精尖"经济结构

文化创意产业便于利用最新科学技术，激发新闻出版、文艺演出、影视制作等传统产业活力，推进文化创意和设计与农业、城市规划、商业、教育、体育等领域的融合发展，提升其他产业的产品附加值，是智力经济和头脑经济的重要产业载体。作为北京市新兴产业之一，文化创意产业对北京市布局"高精尖"经济结构的支撑作用不可忽视，不断打造文化、设计与高科技多向交互合作的知识经济。2015 年 4 月份，为贯彻《国务院关于推进文化创意和设计服务与相关产业融合发展的若干意见》(国发〔2014〕10 号)，由北京市文资办制定的《北京市关于推进文化创意和设计服务与相关产业融合发展的行动计划（2015—2020 年）》，以市政府文件形式正式印发。该文件的制定和实施涉及全市 17 个相关行业主管部门、16 个区、60 家单位，是近年来少有的多部门重大联合行动，可谓"举全市之力"的协同创新和实践之举。未来，文化创意产业将在构建"高精尖"经济结构中持续发力，为优化"高精尖"产业布局做出更大贡献。

## （三）"文化+"融合业态兴旺

基于北京"四个中心"的城市功能定位，文化已与科技、金融、旅游、体育、商务、地产等领域实现了融合发展。

第一，文化科技融合模式不断丰富。文化科技融合是北京科技、文化"双轮驱动"战略实施的重要路径，也是当前文化创意产业发展的重要趋势。北京市的"文化+科技"产业融合率先实现了突围，诞生了数字出版、互联网+电影、动漫游戏、网络文学等产业深度融合业态，产业价值链和商业模式关键节点双向融合程度不断深化。

第二，文化金融合作成效显著。北京市"文化+金融"已经从单一的政府财政资金支持模式发展到了财政资金、银行贷款、基金融资、上市融资、新三板挂牌、债券发行、信托及众筹融资等模式，形成了以银行信贷为主、多种融资方式并存的文化企业融资格局。截至2016年11月末，北京市辖内中资银行文化创意产业人民币贷款余额1 282.8亿元，同比增长47.3%，1—11月累计发放贷款1 259.6亿元，同比增长45.2%。北京银行、交通银行、工商银行及农业银行等四家合作银行合计发放文化创意类贷款13 362笔，贷款金额1 025亿元。

第三，文化增强了北京旅游吸引力。2006—2015年，北京市文化旅游实现了从初级阶段到中级阶段的跳跃。2010年以前，北京市的文化旅游业处于初级发展阶段，主要借助文化节庆活动、旅游纪念品开发、旅游文化演出、会议展览等推进文旅业发展。2011—2015年，北京文化旅游融合发展进入新阶段，文化旅游产品更加多样化、文化旅游新业态不断丰富，文化节庆活动与旅游业、会议展览与旅游业实现了深度融合。

第四，文化体育新业态快速发展。北京文化体育融合最初体现在体育用品文化创意设计、体育传媒、体育影视等方面。随着 2008 年奥运会的举办，新媒体的顺势崛起，赛事转播权市场化程度的不断提高，北京市体育媒体、体育影视发展模式突破创新，体育会展、体育演艺、体育旅游等文化体育新业态快速发展。

## （四）企业实力不断增强

截至 2015 年 12 月，北京市文化及相关产业企业共有 19.9 万户，占全市企业总数的 16.63%，同比增长 16.49%；2015 年新设文化及相关产业企业 3 万户，同比增长 3.91%。从 2008 年第一届中国"文化企业 30 强"开始，北京文创企业的入围数量一直占据绝对优势，2016 年第八届中国"文化企业 30 强"中，北京文创企业共占据 7 席，继续领跑全国。历届中国"文化企业 30 强"统计数据显示，北京地区入围中国"文化企业 30 强"的多数为传统文创行业的国有企业。

从文化及其相关产业的行业分布情况看，企业户数排名前三位的是文化艺术服务类企业、文化创意和设计服务类企业、文化产品生产的辅助生产类企业，合计占全市文化及相关产业企业总户数的 75.95%。其中，文化艺术服务类企业 9.6 万户，同比增长 22.87%；文化创意和设计服务类企业约 4 万户，同比增长 11.30%；文化产品生产的辅助生产类企业 16 042 户，同比增长 9.97%。

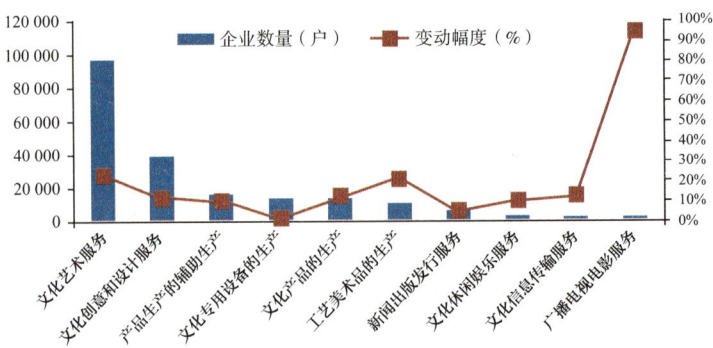

数据来源：北京市工商管理局。

**图 3.82　北京市文化及相关产业各行业企业户数情况**

2015年，在文化及相关产业新设企业中，新设户数排名前三位的是文化艺术服务类企业、文化创意和设计服务类企业、文化产品生产的辅助生产类企业，合计占全市文化及相关产业新设企业户数的82.9%。其中，文化艺术服务类企业新设18 586户，同比增长14.5%；文化创意和设计服务类企业新设4 850户，同比降低14.05%；文化用品的生产类企业新设1 710户，同比降低11.54%。从细分行业角度来看，文化艺术、新闻出版及广播影视三个传统行业新设企业数量达19 637户，占总体新设企业总量近65%。

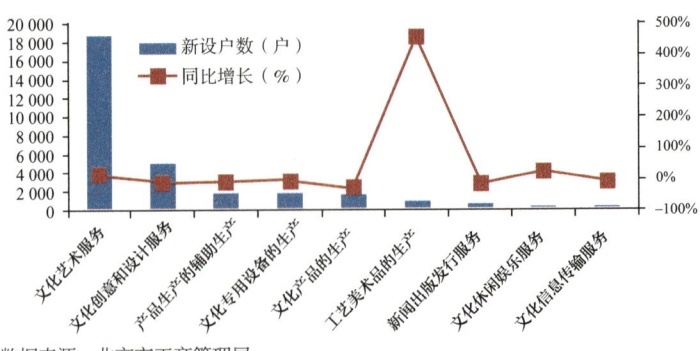

数据来源：北京市工商管理局。

**图 3.83　北京市文化及相关产业各行业新设企业户数情况**

### (五)地区分布日趋合理

从文化创意产业各个细分行业的分布来看,旅游、休闲娱乐业主要分布在北京市五环外,集中在城市发展新区及生态涵养发展区,与地区功能定位相适应。信息技术为基础(软件和信息服务,广播、电影、电视)的文化创意产业规模较大,主要集中在城市北部的海淀、朝阳,分别依托文化旅游资源和文化设施资源发展起来的文化旅游业和文化艺术产业主要集中在东城和西城。此外,朝阳的传媒产业、顺义的设计服务业发展较为突出,其他区县文化创意产业发展速度较快,但特色不够突出。

## 二、行业层面概况

北京文化创意产业各个子行业经过几年的整合和发展,逐渐形成了自己的优势行业和发展规模,文化创意产业各个行业内部形成了强者恒强、新势力崛起的格局。

### (一)各行业按产出贡献分为四个板块

2006—2015年,北京文化创意产业的内部结构继续调整。从行业增加值占文创产业增加值的比重看,软件、网络及计算机服务业、艺术品交易和旅游、休闲娱乐三个行业均呈现总体不同程度的增长,而文化艺术、新闻出版、广播、电视、电影类的传统文化创意产业的比重逐渐降低。

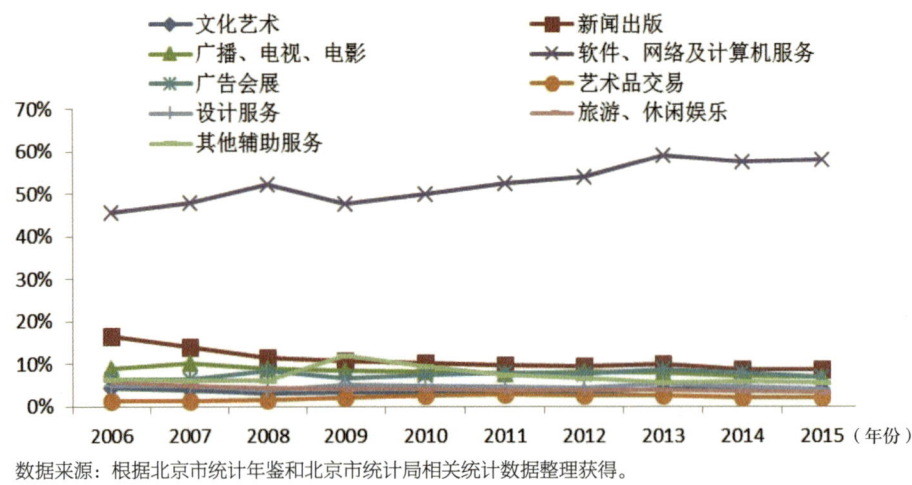

数据来源：根据北京市统计年鉴和北京市统计局相关统计数据整理获得。

图3.84　2006—2015年北京市文创产业各行业增加值占文创产业增加值比重

### 1　软件、网络及计算机服务业产值稳居半壁江山

从增加值规模来看，软件、网络及计算机服务业的增加值一直居首位，无论是增加值的绝对值，还是占文创产业的比重，都远远高于其他八个行业。绝对值从2006年的375.5亿元增长到2015年的1 842.8亿元，十年间翻了近5番，平均每年保持19.9%的增长速度；增加值占比从2006年的45.6%增长到2015年的58%，十年间平均每年的产值占比高达52.4%，占据北京文化创意产业半壁江山。

### 2　传统行业的产值比重整体走低

从2006—2015年的产业增加值占比情况来看，新闻出版行业，广播、电视和电影行业，文化艺术等三个传统行业的产业增加值占文创产业的增加值的比重从2006年的29.7%下降到2015年的19.9%，十年间的平均产值所占比重为22.9%。其中，新闻出版业的增加值由2006年的135.3亿元增长到

2015 年的 278.4 亿元，增加值占比从 2006 年的 16.4% 降至 2015 年的 8.6%，位居九大行业的第二位。广播、电视和电影行业的增加值从 2006 年的 73.5 亿元，增长到 2015 年的 223.0 亿元；增加值占比从 2006 年的 8.9% 降至 2015 年的 8.2%，位居九大行业的第三位。文化艺术业的增加值从 35.3 亿元增长到 132.1 亿元，占文创产业的比重从 4.3% 下降到 4.2%，整体上呈现下降态势，下降幅度不大。从整体上看，新闻出版，广播、电视、电影和文化艺术等三大传统行业产值贡献均呈现不同程度的下降趋势，主要受近几年的非首都功能疏解、产业转型升级等因素的影响。

## 3 优势行业的产业贡献趋于平稳

从 2006—2015 年的行业增加值占文创产业增加值比重来看，北京市的广告会展、艺术品交易和设计服务等优势行业的产业增加值占比从 2006 年的 12.5% 提高到 2015 年的 13.0%，十年间优势文创产业的产值贡献值为 14.2%，传统行业内部各行业的产值贡献变动幅度相对较小。其中，广告会展行业的增加值从 2006 年的 52.2 亿元增长到 217.0 亿元，十年间增长了 3.2 倍，所占比重从 6.3% 增长到 6.8%，位居九大行业的第五位。设计服务的增加值从 2006 年的 40.2 亿元增至 2015 年的 132.0 亿元；占文创产业增加值比重从 4.9% 降低到 4.2%。艺术品交易业的增加值从 2006 年的 10.1 亿元增至 2015 年的 64.1 亿元，占文创产业增加值的比重从 1.2% 提高到 2.1%。

## 4 文化旅游和其他辅助业产值贡献逐步趋缓

2006—2015 年，旅游、休闲娱乐的增加值从 48.4 亿元增长到 107.2 亿元，增加值所占的比重从 5.9% 下降到 3.4%。其他服务行业的增加值从 52.7 亿元增长至 182.5 亿元，增加值占比从 2006 年的 6.4% 增至 2015 年的 7.2%，位居九大行业的第四位。

## （二）大部分行业的收入贡献逐年提升

### 1 软件和信息服务业稳居产业中坚

从行业收入占文创产业收入占比来看，2006—2015 年，软件、网络及计算机服务业的收入仍居九大行业之首，其收入总额从 2006 年的 1 183.4 亿元增至 2015 年的 6 442.2 亿元；收入规模占文创产业收入总规模的三分之一以上，从 2006 年的 32.7% 增至 2015 年的 40.6%，其收入贡献远远高于其他行业的收入贡献。软件和信息服务业为其他文化创意产业发展提供了重要的技术支撑，成为北京实施双轮驱动战略不可或缺的中坚力量。

### 2 传统行业收入贡献稳中趋缓

2006—2015 年间，北京市的新闻出版、广播电影电视和文化艺术等传统行业的收入占文创产业的收入比重从 2006 年的 20.4% 降低到 2015 年的 14.5%，十年间的传统行业平均收入贡献值为 17.7%。其中，新闻出版、广播电视电影和文化艺术的行业收入分别从 2006 年的 426.2 亿元、245.4 亿元和 69.5 亿元，增长到 2015 年的 1 026.4 亿元、917.4 亿元和 428 亿元，十年间平均每年保持 10.4%、16.2% 和 24.0% 的增长速度。新闻出版和广播电视电影行业的收入占文创产业收入的比重分别从 2006 年的 11.8%、6.7% 下降到 2015 年的 6.5%、5.8%，平均每年收入贡献值为 8.9% 和 6.5%。文化艺术业的收入占文创产业收入的比重从 2006 年的 1.9% 增至 2015 年的 2.7%，收入规模占比得到较好的提升。

### 3 优势行业收入贡献逐年提升

2006—2015 年，广告会展、设计服务和艺术品交易三大优势行业对北京文创产业的收入贡献得到逐步提高，尤其是艺术品交易行业，其收入总量从 2006 年的 59.4 亿元增至 2015 年的 1 021.8 亿元，平均每年保持 44.3% 的速度增长，平均增速居于九大行业之首，其收入占文创产业收入的比重从 2006 年的 1.6% 增至 2015 年的 6.4%。广告会展行业的收入和收入占比均呈现上升趋势，收入从 2006 年的 390.8 亿元增长到 2015 年的 2 178.4 亿元，平均每年保持 22% 的增长速度；收入所占比重从 10.8% 增至 13.7%，平均每年收入所占比重为 12.6%，收入贡献位于九大行业第三位。设计服务业的收入从 2006 年的 328.4 亿元增至 2015 年的 563.6 亿元，平均每年保持 8.9% 的增长速度，占文创产业收入的比重从 9.1% 下降到 3.5%，平均每年收入贡献值为 5.2%。三大传统行业对文创产业收入的累计贡献值从 2006 年的 21.5% 提升到 2015 年的 25.1%，平均每年的收入贡献为 22.6%。

### 4 其他辅助服务业收入贡献较大，文化旅游贡献逐步降缓

2006—2015 年，北京市其他辅助服务业收入从 613.8 亿元增长到 2 099.2 亿元，收入所占比重呈现波动态势，整体上呈现下降趋势，从 2006 年的 17.0% 下降到 2015 年的 13.2%，平均每年所占比重为 14.7%，收入贡献位于九大行业的第二位。旅游、休闲娱乐业的收入从 2006 年的 300.1 亿元增至 2015 年的 1 207.0 亿元，平均每年保持 17.5% 的速度增长；其收入占文创产业的比重从 8.3% 略微下降至 2015 年的 7.6%，平均每年对文创产业的收入贡献值为 7.7%。

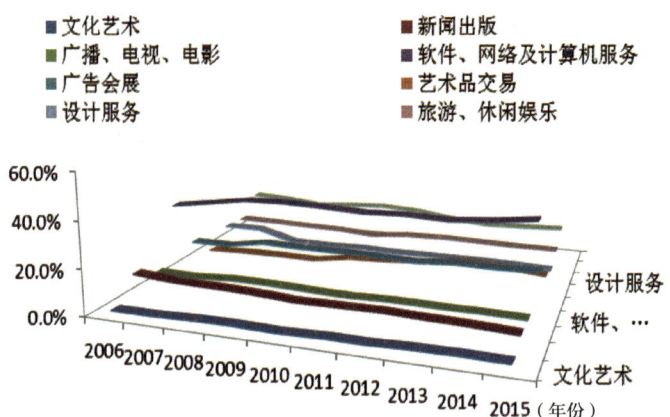

数据来源：根据北京市统计年鉴和北京市统计局相关统计数据整理获得。

图 3.85　2006—2015 年北京市文创产业各行业收入占文创产业收入比重情况

## （三）各行业的投入产出率走势相近

从整体上来看，2006—2015 年间，北京市的文创产业各行业的投入产出率除艺术品交易业，广告会展业和旅游、休闲娱乐业外，其余六个行业的投入产出率走势基本相似，在 2012 年达到顶峰，2012 年之前平稳增长，2012 年之后快速下降。另外，旅游、休闲娱乐业在 2011 年提前到达了峰点；在 2012 年前其他辅助业和广告会展业的投入产出率一直保持平稳状态，2012 年后，广告会展业的投入产出率略微下降，其他辅助业的投入产出率下降幅度较大；艺术品交易业的投入产出率一直保持较快的速度，2012 年后居于九大行业首位。

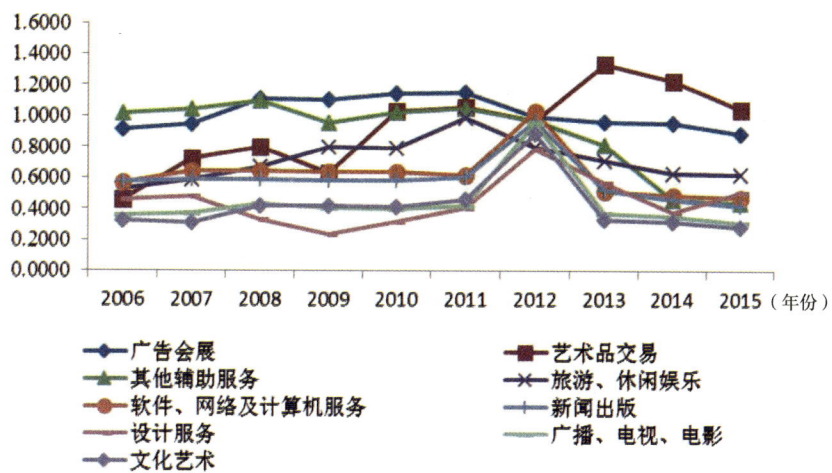

数据来源：根据北京市统计年鉴和北京市统计局相关统计数据整理获得。

图3.86　2006—2015年北京市文创产业各行业投入产出率情况

从各行业的投入产出率排位来看，2006—2015年，广告会展业的平均投入产出率为1.0170，居于首位，除2015年外，其余年份的投入产出率基本都在0.9—1.2之间波动。艺术品交易业作为后起之秀，保持逐年增长态势，在2012年后，赶超其他八个行业，跃居首位，十年间的平均投入产出率为0.9276，居第二位。其他辅助业的投入产出率虽然在2012年后急速下降，但是之前处于较高的水平，居第三位。旅游、休闲娱乐业的投入产出率整体上变动幅度不大，平均投入产出率为0.7126，居第四位。以上四个行业的平均投入产出水平均高于北京文创产业整体的投入产出水平（0.6444），其余的软件、网络及计算机服务业、新闻出版业、设计服务、广播电视电影和文化艺术业等五个行业的平均投入产出率均低于整体水平，依次为0.6228、0.5885、0.4456、0.4368和0.4157。

### (四)各行业的人均产出逐步提升

从北京市文化创意产业各个行业的人均产出来看,2006—2015年,广播、电视、电影行业的人均产出从2006年的20.6亿元/万人增至2015年的30.4亿元/万人,十年间的人均产出为27.0亿元/万人,居于九大行业首位。

艺术品交易行业的人均产出一路上升,从2006年的9.6亿元/万人增至2015年的25.7亿元/万人,十年间的平均人均产出为17.9亿元/万人,跃居九大行业第二位。

十年间,软件、网络及计算机服务业的人均产出总体平稳增长,从2006年的13.3亿元/万人增至2015年的18.2亿元/万人,十年间的平均人均产出为16.4亿元/万人,位居九大行业第三位。

新闻出版业和广告会展业的人均产出分别从2006年的9.1亿元/万人和6.0亿元/万人增至2015年的18.3亿元/万人和12.9亿元/万人,十年间平均人均产出分别为12.4亿元/万人和11.2亿元/万人,位居九大行业的第四位和第五位。

文化艺术业、其他辅助服务业、设计服务业和旅游、休闲娱乐业的人均产出相对较低,但都呈现了缓慢增长的态势,分别从2006年的6.6亿元/万人、5.3亿元/万人、5.0亿元/万人和5.0亿元/万人增至2015年的10.5亿元/万人、10.9亿元/万人、8.0亿元/万人和8.2亿元/万人,十年间的平均人均产出为9.2亿元/万人、9.0亿元/万人、7.4亿元/万人和6.7亿元/万人。

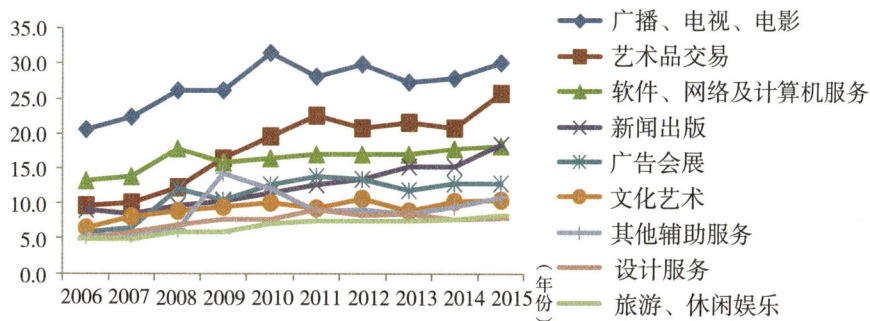

数据来源：根据北京市统计年鉴和北京市统计局相关统计数据整理获得。

**图 3.87　2006—2015 年北京市文创产业各行业人均产出率情况**

从以上的人均产出比较分析中可以看出，以广播影视、艺术品交易和软件、网络及计算机服务为主的非劳动密集型的文创产业人均产出相对较高，尤其是广播影视业，由于行业增加值位于九大行业第三，而从业人数位于九大行业倒数第二，所以十年平均人均产出位于九大行业之首，并远高于人均产出第二的艺术品交易业和第三的软件、网络及计算机服务业。

# 兄弟城市发展文化创意产业的经验[①]

## 一、上海经验：多个行业整体发力

### 1 "历史建筑保护+园区建设"的发展模式

上海文化创意产业发展起步早，在长期发展过程中形成了"历史建筑保护+园区建设"的发展模式。上海是中国工业文明发展的摇篮，在发展过程中逐步形成了一批具有不同时期独特风格与艺术特色，以及具有科学价值的老厂房、老仓库，浓缩了19世纪40年代以来中国工业文明和上海城市的发展史。例如田子坊文化创意产业园区，还有四行仓库、湖丝栈、周家桥创意之门、8号桥以及创意仓库，都是由老建筑改造而成的文化创意产业园区。目前，上海市经认定的文化园区15家，创意产业集聚区80家，总建筑面积突破270万平方米，入驻企业超过8 200家，从业人员约达15.5万人。

### 2 上海文化创意产业发展对北京的启示[②]

## 二、广州经验：全面升级产业结构

### 1 重点行业优势突出

第一，动漫企业和品牌先行突围。2015年腾讯集团开展

---

[①] 俗话说，知己知彼，方能百战不殆，文化创意产业的发展往往更是一个彼此互学互鉴、共同水涨船高的过程，尽管北京文化创意产业有自身的明显优势，但决不能固步自封、自我陶醉，更应以开放的胸怀取人之长，补己之短。

[②] 参见《国内外五个对标城市文创产业发展及对北京的启示》一文中的相关内容。

的首届中国动画品牌十强调查中,全国动画企业前25强中有8家广州企业入选,居全国城市之首。在国家新闻出版广电总局发展研究中心公布的中国动漫十大中国品牌榜单中,广州共有四大品牌入选,居全国城市之首,包括喜羊羊与灰太狼、猪猪侠、巴啦啦小魔仙、快乐酷宝等文化品牌。

第二,数字音乐全国第一。广州市构建了多元数字音乐生态体系,举办了"亚洲网络音乐节""爵士音乐节"等系列大型音乐活动。涌现出来酷狗、荔枝FM等数字音乐龙头企业。

第三,广告服务全国领先。广州曾是中国广告人才的"黄埔军校",2015年,广州市规模以上广告业法人单位有350个,总资产达295亿元。

第四,时尚产业闻名遐迩。以广州为中心的珠三角作为全球服装集散地、生产基地、销售基地,拥有全国三分之一的服装生产企业,产量超全国三分之二;广州还是中国最大的皮具皮革、箱包鞋类、时尚配饰的生产基地之一,广州及周边地区还聚集了周大福、六福、周生生等近2 000家钻石加工、首饰镶嵌和销售企业,年打磨钻石价值超10亿美元,占全国70%以上,带动广东省形成近2 000亿元人民币的珠宝产业规模。广州及周边钻石首饰零售市场份额近500亿元人民币,占全国70%以上。

第五,广州还是中国最具影响力的会展城市之一,拥有广州国际服装节、美容美发展等国内外知名的大型展会,直接引领时尚消费文化,成功打造了中国音乐金钟奖、广州国际艺术博览会、中国(广州)国际纪录片节、羊城国际粤剧节、中国国际漫画节、中国(广州)演艺交易会等具有较大国际影响力的文化盛会。整合广州艺术节、演交会、漫画节、纪录片节、艺博会、版博会等重要节展活动,推出"广州文化产业交易季"。2016年,广州举办展览场次538场,展览面积896.5万平方米,位居全国第二。

**2 特色经验:行业组织全国先行**

(1)文化上市企业联盟。广州文化上市企业联盟是我国首个文化上市公司的产业联盟,被称为"文化产业广州队",广州市文化产业的生力军、主力军,旨在探索文化产业高端集聚的新路径。具体作用表现在四个方面:

一是成员企业具有突出的导向和带动作用。据不完全统计,广州市的文化上市企业市值超过4 000多亿元。首批23个成员企业,都是广州市最优秀的文化大企业,平均市值百亿元以上,总市值超过2 400亿元。首批联盟成员包括全球钢琴制造老大珠江钢琴、全国工业设计产业领头羊毅昌科技、国内首家在中小板上市的报业传媒公司粤传媒、国内最大的广告公司广东省广告集团、国内第一家上市动漫企业奥飞娱乐、我国最大的互联网语言平台提供商之一欢聚时代、中国领先的数字音乐交互服务提供商酷狗等。这些文化上市企业技术基础雄厚,也有强大的资本和品牌优势,能带动中小文化企业发展,并且能带动中小企业集群化发展,实现1+1>2的目标,促进联盟成员和广州文化产业整体的快速发展,进一步推动广州成为文化枢纽城市。

二是联盟平台具有政策引导和平台内投融资功能,可以更方便地进行产业投融资,推动创新创业,扶持新生力量,帮助企业化解难题,实现文化产业内部的生态循环。以文化上市公司为主体,通过强强联合、跨界互补,构建起广州文化上市企业的生态圈、朋友圈,形成最广泛的产业合作联合体和文化金融服务平台,发挥桥梁纽带作用,提高联盟成员之间的交流与互动，推动创新驱动与跨界融合，提升文化产业在各个领域的应用水平，完善文化产业链价值链，推动文化产业投融资，促进更多高端要素向广州文化产业集聚。

三是联盟大力开拓海内外市场，推动文化产业走出去、引进来，把广州打造成为国际文化枢纽、国际文化交往中心和国际文化贸易中心。打造具有影响力的国际多边艺术活动，探索举办中国（广州）国际现代艺术节，营造国际化城市文化氛围。配合国家整体外交战略和对外经贸交流，积极参与我国在外举办的文化年、文化节活动，深化与36个国际友好城市的交流与合作。推动广州优秀文化企业开拓国际市场，提高国际传播能力，讲好广州故事，不断扩大广州文化的国际影响力，从而绘就广州文化产业的超级版图。

（2）广州市数字创意产业协会。广州市数字创意产业协会是为积极响应国务院文件精神、顺应行业发展趋势、做大做强广州数字创意产业，按照"融合发展、协作共赢"的原则，由广州奥飞文化传播有限公司发起，中科院电子所、数娱科技、漫友、咏声等龙头文创及科技企业共同筹备成立。协会成员为从事文创和科技（AR/VR）相关技术研发、产品生产、内容创作、服务提供以及运营管理等产业链相关企事业单位、科研院所、各行业应用机构、新型创客及金融服务机构等。

广州市数字创意产业协会坚持市场导向、企业主体、全球布局、网络众筹、分享经济等多种新经济创新手段，利用协会"内容IP+技术专利"核心，整合内容、IP、关键技术、产品、系统、解决方案、运营及服务、教育培训等全产业链资源，凝聚全产业链核心技术和自主知识产权，引导企业集聚，促进广州支柱产业的发展，打造百亿"文化创意、数字科技"融合发展的产业生态体系。

## 三、深圳经验：综合创新产业体系[①]

## 四、杭州经验：聚焦数字内容产业

围绕建设"全国文化创意中心"战略定位，杭州市 2014 年提出建设全国数字内容产业中心三年行动计划。2015 年到 2017 年，坚持基础建设、产业发展、应用服务"三位一体"，大力发展数字内容产业，基本建成全国数字内容产业中心。

### 1 产业发展基础雄厚

第一，拥有一批优秀的数字创意企业。杭州拥有国内最大的手机阅读平台——中国移动手机阅读基地，中南卡通、盛世龙图、玄机科技等一批数字动漫行业的优势企业发展迅速，《乐比悠悠》《梦回金沙城》《秦时明月》等精品力作相继获奖。以华策影视、长城影视为代表的影视"杭"军不断崛起，"中国电视剧第一股""中国最大的纪录片生产制作基地和片库"等纷纷落地杭州。

第二，推进了一批数字内容产业项目。例如，杭州盛世钱塘科技有限公司和杭州师范大学数字媒体与人机交互研究中心合作进行名为"千年之约"的数字化项目，将南宋御街等景点搬到手机上。通过智能手机的终端，以数字图形和人机互动的模式来展现千年古都的魅力。在游戏中，游人能游览和体会这座城市独特的魅力。

第三，建设了一批文创园区。包括首批国家级文化与科技融合示范基地、国家数字出版产业基地等；认定了杭州数字娱乐产业园等 24 个市级园区。

[①] 参见《国内外五个对标城市文创产业发展及对北京的启示》一文第一部分的内容，避免重复起见，此处省略。

## 2 产业发展目标高端

杭州《建设全国数字内容产业中心三年行动计划（2015—2017）》提出，到 2017 年，把杭州基本建设成为全国数字内容产业中心，全市数字内容产业增加值超过 1 200 亿元。为支撑这一目标，将形成以高新区（滨江）和西湖区为重点，"6 + X"园区（基地）。其中，6 大重点园区（基地）涵盖动漫游戏、数字电视、数字娱乐、手机阅读、影视产业、广告等。

具体目标可以概括为"五个一"。一是培育一批优势企业。重点放在数字游戏业、数字动漫业、数字影视业、数字报业、移动通信媒体业等 10 个细分行业。二是新增一批领军企业。通过扶优扶强，培育出 10—20 家原创能力强、经营业绩优、行业首位度高的新型企业（集团），新增上市企业 3—5 家。三是打造一批园区（基地）。重点打造 10 个左右数字内容产业园区（基地）。四是建设一支人才队伍。力争引进 6—8 名国内外领军人才（团队），培育本土高端人才 1 000 人以上。

## 3 特色经验：政府扶持精准高效

一是以重点项目为抓手。杭州为数字内容产业推出了 97 个重点项目，基本分布在数字娱乐、数字传媒和数字出版三大行业。在数字娱乐领域，通过文化与科技的融合，重点做大做强数字动漫业、数字游戏业、数字影视业、互动娱乐业等；在数字传媒领域，通过传统媒体与新兴媒体的相互融合，重点发展数字电视、数字报业、新媒体广告和移动通信媒体业；在数字出版领域，依托国家数字出版基地建设，加快数字阅读业、数字印刷业的发展，形成数字出版产业发展新优势。

二是运用国际高新技术提升影视制作装备水平，加快提升影视内容创作及制作手段的国际化水平。

三是继续扶持和培育一批影视领军企业，加快实现影视产业链的数字化和网络化。

四是完善环境，促进数字内容产业健康发展。优化财政、金融等支持方式，加大财政间接资助力度和金融支持力度，注重发挥杭州银行文创支行、省建行文创支行对数字内容产业的专业优势；加大产权保护力度；加快建设全市数字内容产业项目库。

## 五、成都经验：主攻音乐产业

### 1 音乐产业发展优势明显

成都牢牢抓住产业核心，坚持音乐与旅游、教育、游戏等领域融合发展，形成新的市民生活休闲方式和产业形态。通过大力发展音乐产业，以音乐传媒、文博旅游、动漫游戏等为重点，构建特色鲜明、竞争力强的现代文创产业体系。

（1）音乐产业繁荣，市场规模巨大。一是成都演唱会票房近年来始终排在全国前列，与京沪难分伯仲。2007年至今，张学友曾5度去蓉开个唱；2015年，陈奕迅连开两场演唱会；张惠妹两次都把内地首场放在成都。陈奕迅巡演全国最高票房在成都，格莱美殿堂级音乐人玛丽亚·凯莉（Mariah Carey）中国巡演最好的票房也在成都。孙燕姿、周杰伦，都出现了票房在成都成功引爆的现象。

二是音乐节会如火如荼。2016年，成都举办了国际音乐诗歌季、成都室外音乐会、西部音乐节、国际友城青年音乐周、翁布里亚爵士音乐周等大型音乐节会1 200余场，各类音乐节会的票房收入达3.5亿元。自2016年以来，成都吸引了诸多商业性音乐节。其中，百威风暴电音节作为中国目前的大规模户外电子音乐节，于2016年7月1日首次登陆成都。而被称为"亚洲第一音乐节会"的，更是继武汉、北京、上海、深圳、西安之后首次设立成都舞台。2017年4月29日至5月1日期间，成都室外音乐会在大悦城、宽窄巷子、春熙路等9个点位滚动演出，一共上演了166场，覆盖观众23万人次。

（2）音乐市场主体活跃。张靓颖和李宇春的公司、摩登天空、乐杜鹃、锐丰音乐集团、北大青鸟音乐集团等知名品牌的领军音乐企业，相继落户成都。成都还签约引进了"乐联网"音元互娱、漾乐天地等15个音乐产业项目，签约金额超过150亿元。"繁星直播"联手打造的音乐产业孵化基地已经落户成都市高新区。该基地由政府提供场地、酷狗与繁星直播进行运营，集音乐训练、直播、创意孵化等功能于一体。目前，咪咕音乐的"音乐新生态计划"项目正谋划落地成都，而腾讯音乐、阿里音乐、天籁传音、爱奇艺等企业正在"前往"成都的路上。

（3）标志性音乐产业设施和载体建设方兴未艾。投资近百亿的音乐产业项目——中国西部音乐谷、梵木创艺区已落地；成都城市音乐厅项目正式开工，将成为成都打造音乐之都、诗歌之城最重要的载体；以城市音乐厅为中心，成都将以四川音乐学院、四川大学为依托，在中心城区建成面积约1.2平方公里的成都音乐坊。

成都音乐坊按照"国际性、现代性、音乐性"的产业发展构想，定位为"世界音乐族的追梦天堂"，旨在打造一个以音乐产业为引领的文化创意、科技创新、旅游集聚的中国西部文创中心示范区，成为成都建设音乐之都和国家音乐产业基地的重要抓手。音乐坊将重点发展原创音乐孵化、音乐培养教育、演艺演出经济、音乐文化传播及版权、乐器产销等五大主导产业，基本涵盖了音乐产业的主要内容，形成了产业的全链条聚集。

同时，成都音乐产业与园区融合发展态势明显。"东郊记忆"国家音乐产业基地、武侯区"城市音乐坊"、青羊区"少城视听产业园区"、龙泉驿区"321音乐产业园"等四大音乐产业集聚区逐步形成。彭州白鹿镇、崇州街子镇、龙泉驿洛带镇、大邑安仁镇四个特色音乐小镇渐成规模。

（4）音乐人才基础雄厚。作为拥有国家音乐产业基地的四大城市之一，成都市拥有非常突出的音乐教育资源，有四川音乐学院、四川艺术职业学院等音乐或设有音乐专业的院校10余所，每年培养音乐及相关专业人才3.5万人。成都已经成为年轻音乐人才的孵化器。无论是四川音乐学院还是民间的选秀，有很多音乐人从这里走向了全国。张靓颖、李宇春、谭维维、王铮亮、郁可唯、张杰、李易峰、江映蓉等活跃在流行乐坛，活跃于世界歌剧舞台的廖昌永，还有小提琴演奏家胡坤、宁峰，单簧管演奏家王弢等。

## 2 特色经验：政府扶持积极主动

建设"音乐之都"被纳入了成都市的顶层设计。成都市委十二届七次全会确立了建设中国音乐之都，成为有国际影响力的音乐城市的目标。

从2015年年底国家新闻出版广电总局《关于大力推进我国音乐产业发展的若干意见》颁布以后，四川省政府、成都市政府相继成立了音乐产业发展领导小组，出台了具体的规划和扶持的政策，抢占了先机。

2016年8月,《成都市人民政府关于支持音乐产业发展的意见》出台,这是全国第一个支持音乐产业发展的地方性政策,旨在借音乐产业转型升级的机遇,推动成都音乐产业的跨越式发展;从培养音乐人才、孵化版权交易、发展数字音乐、促进音乐消费、完善音乐设施等多方面,明确了支持音乐企业、音乐原创、音乐演出、音乐版权的具体政策;通过搭建现代音乐产业链,打造中国音乐之都和国际音乐名城,为音乐从业者提供了优质环境。

主要发展目标是:到2020年实现年产值500亿元;到2025年,年产值突破1 000亿元,成为具有世界影响力的现代音乐产业领军城市。

"工作任务"围绕"一榜、两会、三重点、四基地、五布局"进行谋划。"一榜"即原创音乐榜,以此推动构建以原创音乐为核心的现代音乐产业链。"两会"即由政府主导的室外音乐会和音乐诗歌季两个音乐主题节会活动。"三重点"即音乐人才,音乐企业,城市音乐厅、音乐坊、音乐公园等音乐设施。"四基地"即省政府提出的打造音乐生产地、乐器及音乐设施设备集散地、版权交易地、演出聚集地。"五布局"即"一核四中心"的城市音乐产业发展空间布局。

在支持措施上,成都市政府对地区音乐产业的扶持与补贴,不仅有助于推进区域音乐产业的建设,还将有助于推动跨区域音乐产业综合体系的构建与发展。主要有三大特色值得借鉴:

第一,制定了详尽的财政扶持计划,体现了地方政府对于扶持区域音乐产业发展的态度与决心。通过地方财税支持,鼓励地方音乐活动、项目、企业及人才的发展。

一是在企业方面，支持国际知名领军音乐企业在成都设立总部，并给予最高 1 000 万元的综合资助等多项财税支持。音乐企业在主板或创业板上市将获奖励 500 万元；对成都企业投资音乐产业项目，给予项目投资总额 15% 最高 200 万元的综合资助。并对年产值上台阶的成都音乐企业实施奖励。成都音乐企业创作生产的音乐产品国内巡演每场补贴 5 万元，国际巡演每场补贴 10 万元，每个产品累计补贴不超过 100 万元。成都音乐企业引进国内外经典音乐剧目和音乐明星演唱，在成都举办音乐演出或音乐节，给予适当补贴，每次最高不超过 500 万元。

二是在音乐活动方面，拟每年举办一届原创音乐榜、原创音乐奖和原创音乐发榜颁奖典礼，并对每年一届的活动给予 2 000 万元的资金支持。

三是在音乐作品方面，对获得国际和国家最高奖的成都音乐作品，成都市政府将一次性奖励主创团队 50 万元。

四是在音乐人才扶持方面，将对领军音乐人才在成都注册的音乐企业给予最高 200 万元的综合资助。

第二，在组织保障方面，为进一步落实发展目标，成都市成立了由市政府主要领导为组长，相关市领导为副组长的领导小组，负责音乐产业发展工作的组织领导与督导推进。2016 年 11 月，成都正式成立音乐产业推进办公室，专门负责引导和推进音乐产业发展。

第三，加强音乐版权保护与市场监管。自 2016 年 7 月起，国家版权局启动了规范网络音乐版权专项整治行动，音乐版权正版化已成为不可阻挡的浪潮。成都市通过支持版权交易的形式，对在成都进行音乐版权交易的权利人所上缴的税收进行补贴返还，给予音乐企业购买音乐版权经费 20% 的补贴，最高补贴额度为 100 万元。加强对音乐作品特别是数字音乐作品的版权保护，有利于建立良好的音乐版权秩序和数字音乐运营生态。

# 北京市文化创意产业发展最新概况[①]

## 一、北京市文化创意产业 2016 年发展概况

### （一）产业规模

统计显示，2016 年北京市文化创意产业实现增加值 3 570.5 亿元，比上年增长 12.3%，占地区生产总值比重为 14.3%，比上年提高 0.5 个百分点。对地区生产总值贡献率达到 20.3%，稳居全市重要支柱产业地位，迸发出了强大生机与活力。

### （二）从业人员和产业收入

2016 年，北京市文化创意产业从业人员 118.3 万人，同比下降 3.2 个百分点。2016 年，全市规模以上文化创意产业法人单位实现收入 13 964.3 亿元，增长 7.3%，高于第三产业收入增速 3.6 个百分点，拉动第三产业收入增长 2.0 个百分点，保持了 2013 年以来的较快增长态势；实现利润 1 031.5 亿元，增长 3.3%。

### （三）文化投资

2016 年，北京市共完成文化创意产业固定资产投资

---

[①] 本文部分内容摘自《北京文化创意产业投资指南》，来源于 2017 年 10 月 6 日公众号"文化产业新闻"。文中的众多数据，截止日期均为 2016 年，2017 年收录进来，本文集最初编辑工作于 2017 年末基本完成，故此称这些数据反映的是北京市文化创意产业发展的"最新"概况。

372.1亿元，比上年增长5.4%，占全社会固定资产投资的比重为4.4%。截至2016年12月，北京市辖内中资银行文化创意产业人民币贷款余额1 316.7亿元，同比增长38.8%，1—12月累计发放贷款1 401.1亿元，同比增长38.1%。北京银行、交通银行、工商银行及农业银行等四家合作银行合计发放文化创意类贷款17 738笔，贷款金额1 571亿元。

## （四）交易平台

### 1 中国（北京）国际文化创意产业博览会（"文博会"）

创办于2006年，是经国务院批准，由国家文化部、新闻出版广电总局和北京市人民政府共同主办，中国文化产业协会和北京市27个委办局协办，北京市贸促会承办，每年定期在北京举行的大型国际文化创意产业盛会。北京文博会依托首都良好的文化创意产业发展环境和丰富的会展资源，经过多年培育和提升，逐步打造成集综合活动、展览展示、推介交易、论坛会议、创意活动、分会场"六位一体"的活动架构，在汇聚文化产业资源、挖掘文化创意内涵、促进文化科技融合、引领文化消费时尚、提高文化创新水平等方面发挥了重要的平台作用，并以权威性和吸引力确立了在全国会展经济格局中独特的品牌影响力。

### 2 北京国际电影节（"电影节"）

创办于2011年，每年举办一届。其前身为北京国际电影季，是由国家新闻出版广电总局、北京市人民政府共同主办，以国际性、专业性、创新性、开放性和高端化、市场化为定位的大型电影主题活动，旨在融汇国内国际电影资源，搭建展示交流交易平台，成为北京市建设世界城市的重点文化活动，打造东方影视之都的核心活动。年轻的北京电影节已成为亚洲最大的国际电影交易市场，交易额紧追世界最大的戛纳电影节，2012 年获得国际电影制片人协会（FIAPF）的认可，成为国际 A 类电影节。2013 年，第三届北京国际电影节首次设立天坛奖。

### 3　国际版权交易中心（共三家）

北京市拥有全国三大国际版权交易中心。位于北京市朝阳区的国家版权交易中心依托于 798、潘家园等文化基地，并与三家代表性著作权集体管理组织——中国音像著作权集体管理协会、中国文字著作权协会、中国摄影著作权协会签订战略合作协议；位于北京市海淀区的人大版权交易中心的发展则依托国内丰富的文化产业资源和中国人民大学的专家资源，成为国家版权贸易基地；位于东城区的东方雍和国际版权交易中心引进中国版权保护中心入驻，开通全国唯一的国家级版权登记大厅，落成后相继出台相关交易制度文件并开通大型贸易平台。

## （五）文创大赛

北京市文化创意创新创业大赛由中共北京市委宣传部、北京市国有文化资产监督管理办公室指导，北京市文化创意产业促进中心主办，大赛定位为首个聚集文化创意创新创业的开放式可持续生态平台，以"创意、创新、创业"（三创）为主题，以开放、协力、共荣、分享为特色，聚焦中小文化创意企业，挖掘具有创新性及成长性的文创人才和项目，帮助其实现资本和资源的对接，通过对文创项目的选拔、培养、帮助、跟踪和培训提升，形成一个集智慧分享、服务分享、资本分享、IP 聚集、人才聚集的文化创新高地。

## （六）标准化建设

2010年，北京市制定发布了《文化创意产业分类》（DB11/T763—2010），将文化创意产业分为文化艺术，新闻出版，广播、电视、电影，软件、网络及计算机服务，广告会展，艺术品交易，设计服务，旅游、休闲娱乐，其他辅助服务九大类，下设27个中类、107个小类。2015年第一次修订为《文化创意及相关产业分类》（DB11/T763—2015），分为文化艺术服务、新闻出版及发行服务、广播电视电影服务、软件和信息技术服务、广告和会展服务、艺术品生产与销售服务、设计服务、文化休闲娱乐服务、文化用品设备生产销售及其他辅助服务9大类，下设33个中类、131个小类。

2011年11月，北京文化创意产业标准化技术委员会成立。

## 二、北京市文化创意产业部分行业概况

2016年，北京市文化创意产业发展整体向好，取得不少新成效和新成果，表现出新态势。文化产品和活动数量可观。截至2016年年底，北京地区文创作品自愿登记693 421项，占全国的43.35%，同比增长15.38%，连续14年位列全国第一；北京市年度电影备案量占全国总量的40%、电视剧占30%，网络剧占60%，作品产量均居全国第一；北京作为重要的演艺市场，演艺场馆、演艺剧目和观演人数在全国均位居前列。

表 3.44　2016 年 1—11 月规模以上文化创意产业情况

| 项　目 | 收入合计（亿元） | | 从业人员平均人数（万人） | |
|---|---|---|---|---|
| | 2016 年 1—11 月 | 同比增长（%） | 2016 年 1—11 月 | 同比增长（%） |
| 合　计 | 11 917.7 | 8.3 | 117.6 | -0.7 |
| 文化艺术服务 | 238.2 | 2.3 | 5.4 | -0.1 |
| 新闻出版及发行服务 | 626.6 | 1.3 | 7.6 | -3 |
| 广播电视电影服务 | 726.8 | 6.5 | 5.1 | -3.1 |
| 软件和信息技术服务 | 4 755.1 | 12.9 | 63.6 | 1.9 |
| 广告和会展服务 | 1 503.6 | 11.1 | 6.6 | -2.8 |
| 艺术品生产与销售服务 | 1 066.0 | 6.0 | 1.8 | -4 |
| 设计服务 | 268.5 | 13.4 | 7.4 | -4.4 |
| 文化休闲娱乐服务 | 918.3 | 3.7 | 8.5 | -1.1 |
| 文化用品设备生产销售及其他辅助 | 1 814.5 | -1.2 | 11.6 | -7.8 |

## （一）文艺演出

北京已经成为全国最繁荣的演出市场，全国演艺中心的地位正在形成。2016 年北京市各类营业性演出场次共计 24 440 场，较 2015 年增长 0.8%；吸引观众 1 071.4 万人次，同比增长3.5%；实现票房收入17.13亿元，同比增长10.7%。其中戏剧类演出场次比重最大，戏剧类演出11 835场，占比48.4%；吸引观众461.9万人次，占比43.1%；票房达5.74亿元，占比33.5%。音乐类演出收入比重最大，演唱会、音乐会等音乐类演出共1 688场，吸引观众252.7万人次，票房达8.40亿元，约占总票房的49.0%，同比增长30.4%。大中型场馆演出市场保持较快增长，演出场次达6 292场，同比增长9%；全市年演出超百场的场馆数量达83家。旅游驻场演出市场快速发展，旅游驻场演出馆达24家，演出场次达11 089场，占总场次的45.4%，同比增长6.2%；吸引观众309万人次，同比增长7.0%；票房达2.02亿元，同比增长17.4%。

## （二）新闻出版

北京市新闻出版产业规模较大，新兴出版业态发展迅猛。全年产业总收入达923亿元，较2015年的1 026.4亿元下降约10%；资产总额达到2 493.7亿元，较2015年的2 453.3亿元增长1.6%；从业人员11.1万人，较2015的15.2万人下降27.14%。截至年底，北京地区登记在册的报刊总量为3 393种，共有印刷企业1 636家、发行单位7 367家、互联网出版单位320家、音像出版单位155家、电子出版单位124家。2015年，北京市已经取得国家新闻出版广电总局互联网出版许可证的单位313家，位列全国第一；12家单位入选总局认定的首批互联网络文学出版试点单位，位列全国第一；8家单位入选总局网络连续型出版物试点单位，位列全国第一。

## （三）广播、电影、电视

北京广播影视资源在全国最为丰富。2016年，北京广播、电影、电视行业总收入达 1 022.8 亿元，比 2015 年的 917.4 亿元增长 9.31%；资产总额达到 3 698.2 亿元，比 2015 年的 2 934.2 亿元增长 26.04%；从业人员 8.1 万人，比 2015 年的 7.4 万人增长 10.06%。北京地区 2016 年年末有线电视注册用户达到 579.9 万户，其中高清交互数字电视用户 482 万户。电影院线 25 条，电影院 207 家，银幕 1 273 块（IMAX 巨幕 14 块）共放映电影 228 万场，比去年同期增加 30.37 万场，增长 15.34%；观众 6 873.4 万人次，比去年同期减少 291 万人次，下降 4.06%；票房收入为 30.28 亿元，比去年同期减少 1.23 亿元，下降 3.90%。广播电视节目制作持证机构 6 066 家，信息网络传播视听节目持证机构 123 家，全国 90% 以上的重点网站集中在北京。全年制作电视剧 64 部 2 665 集，电视动画片 30 部 9 844 分钟，电影 318 部。年度电影备案量占全国总量的 40%、电视剧占 30%，网络剧占 60%。

## （四）艺术品交易

北京是全球最大的中国文物艺术品交易中心和全球第四大艺术品市场，也已成为继英国伦敦、美国纽约、中国香港之后的世界四大中国文物艺术品交易中心之一，其艺术市场规模为国内之最。画廊、拍卖行、博物馆、高等艺术院校等聚集于此，政府也积极推动艺术市场的建设，开设文化产业基金，定向扶持文化产业发展，兼顾大中小艺术行业企业的全面发展。2016 年，北京艺术品交易行业的产业总收入达 1 329.6 亿元，比 2015 年的 1 021.8 亿元增长 30.12%；资产总额达到 1 181.8 亿元，比 2015 年的 978.5 亿元增长 20.78%；从业人员达 3.2 万人，比 2015 年的 2.5 万人增长了 26.27%。总体延续了良好的发展态势。

## （五）动漫游戏

北京是全国动漫游戏行业的重要研发中心和网络游戏的最大出口地。2016年北京动漫游戏产业产值约521亿元，同比增长约15%。其中移动游戏用户数量增速最快，北京网络游戏企业总产值约505.63亿元，约占全市动漫游戏产业总产值的97%，占全国游戏市场收入的30.54%，而移动游戏产值持续增长，产值约355亿元，占网络游戏总产值的70.2%。移动游戏用户数达420.6万人，同比增长11.56%，是用户增速最快的细分市场。游戏企业海外吸金能力强劲，昆仑游戏、完美世界、智明星通等原创研发企业网络游戏出口金额约60.2亿元，同比增长3.8%，且原创移动游戏成为本市游戏出口中的新锐力量。漫画成为文化产业重要IP源头，其创作形式、盈利模式、推广渠道、消费用户等要素正逐步发生改变。腾讯动漫、网易动漫、微漫画等互联网漫画平台作为一种新业态迅速崛起。动漫游戏IP的泛娱乐开发持续升温，多个著名游戏有望发行电影或电视剧。

## （六）设计创意

北京集聚了全国最多的设计院所，设计服务对象遍及全国，工业设计水平全国领先，入选全球"设计之都"，在促进北京产业转型升级过程中，创意设计发挥着引领作用。市科委工业设计促进中心提供的数字显示，2016年，北京设计产业收入超过2 000亿元，共有专业设计机构（法人单位）2.3万家，从业者人均创造收入100多万元；2011—2016年设计产业收入年均增长超过11%，高于GDP增速5个百分点，快于第三产业年均增速7个百分点。截至2016年，北京设计产业已形成工业、工程、建筑、服装和时尚设计等12个分支领域，设计院校100余所，各类设计机构2万余家，其中规模以上设计企业超过 800 家。设计和文化、科技正紧密融合，北京文化创意类高新技术企业超过 3 000 家，认定的 200 家北京市设计创新中心中 144 家为高新技术企业。

2016 年北京国际设计周活动涵盖主题展览、设计市场、设计之旅等 9 项内容，其中设计之旅在京津冀地区设立 27 个分会场，举办近 500 项创意设计活动，国际机构参与举办活动达 150 项，吸引近 800 万人次现场参与，2 000 万人次网上参与。韩国、德国、荷兰等国家展示了最新设计成果，拉动项目投资 4 亿元，文化旅游、设计消费总额逾 20 亿元。

## （七）广告会展

北京是全国广告资源最为密集、投放量最大、研发创新人才最多的城市，也是中国三大会展城市之一。2015 年北京举办国际会议 97 个，世界排名第 19 位，继续蝉联中国首位。2016 年，北京的广告会展业收入达 2 548.3 亿元，比 2015 年的 2 178.4 亿元增长 16.98%；资产总额达到 2 729.4 亿元，比 2015 年的 2 462.2 亿元增长 10.85%；从业人员 17.3 万人，比 2015 年的 16.8 万人增长 3%。在会展方面，市统计局数据显示，2016 年北京共举办展览 867 个，接待展览观众人数 924 万人次，举办会议 21 万场，接待会议人数 1 605.7 万人次，会展业总收入达 232.6 亿元。已连续多年持续增长。在文化创意产业九大行业中，除文化用品设备生产销售及其他辅助外，广告会展业实现收入位居第二，占比 12.6%，已经成为北京文化创意产业的重要组成部分。

## （八）文化旅游

北京文化旅游产业已形成以国际旅游为中心、国内旅游为基础,二者并重发展的格局。2016年北京市旅游总收入5 021亿元,同比增长9%。接待游客总人数2.85亿人次,增长4.6%;旅游餐饮和购物总额2 659亿元,增长14.7%。旅游相关产业完成固定资产投资795.5亿元,增长11.7%。全年接待国内游客2.81亿人次,增长4.7%;国内旅游总收入4 683亿元,增长8.4%。全年接待入境游客416.5万人次,减少0.8%;旅游外汇收入50.7亿美元,增长10.1%。公民出境游571.3万人次,增长7.2%。

## 三、文创集聚区、功能区、示范园区、文化带概况

### (一)总体情况

自2006年以来,北京市分四批认定了30个市级文化创意产业集聚区,覆盖全市16个区、文化创意产业八大行业,聚集文化创意企业逾万家,初步形成了产业地理空间上的聚集,集聚和辐射带动效应日益显现,有力地推动了全市文创产业的发展。

2014年,北京市发布全国首个省级文创产业空间布局规划:《北京市文化创意产业功能区建设规划(2014—2020年)》,首次明确提出全市文创产业错位发展的空间格局。到2020年,本市将在平原地区规划建设20个文创功能区,形成特色化、差异化、集群化的发展态势。规划提出,构建"一核、一带、两轴、多中心"的空间格局和"两条主线带动、七大板块支撑"的产业支撑体系。

2015年,北京市提出了建设市级文化创意产业示范园区。

2015年10月，认定了首批市级文化创意产业示范园区，中国北京出版创意产业园、清华科技园、星光影视园、莱锦文化创意产业园四个园区入选。这是北京市文创产业发展十年来第一次认定市级示范园区，将推动文创产业向"高精尖"演进，进一步强化首都全国文化中心的示范带动作用。

2016年，全市20个文化创意产业功能区共实现收入8975.9亿元，增长6.6%，占全市文化创意产业收入的64.3%。2016年，莱锦文化创意产业园运营收入达到1.51亿元，实际出租率100%。

目前，北京市正在推进"三个文化带"——大运河文化带、西山永定河文化带、长城文化带建设。

## （二）创新实验区和文创产业集聚区、示范园区

### 1 国家文化产业创新实验区

全国首家也是目前唯一的国家级文化产业创新实验区，由国家文化部和北京市采取部市战略合作的方式，共同规划建设。实验区于2014年7月31日获得国家文化部批复，2014年12月15日在京举行揭牌暨建设发展研讨会，正式启动建设。

实验区以"北京商务中心区（CBD）—定福庄"一带为核心承载空间，行政区域面积78平方公里，以文化产业改革探索区、文化经济政策先行区和产业融合发展实验区为建设目标，是文化产业政策先行先试的试验田。实验区以制度创新为着力点，推动国家层面出台的各项文化产业政策在区内率先落地，积极探索文化产业发展的体制机制、政策环境、市场体系、金融服务、人才培养、发展模式等方面创新。未来将在总

结核心区建设和发展经验的基础上，适时拓展至全市其他重点文化产业功能区，形成"一区多园"的空间发展格局，并将建立京津冀协同合作机制，促进京津冀文化产业协同发展，更好地发挥北京作为全国文化中心的示范带动作用，全面提升首都文化创新和文化产业发展水平，进而为全国文化产业创新发展探索路径、总结经验、做出示范。

截至2016年年底，国家文化产业创新实验区内注册登记文创企业34 848家，两年间新增近1.8万家。引进培育了万达院线、宣亚国际等50多家上市文创企业（含新三板），汇聚了掌阅科技、优客工场、微票儿、乐视影业等一批"独角兽"企业和9家国家级众创空间。实验区核心范围内已聚集了人民日报、中央电视台、北京电视台等一批知名文化品牌。2016年，国家文化产业创新实验区规模以上文创企业实现收入约1 600亿元。

## 2 北京798艺术区

798艺术区位于朝阳区酒仙桥地区，核心区占地面积近30万平方米。目前已逐渐发展成为中国现当代文化艺术的展示、交易中心，成为中外文化艺术交流的重要平台。798艺术区汇集了二十多个国家和地区的画廊、设计室、艺术展示空间、艺术家工作室以及动漫、影视传媒、出版、设计咨询等各类文化机构400余家，每年举办来自三十多个国家、各种规模的展览、演出、时尚发布等活动近2 000场次。

## 3 中国（怀柔）影视基地

中国（怀柔）影视基地被认定为北京市首批10个文化创意产业集聚区之一，规划总面积18平方公里。其中，核心区以中影基地为核心，向东北扩展，范围为怀柔新城杨宋镇，占地5.6平方公里；拓展区辐射到北房、庙城等镇部分区域，作为产业发展预留空间。

2014年5月4日，国家新闻出版广电总局正式批复，同意设立中国（怀柔）影视产业示范区。示范区于2015年正式挂牌成立，将建设成为集拍摄制作、投资策划、交易发行和旅游演艺、广告会展、衍生品开发及餐饮居住、教育培训、商贸金融等"产业链条完整、关联企业集聚、综合服务齐全"的影视文化新城，打造国际高端水平、综合竞争力强的国家级影视产业示范区。北京市和怀柔区每年共同出资2亿元，通过"1+1政策"支持怀柔影视业发展。目前，示范区已集聚400余家影视龙头企业和项目，已累计接待剧组拍摄制作作品超过2 000部。

**4 国家新媒体产业基地**

国家新媒体产业基地位于大兴区，是2005年12月31日经国家科技部正式批复成立、全国唯一的以新媒体产业为主的专业集聚区。基地规划占地面积10平方公里，呈现开放式产业布局，已形成"两区四园"的产业发展格局。两区即国家新媒体产业基地北区和核心区；四园即星光影视园、北普陀影视园、多维创新园和时尚体育公园。目前，该基地已形成以新媒体产业为核心，以影视制作、电子商务、设计创意、数字出版为重点的文化创意产业体系，汇聚了新华网、央广购物等创意产业企业。

2016年，星光影视园在软硬件资源平台建设、产业生态建设、产业链招商、产业服务功能和服务品质提升等方面均取得良好发展成效。2016年，园区实现大型节目录制超过2 000天次，年增长率逾20%，演播室平均占棚率近75%，园区总产值约百亿元。截至 2016 年底，拍摄的品牌栏目达到 800 余个，累计录制大型节目 25 000 余场，接待观众总量约 280 万人次。

## 5 宋庄文化创意产业集聚区

宋庄文化创意产业集聚区是北京市首批认定的 10 个文化创意产业集聚区之一，是国际当代艺术创意中心及卡通产业集聚区，也是北京当代文化艺术创意中心与文化制造业基地。以艺术家集聚区为核心，以艺术品交易服务机构为周边，以艺术品制造，即画材、画框生产等为相关产业区。

集聚区位于北京通州新城东北部，宋庄镇南部，规划面积 14.6 平方公里，其中 10.3 平方公里在通州新城范围内。

根据北京建设"世界城市"及在通州建设"北京城市副中心"的整体部署，通州区将努力构建新城"一核、五区"的产业发展格局。作为五区中的重要一区，宋庄集聚区将重点打造成为国际原创艺术的创作区、展示区、交易区。同时，具有区位、规划、资源、人才等优势的通州宋庄，在京津冀协同发展的战略布局中，也将发挥重要的作用。

目前，在宋庄生活创作的来自全世界 20 多个国家的艺术家达 5 000 余人，建成艺术展馆 30 余家，画廊 113 家，艺术家工作室 4 500 余家，集中展览面积达 10 余万平米，艺术品经营面积达 25 000 余平米，年销售额超 1 亿元，年均举办各类文化艺术活动过千场次，慕名而来的海内外游客已达到年均 50 万人次，因此形成了在全国乃至世界上均有很大影响力和知名度的艺术家群落。

## 6　中国乐谷——首都音乐文化创意产业集聚区

中国乐谷位于平谷区东高村，按照平谷区总体功能定位，充分借鉴国内外产业发展路径，以乐器研发、制造和交易为基础，充分利用首都雄厚的产业要素资源，汇聚国内外的音乐文化人才，大力发展创作、表演、体验、休闲和培训等产业业态，不断推动产业结构升级，实现乐器制造业、器乐文化产业和音乐文化产业逐步提升，着力将平谷打造成为"乐器设计与制作、乐器产品交易与物流、音乐文化创作与推广、音乐文化交流与培训、音乐文化展示与体验、音乐文化衍生品开发、音乐信息化中心"等多重功能定位于一体的"中国乐谷"。

## 7　首批文化创意产业示范园区（4家）

表 3.45　北京市首批文化创意产业示范园区基本情况

| 园区名称 | 产业特色 | 所在区 | 基本情况 |
| --- | --- | --- | --- |
| 中国北京出版创意产业园 | 新闻出版领域 | 西城 | 原新闻出版总署和我市共建的第一个国家级出版创意产业园，集聚文化法人单位37家，文化法人单位占比达100%，园区2014年规模以上文化法人单位实现收入40亿元，是目前国内最大的民营书业企业集聚地。 |
| 清华科技园 | 文化科技融合领域 | 海淀 | 清华大学推动学校科技成果转化的重要平台，集聚文化法人单位410家，文化法人单位占比达75%。园区2014年规模以上文化法人单位实现收入5 500亿元，已在全国近40个城市设立分园，辐射带动作用明显。 |
| 星光影视园 | 广播电视领域 | 大兴 | 原广电总局授牌的第一个国家级电视节目制作基地，集聚文化法人单位230家，文化法人单位占比达77%。园区2014年文化法人单位实现收入50亿元，是目前国内最大的电视节目制作基地。 |

（续表）

| 园区名称 | 产业特色 | 所在区 | 基本情况 |
|---|---|---|---|
| 莱锦文化创意产业园 | 文化传媒领域 | 朝阳 | 由原京棉二厂旧厂区改造而成，集聚文化法人单位170家，其中文化类上市公司5家，文化法人单位占比达100%。园区年产值超过200亿元，是老工业厂房转型发展文化创意产业的先进代表。 |

# 2017年北京市各区文化创意产业发展状况调研①

## 一、2016年各区文化创意产业发展概况

根据市统计局初步核算，2016年，北京文化创意产业实现增加值3 570.5亿元，比上年增长12.3%；占地区生产总值的比重为14.3%，比上年提高0.5个百分点。2016年1—12月，全市规模以上文化创意产业实现收入13 964.3亿元，同比增长7.3%；从业人员118.3万人，同比下降3.2%。

从各区文化创意产业收入总量来看，海淀全年收入近6 000亿元，遥遥领先于其他各区，且保持两位数增长；朝阳位居第二，继续向3 000亿进发，但增幅只有1.1%；亦庄首次突破千亿元，进军千亿级方阵之列。另一方面，城六区文化创意产业收入合计达到12 120亿元，占全市的86.8%；增速达到8.1%，超过全市平均增速，仍维持城强郊弱的格局。从业人员方面，除海淀等五个区外，其他均有不同程度下降，通州、丰台、房山下降幅度超过10%，主要原因包括部分企业受成本、市场竞争等影响，缩减人员规模，此外还有统计口径调整的影响。

① 2017年2月底至4月初，北京市文化创意产业促进中心全体干部兵分两路，对全市16个区及亦庄经济技术开发区文化创意产业发展情况开展春季大调研，重点围绕各区在支持文创产业发展的新举措和新亮点，产业发展面临的新问题和新挑战等方面，实地走访29个文创园区、7个孵化器和33家企业，了解重大项目建设情况，并与相关负责人座谈交流，摸清了底数，掌握了情况，增长了见识。

表3.46 北京市各区文化创意产业收入（规模以上）方阵排名表

| 方阵 | 行政区 | 收入（亿元） | 同比增长（%） | 从业人员（万人） | 同比增长（%） |
|---|---|---|---|---|---|
| 千亿级 | 海淀 | 5 929 | 12.8 | 57.3 | 1.9 |
| | 朝阳 | 2 702.5 | 1.1 | 23.7 | -2.3 |
| | 东城 | 1 893 | 4.9 | 8.5 | -1.8 |
| | 亦庄 | 1 087 | 6.2 | 3.7727 | 0.5 |
| 百亿级 | 西城 | 911.1 | 7.5 | 9.9 | -4.5 |
| | 石景山 | 361.5 | 9.7 | 2.8311 | -7.1 |
| | 丰台 | 322.9 | 7.3 | 3.4679 | -10.1 |
| | 昌平 | 155.9 | 3.3 | 2.658 | 4.6 |
| | 通州 | 146.1 | 5.8 | 1.19 | -13.1 |
| | 顺义 | 141.4 | 8.7 | 1.2398 | -6.7 |
| 百亿级以下 | 怀柔 | 92.2 | 3.9 | 0.59 | -7.7 |
| | 大兴 | 65.3 | -18.1 | 1.0044 | -4.6 |
| | 平谷 | 55 | 22.8 | 0.5179 | 20.8 |
| | 房山 | 40.1 | 28.9 | 0.5 | -14.4 |
| | 密云 | 34 | 8.6 | 0.6454 | -0.4 |
| | 门头沟 | 17.1 | -7.8 | 0.1723 | 2.9 |
| | 延庆 | 10.1 | 2.6 | 0.32 | -2.9 |

值得注意的是，东城和西城两区规模以上从业人员数量相比，东城少1.4万人，而收入是西城的2倍多。主要原因是西城区主攻金融业，文化创意产业着力较小，且促进体制不明确，已明显落后于东城。相比之下，近几年来，东城在政策、资金、要素市场建设、重大项目等方面多措并举，积极推进文

化创意产业发展,特别是自 2016 年起,区里每年拿出 1 亿元文化创意产业发展专项资金,力度大大超过西城,产业发展效能稳步提升。

## 二、各区支持产业发展的新举措和新亮点

### (一)科学谋划,强化保障,编制发布文创产业"十三五"规划及配套政策

截至目前,各区均编制完成了文创产业"十三五"专项规划,或在区级"十三五"规划中专门列出文创产业的篇章。朝阳不仅发布了《朝阳区"十三五"时期建设国家文化产业创新实验区发展规划》,还研究编制了《朝阳区"十三五"时期文化创意产业发展三年行动计划(2017—2019 年)》。海淀发布了《海淀区"十三五"时期文化发展规划》及《海淀区"十三五"时期文化创意产业行动计划》。除了文创产业规划,怀柔还编制了《中国(怀柔)影视产业示范区发展规划(初稿)》;丰台制定了《"十三五"时期文化丰台建设发展规划》以及《丰台区关于推进文化创意和设计服务与相关产业融合发展实施意见》。

为落实市、区两级文创产业"十三五"规划,各区相继推出了一系列配套政策。东城发布了《东城区文化创意产业发展专项资金管理办法》《东城区文化创意产业发展引导基金管理办法(试行)》等多项产业促进政策。西城发布了《北京市西城区促进出版创意产业园区发展办法》。朝阳出台了《北京市朝阳区文化创意产业发展指导目录(2016 年版)》,制定发布了促进文化产业升级发展的"政策十五条"。石景山出台《石

景山区关于促进中关村石景山园高端产业集聚发展的办法》和《石景山区关于支持科技创新和科技成果转化应用的办法》，联合中关村管委会发布《关于促进中关村虚拟现实产业创新发展的若干措施》，修订石景山区促进文化创意产业发展政策和专项资金管理办法。房山出台了《支持小微文化创意企业发展意见》《房山区支持众创空间发展的实施意见》，将文创空间纳入扶持范围。通州从人才队伍建设入手，制定发布了《通州区关于加强文化创意产业人才队伍建设的意见》。顺义发布了经修订的《顺义区文化创意产业发展专项资金管理办法（修订）》。怀柔出台了《怀柔区促进区域经济转型发展专项资金支持政策》，制定了《怀柔区推进文化创意和设计服务与相关产业融合发展工作方案》。

## （二）完善机制，加强统筹，主动适应产业发展新要求

为全面理顺工作机制，切实发挥指导全区文创工作的作用，房山在原历史文化旅游集聚区规划建设管理办公室的基础上，正式成立了房山区文化创意产业促进中心，服务和指导全区文创工作。区文促中心为区委宣传部主管的正处级行政单位，编制 11 人。房山还组建了文创协会，打造"房山文创之家"。根据文创产业发展新形势新要求，2016 年年底，西城调整文创产业促进工作机制，原来由区委宣传部承担的文化创意产业促进相关职责划入西城区产业发展促进局，加挂北京市西城区文化创意产业促进中心牌子。海淀成立了西山设计产业协同创新联盟和魏公村舞蹈产业联盟，聚集资源、汇聚人才；推动海淀文化沙龙成为文化发展思想智库、文化项目协作平台、文化人才交流空间。丰台通过组织文化产业园区研讨沙龙，集合 15 家园区，推动人才、项目、资源对接。顺义建立了区文

化创意产业线上联盟，开展文创专场招聘会等活动。亦庄开发区也成立了文化创意产业联盟，入盟企业 70 余家。

### （三）创新方式，加大力度，提升财政资金使用效能

东城在文创专项资金中每年拿出 4 000 万元用于发起设立"文心东城文化发展基金"，通过市场化的方式运营，撬动社会资本投入文化创意产业，为在东城创业、纳税的文创企业提供投融资支持。石景山加大文创企业贷款风险补偿金对中小企业的贷款支持力度，累计为 6 家企业增信贷款金额 650 万元，同时筹备设立区级文化创意产业发展引导基金。房山与北京市文化中心建设发展基金合作成立文心房山文化创意产业基金，基金总规模 5 亿元，首期规模 2 亿元。通州拟将区文创资金由 2016 年的 1 000 万元提高至 3 000 万元，分为支持资金、保障资金和人才资金三个方向。顺义新增风险补偿、债权投资和股权投资三种支持方式，2017 年区级 5 000 万元文化创意产业专项资金，2 000 万元用于支持常规项目，3 000 万元用于新增的三种支持方式，委托北京文化科技融资租赁股份有限公司操作。

### （四）搭建平台，升级服务，全面优化产业发展环境

#### 1 优化公共服务平台

朝阳配合工商部门在文创实验区设立了 CBD、双桥两个企业登记服务站，企业可以就近办理"内资企业变更企业名称"等八项登记业务。房山在文创园区内设立了区文化创意产业促进中心服务大厅，为企业提供工商注册、银行开户、代缴社保、公积金等"一揽子"服务；并建立区文促机构与企业"一对一"的跟进式服务机制。怀柔搭建线上和线下相结合

的一站式公共服务平台。线下通过综合服务、行政审批、创业指导、项目协调、剧组服务和宣传推广 6 个窗口，统筹整合工商、国税、地税、文促中心（影管办）、影都文投等职能机构入驻，为影视企业、项目和剧组提供从企业注册、项目建设和运营到影视拍摄、制作、发行的一站式服务，实现了落地全流程代理、进驻全方位保障、运营全过程服务、品牌全媒体推介的服务体系。亦庄开发区搭建京津冀科技创新公共服务平台，以政策、空间、金融、人才、技术、市场六大服务为基础，以线上服务为主、线下实体平台与线上信息网络服务紧密结合为特色，引进了北京国际演艺联盟、国际影视文化交流协会等 6 家业界口碑好、影响力大、具有较强服务能力及行业资源整合能力的平台机构。

## 2 优化文化金融服务平台

朝阳成立全国首个文化企业信用促进会，打通文化金融服务的"堵点"；启动实施"蜂鸟计划"，通过一揽子的信用奖惩机制、快捷担保审批机制、快捷贷款审批机制等创新，服务企业发展；与北京股权交易中心签署战略合作协议，以文创实验区为核心承载，共建"文创四板"，进一步拓宽文创企业投融资渠道。石景山针对全区 2 000 余家纳税 B 级以上企业搭建信用服务、金融服务、行政服务于一体的多元化综合平台，为区内 50 余家文创企业主动提供"一对一"专属融资咨询服务。亦庄促进区内企业大地影视与阿里集团成立"大地—阿里"产业基金，促进创金资本、蓝标集团等与亦庄国投合作成立产业资金等，不断丰富融资租赁、担保等金融服务形式。

## 3 优化人才服务平台

丰台举办文创企业培训班、戏曲文化专题培训班和戏曲文化传承和产业发展高级研修班等,并与区有关单位合作,积极推介文创企业进入"聚才引智之家",做好文创人才引进、人才招聘、人才落户、北京居住证办理等人才服务。朝阳举办了文化创意产业人才校园专场招聘会、文创企业新三板挂牌专题培训班、"朝阳高端人才昆明行"等活动。房山针对企业需求,实施"点单式"培训。门头沟举办了"文化创意企业融资渠道及技巧"主题培训班。通州举办了三期文化创意产业培训班。

**4 优化信息宣传推介平台**

朝阳搭建起包括全区文创企业微信群、实验区移动APP、全区文化企业大数据信息系统等在内的信息化服务体系。房山新建了"创意房山"微信公众平台,及时发布最新文创行业资讯、文创产业政策法规、文创企业园区重要活动等。昌平通过"创意昌平"报纸、网站、微博、微信等多媒体平台,宣传推介昌平优秀文创企业和文创项目。顺义改版升级了"顺义文化创意网"和"创意顺义"官方微信、微博等信息服务平台。延庆通过市级、区级平面媒体和新媒体,对重点项目进行宣传报道。

**(五)聚焦重点,提质升级,不断增强产业发展新动能**

一是加快国家级园区建设。东城继续重点推进创建"国家级文化金融合作试验区"工作。成立了调研课题组,多次召开文化金融企业座谈,走访骨干文化企业,形成了东城区创建"国家文化金融合作试验区"课题研究报告并上报文化部。朝阳以国家文化产业创新实验区建设为核心,通过旧工业厂房改造、传统商业设施升级、有形市场腾退转型和农村集体产业项目选择"高精尖"等四种模式,引导升级了万东国际文化创意产业园、铜牛电影产业园、东郎电影创意产业园、C3青年时尚产业园、西店记忆CBD文创小镇等5个特色文创园区。怀柔影视示范区影创空间一期项目，影都文投公司入驻试运营，凯天动漫等12家企业已签约，实现签约面积2 000平方米。中影二期项目已取得项目规划条件、土地预审批复和土地一级开发立项批复。光华影业园项目一期工程A号、C号摄影棚采暖、通风工程已完成，二期工程已于2016年底开工。博纳怀柔总部基地正在编制规划建设方案。北京电影学院怀柔新校区项目已奠基。

二是积极推进重点项目建设。通州环球主题公园项目正在进行土方填垫工程，主要包括地下约540万立方米杂填土和建筑垃圾等的清挖、处理、回填和压实，并将场地填垫至一定高度。大兴国家新媒体产业基地打造了文创基金产业园。由北京市文化置业有限公司牵头发起设立200亿元"文创基金"和基金管理公司，并在"文创基金"下设立10支规模10亿元的子基金。引进了重庆"猪八戒网"北方园区总部。西城重点推进天宁1号文创园暨华电（北京）热电有限公司（二热）天宁寺厂区改造项目，一期工程现已完成。同时积极探索文创产业飞地经济模式，与天津武清等12地建立产业协同发展关系。目前，已在武清、运城建立了飞地产业园。丰台积极加快戏曲文化中心建设；推动睿思众创空间、永乐文化创客等一批文创众创空间落地。

三是郊区发力扩大投资规模。门头沟着力推动已建成楼宇升级为科技与文化创意企业孵化器，已吸引世熙传媒总部进驻京西创客工场，省广传媒等3家企业达成入驻意向。昌平积极推进十三陵门户区文化旅游项目、新城东区文化创意产业新区建设。顺义全区13个文创园区计划投资113.62亿元，已完成投资52.05亿元，已建面积67万平方米，入驻企业403家，2016年实现收入11 800万元。汉风耕读苑等6个文创园区已开始对外营业。延庆有序推进探戈舞音乐谷二期工程、妫河建筑创意园区等重点园区建设，以左邻右舍、百里乡居、山楂小院、石峡古堡客栈等为代表的一批创意民俗相继建成。

## 三、市级示范园区和产业新空间的拓展

### （一）市级文化创意产业示范园区示范带动作用进一步提升

清华科技园启迪孵化器在原有综合孵化器的基础上，打造了启迪之星咖啡等系列众创空间品牌。截至2016年10月，清华科技园主园区内建立了启迪之星基地11家，累计孵化文创类企业160家，在孵文创企业127家。举办启迪之星创业营，在全国设立32个分站，每年汇聚项目总量超过1 500个，参与投资机构200余家。截至2016年10月，清华科技园已在全球建立140余家分园网络。

2016年，星光影视园在软硬件资源平台建设、产业生态建设、产业链招商、产业服务功能和服务品质提升等方面均取得良好发展成效。2016年，园区实现大型节目录制超过2 000天次，年增长率逾20%，演播室平均占棚率近75%，园区总产值约百亿元。截至2016年底，拍摄的品牌栏目达到800余个，累计录制大型节目25 000余场，接待观众总量约280万人次。2016年，西区演播室中心楼上建设了逾700平米的中小企业公共服务平台服务区；传媒办公中心开启企业招商入驻工作，截至2016年底签约率超过80%，合计入驻企业约200

家；北区集体用地试点项目星光影视园传媒总部聚集区整体封顶，预计2017年底建设完工。

中国北京出版创意产业园区坚持把出版优秀作品作为中心工作，2014年以来，连续三年每年都有两种以上图书入选国家新闻出版广电总局组织评选的"大众喜爱的50种图书"；2015、2016连续两年都有两种以上图书入选中宣部主办、中国图书评论学会发布的中国好书榜。截止到2016年6月份，园区企业通过出版平台北京联合出版公司出版图书达到一万种。2015年北京联合出版公司以2.19%的图书零售市场占有率位居第一位，2016年市场占有率攀升到2.49%，继续稳居全国首位。园区在继续完善出版服务平台、联合发行平台的基础上，正抓紧建设园区孵化平台、投融资服务平台、集约化采购平台、版权交易平台等基础服务平台，推进园区核心业务和产业链的重组和优化。

2016年，莱锦文化创意产业园运营收入达到1.51亿元，实际出租率100%。园区通过搭建政策平台、金融平台、信息交流平台等，推动功能性平台建设，强化服务能力。一是充分发挥莱锦信用工作站的示范作用。朝阳区信促会在莱锦园组织"国家文创实验区大讲堂"，对文创政策，海外人才政策等进行解读，并由专业融资担保机构介绍创新融资产品，帮助企业解决融资难题。二是推进信用服务工作。与北京再担保公司旗下北京信用管理有限公司合作，普及信用知识，开展信用咨询服务，形成企业信用档案管理数据库，初步形成园区信用评价体系，并提供差异化的优惠服务。三是通过举办北京时装周活动，搭建国际化的品牌展示平台，提升园区品牌形象。

## （二）盘活存量资源成为打造文创产业新空间的重要举措

2016年，怀柔区出台政策，对入驻影视产业示范区的龙头影视项目和重点企业给予包括盘活资源补贴等在内的资金支持。区有关部门在《关于影视核心区闲置土地资源调查情况的报告》的基础上，针对待建设和闲置资源的不同特点，分三种方式转型盘活：一是重点督促政府给予支持和便利管控的企业加快建设；二是典型引路，以北演地块引进博纳总部项目、光华纺织集团自主开发光华影业园项目、翰高科技原地改建文化产业园为典型，加快项目落地和建设。三是开展一一对接服务，引导主动盘活。2016年，共计盘活土地总面积419亩，其中国有工业用地359亩，商业用地20亩，体育用地40亩。

丰台编制完成了《丰台区文化空间资源情况调查报告》和《丰台区文化资源情况调查报告》，并开发了区文化资源线上管理和地图呈现系统，实现了可视化、信息化和地图化管理。该区将进一步梳理疏解后腾退出的和目前闲置的文化空间，与相关部门合作，开展文化空间和文创项目招商系列对接活动，引进文化创意产业高精尖项目。

朝阳大力盘活存量资源，在积极引导北京齿轮场品牌文化创业园、金田影视产业园、北影影视文化创新园等10个传统产业项目成功转型发展文化创意产业的基础上，又引导转型升级了5个特色文创园区，利用存量空间25万平方米，不仅没有新增产业用地，还实现了非首都功能疏解、构建"高精尖"经济结构的目标。目前，文创实验区已聚集了文化产业园区（基地）56个，错位、协同、融合发展格局基本形成。

2016年，延庆启动"百里乡居"项目一期建设。项目力争保留古村原貌，结合现代建筑设计工艺，充分利用旧物、旧结构，对原有乡村民居进行修缮改造，打造独具创意的乡村酒店，为促进文化旅游和产业发展提供了新空间。

## 四、当前文化创意产业面临的挑战和对策建议

### （一）抓住机遇，推动文化创意产业成为城市副中心支柱产业

通州文化创意产业底子薄，实力弱，2016年收入不到150亿，仅为全市的1%；规模以上单位不足100家，仅为全市的1.26%。产业发展排名在全市排第九位，显然与副中心定位不相符。建议将文化创意产业作为副中心的重点支柱产业来推动，深入挖掘和传承大运河历史文化，做好大运河文化带规划，把文化带打造为产业发展带，研究制定《城市副中心"十三五"时期文化创意产业行动计划》；发挥环球影城主题公园等重大项目带动作用，推动城市副中心文创产业实现跨越式发展。

### （二）进一步挖掘利用历史文化资源，将资源优势转化为产业优势

调研中发现，不论是中心城区，还是郊区，仍有大量丰富的历史文化资源未得到充分挖掘、开发和利用，资源优势尚未转化为产业优势。建议认真梳理全市可用于文化创意产业发展的各类历史文化资源，开展全面普查，并研究如何在做好保护的基础上，进一步有效整合开发利用。可借鉴海淀打造"三山五园"历史文化品牌和东西城挖掘老字号文化资源的成功经验，通过高科技手段和现代创意与设计理念，催生文化新形

态,带动文化新体验;郊区还可以结合当地旅游生态等资源,打造产镇融合、生态优美、宜居宜业宜游的文化创意产业特色小镇,做好历史文化资源优势这篇大文章。

### (三)有序转移城区优质文创产业资源,通过城郊"结对子"方式实现共同发展

目前,城区和郊区文创产业发展十分不平衡,中心城区产业空间缺乏,人员密集,郊区空间资源闲置,人气不足。要认真落实《北京市"十三五"时期文化创意产业发展规划》要求,实现城郊要素优势互补、有序转移、均衡发展,打通区域间的文脉、人脉,整合文化资源、拓展发展空间。市文促中心促成房山与海淀两区文创产业主管部门建立了"结对子"的合作机制,探索共同发展的新路径,东城、西城、朝阳等城区与昌平、门头沟、大兴、通州等郊区均有意愿。在各区自愿的基础上,可推动开展"一对一"或"一对多"的"结对子"合作,最终实现城六区资源有序疏解和转移,辐射与带动郊区文化创意产业发展。

### (四)强化问题导向,通过创新发展破解制约产业发展的瓶颈问题

调研中发现,土地、人才、财税政策仍然是制约文创产业发展的三大瓶颈。一些区普遍存在产业发展环境缺乏优势,高端要素资源不足,"腾笼换鸟"困难多,产业融合度不高等共性问题。应坚持创新驱动发展,在创新发展中破解难题。一是积极学习借鉴兄弟区和其他省市创新做法,在土地、闲置存量资源利用等关键问题上取得实质性突破,吸引重大项目和重点企业落户。二是郊区要从实际出发,充分发挥本地文化资源和

产业优势，同时积极导入城区优质文化资源。三是进一步激发文创企业创新创造活力，深入实施"文化+""互联网+"，加快研究文化与科技融合企业认定标准并制定相关政策，落实国家有关数字创意产业的政策措施，加大对融合型企业的资金、用地、人才等支持，推动文化创意产业"高精尖"发展。

# 2019年北京文化产业发展总体情况[①]

2020年11月24日,北京市国有文化资产管理中心与中国传媒大学文化产业管理学院联合发布了《北京文化产业发展白皮书(2020)》(以下简称《白皮书》)。自2013年起,北京市国有文化资产管理中心编撰发布北京文化产业发展白皮书,为社会各界提供一个了解北京文化产业发展的重要窗口。本次发布的《北京文化产业发展白皮书(2020)》,围绕推进全国文化中心建设,以文化产业高质量发展为主线,通过对2019年度北京文化产业发展的基本现状、重要数据、重大事件、政策措施等全面梳理盘点,客观反映2019年北京文化产业发展的总体情况,同时,结合新形势下产业发展面临的机遇和挑战,提出未来发展的新思路。

文中数据资料主要来源于国家统计局、市统计局、市商务局、市文旅局、市文物局、人民银行营管部等有关机构,以及相关行业协会和主流媒体的公开报道。

2019年,北京文化产业综合实力持续增长,产业结构持续优化,市场主体快速成长,产业集聚水平日益提升,文化新业态不断涌现,区域协作和国际交流日趋频繁,发展环境持续改善,产业发展总体上呈现出稳中有进、进中有新、新中有强的良好发展态势。

[①] 本文内容精选北京文化创意产业发展的最新进展情况,来自北京市国有文化资产管理中心官网(http://wzb.beijing.gov.cn)。

文化产业作为首都经济的重要支柱产业、增强人民获得感的幸福产业，已成为助推北京高质量发展的重要引擎，在构建"高精尖"经济结构、推进全国文化中心建设方面发挥了重要支撑作用。2019年北京文化产业发展成效主要体现在七个方面：

## 1 综合实力持续增强，高质量发展成效显著

2019年，北京文化产业在总体规模、企业综合实力、居民文化消费、国际文化贸易等多项指标上继续领先全国，发挥全国文化中心的示范引领作用。全市规模以上文化产业法人单位共有5 252个；资产总计20 198亿元，同比增长5.6%；收入合计13 544.3亿元，同比增长14.4%；从业人员平均人数61.8万人，同比增长0.3%。劳均产出大幅提高，达到219.3万元/人，同比增长14%，产业发展的质量和效率进一步提高。从全国占比情况看，规模以上文化企业法人单位4 831个，占全国比重7.9%；资产总计19 020.3亿元，占全国的13.9%；营业收入12 997.3亿元，占全国的13.1%。2013—2018年，文化产业增加值年均增长13.3%，占地区生产总值比重从8.1%提高到9.3%，占比稳居全国首位。

文化企业发展强劲，北京地区入围"全国文化企业三十强"的企业有8家，文娱独角兽企业13家，数量均居全国首位。

文化消费规模继续保持全国前列，全市居民人均教育文化和娱乐支出4 311元，同比增长7.8%，创造了"十三五"以来最大增速，支出额超过全国平均水平近72%。

全市文化贸易进出口额72.8亿美元，同比增长20.9%，其中文化产品进出口34.6亿美元，同比增长54.5%。2019-2020年度，北京地区共有75家企业入选国家文化出口重点企

业，入围企业数量居全国第一。

文化金融市场继续保持活跃，全年北京地区共有 9 家文化企业成功上市，占全国四分之一。全市文化产业共发生融资事件 472 起，占全国的 23%，资金流入规模达 725.51 亿元，占全国的 25.4%。全年共发生文化产业并购事件 34 起，涉及资金规模 155.99 亿元，并购规模位居全国榜首。

## 2 产业发展提质增效，核心动能加速转换

2019 年，北京文化产业结构不断优化，全市规模以上文化服务业企业营业收入 10 328.4 亿元，同比增长 34.1%，占全市规模以上文化企业营业收入的 79.5%，比上年提升 0.6 个百分点。文化核心领域支撑作用显著，全市规模以上文化核心领域收入合计 11 972.6 亿元，同比增长 15.8%，占全市规模以上文化产业收入合计的 88.4%，比上年提升 1.6 个百分点。

其中，创意设计服务、新闻信息服务、内容创作生产、文化传播渠道四个文化核心领域收入合计占全市规模以上文化产业收入合计的 87.3%，成为推动全市文化产业高质量发展的四大主导产业，彰显了北京文化产业新旧动能转换中的生机活力。

同时，文化新业态不断涌现，网络直播、短视频、在线音乐等文化科技融合的新产品、新业态、新模式层出不穷，融媒体新技术新平台集中亮相，网络游戏产业高速健康发展。文化与旅游、体育、教育等相关产业融合走向深广，成为产业发展的新动能和增长点。这些都体现出北京文化产业内涵化、品质化、高端化发展的新特征。

## 3 空间格局不断优化，集聚与辐射双向并进

深入落实城市总体规划，注重文化保护传承主脉，将产业

发展融入城市更新，推动京津冀协同发展，持续优化文化产业空间格局。以中轴线申遗为引领，高质量编制完成"一轴三带"各项相关规划。发布《北京历史文化街区风貌保护与更新设计导则》，推进传统商业街区改造升级。积极转化利用红色文化资源，新增铁道兵纪念馆、北京新文化运动纪念馆、北京李大钊故居等11个全国爱国主义教育示范基地。国家文化产业创新实验区、国家文化与金融合作示范区、国家文化和科技融合示范基地以及市级文化产业园区等，发挥集聚作用，引领产业发展。

印发《保护利用老旧厂房拓展文化空间项目管理办法（试行）》，解决老旧厂房转型利用"审批难"问题，在全市筛选出31个试点项目，开展政策先行先试。发挥重大项目引擎作用，台湖演艺小镇、张家湾设计小镇等项目建设有序推进，环球影城主题公园建设进入收尾阶段。同时，提升城市副中心协同辐射能力，推动京津冀地区文化一体化发展，三地联合推出各类文化活动，区域联动全面深化。

### 4 市场主体发展活跃，国企改革纵深推进

积极培育壮大各类文化市场主体，充分发挥国有文化企业引领带动作用，科技型、平台型文化企业竞争力不断增强，市场主体多元化发展格局逐步形成。全市规模以上国有文化企业482家，收入合计1 228.3亿元，同比增长7.9%。

深化国有文化企业改革，印发《关于进一步建立健全市属国有文化企业法人治理结构的实施意见》等制度文件。推进产权占有登记、"一企一策"改革，深入开展压缩管理层级减少法人户数工作，国有文化资产监管效能稳步提升。市文资中心所出资文化企事业单位资产总额826.48亿元，同比增长7.32%；所有者权益总额420.47亿元，同比增长1.28%；国

有资产保值增值率100.76%。非公文化企业活力进一步激发，全市规模以上非公经济文化产业法人单位共有3 744家，收入合计9 705.6亿元，占规模以上文化产业收入合计的71.7%。

### 5　文化供给品质优化，文化消费转型升级

精品内容生产持续发力，电影《流浪地球》《周恩来回延安》、电视剧《最美青春》《大江大河》、图书《北上》《云中记》等10部作品入选第十五届精神文明建设"五个一工程"奖，数量再次位列各省区市之首。

文化惠民不断升级，第七届北京惠民文化消费季共举办活动7 816场次，促成消费118.46亿元，累计提供优惠2.14亿元；惠民文化消费电子券持续发挥激励撬动作用，获得北京地区消费者及文化企业热情响应。

出台实体书店扶持资金项目管理实施细则等政策文件，制定各区实体书店房租补贴标准，扶持实体书店转型升级。同时，积极培育夜间消费、文旅消费、在线消费等新兴消费形态，为产业拓展更大的市场空间。

### 6　文化贸易与交流持续发力，文化"走出去"进一步深化

积极应对复杂多变的国际形势，进一步深化实践文化"走出去"战略，不断扩大文化影响力与吸引力。北京地区36个项目入选2019—2020年度国家文化出口重点项目名录。中国北京国际文化创意产业博览会、北京国际图书博览会、北京国际电影节等国际性活动成功举办，文化交流平台的辐射力日益扩大。

### 7　政策体系不断健全，发展环境持续优化

编制《北京市文化产业发展引领区建设中长期规划（2019

年—2035年)》,印发实施《北京市文化产业高质量发展三年行动计划(2020—2022年)》,围绕传统文化、文博非遗、文化园区、文旅融合、文化消费、文化金融、文化贸易等多个领域,制定出台一系列政策举措,"1+N+X"政策体系进一步完善。

北京市中资银行文化产业贷款保持较快增长,文化投融资服务体系进一步完善。2019年"投贷奖"支持文化企业655家,支持金额41 651.38万元;平台入驻企业近1.5万家,成功对接融资356.99亿元。东城区创建国家文化与金融合作示范区正式获批,成为全国首批两个国家文化与金融合作示范区之一。推进"放管服"改革,加强知识产权保护,鼓励文化领域创新创业。

结合当前国内外发展形势,面对疫情防控常态化、经济双循环新格局,未来一段时期,北京文化产业发展将继续坚持以习近平新时代中国特色社会主义思想为指导,贯彻落实党的十九届五中全会提出的建设社会主义文化强国的目标要求以及健全现代文化产业体系的一系列任务部署,按照全国文化中心建设"一核一城三带两区"的总体框架,坚持全球视野、首善标准和首都优势,以创新驱动高质量发展为主线,坚持守正创新,做好顶层设计,强化融合互促,培育新兴业态,着力构建"高精尖"产业新体系,加快建设市场竞争力强、创新驱动力足、文化辐射力广的文化产业发展引领区。

# 卷四
## 历程回顾篇

# 纪念北京市文化创意产业促进中心首任主任杨淦先生①

中国共产党优秀党员、中国动漫集团有限公司副总经理杨淦，因病医治无效，于 2012 年 4 月 10 日在北京逝世，终年 48 岁。

杨淦同志 1964 年 5 月出生于湖北省黄梅县，1986 年毕业于江西师范大学，1997 年毕业于复旦大学世界经济专业，获硕士学位。1987 年 2 月加入中国共产党。1986 年至 1995 年在江西省 9 年工作期间，历任江西省邮电管理局办公室秘书、副主任，江西省赣县副县长，国家邮电部 540 厂厂长（正处级），九江经济技术开发区管委会副主任等职；1999 年至 2003 年任上海技术交易所副总裁兼法人代表，上海科技开发交流中心党委委员、主任助理；2003 年调任中关村技术产权交易所常务副总裁，2004 年任北京产权交易所常务副总裁，2007 年任北京市文化创意产业促进中心主任，2009 年任北京发行集团副总经理。2011 年 1 月，任中国动漫集团有限公司副总经理。他生前还是首都经济贸易大学兼职教授、中国电讯企业联盟常务理事。

杨淦同志对党和国家，无限忠诚和热爱；对工作，兢兢业业、勤奋拼搏。在江西省担任基层领导期间，总是深入调查研究，关心、团结、带领群众积极谋划，真抓实干，为发展当地

---

① 该文是中国动漫集团牵头组织形成的在 2012 年 4 月 14 日（周六）杨淦先生追悼会上的悼词。其中有关文化创意产业的内容，由本人代表北京市文化创意产业促进中心起草，经过时任市委宣传部领导的审定。

农村经济做出了重要贡献。在任邮电部 540 厂厂长的四年工作中，把 2 000 多人的国有企业改造成投资控股合资企业，三年收回投资，扭亏为盈、利税过亿。在主持上海产权交易所工作期间，潜心研究和从事实践国有资产管理工作，先后参与完成了几百家国有企业并购重组，并参与起草了国务院国资委、财政部 3 号令和出版了《国有企业改革与国有资产管理》专著、发表了《发展产权市场，建构中国多层次资本市场》《跨国公司及其战略联盟》《重视规划发展技术产权交易市场》《股份制是公有制的主要实现形式》等论文。

2003 年，杨淦同志作为北京市重点引进人才，调入北京市，参与创建了中关村技术产权交易所，积极探索产权交易所定价理论与实践，参与了北京产权交易所的改制设立和运营工作，主持了交易所中央国有企业产权进场交易上千项，和同事们一起谱写了中国国有企业进场交易的新篇章。2006 年年底，北京市委、市政府决定成立文创促进机构，推动文化创意产业成为北京市重要支柱产业。杨淦同志在市委宣传部的领导下，创新思路，锐意进取，克服困难，在较短时间内圆满完成了全国首家文创促进机构"北京市文化创意产业促进中心"的筹建工作并任主任；其间在中央级报刊上发表了《资本该全方位介入文化创意产业》《做强文化产业、做大文化贸易、做实文化交流》等多篇论文，出版了《漫话慈善》著作，还出版了《寻找迷失的神话》等多部中英文儿童文学作品，为文化创意产业的发展作出了重要贡献。

杨淦同志在调任中国动漫集团后，工作更加积极勤奋，不怕吃苦，不怕劳累，常常牺牲休息时间用于动漫产业和动漫项目的调研与开发等工作，表现出他对中国动漫产业的热爱和工作的热情，并且为中国动漫集团和中国动漫产业的发展与建设，作出了积极的努力和贡献。2011年创建"中国动漫游戏嘉年华"品牌，成功举办首届中国动漫游戏嘉年华；成功溢价转让中娱文化10%股权；创立了中国动漫游戏产业股权投资管理有限公司；对集团发展提出建设性的意见并已形成方案，包括组建"中国动漫网络电视台"，搭建动漫原创及播出平台，建议组建"中国动漫院线"。2012年在"香港国际授权展"上作了题为"中国建设'文化强国'为全球授权业带来的机遇和挑战"的论坛演讲，并提出将授权业作为中国动漫集团的重要关注点，加大动漫游戏授权业的平台建设，使集团逐步成为全国授权业的龙头企业，引领动漫游戏授权业的发展。2012年积极筹备中土动漫产业论坛，推动中土国际动漫产业合作进入快车道；积极推动手机动漫平台和游戏公司成立；推动在东莞或南宁建设动漫游戏衍生品研发基地，发展衍生品市场。

杨淦同志一生对党和人民无限忠诚与热爱，坚决贯彻执行党的路线、方针、政策；淡泊名利，心胸开阔，工作中始终以大局为重，从不计较个人得失；对工作兢兢业业，勤奋努力；对同志无限热忱，关心和爱护群众；严于律己，宽以待人，清正廉洁，团结同志，表现了一个共产党员的高尚品格。

杨淦同志的一生，是革命的一生，是为共产主义事业奋斗的一生，是全心全意为人民服务的一生。杨淦同志的逝世，使我们失去一位好党员、好同志、好干部。我们深切悼念他，将化悲痛为力量，为建设与发展中国动漫集团和中国动漫产业而更加勤奋努力地工作。

杨淦同志，安息吧！

# 中华文化复兴的理性思考[①]

当今时代，文化作为一种"软实力"，越来越成为民族凝聚力和创造力的重要源泉，越来越成为综合国力竞争的重要因素。因此，世界各国和不同地区都不约而同地高度重视本国本地区文化的发展与繁荣。中华文化源远流长，是中华民族生生不息的不竭动力，中华文化的复兴与中华民族的伟大复兴息息相关。胡锦涛总书记在党的十七大报告中明确提出：要兴起社会主义文化建设新高潮，激发全民族文化创造活力，提高国家文化软实力，使人民基本文化权益得到更好保障，使社会文化生活更加丰富多彩，使人民精神风貌更加昂扬向上。[②] 总书记的讲话，发出了在新的历史时期复兴中华文化的动员令。本文欲就中华文化复兴的相关问题作些理性思考。

## 一、中华文化复兴的历史必然性

当今世界正在发生广泛而深刻的变化，当代中国也正在发生广泛而深刻的变革，复兴中华文化的呼声日盛一日。中华文化的复兴，既是中华民族伟大复兴的内在要求，也是当今世界文化和谐发展的必然选择。

---

[①] 本文为笔者和时任北京市文化创意产业促进中心主任的杨淦先生共同撰写的一篇关于中华文化复兴的学术文章，本人主要侧重于文化创意产业部分的撰写及全文的规范和润色。

[②] 胡锦涛：《高举中国特色社会主义伟大旗帜 为夺取全面建设小康社会新胜利而奋斗——在中国共产党第十七次全国代表大会上的报告》，人民出版社，2007，第33—34页。

## （一）中华文化复兴是中华民族伟大复兴的内在要求

中华民族伟大复兴必然伴随着中华文化的繁荣兴盛。纵观世界历史，自哥伦布发现新大陆以来，世界大势历经五百年演进，其间波谲云诡，巨变频生。20世纪中叶以来，经历了二三百年的休克和昏厥的中华民族又走上了自我复活和更新之路。尤其是最近三十年来，随着国民生产总值和综合国力的提升，中国在国际舞台上所扮演的角色愈来愈重要，国人的自信心与自豪感也日益增强。进入21世纪，在全球化背景下，当政治的面纱渐渐解除，经济的热力慢慢消退，文化终于如一位欲语还羞的绝世佳人姗姗来迟，这时，作为长期稳定的隐性基因的文化便慢慢显露她的"庐山真面目"。在国际竞争中，文化的力量日趋突显；在中华民族的复兴征途上，文化复兴的呼声也愈来愈高。实际上，文化复兴与整个中华民族的复兴存在割不断的血肉关联。文化的复兴是民族复兴的内在要求和重要组成部分；没有中华文化的复兴，就不可能出现真正的中华民族的伟大复兴。

## （二）中华文化复兴是改变世界文化格局的必然选择

中华文化复兴，不仅仅是中华民族伟大复兴的内在要求和突破口，也是引领世界"后资本主义社会"健康发展、建设和谐世界的必然要求和主力军。以两次世界大战和长达半个世纪之久的"冷战"为特征的世界格局将会因中华文化而发生不可逆转的改变，和谐理念极有可能摧毁一切相互对抗而成水火不容之势的意识形态之争的最后堡垒。中华文化的复兴，必将为和谐世界的早日到来注入强劲动力。

众所周知，中华文化的精髓是儒家文化。儒家积极进取的入世态度，以人为本的道德精神，天下为公的大同构想，和而不同的兼容气度,天人合一的哲学理念,躬行践履的实干作风,格致诚正的精微体验,修齐治平的博大情怀,克己安人的自律仪范,重义轻利的仁侠风徽……对于消弥由社会达尔文主义带来的为争夺能源而不断产生的局部战争、为推行霸权而产生的意识形态之争、因仇视西方而产生的世界性恐怖主义、为"以暴易暴"而爆发的反恐战争及因掠夺攫取资源和财富而产生的世界性环境恶化等危机,治疗现代世界生存机体的"病灶"及部分"痼疾"和"绝症",无疑提供了一种可能。有理由相信,以儒家文化为核心的中华文化的复兴,必将对世界文化格局的改变和人类生存方式的完善产生深远影响。

## 二、中华文化复兴的含义与表征

### (一)文化复兴的含义

何谓"复"?《说文》曰:"复,往来也。"段注:"返,还也;还,复也。皆训往而仍来。"《尔雅·释言》曰:"还、复,返也。"《周易·杂卦》:"复,反也。"又《周易·序卦》:"物不可以终尽,剥穷上反下,故受之以复。"因此,复的意思便是根据过往的经验,获知未来的前途。中国人常说的"周而复始"就是这个意思。

何谓"兴"?《说文》曰:"興,起也。从舁从同,同力也。"段注:"广韵曰:盛也,举也,善也。"又《说文》:"舁,共举也。"《尔雅·释言》曰:"谡、兴,起也。"用今天的话说,"兴"就是共襄盛举之意。

何谓"复兴"?《现代汉语词典》的解释是:"衰落后再兴盛起来。"[①] 据此,所谓"文化复兴",也就是文化衰落后再

① 中国社科院语言研究所词典编辑室:《现代汉语词典》,商务印书馆,2004,第396页。

兴盛起来。同时根据上述"复""兴"的内涵，文化复兴至少包括两层涵义：其一，该文化在过往曾经兴盛。这在中国宋代以前应该毫无疑问。从尧舜夏商周到汉晋唐宋，中华文化一直居于世界前列，史料不乏兴盛的记载，文明古国之得名绝非虚誉。其二，在适合的历史条件下，一个时代的大部分人愿意为自己的文化重新兴盛努力以赴，共襄善举。中国历史上不乏久废而复兴的先例。因此，这点似乎也不成问题，估计没有哪个真正的中国人愿意看到华夏文明长此衰败没落下去。而且我们相信，带领中国人民推翻了三座大山，在不同历史时期都经受住严峻考验，肩负传统、与时俱进的中国共产党人必然能够在新的历史阶段继续带领中国人民完成中华文化伟大复兴的光荣使命。

当然，鉴于今日之中国而非过去之中国，今日之世界亦不同于过去之世界，今天理解中华文化复兴，必须放在全球化背景下进行。在全球化背景下，所谓"复兴"，当然不是封闭的复兴，而是中华文化兼容并蓄的复兴，是在包容、吸收、弘扬外来文化基础上的复兴。为此，必须全面认识中华传统文化，取其精华，去其糟粕，使之与当代社会相适应、与现代文明相协调，保持民族性，体现时代性，使中华文化走向世界；同时，更要加强对外文化交流，吸收世界各国优秀文明成果，增强中华文化的国际影响力，使世界文化走进中国。

### （二）中华文化复兴的基本表征

中华民族经历了数百年的艰难困苦，终于迎来了千载难逢的大好机遇。参照中国历史上的几次中兴时代，当今中华文化复兴至少应具如下几个基本表征。

**1　经济的富足**

古语云:"仓廪实则知礼节,衣食足则知荣辱。"(《管子·牧民·国颂》)政治的清明和文化的复兴必须具备一定的经济基础。这是一条客观规律。以金字塔作比,经济是塔基,政治是塔身,文化则是塔尖;以服饰为喻,经济是皮鞋,政治是衣裳,文化则是冠冕。显然,若无塔基,塔尖终究难以高耸;没有鞋穿,又有几人会想到买顶帽子来戴戴呢?

**2　政治的清明**

政治的地位介于经济与文化中间,它的任务就是既要搞好经济建设,更要促进文化繁荣;既让老百姓过上丰足的衣食生活,更要让他们得到高尚的精神感受。只要我们能够把握和运用原典精神来更新政治理念,政治清明时代的到来并非遥不可期。这在先秦、大汉与盛唐各个朝代均不乏佳例:炎黄定则,万世景从;尧舜垂拱,天下称治;禹平水土,百姓安居;盘庚迁都,殷室中兴;周有文、武、成、康,汉有文、景、明、章,唐有贞观、开元,宋有太平、庆历,等等。

**3　文学的繁荣**

一个时代有一个时代的文学。从《诗经》、《楚辞》、汉赋、晋文、唐诗、宋词到明清小说,每个盛朝都有自己的文学形式和荦荦大端的代表人物。他们或以复古求开新,或以开新为复古,无不在历史上留下了辉煌灿烂的篇章。今日要开辟新的文学境界,学古必有获外。文学为文化的主要表现形式,而新近发展起来的传媒、影视、动漫等文化新领域,恰恰由于主导文学及原创作品的匮乏而出现荒芜的现状,面临着不可预知的前景。

### 4 艺术的兴盛

这里的艺术是广义概念，它应包含中医、书法、绘画、篆刻、气功、武术、音乐、舞蹈诸多方面。此处仅举中医和绘画为例。

在中医方面，以《黄帝内经》和张仲景《伤寒杂病论》为代表的中医学经典将继续为全人类的健康与生存发挥积极的主导作用。傲慢与偏见将受到教训和纠正，中医必将得到正确的认识和应有的国际地位。这从西医在世纪初国际医学界首大疑难杂症"非典"面前束手无策，而以中医学界泰斗、年过九旬的邓铁涛先生主导的广州中医学院收治的病人"居然"出现零转院、零死亡的"奇迹"，以及美籍华裔何大一利用中医"君臣佐使伍配"传统理论，结合西医药理学病毒学技术而发明治疗艾滋病的"鸡尾酒疗法"两件事上能够获得很好的证明。

在绘画方面，林风眠先生曾言："其实西方艺术之所短，正是东方艺术之所长，东方艺术之所短，正是西方艺术之所长。短长相补，世界新艺术之产生，正在目前，惟视吾人努力之方针耳。"[1]此语正昭示着中西艺术的前途和方向。

### 5 史学的重构

从春秋的孔子和左丘明，两汉的司马迁、班固，魏晋的陈寿、范晔，唐代的魏征、房玄龄、刘知几，到宋代的欧阳修、司马光等等，中华史学代不乏人，各有创树。他们都有一个共同的信念，用陈寅恪先生的话说，史学就是求真实，供鉴戒。由于中国文化历史的悠久和漫长是她的基本特征，那么对她的发展进行科学的研究乃至重构就显得尤为迫切和重要。相信陈寅恪先生的论断将为21世纪的中国史学喻示一条新的出路。

---

[1]《林风眠谈艺录》，第41页。

### 6  科技的发展

欧洲思想启蒙的代表人物伏尔泰认为:"人类文明、科学技术的发展,都是首先从中国那里开始的,而且在很长一段时间内遥遥领先。"① 但是,近二百年来,无论科学还是技术,我们都远远落在欧美国家后面,以至使我们对自己的文化信念产生了严重的动摇和根本性的颠覆。现在只要我们有先进(优秀)文化理念的引导,相信科学技术的发展将会在可见的将来迎头赶上并逐步超越先进国家。

### 7  哲学的升华

中国的经学,在很大程度上就是以《周易》为代表、以哲学为主体的综合学科。它是以"人"为本体、以"心"为标的、以"仁"为内核、以"道"为名义、以"术"为辅翼、以"政"为指归、以"文"为化成,囊括宇宙、自然、历史、社会、科学等领域的系统哲学。今天,通过经学的复兴,我们不但要"究天人之际,通古今之变,成一家之言",还要"明中外之学"(黄遵宪语),结束长期以来东西方文化哲学之间的对抗和倾轧。"东学西学,道术未裂;南海北海,心理攸同。"② 我们期盼着出现哲学的升华,从而造就能够融汇中西、通贯古今的百科全书式的"一代通儒"。

## 三、中华文化复兴的核心任务

中华文化的复兴应有哪些核心任务?这虽是一个见仁见智的论题,但就其大者而言,至少应包括如下几个方面。

---

① 王殿卿:《中国儒学与欧洲启蒙思想》,引自《伏尔泰全集》1865年版,第25、27卷。

② 钱钟书:《谈艺录·序》。

## （一）经典的复兴

任何一种严格意义上的传统文化都具有自己的经典。经典是人类文明的最高结晶，也是一种文化得以维系不坠的根本原因。因此，文化离不开经典，文化的复兴即是经典的复活。

如果说中华文化是一棵生长了五千年的大树，那么，它的根与本无疑便是流传了两千多年的经典——儒家《十三经》，而其主干便是记载这棵大树成长过程的《二十四史》，诸子则可谓树上的一个个较大的分权，各类文集便是树上的一簇簇枝叶和花果。

因此，首先要让它的根部得到足够的保养和培育，我们的文化之树才有存活的机会和繁盛的可能。今天要做的就是重新确立儒家《十三经》在华夏文化中不可动摇的根本地位，恢复经典教育的优良传统。虽然由于历史错乱的缘故，中国的经典教育已经废除了一百多年，但这棵五千年大树的根柢早就深深地扎在中华民族广袤的大地上。只要我们不再对它进行无知的砍伐和恶意的戕害，待到"阳春气暖，萌芽日长，及至盛夏，枝叶扶疏，亭亭如车盖，又可庇荫百十年矣"[①]。

## （二）人本的复活

然而，典籍是"死"的，只有通过人的阅读理解和躬行践履，才能让它在生活中"活"起来，也就是要让"文本"与"人本"紧密结合，融为一体，真正在人身上体现经典精神。这也是孔子所说"人能弘道，非道弘人"的意思。用当代学者的话说，就是"应将生命的儒学，转向生活的儒学。扩大儒学的实践性，由道德实践而及生活实践、社会实践。除了讲德行美之外，还要讲生活美、社会人文风俗美。修六礼、齐八政、养耆老恤孤独、恢复古儒家治平之学，让儒家在社会生活中全面复

---

① 陈寅恪：《金明馆丛稿二编·邓广铭宋史职官志考证序》。

活起来。"①

## （三）人性的复苏

那么，人本复活的中心是什么？我们认为，人本的复活就是人性的复苏。所谓"儒学"，如果用一个词来表述，那便是"人学"，或称"仁学"。儒者，人之需也。同时，儒学又是心性之学。它直指内心，使人无所遁形。"尽其心者，知其性也。知其性，则知天矣。"（《孟子·尽心上》）而"人"的心性，用一个字来表述，那便是"仁"。《说文》曰："仁，亲也，从人从二。"也就是说除自己之外，还有别人（外界事物）的存在。因此"仁"是表示人与人之间相互关系的范畴。这是一种两仪思维，表示要由此及彼，推己及人，讲求均衡协调。这里的人是单数，相当于英文的man；仁是复数，相当于英文的men，也就是"民"字。关注"民"即是仁字的本意，也就是说要"心存民意"进而"关心社会"。因此，可以说儒学是全世界最为人性化的学说，西方近代的人文主义和民主自由思想，其实正是儒家学说的滥觞。这已为国际诸多学者和思想家所逐渐承认和接受。

人性与兽性对举而言。所谓兽性，即是指动物的自然属性，也就是禽兽等动物在自然界谋求生存和繁衍的本性。这是物竞天择、适者生存的进化论及西方社会达尔文主义的立论之基，也是西方法系产生的社会历史背景。在西方法系里，崇尚竞争，优胜劣汰、弱肉强食、胜者为王是天经地义的思想。在此基础上，他们发动了持续几个世纪的对外侵略和扩张的所谓"征服运动"，迫使全世界人民接受他们的价值观念。其实以美国为代表的所谓西方价值观，说穿了，不过是尚未根除的"己所欲，施于人"的野蛮霸道的兽性而已。

① 龚鹏程：《生活儒学的重建：东亚儒学发展的新途径》。

而人性在儒家经典里又称"人道",以对应于"天道"。如"天道亏盈而益谦,地道变盈而流谦,鬼神害盈而福谦,人道恶盈而好谦"(《周易·谦》),在此以"天道""地道""鬼神"与"人道"并举,可见儒家经典以"人道"略同于"天道"。但由于"天道远,人道迩"(《左传·昭公十八年》),天地鬼神之道不可知,只有通过人的躬行践履,不断探测天道,揆知天命,从而使自己的行为尽量合乎天的准则。查《十三经(逐字)索引》①,整部《十三经》633 783字,"人"与"民"字共出现11 705次,占全部文字的1.85%,即每54字则有一"人"或"民"字。其出现频率之高,当为各国经典文字之首。而"天"字于《十三经》仅出现2 553次,"地"字仅出现844次。可见,"人"才是天地间真正的中心,正所谓"人者,天地之心也"(《礼记·礼运》)。"人"在世上的使命,就是要"为天地立心,为生民立命"(张载:《张子语录》)。而能够做到这点的就是圣人。

## (四)礼乐的重建

中国素有礼仪之邦之称,历来是一个十分注重道德建设的国度,吾国民讲究自身修养,通过严格的道德自律,来达到理想人格的自我完善,然后推己及人,化民成俗,达到"内圣外王"境界。所谓道德问题就是人心问题,而人心的核心问题就是欲望和性情。睿智的古人发现,加强道德建设的最佳方法就是用礼来节制欲望,用乐来调和性情。由乐而和,由和而亲,由亲而爱,由爱而化;由礼而节,由节而序,由序而敬,由敬而顺。内和外顺,则民不与争。这样,宗庙之中,族长乡里,闺门之内,朝野上下,长幼父子,兄弟朋友无不和亲敬顺,秩序井然,悖乱不生。因此,《礼记·乐记》曰:"礼节民心,乐和民声,政以行之,刑以防之。礼乐刑政,四达而不悖,则王

---

① 栾贵明、田奕主编:《十三经(逐字)索引》,中国社会科学出版社,2004。

道备矣。"先民以礼乐为主导,以刑政为辅翼,并非不知法律政治的重要性,而是深知它们具有很大的局限性和被动性,其作用远远不如道德文化之广泛深入而又长远。这也是孔子言"道之以政,齐之以刑,民免而无耻;道之以德,齐之以礼,有耻且格"的根本原因。因此,从这个意义来说,中华文化在很大程度上就是礼乐文化。识礼者知耻,好乐者安和。胡锦涛主席提出树立荣辱观和建设和谐社会的新思路,可谓"外师造化,中得心源",正好与古代礼乐文化遥相呼应和印证。

至于如何在现实生活中重建礼乐文化,再度寻回生命归依的价值性感受,让儒学具体作用于生活世界,这是一个既传统又现代的课题,需要一代代人的共同努力。

## (五)家庭伦理的重建

家庭是社会和国家的最小构成单位。历史证明,哪怕是最有效率的万能政府,实际上也不可能全面介入管理每一个家庭或地方宗族的具体生活,正如大脑不能指挥身上的每一个细胞的具体活动一样。粗暴的干涉,只会造成每一个家庭失去应有的活性,甚至解体。《大学》所谓"欲治其国者先齐其家",便是要充分调动每一个体的灵动性和活力。而这个"家"在先秦多指"大夫之家",相当于后来的宗族团体,或现在的社区组织。

随着西方个性解放和独身主义的过度泛滥,传统的家庭伦理道德受到严重挑战和破坏。越来越多的家庭解体,人与人之间愈来愈显得隔膜和疏离,离婚率逐年上升,单亲家庭和青少年犯罪等日益成为严重的社会和文化问题。通过加强家庭伦理道德建设来消除社会痼疾已成为国际社会越来越关注的一个新课题。

### (六) 政治理念的更新

儒者从不讳言和放弃对政治理念的执着追求。所谓经者，经世致用也。因此，孔子说："人道政为大"，又说："为政在人"（《礼记·哀公问》），"政者，正也"（《论语·颜渊》）。这应该是所有真正的政治家（而非政客和权谋家）最基本也是最正当的操守和追求。

儒家经典中阐述的修齐治平的思想更是政治与文化的最佳结合方式。用当代伟大的政治家孙中山先生的话说："就人生对于国家的观念，中国古时有很好的政治哲学，我们以为欧美的国家近来很进步，但是说到他们的新文化，还不如我们政治哲学的完全。中国有一段最有系统的政治哲学，在外国的大政治家还没有见到，还没有说到那样清楚的。就是《大学》中所说的'格物、致知、诚意、正心、修身、齐家、治国、平天下'那段的话。把一个人从内发扬到外，由一个人的内部做起，推到平天下止。像这样精微开展的理论，无论外国什么政治哲学家都没有见到，都没有说出，这就是我们政治哲学的知识中独有的宝贝，是应该要保存的。"[①]

## 四、产业发展是中华文化复兴的重要途径

进入 21 世纪，中华儿女无不期盼中华民族的和平崛起。而围绕中华文化复兴议题，国内外学者见仁见智。其中不乏主张从欧洲文艺复兴及思想启蒙中顾盼今日中华文化伟大复兴的声音。笔者却以为，欧洲与中国无论在文化基因、历史背景、自然环境、社会条件、渊源脉络、时代使命等方面，均存在根本不同。正如当代学者余英时先生所言："西方所走的途径是受它的特殊文化系统所限定的。中国的历史文化背景与西方根本

[①]《孙中山文粹》（下册），广东人民出版社，1996，第 800 页。

不同,这就决定了它无法亦步亦趋地照抄西方的模式。"① 因此,复兴中华文化,必须从国情出发,找到适合自己的正确道路。

笔者认为,文化产业发展是新的历史条件下实现中华文化复兴的重要途径。产业化发展,就是使文化产品和服务得以批量生产、形成规模、广泛传播,让更多的消费者具有接触、消费这些文化产品与服务的机会。如今全球已经进入消费时代,在许多国家和地区,文化产业已经成为经济发展的新的增长点,甚至成为重要支柱产业。美国的文化产业已经成为第一大出口产业并雄霸世界,日本文化产业成为国民经济第二支柱产业。一些发达国家和地区(如英国和我国台湾地区)的经济快速增长时期都经历了以第三产业为主的产业结构调整,其中文化产业(创意产业、文化创意产业)和高文化含量的服务业,以及经济生产活动中的高文化附加值,都成为这些国家和地区经济增长的支柱。综观全球,文化的产业化成为众多国家和地区理性选择的发展战略和竞争策略。我国自2003年正式启动文化体制改革试点以来,文化产业作为一种"朝阳产业"所创造的价值在GDP中所占比重越来越大,在国民经济发展中的地位愈益重要。如今,举国上下已基本形成如下共识:文化既是事业,也是产业,只有大力发展文化产业,"只有更好地占领市场,才能更多地占领阵地"②,才能实现社会效益和经济效益的统一。

尤其值得关注的是,党的十七大将文化提高到国家战略高度来认识,给文化产业的发展创造了新的历史机遇。胡锦涛总书记在十七大开幕式上用了近10分钟论述"推动社会主义文化大发展大繁荣"。其中提出"文化生产力""文化软实力";提到解放和发展文化生产力,推动文化内容形式、体制机制、

① 余英时:《中国思想传统的现代诠释》,江苏人民出版社,1995,第14页。

② 李长春:《在文化体制改革试点工作会议上的讲话》(2003年6月28日)。

传播手段创新;特别提到大力发展文化产业,繁荣文化市场,增强国际竞争力,运用高新技术创新文化生产方式,培育新的文化业态,加快构建传输快捷、覆盖广泛的文化传播体系。可以断言,伴随我国文化产业的大发展大繁荣,中华文化的复兴必将进入一个崭新的历史阶段。

## 五、北京经验证明走产业发展道路实现中华文化复兴是可行的

文化创意产业是以创新、创造、创作为根本手段,以文化内容和创意成果为核心价值,以知识产权实现或消费为交易特征,为公众提供独特文化体验的具有内在联系的行业集群。20世纪90年代,北京在全国率先提出发展文化产业。2005年,北京又作出大力发展文化创意产业的部署。2007年,在市第十次党代会上,中共中央政治局委员、市委书记、市文化创意产业领导小组组长刘淇同志在报告中强调,要"使文化创意产业成为首都经济的支柱产业和新增长点"。为认真落实大力发展文化创意产业的决策部署,北京专门成立了由市委、市政府主要领导挂帅的领导小组,负责指导协调全市文化创意产业发展。迄今,在制定规划、理清思路,明确发展文化创意产业的目标任务;完善政策、优化环境,调动全市发展文化创意产业积极性;突出重点、培育亮点,扶持文化创意产业重点集聚区和重点项目等方面做了大量工作。2006年,全市文化创意产业创造增加值812亿元,同比增长15.9%;实现业务收入3 614.8亿元,同比增长29.4%;从业人员达89.5万人,同比增长6.6%;资产总额达6 161亿元,同比增长19.9%。到2010年,文化创意产业实现增加值占全市生产总值的比重要达到12%左右。规划期内,文化创意产业增加值年均增长

15%左右。①北京正在成为全国的文艺演出中心、出版发行和版权贸易中心、广播影视节目制作和交易中心、动漫和网络游戏研发制作中心、广告会展中心、古玩艺术品交易中心、设计创意中心、文化旅游中心、文化体育休闲中心,正在向文化名城和国际都市稳步迈进。

文化创意产业已经成为首都经济发展的新亮点、社会进步的新引擎和城市形象的新符号,为首都经济社会发展增添了新的生机与活力。几年的实践使我们深切地感受到,文化建设是个"战场",但必须面向市场,不断提高文化创意产业的市场化程度,以积极健康的文化产品和服务占领国内国际两个市场。同时,必须树立新的文化发展理念,在继承中华民族文化传统,挖掘、利用现有文化资源基础上,广泛吸收和借鉴一切先进文化、先进理念和科技成果,不断创新文化内容、文化样式和文化创作、生产、传播模式,依靠创新驱动,把资源优势充分转化为产业优势,把创新精神贯穿到文化创意产业发展的各个环节,积极营造鼓励文化创新的浓厚氛围,完善创新机制,鼓励创新实践,使全社会的文化创造活力充分释放,文化创新成果不断涌现。②北京发展文化创意产业的经验充分证明,走产业发展之路实现中华文化复兴是完全可行的。

《诗》曰:"周虽旧邦,其命维新。"中华民族是世界上的伟大民族,作为四大文明古国硕果仅存的中华文化无疑是世界文化的重要组成部分,中华文化的复兴不仅仅是中华民族伟大复兴的"前奏曲",更是和谐世界新格局极为壮丽的"华彩乐章"。让我们共同致力!

① 蔡赴朝:《北京发展文化创意产业的实践与思考》,《求是》,2007年第22期。

② 同上。

# 深化文化体制改革，加快文化创意产业发展①

2003年以来北京市文化体制改革分为两个阶段：第一阶段是文化体制改革试点阶段（2003—2005年），作为全国文化体制改革试点地区之一，北京市的主要任务是"发展文化企业，培育文化市场"，在经营性文化事业单位转制、公益性文化事业单位内部改革、文化市场综合行政执法等方面先行取得突破；第二阶段是文化体制改革全面推开阶段（2006年至今），北京市把深化文化体制改革同促进文化创意产业发展有机结合起来，落实相关改革配套政策和产业扶持政策，培育新的经济增长点，满足人民群众文化消费需求，取得明显成效。现将北京市深化文化体制改革、加快文化创意产业发展的有关情况汇报如下。

**一是把文化体制改革和文化创意产业发展纳入全局工作，加强组织领导和协调指导。**北京市委、市政府高度重视文化体制改革和文化创意产业发展工作，全面部署，稳步推进。2006年成立了市文化创意产业领导小组。全市21个委办局组成的领导小组办公室建立了快速有效的工作机构。在实践中，北京市将全面推进文化体制改革工作与制定实施文化发展规划有机结合起来，先后制定出台了《北京市文化产业发展规划（2004—2008年）》《北京市"十一五"时期文化创意产业发展规划》，市政府相关主管部门和各区县分别制定出台文化行

---

① 本文为北京市文化创意产业领导小组办公室的汇报材料，笔者参与了稿件的准备工作。

业发展规划和区域文化建设规划，积极构建市区两级文化规划指导体系，依托文化事业和文化创意产业的大发展，更好地推动文化体制改革向纵深推进。

**二是以明晰定位、增强活力、改善服务、提高效率为重点，进一步深化公益性文化事业单位改革，发挥文化事业在满足人民群众基本文化需求中的主渠道作用。**六年来北京市公益性文化事业单位通过深化内部改革，已经全面推行全员聘用制和岗位管理制度，极大地调动员工的工作积极性。在文化体制改革中北京市进一步明确公益性文化事业单位的公共文化服务职能，对文化事业单位的投入与服务职能的实现直接挂钩，重视鼓励和引导其拓宽服务领域，创新服务方式，推动公共文化服务向基层农村和社区延伸。北京市四级图书馆公共图书馆服务网络已经形成，建成文化信息资源共享工程各级中心、基层点410个；广播电视"村村通"工程已经全面完成，广播电视综合覆盖率达到99.98%以上；读书益民工程建成益民书屋927家，直接受益群众超过100万人。

**三是以经营性文化事业单位转企改制为中心环节，大力培育新型文化市场主体，充分发挥市场在配置文化资源中的基础性作用。**经营性文化事业单位转企改制是文化体制改革的重中之重。北京市以文艺院团转企改制为突破口，将差额拨款事业单位一步转制为公司制企业，先后完成北京儿童艺术剧团、北京歌剧舞剧院、中国木偶剧团、中国杂技团等单位的转企改制，取得经济效益和社会效益双丰收。经过六年的改革发展，北京市的经营性文艺院团、出版发行单位、电影公司、电影院等已经基本完成转企改制工作，北京市属党报党刊、电台、电视台已完成发行体制改革试点工作任务，北京出版社集团已经转企改制成立北京出版集团有限责任公司。其他市属出版社的改制工作也在紧锣密鼓地进行，力争到 2010 年经营性出版社全部转制为企业。

**四是推动资源整合、优势互补，建立现代企业制度，推进兼并重组和上市融资，积极培育文化领域的骨干企业和战略投资者。**北京市积极推动宣传文化系统资源整合，实现强强联合、优势互补，先后组建了北京日报报业集团、北京北广传媒集团、北京歌华文化发展集团、北京发行集团、北京演艺集团。在文化体制改革中，北京市注重利用资本市场，着力做强做大国有文化企业集团，先后成功推动北京歌华有线电视网络股份有限公司和北青传媒股份有限公司上市。

**五是增加投入，扩大覆盖，创新公共文化服务运行机制，加强公共文化服务体系建设，保障人民群众共享文化发展成果。**2003—2008 年，北京市财政先后投入 57.5 亿元资金用于公共文化服务体系建设，年均增长 29%。2008 年，制定出台《关于加强北京市公共文化服务体系建设的实施意见》。北京市在加大投入力度的同时，改变投入方式，引导优质服务，加强公共文化服务体系建设的合理规划，积极推动基层公共文化设施的共建共享和资源整合，努力形成实用、便捷、高效的公共文化服务网络。北京市已经构建起包括文化馆、图书馆、博物馆和文化演出、出版、广播、电视、电影等在内的公共文化服务体系。

**六是加大对文化创意产业的引导和支持，鼓励社会参与，全面实施重大文化创意产业项目带动战略和产业园区集聚发展战略。**北京市把文化创意产业发展作为重要的支柱产业加大投入，重点支持、优先发展。北京市已经建立起包括文化发展专项资金、文化创意产业发展专项资金、文化创意产业集聚区建设专项资金等在内的配套资金扶持体系。近六年来，北京市投入增量文化建设扶持资金 50 多亿元。其中，2006 年设立的文化创意产业发展专项资金三年来累计安排资金 15 亿元，支持重点产业项目 206 个，带动社会资金 146 亿元，有效发挥了专项资金的引领和放大作用。发展文化创意产业集聚区是北京市推动文化创意产业集聚发展的重要举措。目前北京市已认定的 21 个市级集聚区内有文化创意企业逾万家。在中央文化管理部门的指导下，目前北京市正在规划建设包括中国动漫游戏城、国家出版创意产业园等大型文化创意产业项目。北京市已经形成以市级集聚区为龙头，区级集聚区和众多各具特色的文化创意街区、文化创意厂区、文化创意新村组团式集群发展的良好态势。

**七是加快文化领域投融资体制改革，促进金融资本与文化资本的对接，解决文化创意企业融资难问题，进一步建立健全文化创意产业投融资服务体系。** 北京市在文化体制改革中始终高度关注文化企业融资难问题，鼓励和引导金融机构支持文化创意产业发展。近两年来，北京市先后推出一系列有力举措。一是协调指导商业银行在全市范围内推出文化创意产业专项贷款。其中，北京银行每年为文化创意企业提供授信额度 50 亿元人民币，截至 2009 年上半年，北京银行已经审批文化创意类贷款项目 98 个，发放贷款金额 19 亿多元。二是从市文化创意产业专项资金中安排专款，对符合产业重点支持范围、已获商业银行贷款的文化创意企业，给予贷款贴息支持。三是从市文化创意产业发展专项资金中安排专款，采取对担保业务进行补助、对合作担保机构的再担保费进行补贴的方式，鼓励担保机构为文化创意企业提供担保服务。《北京市文化创意产业担保资金管理办法（试行）》已于 2009 年 3 月 9 日正式出台，北京首创投资担保有限责任公司、北京中关村科技担保有限公司作为首批合作担保公司已经启动文化创意产业担保业务。四是在北京产权交易所设立文化创意企业融资服务平台，解决产业项目投资需求信息不对称问题。截至今年上半年，该平台已组织十余场项目发布会，累计为 68 个项目成功融资 4.8 亿元。五是在进一步调查北京地区文化创意企业融资需求的基础上，选择重点文化创意企业进行上市培训，并协调有关部门和金融机构提供在主板和创业板上市融资服务，利用资本市场，培育和支持一批文化创意企业做强做大。六是研究设立文化创意产业创业投资引导基金，已制定《北京市文化创意产业创业投资引导基金管理办法》。七是积极研究论证发行北京市文化创意产业集聚区企业债券。八是研究论证设立北京市文化创意产业投资基金。北京市文化创意产业投融资服务体系的完善，对于当前金融危机形势下帮助文化创意企业成功融资，推动文化创意产业发展具有重要作用，一批文化创意企业得到实惠。为更好地发挥金融对文化创意产业的促进作用，中国人民银行营业管理部、中国银行业监督管理委员会北京监管局 7 月 3 日制定出台了《关于金融支持首都文化创意产业发展的指导意见》，探索建立适合文化创意产业特点的信贷机制，积极稳妥地推出多层次的信贷创新产品，使北京文化创意产业投融资保障体系建设有了系统的金融政策指导。

**八是坚决贯彻落实和用足用好文化体制改革配套政策和文化创意产业扶持政策，充分发挥政策引路、政策激励和政策保障作用，为深化改革、促进发展创造有利条件。**在文化体制改革配套政策方面，北京市落实国发〔2003〕105 号文件精神，将有关政策转变为操作性的实施细则。2004 年至 2008 年，北京市为转制文化单位和新设文化企业免除企业所得税 23.7 亿元。根据国办发〔2008〕114 号文件精神，北京市明确对经营性文化事业单位转制后的财政支持和税收优惠政策延续到 2013 年，为推动文化体制改革向纵深发展提供了有力支持。

北京市认真贯彻落实财政部、国家税务总局《关于宣传文化增值税和营业税优惠政策的通知》(财税〔2006〕153号)精神,2001—2008年为800多家出版单位办理了出版物增值税先征后返手续,累计返税36亿元人民币。在文化创意产业发展政策方面,以2006年制定出台《北京市促进文化创意产业发展的若干政策》为指导,北京市已先后发布重点文化行业扶持政策及实施细则14个。北京市支持文艺演出、出版发行、电影、会展等产业发展的政策及推动北京文化产品和服务走出去的政策、文化创意产业人才的奖励政策也将于近期陆续制定出台,面向社会发布。全市已形成基础政策、行业政策、实施细则与区域政策协调配套的文化创意产业政策扶持体系。

**九是坚持属地管理、重心下移,进一步推进文化市场综合行政执法,创新文化市场管理机制,建立健全文化市场监管体系,促进首都文化市场健康繁荣有序发展。**中办发〔2004〕24号文件发布后,北京市高度重视,制定出台具体实施意见。2005年4月6日,北京市文化市场行政执法总队正式成立。目前全市18个区县已全部组建起文化委员会行政执法队。市文化执法总队人员编制124名,18区县共有行政执法人员编制319名。经过四年努力,全市文化市场综合执法框架基本形成,文化市场管理机制逐步完善。截至2008年年底,市区两级文化市场管理("扫黄打非")工作领导小组及其办公室全部设立。为弥补执法力量的不足,2008年在全市18个区县设立文化市场监督员制度,市区两级财政划拨文化市场监督员专项经费,在全市建立起一支近1800人的监督员队伍。

**十是稳步推进文化行政管理体制改革,理顺体制机制,转变政府职能,实现管理方式创新,提高文化行政管理部门的服务效率和工作水平。**经过六年的持续推动,北京市文化行政管理部门通过管理方式创新,工作重心已经转向为文化事业和文化创意产业的发展创造良好环境，研究制定文化建设发展战略和规划，提高文化经济政策指导和服务，保障实现人民群众的文化权益。六年来北京市指导建立了演出行业协会、电影发行放映行业协会、互联网上网服务营业场所行业协会、音像制品分销行业协会。在推进行政审批制度改革方面，2003—2008年，全市取消文化类审批事项35项、下放文化类审批事项4项，文化类审批事项减少到97项。同时，适应新的形势任务，北京市进一步深化文化行政管理部门内部改革，调整机构，加强公共文化服务和社会管理职能。

上述十个方面的有效举措，对推动北京市文化体制改革和文化创意产业发展，产生明显作用，取得重要成果。经过近六年的改革和发展，北京市文化事业基础日益巩固，实力明显增强，文化创意产业发展迅猛，产业支柱地位牢固确立。根据市统计局的统计，2008年北京市文化创意产业创造增加值预计占全市地区生产总值的11%。文化创意产业增加值已超过批发零售业、房地产业、商务服务业、交通运输业等行业，仅次于金融业，在第三产业中位居第二，支柱产业地位进一步确立。今年上半年，北京市规模以上文化创意产业单位创造增加值603.8亿元，比上年同期现价增长9%，占全市GDP的11.4%，同期GDP现价增长4.6%，第三产业增长8.1%，文化创意产业高于全市GDP增长4.4个百分点，高于第三产业0.9个百分点，占第三产业比重的15.2%，北京市文化创意产业发展总体态势向好，产业发展整体提速，部分行业呈现明显上升趋势。

回顾和总结近六年来北京市深化文化体制改革、促进文化创意产业发展的实践，我们深刻地体会到：一方面，要充分认识文化建设在首都国民经济和社会发展中的重要作用，把文化建设摆到与经济建设同等重要的位置，把文化工作和经济工作一起规划，推动文化建设与经济建设同步发展，为促进社会主义文化大发展大繁荣提供重要保障；另一方面，要充分发挥文化体制改革对文化创意产业发展的推动作用，始终把改革与发展有机结合起来，正确处理政府、市场和企业的关系，加强协调，深化合作，推动形成有利于科学发展的体制机制，积极营造有利于投资创业的出精品、出人才、出效益的文化建设环境。

当前，面对国际金融危机给文化发展带来的挑战和机遇，北京市将进一步加快推进体制机制创新，加快文化资源整合重组的步伐，提高应对国际金融危机的能力。在中宣部的指导和帮助下，北京市将按照中央的部署和要求，深入贯彻落实科学发展观，认真学习各地文化体制改革工作经验，积极稳妥地推进文化体制改革，进一步深化文化体制改革，解放和发展文化生产力，加快推动文化创意产业发展，繁荣首都社会主义文化，更好地为首都的改革开放和现代化建设服务。

# 外研社文创事业多元探索之路[1]

文，错画也。错画者，交错之画也。《考工记》曰：青与赤谓之文。错画之一端也。错画者，文之本义。文彰者，文之本义，义不同也。黄帝之史仓颉见鸟兽蹄远之迹，知分理之可相别异也，初造书契。依类象形，故谓之文；化，教行也。教行于上，则化成于下。老子曰：我无为而民自化。

出版产业不仅仅是在广义程度上属于文化的范畴，也不仅仅是一种文化现象、文化的积累、传播与传承，出版产业承载着文化发展的重要使命，担负着文化价值创新与实现的责任。包含着知识积累、传播和发展功能的出版业在社会信息系统中也扮演着重要角色。与传统的制造业有所不同，出版产业所出版的产品在具备物质属性的同时，其价值更多体现在产品所承载的内容层面，出版产业本身已成为文化创意产业的一个重要行业门类。

出版是人类文明传承和发扬的重要方式，是不同文明交流互鉴的重要载体。建社42年来，外研社以"记载人类文明，沟通世界文化"为企业的初心和使命，以振兴民族外语教育、推动社会文明进步为己任，与700家以上的国际合作伙伴不断进行着交流与合作，打造了《新标准英语》《新概念英语》《书虫》《剑桥国际英语教程》《大猫》等精品图书，以及英语和多语种的教材、读物和词典，在中国市场上都已成为畅销不衰的

---

[1] 本文由外研社文化创意中心创意策划部主任迟红蕾和外研社品牌管理部主任李鸿飞两位同志执笔完成。

经典品牌；同时，介绍中国重要成就、先进做法、经典文化的主题出版物从外研社走向海外，让世界更全面、立体地了解真实、美好的中国，为中外文化融通与文明互鉴搭建了交流与合作平台，被中宣部授予"中国图书对外推广计划特别贡献奖"，成了中外文化沟通的"桥梁"。

目前，外研社已发展成为中国外语教学与研究重要基地、外语类图书出版重镇和中国企业"走出去"的典范。外研社先后荣获"全国优秀出版社""先进高校出版社""新闻出版走出去先进单位""国家文化出口重点企业""讲信誉、重服务出版单位""全国教材先进管理单位""首都文化企业30强"等荣誉称号，被评为国家一级出版社。外研社出版的众多图书获得了中国出版政府奖、中华优秀出版物奖等所有国家级重要奖项，员工先后获得全国新闻出版行业领军人才、全国宣传思想文化系统"四个一批"人才、"北京影响力"企业家20强、北京市出版人才"百人工程"等多个荣誉奖项和称号。外研社已在全球11个国家创立海外机构，在英国牛津设立孔子学院，发起成立"中国—中东欧国家出版联盟"，线上线下同步发展，

构建和形成了"外研社＋互联网"的媒体融合大平台。近年来，外研社走出了一条融合出版、展陈、数字化发展的多元探索的文创之路。本文从外研社本身的探索和外研社文化创意中心的实例出发，从狭义角度尝试进行解读。

## 一、雏凤清于老凤声

外研社自2013年开始，积极开拓文创项目，争取政府扶持资金，仅仅用一年多的时间，就开拓出了一片天地。当很多出版社还在观望、迟疑时，外研社的文创中心就已经悄悄起步了，现在的文创产业已经获得蓬勃的发展。而在当时，面对出版社的文创中心这样一个新生事物，大家都会问"你们是干什么的？你们还做出版吗？""出版社做文化创意是不是还和卖书有关，是不是市场促销手段啊？"

当时，人们对于文化创意产业只有些模糊的概念，我们不知道"创意产业""文化创意产业"这些有着近似内涵的概念是不是一回事，带着这些疑问我们出发了，因为我们知道对我们来说最难走的路不是崎岖不平的路，而是迈出的第一步。我们相信很多答案都在路上。

在深入研究英国、美国、中国台湾地区、中国香港特别行政区的文化创意产业后，我们发现中国主题的文化创意产业与我们心目中的文化创意产业更为接近——"以创作、创造、创新为根本手段，以文化内容和创意成果为核心价值，以知识产权实现或消费为交易特征，为公众提供独特文化体验的产品或服务。"但出版社做文创产品的立足点是什么？外研社独特的文化资源又是什么？经过大家的共同讨论，我们认为出版行业归属知识经济的范畴，是一种以知识及创意为本的经济产业，外研社最有价值、最独特的资源是其语言优势和多年来积累的大量出版资源。多年积累的中西方文化资源应该是外研社文化创意产业的立足点，是我们创意、创新的核心内容，而得天独厚的语言优势又可以助力我们完成对中西文化内容的梳理、分析、归纳与呈现，中西方文化资源和语言优势就成了外研社文化创意的两个抓手。

## 西山项目——讲好中法交流的故事

2014年，适逢中法建交50周年。3月26日，国家主席习近平在法国参观了"里昂中法大学"旧址，拉开了中法交流的一系列活动的序幕。在北京的海淀区西山，也坐落着一座"北京中法大学"。中法大学是1920年由李石曾、蔡元培等人发起，利用法国庚子赔款退还余额及募捐所得，在北京西山和法国里昂分别设立的两所学校。两所学校虽均已停办，但在中法交流史上留下了不可磨灭的印记。目前，西山还保留着中法大学及附属温泉中学旧址、贝家花园、贝大夫桥等中法交流遗址。

北京市海淀区委、区政府积极搭建西山地区中法交流平台，外研社得知后，积极协助海淀区政府组织承办"对流——北京西山中法文化交流史迹展"。为办好这次展览，外研社跨部门合作，组织了5个工作团队，分别负责文史资料收集、展品收集、平面空间设计、视频制作和互动装置布展工作。开展当日，参加展览的法国大使馆文化参赞为了多看一会儿展，甚至取消了当天已经安排的其他活动。由于此次展览产生了良好的社会效益，海淀区政府和外研社决定将短期展览改为长期展览。

2015年5月15日，由海淀区政府主办、外研社北京国际文化创意与传播基地策划、执行的"对流——北京西山中法文化交流史迹展"（精华展）在北京钓鱼台国宾馆芳菲苑迎来了前来参加中法高级别人文交流机制第二次会议的两百多名中法各界嘉宾。中方主席、中国国务院副总理刘延东，法方主席、法国外交与国际发展部部长洛朗·法比尤斯，教育部部长袁贵仁、副部长郝平，科技部副部长王志刚、法国驻华大使顾山，以及教科文卫领域的其他部委领导在大会开幕前先后参观了展览，并给予了高度评价。

此次精华展是在 2014 年纪念中法建交 50 周年举办的西山展览的基础上，选择并聚焦其时众多在西山地区活动的法国友人中的三位——贝熙业、铎尔孟、圣 - 琼·佩斯在中国的传奇经历及成就，特别关注他们同中国友人一道，在各自领域为中法文化交流做出的重要贡献，以及中国人和中国文化对他们的深刻影响。

以前毫无会展经验的外研社之所以能够完成这个展览，有几个不可忽视的原因。首先是中国丰富的历史文化资源，西山地区有 20 多处中法交流遗址，可发掘的资源非常多。其次是外研社的外语优势，西山项目需要检索各种法语资料，习近平主席在法国提到西山和贝熙业时，法国外交部手头也没有太多的信息，很多内容都是外研社挖掘和梳理出来的。最后是外研社国际合作的优势。在所有的出版社中，外研社的国际化程度无人能及，这就便于通过各种渠道获得相关资源。外研社在文化创意探索之路上迈出了坚实的第一步。

图 4.1 《对流——北京西山中法文化交流史迹展》现场照片

图 4.2　法国博物馆专家高乐菲女士（左）一行参观《对流》展览

图 4.3　舒乙先生（左）和法国驻华使馆文化参赞周子牧先生（右）参观《对流》展览

图 4.4　著名亚洲艺术学者戴浩石先生（左）参观《对流》展览

## 二、绝知此事要躬行

我们将外研文化创意产业阐释为文化（中西文化资源）、创意（创新思维）、产业（通过设计和策划市场带来经济效益），带着这样的思考我们在各个不同的项目中不断检验和修订我们的认识。

文化创意产业承担着文化传播的功能，这是它的使命也是其生存之本，文化创意产业提供给消费者的消费产品往往是无形的文化产品，消费者所消费的正是产品和服务所蕴含的文化内容，就像读者不是消费纸张和文字，而是作品中的故事内容和艺术魅力。外研社的文化创意产业在当今文化全球化的过程中承载着向外介绍与彰显中华民族优秀文化的使命和责任，同时还承担着引进国外优秀文化的任务，这就要求我们所提供的文创产品能满足不同地域和国家观众共同的情感需求、精神需求和休闲娱乐需求，是能打破地域甚至民族之间、国家之间意识形态的差异和对立的文化产品，其内在品质、精神和人文意蕴在满足不同语言文化的消费者需求的同时，还要具有健康、积极向上能体现人性美的特色。外研社的文化创意产品无疑会受到中外文化属性、意识形态等因素的制约和影响，如何能找到中外文化交流的共鸣点，制作出能引起中外消费者共鸣与共享的文化产品，是我们做文化创意产品的立足点和切入点。

爱因斯坦曾经说过想象力比知识更重要，想象力概括着世界的一切，推动着进步，并且是知识进化的源泉。可见想象力与创造力并不是艺术家的特权，是科学家必备的品质，也是进行文化创意活动的核心能力。

文化创意产业是一种以创造力为核心的新兴产业，文创产品的市场和常规的市场结构、市场模式、市场营销、市场消费不同，从实体产品还没有诞生前我们就需要对未来的市场进行策划、设计、涵养和激发，即需要创意策划（针对未来市场）、创意设计（产品内容与形式）、创意营销、创意消费。可以说创意体现在文创产品的方方面面。从市场方面来说需要我们创造消费惯例、涵养消费人群、引导消费习惯等。这一点和普通产品非常不同，这也许正是文创产品特有的经济模式，可以说文化创意产品正慢慢改变着我们的产业运作模式和市场经济结构。内容和设计形式同样需要创意，需要独创性和个性化，文化创意产品的个性化与独创性更多地决定于文化创意者和艺术设计者的审美意识、审美个性和审美趣味，依靠创意人的智慧、技能和才智。2015 年我们在西山曹雪芹纪念馆举办"曹雪芹诞辰三百周年"特展，和多位曹红专家合作第一次创造性地将曹雪芹的生平、生活环境等内容与小说《红楼梦》的创作结合起来进行展示，我们又进一步将曹雪芹的生平与西方同时代文学家、小说家进行横向对比展现，该展览吸引大量国内国际观众，扩大了曹红文化的国际影响力，也进一步推动了中国传统文化的走出去。2018 年，外研社继续围绕"高端策展"与"文创产品"两条线，深度挖掘文化资源，策划实施了国家图书馆文津奖颁奖典礼和"致敬经典、面向未来"展览，以优质的内容创作和视觉体验获得业界普遍好评。

文化创意产业要借助科技的翅膀才能高飞，在文创产品设计、制作中，我们的创意不再局限于传统媒介手段，数字技术使我们在创意空间中拥有了更大程度的自由度和自主权，交互艺术、数字艺术等不仅可以表现出复杂的细节，也给予作品发生改变的自由，人们在接受数字技术之前，信息和艺术必须通过具体的形式来表达，创意的表达仅局限于固有的媒介和材料，比如纸张、可触知的实物等，科技使我们的文化创意产业从这些固有的物质局限中释放出来，使得表现方式更为自由多彩。在"对流——北京西山中法文化交流史迹展"展览中，我们借助数字影像技术将圣-琼·佩斯的《远征》还原给大家，当我们缓缓翻开书时，轻轻飘出悠远的驼铃声、风卷黄沙呼啸而过的凄厉与集市上小贩讨价还价的嘈杂声将我们带回到了那个神秘、遥远的东方家园，我们用数字技术将《远征》所描绘的场景还原给观者，使观者穿越时空与圣-琼·佩斯和他的同伴一起踏上远征戈壁滩寻找陆上丝绸之路的艰辛历程。数字影像技术将《远征》这本书变得不再是冷冰冰的文字，而是可听可感的视觉之书。另外，科技也使我们的文创产品的使用体验更为人性化，依靠先进的科技和设备，设计师可以将其创意理念转化为新颖、具有竞争力的文化产品，使消费者的使用体验大大改观。我们相信科技的发展不仅能为文创产业创意实施提供素材，也会为外研社文创事业未来的发展提供广阔的空间。

图 4.5　外研社文创中心出品的"研·禧"新年套盒

## 三、直待凌云始道高

2019 年，外研社进行业务调整，将音频部与视频部划归文创中心，向更大的可能性发起挑战。创意成为未来我们开发音视频产品首先考虑的问题，音视频媒体本身强大的表现能力毋庸置疑，但是如果没有创意，音视频产品很容易陷于同质化和平庸，很难长久吸引观众的眼球。只有有创意、有特色的音视频产品才能打动观者，好的创意音视频产品应该充满灵性、美感，既能够表达思想，还能够感染和改变观者的思想，发挥传播功能。可以说未来音视频产品的竞争会更归结于创意的竞争。我们相信外研社创意型音视频产品将是专业技能与思想内涵的完美体现。

**2019年10月25日**，庆祝外研社成立40周年研讨会在外研社国际会议中心隆重举行。社会各界领导及外研社历任社领导、专家、作者、读者、合作伙伴和员工代表等近千人共同见证了这个重要的时刻。北京外国语大学党委书记王定华充分肯定了外研社在服务外语教育改革创新、服务国家对外开放战略、实现双效统一以及支持学校发展等方面做出的重要贡献。"回顾外研社40年发展历程，可以说，外研社既是改革开放的见证者、受益者，也是改革开放的践行者、推动者。"立足新时代，他希望外研社勇于面对挑战、抓住机遇，自觉肩负起以文化人、以文育人、以文培元的使命。他对外研社提出了"坚持正确政治导向、推进文明交流互鉴、深入实施融合发展、完善现代治理体系"四点要求，并表示学校将一如既往全力支持外研社创新发展，提供坚强后盾。中国职业技术教育学会会长鲁昕对外研社提出了"坚持党的领导、服务国家战略；进一步提升出版能力和水平，适应数字化转型；服务好国家教育战略，特别希望外研社为职业教育多出版图书；不断开拓创新"四点要求。她还希望外研社将"外研红"发扬光大，发展成为知名品牌。①

我们的目标是星辰大海，但这需要踩下的每一个脚印都是坚实的。如何在现今世界文化产业的大背景下寻找具有外研社特色的文化创意道路依旧需要我们更深入、更透彻地去探索与实践。外研社文创事业的未来必将直挂云帆济沧海！

---

① 《外研社成立40周年：不忘初心，砥砺前行》，新华网，2019年10月25日。

# 后　记

这本名为"行与知"的文化创意产业专题文集，主要来源于本人从事这个行业的实践经历和近五年的文字加工整理。即将付印之际，恰逢第37个教师节，抚摸着厚厚的书稿，笔者不禁思绪万千。

时光飞逝，转换不停。自上世纪末研究生毕业后进入作为文化创意产业一个行业门类的出版行业工作，迄今已整整二十三年矣。回首走过的路，真可谓山一程，水一程，行行重行行，笔者也真切地体验到了"风一更，雪一更，聒碎乡心梦不成，故园无此声"的人生况味。这个一直处于变动之中的过程：既是时间的流逝，也是空间的转换；既是个人的，也是人际的；既是主动选择前行的，也似乎是被裹挟而动的……总而言之，所走的这种丰富多彩的人生之路，应归因于本人甘愿"折腾"的个性。

蓦然回首，感慨良多。感慨的不仅仅是"子在川上曰，逝者如斯夫"的时光流变，更是这二十几年中，尽管不断转换时空、不断变换行业、不断轮换岗位，自己所从事的职业始终是宣传思想文化范畴的工作；尽管时而侧重产业，时而侧重事业，时而是技术岗位，时而是管理岗位，自己却从未放弃求新求变，一直在认认真真地探索着、思考着、总结着、记录着。稍觉有些遗憾的是，二十几年的摸索进程之中，似乎杂、广、博有余，而专、精、深不够。

燃情岁月，永不褪色。因为被文化创意产业这个"朝阳产业集群"所吸引，2007年正式入职北京市文化创意产业促进机构以来，作为参与者、推动者、见证者、记录者，数年的工作经历如今仍如一幅画卷时时浮现于脑海，其中有不少值得认真反思和总结的地方。从史料角度看，不管当时是自己主动的，还是被要求的，在文化创意产业领域工作的那些岁月，自己不经意间撰写、整理、留存了大量的文稿，今天翻捡出来触摸到它们，仍能感受到当年工作开展过程中的执着、艰辛、激情、喜悦和无奈，真可谓诸味杂陈、感慨颇多。进入"十三五"，北京市有关文促机构加大了对文化创意产业既往十余年的发展进行盘点的力度，此举延续了多年来重视研究的传统，因此得以推出了若干份研究报告。这些成果，无论对促进工作的开展，还是对文化创意产业的发展，都是必不可少的，也是非常及时的。这些成果凡所能接触到的，笔者均视之为珍宝，都会进行认真的研读，尽可能了解相关信息，藉此延续自己对文化创意产业的热情，毕竟有若干年没在促进体系之内了，渐行渐远过程中，通过间接渠道予以关注，也算是一种默默的支持吧。

责之所在，舍我其谁。北京市文化创意产业自被确立为重要发展战略以来，在曲曲折折的过程中坚持砥砺奋进，已经走过了十几个年头，"十三五"以来进入全面提质增速期。值此换挡转型之际，对过去的文章及有关资料进行整理，同时对相关研究资料进行选编、收录，从而形成一部比较系统全面客观地反映"十一五"及"十二五"乃至"十三五"这十几年间北京市文化创意产业发展历程和成败得失的史料集，尽管是一种很"私人的"行为，无疑也是一件非常值得做的事情。更让人感慨的是，当初成立的促进机构市文促中心，已经完成了历史使命，在事业单位改革中并入了市文资中心（市文资办的前身），首任主任杨淴先生已离世九年多，现任主任梅松先生刚刚退休。从此，这个机构、这个生龙活虎的团队就不存在了。北京市发展文化创意产业的艰苦探索和积累的经验、取得的成绩，乃至存在的不足，谁来回顾、整理和呈现？否则，这十几年的艰难探索将渐渐被遗忘，渐渐流逝，直至于无，这必将成为一件憾事。每念及此，笔者内心便难以平静，越来越意识到目前只有本人最具备这个条件来完成此项任务。只有把这件事做好了，心里才能坦然面对那段岁月。

挂一漏万，力求客观。本文集是笔者的系列文集《雪泥鸿爪》中的第二部，除代序、绪言和后记外，由四部分组成。其中，卷一为"理论思考篇"，是对文化创意产业相关概念及理论的梳理和解析；卷二为"实践探索篇"，是对北京乃至全国相关地区发展文化创意产业的历程、做法和相关标志性举措、活动的回顾和整理，同时收录了一份政策文本；卷三为"效果审视篇"，是对十几年来北京市文化创意产业发展效果的审视和剖析，内容主要来自市文促中心委托专业研究机构所作的专题分析，经市文促中心书面授权同意，适当收录进来；卷四为"历程回顾篇"，收录进来与北京文化创意产业关系密切的几篇文章，以纪念相关的人物和机构。其中尤为令人欣慰的是，在外研社总编辑徐建中先生的建议和指导下，外研社的两位同志把外研社四十多年来在文化创意产业方面的努力探索形成文字以记之，尽管挂一漏万，却也能作为点睛之笔，为本书划上了一个完整的句号。在此，向外研社的领导和同志深表谢意。在此需要强调指出的是，编辑本书的初衷是为北京文化创意产业作史料留存，但本书又不局限于北京的探索，而是置于较为广阔的背景去观察、思考和总结文化创意产业的发展实践和有关理论。故此，本书内容对北京的经验和做法涉猎甚多，但并未求全责备，在阐述中往往会把视野置于全国乃至全球。而且，书名也没有局限于北京这一区域。值得提示的是，尽管书中引述他人的成果已尽可能地取得作者本人的授权许可，但最终还是有几位作者实在联系不上，引述时注明了文章内容出处，希望作者看到本书后能与出版社或笔者联系。

　　一路同行，感谢有您。利用业余时间编著这部文集，是为怀念那段珍贵的岁月和相遇相处的同路有缘人，特别是市文促中心的二十位同志，在此不一一提名。诚挚感谢所有给予笔者以无私支持和帮助的领导、同事和朋友。特别感谢中国书协主席孙晓云女士为本书题写书名，感谢中央财大教授魏鹏举先生赐序，感谢江苏省网信办张赟先生的鼎力相助，感谢外研社刘捷先生、沈中锋先生、李鸿飞先生及迟红蕾女士、孙嘉女士、王菲女士、刘爽女士等为本书顺利出版付出的心血。书中定有诸多不当之处，敬请广大读者朋友予以批评指正。

刘生全

二〇二一年九月十日

于望京花园 · 静心斋